All
That
Bible

THE NEW LION BIBLE ENCYCLOPEDIA
by Mike Beaumont

올 댓 바이블

2013년 4월 12일 초판 1쇄 발행
2015년 3월 2일 초판 5쇄 발행

지은이 마이크 보몬트
옮긴이 홍종락
펴낸이 박종현

도서출판 복 있는 사람
서울특별시 마포구 연남동 246-21 Tel. 02-723-7183 Fax. 02-723-7184
이메일 blesspjh@hanmail.net 영업·마케팅 Tel. 02-723-7734

등록 1998년 1월 19일 제1-2280호

ISBN 978-89-6360-109-0

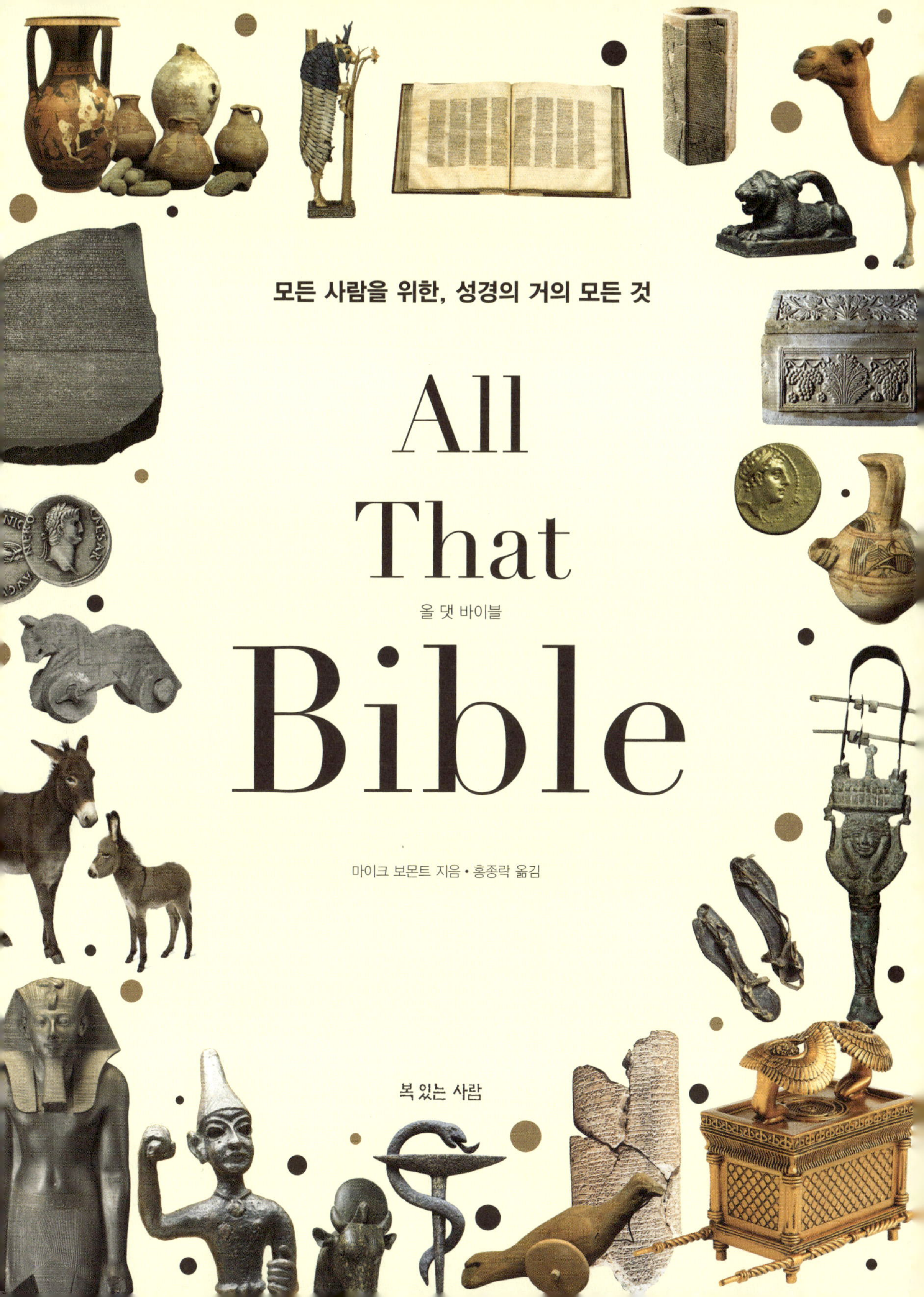

모든 사람을 위한, 성경의 거의 모든 것

All
That
올 댓 바이블
Bible

마이크 보몬트 지음 · 홍종락 옮김

복 있는 사람

성경의 형성

성경의 이야기

2

성경의 땅

3

성경의 나라와 민족들

4

성경 속의
생활방식

가족생활

5

사회생활

성경의
신앙

6

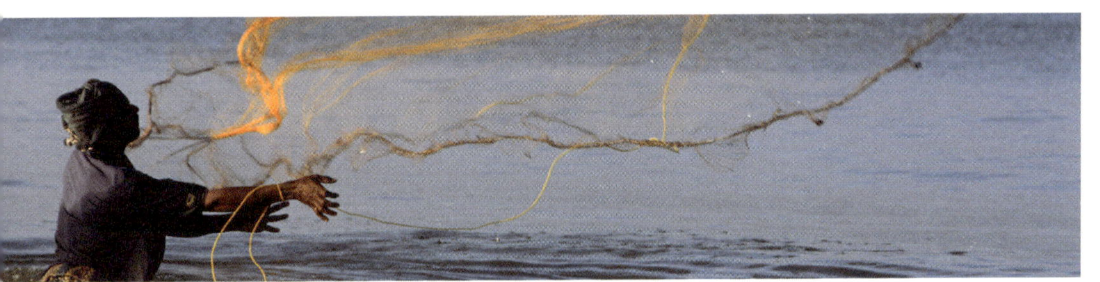

성경의 중심, 예수

7

일러두기

- 이 책에 나오는 인명, 지명의 경우 새번역 성경에 나오는 것은 그대로 표기했고, 나머지는 국립국어
  원 외래어표기법 일반 용례를 따랐다.

- 성경 본문을 인용하는 경우에는 새번역 성경을 사용하되, 새번역 성경과 다른 의미를 담고 있을 때는
  다른 번역본을 사용했다. 특별한 표시가 없는 것은 새번역 성경이고, 다른 번역본을 사용한 경우에는
  해당 본문에 별도로 표시했다(원서는 NIV를 따랐다).

- 인명과 지명은 새번역 성경의 음역을 기본으로 하되, 너무 일반화되어 버린 용어(ex. 파라오)는 일상적
  으로 사용되는 음역에 따랐다. 그러나 이때에도 성경 본문이나 성경의 표현을 그대로 인용하는 경우
  에는 새번역 성경에서 사용된 명칭을 따랐다.

- 길이와 넓이, 부피 등 도량형은 2007년 개정된 법정계량단위로 환산하되, 반올림 처리했다.

서문

내 고향 옥스퍼드의 한복판, 이 중세 도시의 주요 도로들이 만나는 사거리에 카팩스 탑(Carfax Tower)이 서 있다. 원래 이 탑은 세인트마틴교회의 일부였지만, 교통체증을 해소하기 위해 1896년에 교회를 헐고 탑만 남겨 놓았다. 매시간 15분마다 종을 울리는 근사한 건축물로 여행자들에게 유명하지만, 이 탑의 더 깊은 중요성을 아는 사람은 드물다. 이곳은 1528년, 영국에서 처음으로 성경이 불태워진 역사적 장소다. 서적상 토머스 개럿(Thomas Garrett)이 초기 영어성경 번역본이던 윌리엄 틴들(William Tyndale)의 성경을 몰래 팔고 다니다가 자국어 성경을 금지한 당국에 체포되었다. 당국은 그에게 장작을 지워 카팩스 탑으로 나르게 했고, 그 장작 위에 그가 팔던 성경들을 올려 불태웠다.

이 이야기는 기나긴 성경의 역사를 요약해 주고 있다. 어떤 사람들은 성경을 사랑해서 그것을 다른 사람들과 나누는 일에 모든 것을 걸었다. 그런가 하면 또 어떤 사람들은 성경을 미워해서 그것과 그것을 사랑하는 이들을 없애 버렸다. 성경의 무엇인가가 사람들로 하여금 격한 반응을 불러일으키는 것이 분명하다. 내게 성경과 함께하는 여행의 출발점은 할아버지였다. 내 기억에 남아 있는 가장 어린 시절의 장면 가운데 하나는 가족들이 잠자리에 들 시간에 커다란 검은색 성경책을 펴 놓고 탁자 앞에 앉아 계시던 할아버지의 모습이다. 그 모습에 매료되긴 했지만 당시에는 할아버지가 무엇을 하시는지 이해하지 못했다. 그로부터 여러 해가 지난 후에야 성경은 내게도 특별한 책이 되었기 때문이다. 내가 예수의 메시지를 의미 있는 방식으로 처음 접한 것은 열여덟 살 때였다. 지역교회의 청소년 모임에 초청받은 일을 계기로 교회에 다니게 되었고 (솔직히 고백하면, 하나님보다는 여자애들 때문이었다!) 점차 성경이 이해가 되기 시작했다. 나는 예수를 따르는 사람이 되었고 이후 줄곧 그렇게 살고 있다.

할아버지처럼 성경을 사랑하는 사람들이 늘 내 주위에 있었다는 것을 나는 참 감사하게 생각한다. 교회 청소년부의 리더들, 대학 기독학생회 회원들, 성경을 비평하면서도 성경에 관한 열정을 잃지 않았던 신학교 교수들, 그들에게서 무언가가 내게 "옮겨 왔다." 그것은, 제대로 이해하기만 하면, 성경은 세상에서 가장 흥미롭고 유익한 책이라는 믿음이었다. 물론 처음에는 이해하기 쉽지 않은 부분들이 있다. 연대기순이 아니라 주제별로 이루어진 성경의 구성도 내용파악을 방해한다. 우리 시대와 전혀 다른 세계관으로 펼쳐지는 성경의 배경도 어렵게 다가올 수 있다. 그러나 나는 성경의 배경을 깊이 연구할수록, 성경을 통해 우리의 삶을 더 잘 이해할 수 있음을 발견했다. 그래서 성경 이야기를 당시의 맥락에서 바라보고 그 흐름을 보여줌으로써, 인류가 자초한 엉망진창의 상태를 해결할 하나님의 계획을 서서히 드러내는 성경의 내용을 독자들이 쉽게 이해하도록 돕고자 이 백과사전을 썼다.

성경을 처음 접하는 사람들을 돕기 위해 최대한 쉬운 말을 쓰려고 노력했지만, 때때로 전문용어를 쓸 수밖에 없는 상황이 있었다. 그러한 용어들은 찾아보기의 기능도 겸한 '용어해설'에 설명해 놓았다. 곳곳에 표시해 놓은 성경구절들을 활용하면 독자들이 성경 본문을 직접 찾아보고 (어떤 분야건 진지하게 연구하고 싶어 하는 사람들에겐 불가피한 과정이다) 어떤 내용이 어디서 어떠한 방식으로 기록되어 있는지 볼 수 있을 것이다. 일곱 부분으로 명확하게 나뉜 책의 구성과 '찾아보기와 용어해설'은 독자들이 원하는 내용을 쉽게 찾는 데 도움이 될 것이다. 각 장의 마지막에 실은 신앙적 개념은 해당 주제의 내용을 오늘날 기독교 신앙의 해당 측면과 연결시켜 준다.

다른 사람들이 사랑하던 책, 나와는 상관없던 성경이 나의 사랑하는 책이 된 것처럼, 『올 댓 바이블』이 어떤 식으로든 독자들이 비슷한 여행을 하는 데 도움을 주었으면 좋겠다. 이 책의 독자 중에는 기독교 신자가 아닌 이들도 있겠지만, 그들도 기독교와 기독교의 교과서인 성경에 대해 관심이 있을 것이라고 생각한다. 그렇지 않다면 아예 이 책을 집어 들지 않았을 테니까. 내게 성경이 날마다 생생하게 다가오는 것처럼, 기독교 신앙의 새내기나 베테랑 모두가 성경을 생명력 있는 책으로 접하는 데 이 책이 도움이 되리라 믿는다.

영국 옥스퍼드에서

마이크 보몬트

1

성경의 형성

성경을 처음 접하는 사람들은 성경이 하나의 책이 아니라 2,000년에 걸쳐 많은 저자들이 기록한,
작은 도서관 같은 책이라는 사실을 발견하고 놀라곤 한다. 그 사실을 생각하면
성경의 메시지가 일관성이 있다는 점은 매우 놀랍다. 성경의 모든 책에는 하나의 이야기가 등장한다.
그리스도인들은 성경이 사람을 향한 하나님의 사랑과 사람 및 세상을 바로잡으려는
하나님의 헌신이 담긴 하나의 이야기라고 믿는다.

1. 도서관 같은 책

**성경은
무엇인가**

성경은 크게 분량이 다른 두 부분으로 나누어진다. 이스라엘 민족의 역사를 기술한 긴 분량의 구약과, 예수와 그로 인해 생겨난 교회에 대해 말하는 그보다 짧은 분량의 신약이다. 하지만 둘 다 그리스도인이 믿는 한 이야기의 일부다. 아래의 도표는 그 이야기를 이루는 다양한 부분들이 어떻게 결합되는지 보여준다.

성경	
구약성경(주로 히브리어로 기록됨)	율법서
	이스라엘의 역사서
	시가서와 지혜서
	예언서
신약성경(그리스어로 기록됨)	복음서
	사도행전
	서신서
	요한계시록

**문학으로서의
성경**

성경의 책들을 모두 똑같은 방식으로 읽을 수는 없다. 그리스도인들은 성경을 하나님의 영감된 말씀으로 믿지만, 그 안에 인간적 측면이 있다는 것도 인정한다. 성경의 인간적 측면은 성경 저자들의 문체(하나님은 그들의 특징과 개성을 없애지 않으셨다)와 장르(문학적 범주)에도 드러나 있다. 그래서 성

경에는 여느 도서관과 마찬가지로 역사책, 법전, 시집, 지혜서, 비유집, 예언서, 편지글 등이 있다. 여러 책장에 나뉘어 꽂혀 있지 않고 한 책 안에 모두 들어 있다는 점이 다를 뿐이다. 시집과 역사책을 다르게 읽어야 하는 것처럼, 성경도 그렇다. 그렇지 않으면 원래 의도와는 다른 의미로 성경의 텍스트를 읽게 될 것이다.

1450년대 구텐베르크의 인쇄기 발명은 엄청난 기술적 진보였다. 그가 첫 번째로 인쇄한 책은 성경이었는데, 인쇄기의 한계 때문에 본문을 2단으로 배치했다. 놀랍게도, 이 배치는 오늘날까지 성경 인쇄의 전통적인 방식으로 남아 있다.

역사로서의 성경

성경은 철학적 원리나 종교적 격언을 주먹구구식으로 모아 놓은 책이 아니라 역사를 통해 계시된 이야기다. 이것은 성경을 평면적으로, 곧 우리 목적에 맞게 아무 구절이나 골라 읽을 수 없다는 뜻이다. 역사의 흐름을 파악하라. 그래야 메시지의 의미를 알게 된다.

진리인 성경

하지만 그리스도인들에게 성경은 문학책이나 역사책에 머물지 않는다. 성경은 하나님의 말씀이요 하나님의 진리요 그분의 성품과 뜻에 대한 그분 자신의 계시다. 예수는 "아버지의 말씀은 진리입니다"(요한복음 17:17)라는 말씀으로 이 사실에 힘을 보태셨다. 현대인들에게는 보편적 "진리"라는 개념이 이상하게 보일지 몰라도, 성경은 스스로를 하나님의 진리이자 그 진리를 전해 주는 책이라고 주장하며, 그것을 직접 시험해 보라고 우리를 초대한다.

정경

유대교에서 정한 구약 39권의 목록은 예루살렘이 파괴되고(AD 70) 얼마 후에 고대성(antiquity, 그 책이 성경의 가장 권위 있고 토대가 되는 토라[율법서]와 일치하는가)과 진본성(authenticity, 예언자들[저자들]과 관련이 있는가)의 기준 아래 최종적으로 결정되었고, 이 목록인 '정경'(canon, 그리스어로 "막대 자"를 뜻한다)을 초대교회가 채택했다. 신약성경의 책 27권도 사도성(apostolicity, 사도가 썼거나 사도와 관련이 있는가), 정통성(orthodoxy, 교회의 예수 이해와 일치하는가), 보편성(catholicity, 전체 교회를 위해 쓴 것인가)이라는 비슷한 지침에 의

성경

'성경'(Bible)이라는 단어는 그리스어와 라틴어 단어 '비블리아'(biblia, "책들")에서 왔고, 비블리아라는 말은 두루마리용 양피지를 제조하고 수출했던 고대 페니키아의 도시 비블로스(Byblos)에서 나왔다.

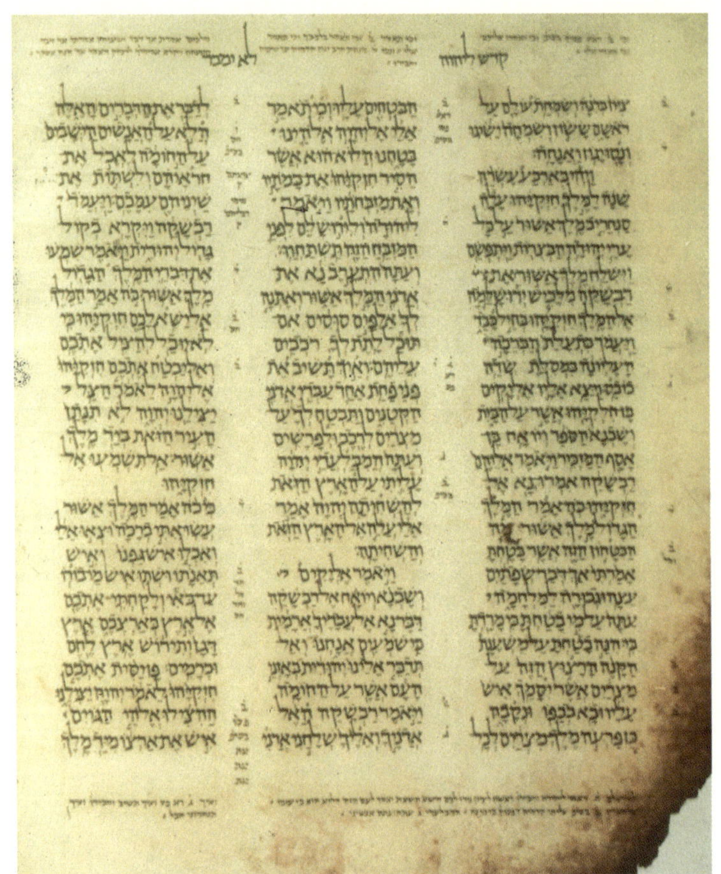

성경의 책들은 원래 양피지,
파피루스, 가죽 등의 두루마리에
손으로 기록되었다.
그러나 두루마리는 불편했고 AD
2세기 무렵에 '코덱스'(codex)로
대체되었다. 코덱스는 반으로
접어서 한쪽을 꿰맨,
초기 형태의 책이다.
사진은 시리아 알레포에 있는
알레포 사본(Aleppo Codex)
성경이다.

거해 결정되었다. 일부 교회는 신구약 중간기에 나온 유대교 문서 몇 가지
도 성경으로 받아들였다. 이 '제2정경'은 로마가톨릭과 동방정교회의 성경
에는 주요 본문으로 들어 있지만, 개신교 성경에는 아예 빠져 있거나 신구
약성경 사이에 끼워져 있다.

장과 절   성경 본문은 장과 절로 나뉘어 있는데, 성경을 잘 찾아
보도록 돕기 위해서다. 본래 히브리어와 그리스어 본
문에는 장과 절의 구분이 없었는데 나중에 추가되었
다. 장은 1205년 캔터베리의 대주교였던 스티븐 랭턴(Stephen Langton)
이, 절은 1551년 파리의 인쇄업자이자 학자였던 로버트 에스티엔느
(Robert Estienne)가 구분했다. 장절의 구분이 성경의 내용을 찾아보는 데

20

도움이 되기는 하지만, 논증의 흐름을 방해하는 장애물이 될 수도 있다. 그러므로 성경을 읽을 때는 원래 장절의 구분이 없었음을 기억하는 것이 중요하다.

왜 성경이 중요한가

유대인은 "그 책의 사람들"로 알려지게 되었다. 그러면 그 책이 그들에게 왜 그렇게 중요했을까? 하나님이 시내 산에서 그들과 언약을 맺으시며 선물로 그분의 말씀을 주셨기 때문이다. 처음에는 십계명(출애굽기 20:1-17)을, 그 다음에는 "언약의 책"(20:22-23:19)을 주셨다. 새롭게 구성된 민족으로 시내 산을 떠나는 그들에게는 두 가지가 함께했다. 하나님의 임재(구름과 불로 상징되었다)와 하나님의 말씀(그들이 어떻게 살아야 하는지 알려 주었다)이다. 최초의 그리스도인들도 비슷한 경험을 했다. 부활하신 예수가 그들에게도 두 가지 선물을 주셨기 때문이다. 그것 또한 성령을 통한 하나님의 임재(요한복음 20:21-22)와 하나님의 말씀이었다. 예수는 제자들에게 구약성경을 해설하며 그 내용이 자신을 가리킴을 보여주셨고(누가복음 24:25-27), 후에는 그들을 성령으로 인도하여 신약성경을 쓰게 하셨다.

그리스도인에게 하나님의 임재와 하나님의 말씀은 하나님이 일하시고 말씀하시고 인도하시는 방식의 핵심이다. 그렇기 때문에 성경은 기독교 신앙의 중심이 된다.

성경의 언어

21세기의 첫 10년이 끝날 무렵, 성경은 2,479개의 언어로 (일부나마) 번역이 되었다. 451개 언어로 성경 전체가 번역되었고, 1,185개로는 신약성경이, 843개로는 적어도 성경 중 한 책 이상이 번역되었다. 이것은 아직까지 성경 66권 중 한 권도 번역되지 않은 언어가 4,400여 개나 남아 있다는 뜻이다.

하나님의 말씀 ▾

그리스도인에게 성경은 하나님의 말씀이며, 하나님이 사람에게 주신 계시다. 그분을 찾기 위한 우리의 노력이 아닌 것이다. 그리스도인은 성경이 하나님의 영감을 받은 권위 있는 책이며 삶의 유일한 지침이라고 여긴다. 성경이 기록되게 하신 성령이 예수가 약속하신 대로(요한복음 16:13) 오늘날에도 사람들이 성경을 이해하도록 도우시는 까닭이다.

구약성경은 창세기 첫 11장에 걸쳐 모든 것(창조·생명·문명·죄)의 기원을 다룬 후,
이스라엘 민족이 시작되는 이야기를 들려준다. 하나님은 그 민족을 구원하실 뿐만 아니라,
그들을 통해 온 세계를 구원하려 하셨다. 성경의 이 부분은 유대인뿐 아니라 그리스도인에게도 중요하다.
예수가 왜 이 땅에 오셔야 했는지에 대한 배경을 형성하기 때문이다.

2. 구약성경

내용 유대교의 성경과 기독교의 구약성경은 본질적으로 같지만 두 종교는 그것을 아래 표와 같이 다른 식으로 구분한다. 유대인은 '구약(舊約)'이라는 용어를 쓰지 않는다. 그들에게 그 '약속'(언약)은 옛것이 아니며 여전히 유효하기 때문이다.

구약성경의 구분		
기독교	율법서 (모세오경)	창세기 출애굽기 레위기 민수기 신명기
	역사서	여호수아 사사기 룻기 사무엘상·하 열왕기상·하 역대상·하 에스라 느헤미야 에스더
	시가서와 지혜서	욥기 시편 잠언 전도서 아가
	예언서	이사야 예레미야 예레미야애가 에스겔 다니엘 호세아 요엘 아모스 오바댜 요나 미가 나훔 하박국 스바냐 학개 스가랴 말라기
유대교	토라 (Torah, 가르침)	창세기 출애굽기 레위기 민수기 신명기
	느비임 (Nevi'im, 예언서)	전(前)예언서 — 여호수아 사사기 사무엘상·하 열왕기상·하
		후(後)예언서 — 이사야 예레미야 에스겔 호세아 요엘 아모스 오바댜 요나 미가 나훔 하박국 스바냐 학개 스가랴 말라기
	케투빔 (Ketuv'im, 성문서)	시편 잠언 욥기 아가 룻기 예레미야애가 전도서 에스더 다니엘 에스라 느헤미야 역대상·하

토라

"토라는 하늘에서 계시되었다. 이것은 오늘날 우리 손에 들린 토라의 내용 전체가 모세에게서 받은 것이며, 모두 하나님이 주신 것이라는 뜻이다."
—마이모니데스(Maimonides),
12세기 스페인의 유대교 학자

대신 성경을 세 부분으로 나누고 각각의 첫 글자(T-N-K)를 따서 '타나크'라고 부른다.

유대인은 성경의 다른 부분보다 토라에 우선권을 부여한다. 토라를 하나님의 직접계시로 보고, 다른 책들은 간접적으로 주어진 것으로 보기 때문이다. 어떤 사람들은 심지어 토라가 하나님이 주시기 전부터 영원토록 천국에 존재해 왔다고 생각하기까지 한다. 그런가 하면 오랜 시간에 걸쳐 형성된 전승을 모은 책에 불과하다고 보는 사람들도 있다.

편찬   구약의 책들은 BC 2150년부터 440년까지, 제2정경을 포함하는 경우에는 신약

한 유대인 율법학자가 성경을 필사하고 있다. 필사의 정확성을 기하기 위해 언제나 엄청난 주의를 기울였는데, 각 페이지의 단어와 글자 수를 세고, 기억에 의거한 필사를 금지하는 등의 엄격한 규칙을 따라야 했다. 필사자가 한 번 실수를 저지르면 양피지 한 장을 통째로 폐기했고, 한 페이지에서 세 번 실수를 하면 필사본 전체를 폐기하고 처음부터 다시 시작해야 했으니, 정확한 필사를 보증하는 충분한 자극이 아닐 수 없었다.

시대 바로 전까지의 이스라엘 역사를 다룬다. 시간의 안개 속으로 거슬러 올라가는 선사시대를 다룬 '프롤로그'(서시)도 있다. 오랜 기간에 걸쳐 기록되긴 했지만, 이스라엘 역사의 핵심적인 몇몇 시기에 취합되었다.

모세의 저작들(처음 다섯 권의 책)은 여호수아에게 전해졌고 하나님의 말씀의 토대, "율법[모세]의 책"(여호수아 1:8, 8:31)으로 알려지게 되었다. 왕정시대 초기에 이스라엘의 지난 여정과 하나님이 여러 약속을 신실하게 지키셨음을 돌아보면서 이전의 사료들을 토대로 초기 역사(여호수아-사무엘)의 기록이 보태졌을 것이다.

BC 722년에 앗시리아에 의해 멸망한 북쪽 이스라엘의 역사에서 어떠한 교훈도 배우지 못한 유다는 BC 586년, 신흥 강대국 바벨론에게 무너졌고 백성들은 바벨론으로 유배되었다. 그들은 그곳에서 자신들이 무엇 때문에 약속의 땅에서 쫓겨났는지 물었다. 역사를 살펴볼 때 결론은 단순했다. 하나님과 그분의 말씀에 불순종했던 것이다. 그래서 바로 이 시점에 그들은 이러한 역사 이해와 이전 사료들(열왕기상 11:41, 14:19, 29 등)을 바탕으로 역사의 다음 단계(사무엘-열왕기)를 충실히 기록했다.

바벨론을 무너뜨리고 패권을 잡은 페르시아는 바벨론과 전혀 다른

정책을 폈고 유대인의 귀향을 허락했다. 유대교 전통에 따르면, 바로 이 시점에 에스라가 오늘날 우리가 갖고 있는 히브리어 성경의 모든 책을 수집하고 정리했다.

번역

바벨론 유배 이후, 많은 유대인들이 '타나크'의 언어인 히브리어(아람어로 기록된 약간의 부분을 제외하고)를 잊었다. 로마시대에는 예루살렘보다 이집트의 알렉산드리아에 더 많은 유대인이 있었기 때문에, 그곳의 학자들은 성경을 당대의 세계어였던 그리스어로 번역하고 싶은 마음을 갖게 되었다. 그들의 번역본은 그 작업에 참여했던 유명한 학자 70명의 이름을 따라 『70인역』(The Septuagint)이라 알려지게 되었고, 이것이 신약시대 유대인들의 주된 성경이 되었다.

한 유대인 소년이 '바르 미츠바'(Bar Mitzvah, "계명의 아들") 의식을 치르고 있다. 이제 열세 살이 된 소년은 성인으로 간주되어 처음으로 공개적인 자리에서 '타나크'를 읽도록 허락받는다.
오른쪽에서 왼쪽으로 기록된 히브리어 성경 사본을 은으로 만든 지시봉으로 짚어 가며 읽고 있다.

『70인역』(때로는 로마숫자 LXX로 쓰이기도 했다)은 구약의 책들에 오늘날과 같은 순서를 부여하고 39권에 포함되지 않았던 다른 책들(제2정경)도 구약에 포함시켰다. 『70인역』보다는 히브리어 원문을 토대로 만들어져 개신교에서 사용하는 성경에는 제2정경이 들어 있지 않지만, 로마가톨릭과 동방정교회는 그것을 받아들여 구약 본문 안에 넣었다.

이후 번역이 계속되어 AD 5세기 초에 히에로니무스가 번역한 라틴어 역본인 『불가타역』(The Vulgate), 시리아어 역본인 『페쉬타역』(The Peshitta), 이집트어 역본인 『콥트역』(Coptic)이 탄생했다. 주의 깊게 만들어진 이 고대 번역본들은 오늘날 학자들이 히브리어 원문을 번역하며 성경을 해석할 때 도움이 되곤 한다.

약속 ▾

구약 이야기를 구성하는 축은 아브라함에게 한 가문을 허락하시고 그 가문을 통해 모든 민족이 복을 받게 하겠다는 하나님의 약속이다(창세기 12:2-3). 이 주제는 구약 저자들이 하나님의 약속에 대한 그분의 신실하심을 강조하면서 거듭 등장한다. 이것은 또한 신약의 토대이기도 하다. 신약은 예수를 그 약속과 그로부터 흘러나오는 다른 모든 약속을 성취한 분으로 보기 때문이다.

3. 제2정경

역사

제2정경은 BC 300년부터 AD 1세기 후반 사이에 기록된 유대교 문서들이다. 유대인들이 이 책들을 성경으로 여긴 적은 없지만, 그래도 귀하게 여겼다. 제2정경은 히브리어 성경의 그리스어 번역본인 『70인역』에 포함되었다. 대부분의 초기 그리스도인들이 그리스어를 쓰는 이방인이었던 까닭에 『70인역』이 불가피하게 그들의 '성경'이 되었고, 제2정경도 덩달아 교회 안에 들어왔다. 성전이 파괴되고(AD 70) 기독교의 급속한 성장으로 유대교의 생존이 위협받자, 유대인들은 성경의 '정경' 목록을 마감하고 『70인역』에 추가된 책들을 거부했다. "기독교 성경은 틀렸다"고 선언한 셈이었다. 하지만 그리스도인들은 여전히, 다는 아니어도 광범위하게 이 책들을 받아들였다.

AD 4세기, 히에로니무스는 라틴어 번역 성경의 결정판을 내놓는 임무를 맡았고 그 결과로 나온 번역본이 『불가타』 성경이다. 히에로니무스는 히브리어 성경 텍스트만이 권위가 있다고 확신하고 제2정경을 배제했지만 그의 견해는 우세하지 못했고 서방의 로마가톨릭교회는 그것을 라틴어로 추가 번역하여 제2정경을 포함한 성경을 정경으로 인정했다.

16세기에 이르러 개신교 개혁가들은 성경의 히브리어 텍스트로 돌아가려는 열망에서 그 책들을 다시 배제했다. 루터는 그 책들을 자신의 독일어 번역본 성경에 포함시키되 구약 다음에 따로 실었다. 로마가톨릭교회는 트렌트 공회(1546)에서 그 책들이 정경임을 재천명했고 얼마 후 거기에 '제2정경'(Deuterocanonicals)이라는 이름을 붙였다. 이 이름은 "두 번째"를 뜻하는 그리스어 듀테로스(*deuteros*)에서 나왔는데, 중요도보다는 시간상으로 두 번째라는 뜻이다.

동방정교회는 처음부터 제2정경을 성경의 일부로 보았다. 하지만 대부분의 개신교 신자들은 그것을 성경으로 인정하지 않는다. 다만 신구약 중간기의 유대교 신앙을 이해하는 중요한 자료로 그 가치를 인정하는 추세다.

로마가톨릭과 동방정교회가 받아들인 책	동방정교회가 추가로 받아들인 책
토비트(Tobit, BC 200-180) **유딧**(Judith, BC 150-100) **에스더 첨가서**(BC 2세기) **솔로몬 지혜서**(BC 100-50) **집회서**(Ecclesiasticus, BC 175년경 히브리어로, BC 130년경 그리스어로 기록) **바룩서**(Baruch, BC 2세기 중반) **예레미야의 편지**(BC 3세기) **다니엘 첨가서**(BC 2세기) **마카베오 1·2서**(Maccabees, BC 100년경)	**에스드라 1서**(Esdras, BC 150-100년경) **므낫세의 기도**(BC 1세기) **시편 151편**(집필시기 불확실) **마카베오 3서**(BC 1세기) **마카베오 4서**(집필시기 불확실)

내용

토비트 앗시리아에 유배된 경건한 유대인 토비트는 눈 멀고 가난해지자 빚을 받아오라고 아들 토비아스를 보낸다. 토비아스는 천사의 안내를 받아 친척 사라를 찾아간다. 사라는 귀신들에게 괴로움을 당하고 있었다. 토비아스는 기적의 물고기 덕분에 귀신들을 물리친 후 사라와 결혼하고 아버지의 눈을 뜨게 한다. 의로운 사람은 결국 보상을 받는다는 교훈을 준다.

유딧 경건한 과부인 유딧은 자신의 매력을 이용해 앗시리아군의 장군을 죽인 후 남자들에게 적군을 공격하라고 촉구하여 앗시리아군의 공격에서 마을을 보호한다. 역사적인 내용에서 다소 혼동이 있지만, 하나님에 대한 신앙을 굳건히 하려는 데 목적이 있다.

에스더 첨가서 하나님의 이름이 등장하지 않는 것으로 유명한 에스더서에 종교적 분위기를 더하기 위해 추가된 여섯 대목으로, 유대인이 구원받은 것은 경건함 때문이었음을 보여준다.

솔로몬 지혜서 솔로몬의 증언으로 제시되는 이 시는 지혜와 인간의 운명, 지혜의 기원과 본질, 이스라엘 역사에서의 지혜를 고찰하며 지혜를 사랑하도록 인도한다.

집회서 원래 '예수 벤 시라(Jesus ben Sira)의 지혜서'라 불렸으나 『불가타역』에서 '집회서'라는 새로운 이름을 얻었다. 이 금언집에는 유대교 율법과 이스라엘 영웅들에 대한 존경이 담겨 있다.

바룩서 예레미야의 필경사이자 서기관이었던 바룩이 바벨론 유배 기간에 썼다고 알려진 이 책은, 이스라엘을 향해 회복을 소망하며 하나님에 대한 믿음으로 돌아오라고 촉구한다. 이 책은 당시 약속의 땅에서 영원히 쫓겨났다고 느꼈던 BC 2세기의 유대인들에게 소망의 메시지를 전하고 있다.

예레미야의 편지 예레미야가 바벨론에 유배된 유대인들에게 쓴 편지로, 우상을 조롱하며 그들에게 우상을 숭배하지 말라고 촉구하는 내용이다. 이 글은 가끔 바룩서 6장으로 인쇄되었다.

다니엘 첨가서 다니엘서에 다음 세 부분이 더해졌다.

- 아사랴의 기도와 세 유대인의 노래: 활활 타는 불구덩이에 던져진 세 사람의 기도를 기록하고 있다.
- 수산나: 그녀는 다니엘의 지혜를 통해 무고한 간음 혐의를 벗게 된다.
- 벨과 용: 다니엘이 바벨론의 두 신이 거짓임을 폭로한다.

마카베오 1·2서 유대교를 파괴하려 한 안티오코스 4세(에피파네스)에 대항해 BC 2세기에 펼쳐진 유대인 저항의 기록이다. 유대인들이 신앙을 지키고자 어떻게 싸웠는지 잘 보여준다. 마카베오 2서는 동일한 사건들을 신학적 관점에서 회상한다.

에스드라 1서 역대하, 에스라, 느헤미야에 나오는 사건들을 기록하여 요시야 왕부터 에스라의 시대에 이르는 유다의 역사를 다루고 있다. 이 책은 스룹바벨이 논쟁에서 지혜롭게 대답한 것이 계기가 되어 예루살렘 성전의 재건을 위해 보냄을 받게 되었다고 말한다.

므낫세의 기도 므낫세 왕이 잠시 바벨론으로 유배되었을 때 회개하며 드린 기도.

구텐베르크 성경은 정경에 포함되지 않은
다른 책들을 언급하면서 그 책들이
여전히 읽을 가치가 있다고 말한다.
왼쪽은 누가복음 서문의 일부,
오른쪽은 채색장식된 구텐베르크 성경
마카베오 1서 1장의 사본이다.

시편 151편 다윗이 지었다는 시로, 하나님의 부르심과 골리앗을 무찌른
그의 승리를 회상한다.

마카베오 3서 이 책은 그리스 전통을 강요하는 이방인 통치자들에게 저항
한다는 주제를 제외하면 마카베오 1·2서와 그다지 관련이 없다. BC 3세
기 이집트에 살던 유대인들이 기도와 순종을 통해 하나님의 구원을 경험
한 일을 회상한다. 기도와 순종은 BC 1세기 독자들에게 중대한 테마였다.

마카베오 4서 격정과 고통을 이기는 경건한 이성의 힘에 대한 철학적 논의.

에스드라 2서 성전 파괴(BC 586)와 이 사건이 촉발한 신학적 문제들에 대
한 에스라의 사색이 기록된 이 책의 진정한 청중은, AD 70년 로마군에 의
한 성전 파괴 사건으로 괴로워한 유대인들이다.

격려 ▼

제2정경은 격려가 되는 이야
기를 많이 싣고 있는데, 그중
에는 분명한 허구도 있고 역
사 기록도 있으며 하나님의
백성이 어려운 시기를 살아
가는 데 도움이 될 만한 유용
한 지혜도 있다. 성경은 격려
의 가치를 높이 평가하면서,
신자들에게 하나님의 격려를
받고 또한 서로 격려하라고
지속적으로 촉구한다.

29

구약처럼 신약도 여러 책의 모음집인데, 이 27권의 책은 예수와 그분의
새 "언약"(또는 "약속", 누가복음 22:20)과 첫 번째 제자들의 이야기를 들려준다.
이 책의 저자들은 신약이 구약과 별개가 아니라 구약을 잇고 성취하는 이야기라고 보았다.
이 사실을 기억하는 것은 매우 중요하다. 실제로 신약의 많은 내용은
구약과 떼어 놓고서는 제대로 이해될 수 없다.

4. 신약성경

**초기
그리스도인의
성경**

기독교는 유대교에 뿌리를 두고 있기에, 그리스도인들의 첫 번째 성경은 히브리어 성경의 그리스어 번역본인 『70인역』이었다. 예수는 이 책을 크게 존중하셨고, 당대의 구약해석을 가차 없이 비판하면서도 구약을 폄하한 적은 한 번도 없었다. 오히려 자신이 그것을 완성하러 왔다고 말씀하셨다(마태복음 5:17-18). 그분의 제자들은 그 완성이 예수의 죽음과 부활을 통해 이루어졌다고 보았다. 그들은 구약의 의식, 희생제사, 이야기들이 예수가 오셔서 행하신 일의 준비요 "그림자"(히브리서 10:1)였음을 이해하게 되었다. 그래서 이후 그리스도인들에게 '구약'으로 알려지게 되는 그 책들에 대한 사랑이 더욱 커졌다. 그러므로 사도들이 복음서나 편지를 쓸 때 성경을 쓰고 있다고 생각했을 가능성은 낮아 보인다. 하지만 그들은 서서히 진실을 깨닫게 되었다. 베드로는 바울의 편지들을 두고 "그 가운데는 알기 어려운 것이 더러 있어서, 무식하거나 믿음이 굳세지 못한 사람은, 다른 성경을 잘못 해석하듯이 그것을 잘못 해석해서"라고 썼다(베드로후서 3:16). 바울이 쓴 내용에 "다른 성경 같은" 무엇인가가 들어 있음을 깨닫기 시작했음을 알 수 있다. 상황파악이 되었다. 신약성경이 만들어지고 있었던 것이다.

알렉산드리아의 주교
아타나시우스는 AD 367년에 쓴
편지에서 현재와 같은
신약 27권의 목록을 제시했다.
그는 교회가 이 책들만을
성경으로 받았다고 선언하며
신약성경 정경의 범위를
분명히 했다.

내용　　신약성경은 네 종류의 글로 이루어져 있다.

　　　　복음서(마태, 마가, 누가, 요한복음)　예수의 생애, 가르침, 죽

　　　　음과 부활의 기록.

사도행전　초대 그리스도인들의 성공과 분투의 이야기.

서신서(로마서, 고린도전·후서, 갈라디아서, 에베소서, 빌립보서, 골로새서, 데살로니가전·

후서, 디모데전·후서, 디도서, 빌레몬서, 히브리서, 야고보서, 베드로전·후서, 요한일·이·삼

서, 유다서)　여러 교회와 교회 지도자들에게 보낸 편지. 신앙을 설명하고 그

것을 삶에 적용하는 등의 다양한 문제를 다루었다. 바울은 스물한 통의 편지 중 열세 통을 썼다.

요한계시록 박해받는 그리스도인들을 안심시키고 하나님의 시각에서 세상을 보도록 돕기 위해 역사의 무대 막후를 보여준다.

신약의 형성 예수의 메시지는 원래 입에서 입으로 전해졌는데, 이것은 생각보다 어려운 일이 아니며 내용이 부정확해지지도 않는다. 당시에는 암송이 중요한 배움의 방법이었을 뿐 아니라 정보전달의 주된 방법이기도 했기 때문이다. 더욱이, 예수의 가르침은 문체와 구조상 사람들이 기억하기에 용이했다. 산상설교의 팔복을 읽어 보면 잘 알 수 있다(마태복음 5:3-11).

그러나 결국 예수의 말씀과 이야기는 글로 적혔다. 아마도 가르침을 돕는 데 쓰였을 것이고 그것을 복음서 저자들이 원자료로 활용했을 것이다. 누가는 "우리 가운데서 일어난 여러 가지 일에 대하여 차례대로 이야기를 엮어 내려고 손을 댄 사람이 많이 있었"음을 알았고(누가복음 1:1), 그의 기록은 (그는 목격자가 아니었으므로) "모든 것을 시초부터 정확하게 조사"하여 작성된 것이라고 말했다(1:3).

하지만 사복음서가 기록되기 전, 예수의 부활 이후 20년도 지나지 않았을 때, 교회 지도자들은 이미 여러 교회에 편지를 보내 기독교 신앙을 설명하고 그 내용을 수신자들이 처한 다양한 상황에 적용했다. 이러한 편지는 지역교회들을 위한 것이었지만 전체 교회에도 유용하다는 사실이 금세 드러났다. AD 1세기 말에는 교회들이 그 편지 모음집을 돌려보았다.

AD 2세기 초가 되자 교회는 현재의 신약 책 대부분을 널리 활용하고 귀하게 여기게 되었다. 일부 책(히브리서, 요한계시록, 베드로후서, 요한이삼서)을 받아들이는 데에는 상대적으로 오랜 시간이 걸렸다. 그러나 결국에는 그것들을 구약성경과 동등한 '성경'으로 받아들였다. AD 397년, 카르타고 공회는 신약 27권의 목록을 발표했는데, 이것은 이미 자명해진 사실을 확인한 절차에 불과했다.

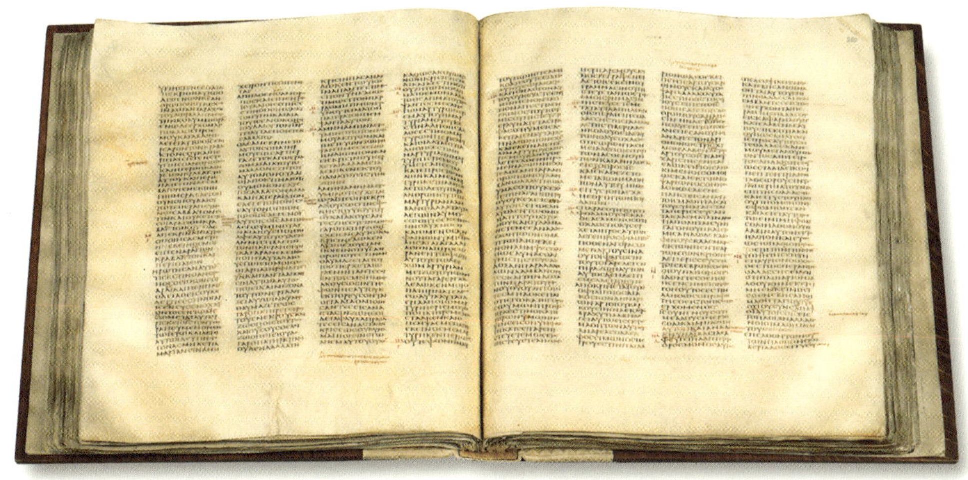

온전한 신약성경 사본 중 가장 오래된 4세기의 시나이 사본(Codex Sinaiticus). 지중해 동부에서 널리 쓰였던 단순화된 그리스어인 코이네(*koinē*) 그리스어로 적혀 있다. 1,600년 전에 기록된 이 사본은, 신약의 책들을 모두 담고 있는 현존하는 사본 중 가장 오래된 사본이다.

제외된 책들 초대교회가 어떤 책을 정경에 포함시킬 것인가 하는 문제를 얼마나 심각하게 생각했는지는 제외된 책들을 보면 알 수 있다. AD 1세기 말에 기록된 '디다케' (*Didache*, "가르침"이라는 뜻의 그리스어)는 많은 초기 기독교 저자들이 인용해 큰 사랑을 받았다. 이 책은 기독교 공동체 안에서의 삶에 대한 지침, 세례, 성찬, 금식, 주기도문에 대해 가르쳤고 마태복음과 많은 부분에서 유사하다. 하지만 교회는 이 책을 사랑하면서도 정경 목록에서는 제외했다. 또 다른 책으로는 AD 1세기 말에 기록되어 바울의 서신들처럼 여러 교회가 돌아가며 읽었던 '클레멘트전서'가 있다. 그러나 교회는 이 서신도 정경의 요구조건을 만족시키지 못한다고 보았다. AD 2세기 중엽에 기록된 '도마복음'은 예수의 여러 말씀(그중 일부는 진짜였을 것이다)과 후대의 영지주의적인 생각들이 섞여 있다. 그러나 그 가르침 가운데 일부, 예를 들어 여자는 남자가 되어야만 하나님 나라에 들어갈 수 있다는 말 등이 사복음서에 나온 예수의 가르침과 너무나 거리가 멀어 금세 거부당했다. (도마복음은 그렇게 사라졌다가 19세기 말에 와서 재발견되었다.) 이러한 선택의 세심함을 볼 때 초대교회가 어떤 책을 정경에 포함시키고 어떤 책을 제외할지에 대해 매우 신중했음을 알 수 있다.

성취 ▾

그리스도인들은 성경의 하나님이 일을 하다 마는 분이 아니라고 믿는다. 그분은 시작하신 일을 마치신다. 무언가를 약속하시면 그 약속을 지키신다. 신약성경은 구약성경에 주어진 하나님의 약속이 그분의 아들 예수가 이 세상에 오심으로 성취되었음을 보여준다. 예수는 하나님이 아브라함에게 하신 약속을 그 누구도 상상하지 못했던 방식으로 이루셨다.

오늘날 그리스도인들은 성경을 신뢰할 수 없다는 공격을 종종 받는다.
성경은 기껏해야 믿지 못할 역사책이고, 최악의 경우 이제는 아무런 가치가 없는
오래된 신화에 불과하다는 것이다. 그러면 과연 성경은 신뢰할 수 있는가?
열린 마음으로 증거를 검토하는 자들에게는 분명히 "그렇다"라고 그리스도인들은 믿는다.

5. 성경과 역사

역사적 신뢰성 기독교는 역사에 뿌리를 내리고 있기 때문에, 외부의 증거에 비추어 그 신뢰성을 따져 볼 수 있다. 다음의 표가 잘 보여주듯이, 외적 증거들은 성경이 옳음을 끊임없이 확증해 준다. 이제까지 어떠한 고고학적 발견도 성경이 틀렸음을 입증하지 못했다.

예수에 대한 증거 예수에 대한 증거 대부분은 사복음서와 신약의 몇몇 편지에 기록된 이전의 구전 전승(예를 들어 고린도전서 15:3-8)에서 나오지만, 비기독교 자료에서 나온 증거도 그가 실존 인물임을 확증해 준다.

유대인의 자료 요세푸스(AD 37-100년경)는 갈릴리의 유대군 지휘관을 맡았다가 로마의 역사가가 되었는데, 그는 두 권의 저작에서 예수를 거론하며 그의 가르침, 기적, 십자가 처형 그리고 부활에 관한 주장들을 밝혀 놓았다. 탈무드에서 랍비들은 "나사렛 예수 같은 이단을 가르치는 아들이나 제자가 없기를" 바랐다. 산헤드린 기록에는 이렇게 나와 있다. "유월절 전날 저녁에 그들이 나사렛 예수를 매달았다.……[그자는] 마법을 행했고 이스

라엘을 미혹케 했다."

비유대인의 자료   마라 벤 세라피온   시리아의 철학자였던
그는 AD 73년 이렇게 말했다. "유대인은 그들의 지혜로
운 왕을 처형하여 어떤 유익을 얻었는가? 그 후에 그들
의 나라는 망하고 말았다.……그 지혜로운 왕은 헛되
이 죽지 않았다. 그는 자신이 전해 준 가르침 속에서 계속
생명을 이어 갔다."

타키투스   로마의 역사가였던 그는 AD 110년에 이런 글을 남겼다. "그리

사해문서 필사본

성경의 역사적 증거	
외적 증거	**당대의 관습**
• 이집트 테베의 아문 신전에는 BC 926년에 시삭의 공격을 받은 유다와 이스라엘 도성들의 이름이 새겨져 있다. 이 공격은 열왕기상 14:25-28에 나온다.	• 이스라엘 이외의 다른 곳에서 만들어진 자료들을 보면 구약성경의 생활상 묘사가 당시 실상과 정확히 들어맞는다는 사실을 알 수 있다.
• 앗시리아의 '검은 오벨리스크'(65쪽)에는 살만에셀 3세가 예후(또는 호세아 왕)를 상대로 싸워 거둔 승리가 기록되어 있다. 이 사건도 성경에 나온다.	• 수많은 문서는 족장들의 이름이 당시에 쓰이던 이름들과 일치함을 보여준다.
• 디글랏빌레셀 3세의 연대기에는 그가 이스라엘을 침공한 일이 나오는데, 열왕기하 15:19-20을 보면 그를 "불"이라고 부르며 이 일을 언급하고 있다.	• 아내가 불임일 경우 남편이 아내의 몸종을 통해 아이를 얻을 수 있었는데, 바벨론의 함무라비 법전이 이 내용을 증명하고 있다.
• 앗시리아의 부조에 BC 701년 산헤립(센나케리브)이 예루살렘을 포위공격한 일이 기록되어 있다. 다만 열왕기하 18:17-19:37에 기록된 그 공격의 당혹스러운 결과는 빠져 있다.	• 요셉은 20세겔에 노예로 팔렸는데, 당대의 거래 기록이 남은 점토판을 보면 적정한 가격이었음을 알 수 있다.
	• 솔로몬과 이집트 공주와의 결혼은 당시보다 2-3세기 전만 해도 불가능했겠지만, 당시는 이집트가 약해진 시기였으므로 가능했다.
고고학적 발견	**내적 정확성**
• 창세기에 낙타가 등장하는 것은 한때 시대착오적인 내용이라 여겨졌지만, 투르크메니스탄과 아프가니스탄에서 BC 3000년대의 낙타에 대한 기록이 발견되었다. 시리아와 팔레스타인에서는 BC 2000년 초의 낙타 기록이 나왔다.	• 누가가 엄밀한 역사가였다는 사실이 외적 증거로 확인되었다.
• 세겜 지역에서의 발굴 작업으로 바알신전을 포함해 아비멜렉이 파괴한 망대(사사기 9:46-49)가 드러났다.	• 그는 분봉왕(tetrarch), 총독(proconsul), 치안관(praetor), 낭독자(lector) 같은 직함을 정확하게 사용한다.
• 센나케리브 궁전의 부조(다음 사진)는 라기스 포위공격(BC 710) 장면을 그리고 있다. 라기스 유적이 1930년대에 발굴되어 당시 포위공격의 증거가 되었다.	• 그는 데살로니가의 통치자들을 '시청 관원'(politarch)이라고 부르는데(사도행전 17:6), 정확한 명칭임이 최근 들어 밝혀졌다.
• 다윗이 수구(watershaft, 수직갱구)를 기어올라가 예루살렘을 점령했다는 기록은 한때 지어낸 이야기로 치부되었지만, 그 수구가 발견되었다.	• 그는 예수 출생 당시 사람들이 인구조사를 받기 위해 고향으로 돌아갔다고 주장했는데, 한때 거부되었던 이 주장이 정확한 것으로 확인되었다.
	• 루사니아가 아빌레네의 분봉왕이라는 기록 역시 한때 거부되었지만, 비문이 발견되면서 정확한 것으로 확인되었다.
	• 한 저명한 고고학자는 32개 나라, 54개 도시, 9개 섬을 다룬 누가의 기록을 검토한 후 세부내용에서 단 하나의 실수도 없음을 인정했다.

사해문서

1947년 사해 부근 쿰란에서 발견된 항아리들에 '사해문서'가 들어 있었다. 800개 정도의 필사본이 발견되었는데, 에스더서를 제외한 구약성경 모든 책의 일부가 있었다. 이 발견으로 학자들은 당시 남아 있던 가장 오래된 문서들보다 1,000년이나 앞선 성경 사본을 갖게 되었다. 당시 가장 오래된 문서가 AD 7세기의 것이었는데, BC 3세기에 필사된 사본들이 나온 것이다. 주의 깊게 비교해 본 결과, 오랜 세월이 지나는 동안 불가피했던 철자의 변화를 제외하면 이전 사본과 이후 사본의 내용이 거의 동일했다. 다시 말해, 필사자들이 그들의 일을 잘 해냈던 것이다. 이것은 오늘날 우리가 가진 구약성경이 오래전 그 저자들이 처음 쓴 것과 동일하다는 증거로 볼 수 있다.

라기스 포위공격   니느웨의 센나케리브 궁에서 나온 부조로, 산헤립의 라기스 포위공격을 보여준다.
궁수, 창수, 투석병들이 경사로를 오르며 전진하고, 공성퇴와 공성탑이 성벽을 마주보고 서 있다.
실패로 끝난 예루살렘 포위공격이 아닌 라기스 포위공격을 새겨 넣은 것에서 전형적인 앗시리아의 자만심을 엿볼 수 있다.

	원본 문서의 기록 시기	현존하는 가장 오래된 사본의 기록 시기	시간 간격	고대 사본의 수
투키디데스 『펠로폰네소스 전쟁사』	BC 430–400	AD 900	1300년	8
카이사르 『갈리아 전기(戰記)』	BC 52–51	AD 850	900년	10
타키투스 『역사』	AD 104–109	AD 800	700년	2
마태, 마가, 누가, 요한 『사복음서』	AD 65–90	AD 350(전부) AD 200(상당부분) AD 125(일부분)	260–285년 110–135년 35년	약 2,350(사복음서) 약 5,500(신약)

▲ 이 도표는 예수의 생애에 대한 증거가 고대의 다른 어떤 사건에 대한 증거보다 많고 오래되었음을 보여준다.
이 수치는 그리스어 신약성경 사본만을 대상으로 했다. 시리아어, 라틴어, 콥트어, 아람어 사본들까지 더하면 그 수는 24,000여 개에 이른다.

스도인이라는 이름의 기원인 크리스투스(*Christus*)는 티베리우스 황제 치하에서 우리의 총독 중 하나였던 본디오 빌라도의 손에 극형을 당했다. 그 후 한동안 주춤했던 악독한 미신이 그 악의 첫 번째 근원지였던 유대뿐 아니라 로마에서도 다시 터져 나왔다.”

이러한 외부의 증거는 예수가 역사적으로 실존했다는 사실을 분명히 보여준다.

신뢰 ▼

하나님은 사람들에게 그분을 믿으라고 말씀하시지만, 이 믿음은 '맹목적인 신앙'이 아니라고 그리스도인들은 말한다. 이 믿음은 과거의 하나님에 대한 체험(그래서 성경은 하나님이 하신 일을 기억하라고 반복적으로 촉구한다)과 현재에 나타난 그분의 실체와 약속에 대한 시험("여호와의 선하심을 맛보아 알지어다." 시편 34:8, 개역개정)에 근거해서 세워진다. 하나님은 사람들이 그 증거를 검토하는 것을 두려워하지 않는다고 그리스도인들은 믿는다. 하나님은 그 증거가 시험을 이겨낼 줄 아시기 때문이다.

2

성경의 이야기

성경에 따르면, 태초에는 아무것도 없었고 하나님뿐이었다.

영원히 자존하시는 하나님은 홀로 물질을 창조하셨고 그것을 빚어 우주를 만드셨다.

창세기의 관심사는 하나님이 "그 일을 어떻게 하셨는가"가 아니라 "그 일을 왜 하셨는가"이다.

인간의 존재와 자기지식, 그리고 발전의 근본이 되는 이 질문은

성경의 첫 열한 장에 걸쳐 다뤄지면서 나머지 부분 전체를 이끌어 가는 세계관을 드러낸다.

6. 시작

창조 "태초에 하나님이 천지를 창조하셨다"(창세기 1:1). 창세기(Genesis, "기원" 또는 "시작")는 이 장엄한 구절로 창조의 신비를 펼치면서 두 가지 평행 기록을 제시한다. 첫째 기록(1:1-2:3)은 창조주와 그분의 창조에 초점을 맞추고, 두 번째 기록(2:4-25)은 그 창조의 면류관인 인간에 초점을 맞춘다. 첫 삼 일―날(日)에 해당하는 히브리어 '욤'(yom)은 문자적으로도 쓰였고 비유적으로도 쓰였다―에 하나님은 우주와 지구를 만드셨고(1:3-13), 두 번째 삼 일에 그것을 가득 채우신다(1:14-30). 매일의 작품이 "좋다"고 하셨지만 지으신 모든 것을 보시고는 "참 좋다"(1:31)고 말씀하신다. 그리고 일곱째 날에 하나님은 "안식"(2:2-3)하셨다. 이 단어는 유대인의 휴일인 '안식일'(sabbath)을 뜻하는 히브리어에서 나왔다. 안식일은 엿새 동안 일하고 하루를 쉬는, 하나님이 정하신 삶의 본보기를 보여준다.

근본적인 가르침 창세기 1장은 세상의 세 가지 주체에 대한 성경의 근본적인 가르침을 드러낸다.

하나님 영원하고, 유일하고, 전능하고, 인격적이며 관

베네치아의 산마르코대성당에
있는 창조의 둥근 천장.
1230년경 작품으로 추정되며
천지창조를 묘사하고 있다.

계적인 분.

사람　하나님의 형상을 지닌 존재로, 남자와 여자로서만 온전하다. 동물
이상의 존재며 하나님께 사명으로 노동(청지기직)을 받았다.

창조세계　악하지 않고 선하며, 우연히 만들어진 것이 아니다. 하나님을 대
신해 사람이 돌보아야 할 곳이다.

죄　　　　창세기 1장과 2장이 세상의 선을 설명한다면, 3장은 악
　　　　　을 설명한다. 하나님의 형상을 지닌 인간에게 자유의
　　　　　지(선택의 능력)는 필수적이었다. 그러나 아담과 하와

가 처음으로 자유의지를 사용했을 때, 그들은 하나님을 신뢰하
지 않고 뱀의 거짓말에 넘어갔다. 갑자기 그들은 무방비로 노출
된 느낌이 들었고 두려웠다. 그리고 하나님이 경고하셨던 심판
을 경험했다. 에덴동산에서 쫓겨난 그들은 세상 밖으로 내던져
지고 스스로 생계를 꾸려가야 할 처지가 되었다. 죄 때문에 하나
님과의 친밀한 관계를 상실한 이 사건을 성경은 '타락'이라고 부
른다. 인류는 요한계시록에 가서야 잃어버렸던 생명나무를 다시
보게 된다(요한계시록 22:2).

'에누마 엘리쉬'가 기록된
석판의 일부(BC 7세기)

인류의 발전　이어 성경은 인류가 하나님을 무시하고 자신
의 기쁨을 추구하는 아담과 하와의 죄를 되풀이
하며 계속해서 나빠지는 모습을 기록하고 있다. 하지
만 인류는 여전히 하나님의 형상을 지닌 존재였다. 창세기 6-9장에는 인류
최고의 면모, 곧 농사(4:2, 9:20), 가정생활(4:17-18), 음악(4:21), 기술
(4:22), 건축(11:4)의 발전과 최악의 면모, 곧 아벨을 살해한 가인(4:1-16),
일부다처제(4:19), 복수(4:23-24), 부패와 폭력(6:5-12)이 동시에 등장한다.
안타깝게도 최악의 면모가 이겼다.

　'수메르 왕 목록'(BC 3000년대 후반)에는 창세기 5장의 기록처럼, 홍
수 이전의 왕들이 엄청나게 오래 살았다는 기록이 나온다. 그 숫자는 아마
도 상징적인 것이겠지만(고대문헌에서 흔히 그렇듯), 두 기록 모두 인간의 수
명이 훨씬 길었던 시절, 죄가 온전히 영향을 끼치기 이전의 시기가 있었다
는 이해를 반영한다.

홍수　성경에 따르면, 인간의 부패가 너무나 광범위해져 하
나님은 세상을 다시 시작하기로 결정하신다. 그리고
홍수를 내려 사람을 포함한 모든 것을 멸하시는데(창
세기 6:1-7), 경건한 노아와 그의 가족만은 예외였다. 40일 동안 폭우가 쏟
아지고 지하수가 터져 나와 온 땅을 덮었다(어쩌면 빙하기가 끝난 결과일지
모른다). 하나님은 노아에게 '방주'—물에 뜨는 3층 구조의 거대한 상자—
를 지으라고 명하셨고, 노아는 그 안으로 그의 가족과 모든 동물을 암수 한

'열국의 족보'(창세기 10장)는 고대
중동의 관점에서 여러 민족의 발
생을 나열하고 있다. 구약성경의
세계를 글로 보여주는 지도라고
할 수 있는데, 그곳의 거주민들
이 노아의 세 아들의 후손이라고
말한다. 셈은 근동 셈 족의 조상
이고, 함은 아프리카 함 족의 조
상이며, 야벳은 인도-유럽민족
의 조상이다. 70개(완전수 7과 완
성수 10을 곱한 수) 민족이 나열되
어 있는 것으로 보아, 아마도 절
대적인 완결성을 뜻하는 듯하다.

쌍(혹은 몇 쌍)씩 불러들여(6:11-7:24) 150일을 지냈다. 마침내 물이 줄어들었고 방주는 오늘날 터키에 있는 아라랏 산에 걸렸다. 새 출발의 표시로 하나님은 노아와 '언약'을 맺으셨는데, 무지개로 인쳐진 그 언약은 앞으로 사계절이 꾸준히 있을 것이며(8:22) 땅이 다시는 홍수로 멸망하지 않을 것이라는(9:1-17) 내용이었다.

고대 메소포타미아 이야기

BC 2000년대 초기에 기록된 고대 메소포타미아의 많은 이야기들은 창세기 첫 몇 장의 기록과 유사하다. '에누마 엘리쉬'(*Enuma Elish*)는 일곱 개의 석판 위에 풀어 놓은 창조 이야기다. 마르둑 신이 괴물 티아마트를 죽이고 그 몸으로 모든 것을 창조한다는 내용이다. '아트라하시스 서사시'(*The Atraharsis Epic*)는 창조와 초기 인류의 역사를 설명하고 있다. 신들은 자신들의 일을 덜기 위해 인간을 창조한다. 그런데 인간들이 내는 소음에 오히려 짜증이 나서 인간을 멸망시키려고 홍수를 일으키는 이야기가 등장한다. '길가메시 서사시'(*The Gilgamesh Epic*)는 우룩의 통치자 길가메시의 모험을 그리고 있는데, 모험 도중 그는 홍수의 유일한 생존자 우트나피쉬팀을 만난다.

이 이야기들과 창세기는 서로 연결되어 있음이 분명한데, 태고의 사건들에 대한 공통의 기억이 반영된 듯하다. 하지만 큰 차이점도 있다. 창세기에는 신들의 전투가 없고, 무로부터 모든 것을 창조하시고 인류를 만드신 한분 사랑의 하나님만 나온다. 그리고 하나님이 인류를 만드신 이유는 인간을 부려 먹기 위해서가 아니라 자신을 알게 하시려는 것이다. 홍수를 보내신 것도 짜증이 나서가 아니라, 그분의 거룩함이 점점 커지는 인류의 사악함을 더 이상 견딜 수 없었기 때문이다.

바벨탑 바벨탑은 사진과 같은 지구라트였을 것이다. 정사각형의 토대 위에서 사면이 계단식으로 비스듬히 올라가는 구조로, 정상의 성소까지 이어진 하늘로 가는 계단이 있다. 하지만 하나님은 건축자들의 교만을 싫어하셔서 그들의 계획과 언어를 혼란스럽게 만드셨고 그들을 온 세계로 흩으셨다. 건축은 중단되었고 그 도시에는 "혼란"을 뜻하는 바벨이라는 이름이 붙었다.

하나님　　　　▼

여러 세기에 걸쳐 수많은 사람들이 하나님의 증거를 내놓으려 했지만, 성경은 하나님의 '증거'를 다루지 않는다. 성경은 하나님의 존재를 당연하게 받아들이고, 그 존재뿐 아니라 모든 사람을 향한 그분의 근본적인 선함과 친절함을 장담하며, 혹시 의심스럽거든 "여호와의 선하심을 맛보아 알지어다"(시편 34:8, 개역개정)라고 권한다.

하나님의 백성의 이야기는 아브라함과 더불어 시작된다.
그는 한 민족은커녕 한 가문을 세울 가망도 없어 보였다. 당시 그는 일흔다섯 살이었으며,
불임의 아내와 살았기 때문이다. 그러나 하나님은 그를 불러 고향 땅을 떠나
"내가 네게 보여줄 땅으로 가라"(창세기 12:1, 개역개정)고 명하셨다. 바로 그 땅, 가나안에서 하나님은
그분의 약속과 계획을 알려 주셨고 아브라함과 그의 자손들은 이스라엘 건국의 아버지, 족장들이 되었다.

7. 족장들

아브라함 유목민이었던 아브라함에게 이리저리 옮겨 다니는 것은 새로운 일이 아니었다. 진정 새로운 일은 믿음으로 하나님의 부르심을 따르는 일이었다. 바로 이 믿음을 통해 그는 하나님과 올바른 관계를 맺었고(창세기 15:6) 하나님의 약속이 성취되는 것을 보았다. 아브라함과 그의 아내 사라는 약속대로 아들을 선물로 받았는데(21:1-7), 그 약속도 이후 중요한 시험대를 통과해야 했다(22:1-19). 그러나 아브라함을 향한 하나님의 뜻은 아브라함 개인에 머물지 않았다. 하나님은 다음과 같은 약속도 하셨다.

- 그의 후손이 큰 민족을 이룰 것이다(창세기 12:1-3, 15:5).
- 모든 민족이 그를 통해 복을 받을 것이다(12:3, 18:16-19).
- 그가 살고 있는 땅이 영원히 그의 후손의 소유가 될 것이다(15:12-21).

이름 성경시대에는 이름이 매우 중요했다. 이름은 한 사람의 역사, 성격, 운명을 반영했다. 하나님은 아브람("높은 아버지")의 이름을 아브라함("여러 민족의 아버지")으

아브라함이 살아 계신 하나님을 만나기 전에는 우르에 살던 동족들과 마찬가지로 달의 신인 신(Sin)을 섬겼을 것이다. 신은 오늘날 이슬람에서 볼 수 있는 것처럼 초승달 상징으로 종종 묘사되었다.

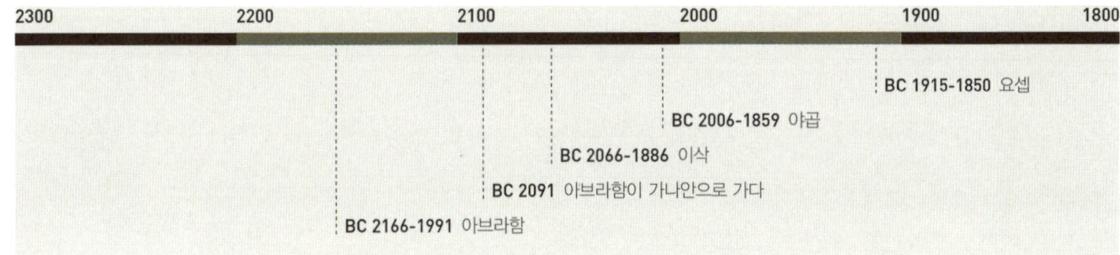

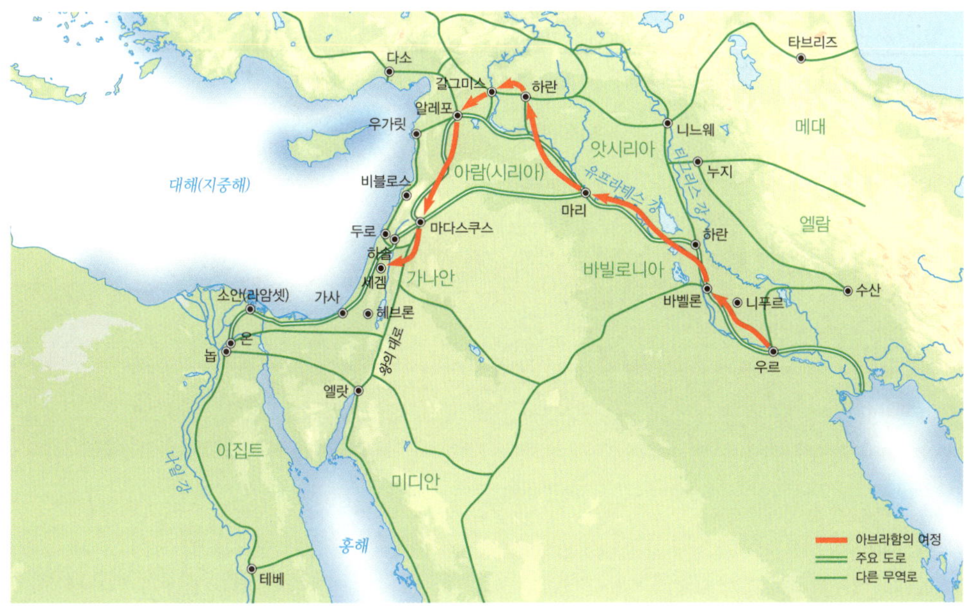

로 바꾸어 그분의 약속을 기억하게 하셨다. 그의 아들 이삭("그가 웃는다")
은 사라가 임신의 약속을 듣고 웃었던 일을 떠올리게 하는데, 이삭이 태어
나자 그 웃음은 기쁨의 웃음으로 바뀌었다. 그의 손자 야곱은 하늘의 방문
자와 씨름을 벌인 후 이스라엘("하나님과 겨룬 자")이라는 이름을 받는다. 평
생 다른 사람들을 이기려고 싸웠던 그였지만 하나님을 상대로 이길 수는
없었다(창세기 32:22-32, 35:9-10).

소돔과 고모라   아브라함과 조카 롯은 가축 떼가 불어나 목초지가 부
족해지자 무리를 나누었다. 롯은 사해 남쪽 소돔 성에
정착하기로 했다. 소돔은 비옥한 땅이었지만 부도덕하
고 불안정했다(창세기 13:1-13). 아브라함은 소돔과 고모라에 하나님의 심

아브라함의 여정

메소포타미아 남부, 장엄한 건축
물과 운하의 도시 우르에서 살던
아브라함의 가족은 유프라테스
강을 따라 북쪽으로 여행해 하란
에 이르렀다. 아버지 데라가 죽
은 후, 아브라함은 하나님의 부
르심(창세기 11:31-12:1, 사도행전
7:2-4)에 따라 여행을 계속했다.
그는 마침내 가나안에 도착해서
반(半)유목민 생활을 하며 재산을
늘려 갔다. 기근을 피하기 위해
이집트에서 일정 기간을 지낸 후
(창세기 12:10-13:2), 헤브론으로
옮겨 가 그곳에서 남은 생애의
대부분을 보냈다(13:14-18). 바로
그곳에서 하나님이 그와 언약을
맺으셔서, 아들을 주실 것과 함
께 그로 큰 민족을 이루게 하겠
다고 약속하셨다(15:1-21).

유목민 당시에는 강을 끼고 세워진 강력한 나라인 메소포타미아와 이집트, 그리고 그 사이의 작은 도시국가들 외에도,
유목민족이 많이 있었다. 그들은 사진에 나오는 베두인 족처럼 천막을 치고 살면서 가축 떼를 먹일 목초지를 찾아 끊임없이 이동했다.
성경에 나오는 족장들이 바로 이렇게 살았다.

판이 내리던 날 그를 구하기 위해 간구했다. 그날 불타는 유황이 역청 구
덩이에서 분출되어 그 도시에 쏟아져 내렸을 것이다(18:16-19:29).

이삭

아브라함이 죽은 후, 그의 아들 이삭이 족장이 되었다.
지도권은 흔히 장남이 물려받았는데, 이삭도 야곱도
둘째 아들이었던 것으로 보아 하나님은 인간의 전통에
매이지 않으심을 알 수 있다. 이삭의 신부를 찾기 위해 파견된 아브라함의
종이 메소포타미아 북부에 있는 아브라함의 친척들을 찾아가 아름다운 리
브가를 데려왔다(창세기 24:1-67). 한동안 임신하지 못했던 그녀는 20년을
기다린 끝에 에서와 야곱, 쌍둥이 아들을 낳았다. 야곱은 태어날 때 형의
발꿈치를 붙들어 향후 두 형제 사이에 벌어지는 싸움을 예언처럼 드러냈
다. 기근이 발생하자 이삭은 이집트로 거처를 옮길 계획을 세우는데, 하나

님이 나타나셔서 아브라함과 맺은 약속은 곧 이삭에게 주시는 약속이기도 하다고 분명히 말씀하신다. 이삭은 가나안에 머무르며 곡식을 심고 우물을 팠고, 결국 브엘세바에 정착하게 된다(26:1-33).

야곱

야곱은 에서를 속여 형의 장자권을 샀고(창세기 25:27-34), 그 다음에는 리브가의 권유에 따라 눈먼 이삭을 속여 에서가 받을 상속의 축복을 대신 받았다(27:1-40). 야곱은 에서의 분노를 피해 하란에 사는 외삼촌 라반(리브가의 오빠)에게로 가다가 강력한 꿈을 통해 하나님을 만났다(28:10-22). 하란에서 그는 레아와 라헬 두 아내를 얻는데, 선택이라기보다는 그에게 떠안겨진 상황이었다(29:1-30). 그 시절에 이스라엘 열두 지파의 조상이 되는 열두 아들 중 열한 아들을 얻는다(29:31-30:24). 그가 가나안으로 돌아오는 길에 하나님은 다시 그를 만나(32:22-32) 그와 씨름을 하고 그의 힘을 꺾으신 후 이름을 이스라엘("하나님과 겨룬 자")로 바꾸어 주셨다. 이스라엘은 그의 후손들이 이루는 한 민족의 이름이 된다. 라헬은 고향으로 오는 길에 야곱의 열두 번째 아들 베냐민을 낳다가 죽었다(35:16-20).

요셉

요셉은 아버지 야곱의 총애를 독차지하다가 형들의 시기를 받게 되었다. 야곱이 요셉에게만 아름다운 옷을 준데다, 꿈을 해석할 수 있는 능력을 갖게 된 요셉이 그들을 무시하는 듯한 꿈 이야기를 꺼내자 형들의 분노가 폭발했다. 그들은 동생을 제거하기로 결정하고 지나가던 상인들에게 그를 팔았다(창세기 37:1-36). 이후 요셉은 이집트로 끌려가 믿음을 위협받는 많은 고초를 겪게 된다(39:1-41:57). 마침내 파라오의 오른팔이 된 그는 가족을 이집트로 데려와 가나안의 기근을 피하게 하고, 형들에게 "형님들은 나를 해치려고 하였지만, 하나님은 오히려 그것을 선하게 바꾸"셨다고 고백한다(50:20).

믿음 ▾

믿음이란, 우리가 할 수 없는 일을 하나님은 어떠한 상황에서도 언제나 하실 수 있다는 확신이다. 족장들의 이야기를 보면 하나님을 신뢰할 때 희생과 위험이 따르는 경우도 많은데, 신앙의 여정이 그리 녹록하지 않다는 것을 알 수 있다. 그러나 족장들은 하나님이 언제나 약속을 지키신다는 확신이 있었기에 계속 나아갈 수 있었다.

요셉의 후손들은 이집트에서 430년 동안 살았다(출애굽기 12:40). 그러다 보니 요셉과 그 후손들이
이집트에 기여한 바를 알지 못하는 새로운 왕조가 일어났다. 이집트인은 이스라엘 자손의 수가 불어나자
위협을 느끼고 그들을 노예로 삼았다(1:6-14). 이스라엘 자손은 하나님께 호소했고,
하나님은 그들의 부르짖음을 들으셨다(2:23-24). 그러나 하나님의 계획은 그들을 해방시키는 것에
그치지 않았다. 그분은 그들을 하나의 민족으로 만들고 약속의 땅으로 돌려보낼 것을 계획하셨다.

8. 출애굽

이스라엘 자손을
노예로 삼았던 파라오로
추정되는 투트모세 3세의 조상.
그의 아들 아문호텝 2세가
열 가지 재앙 당시의
파라오였을 것이다.

**모세의
젊은 시절**

출애굽기는 모세가 히브리인으로 태어
났지만 이집트인으로 자랐다고 말한
다. 새로 태어난 이스라엘의 남자아
이들을 죽이라는 파라오의 명령이 내려지자 모세의 어
머니는 아들을 보호하기 위해 그를 숨겼고 이후 파라
오의 딸이 발견해 아들로 삼았다. 그렇게 해서 그는
왕자로 성장하며 후에 너무나 유용한 것으로 입증되
는 기술들, 곧 리더십, 글쓰기, 법률, 전쟁술 등을 익히
게 된다. 마흔의 나이에 그는 히브리 노예를 편들다
이집트인을 살해하고 미디안 땅으로 달아났다. 그곳
에서 40년을 보내며 광야생활에 필요한 기술을 배우
게 되고, 그 기술들도 나중에 요긴하게 쓰이게 된다.
호렙(시내) 산에서 하나님을 만난 일이 인생의 전환점
이 되고, 하나님은 그의 조상의 하나님이자 '여호와'
(*Yahweh*, 야훼, "스스로 있는 자")로 자신을 계시하시고
그를 이집트로 돌려보내며 하나님의 백성을 해방시

| 1900 | 1800 | 1700 | 1600 | 1500 | 1400 |

BC 1876 야곱과 그의 가족이 이집트에 정착하다

BC 1526-1406 모세

BC 1446 홍해를 건너다

BC 1406 여호수아가 모세의 뒤를 잇다. 이스라엘이 약속의 땅에 들어가다

키라 명하신다(출애굽기 3:1-4:31).

열 가지 재앙 여든이 된 모세는 하나님의 명령을 파라오에게 전했지만, 노예들의 노동력을 포기할 생각이 없었던 파라오는 그 명령을 단박에 거절했다. 하나님은 이후 몇 달 동안 열 가지 재앙을 통해 점점 더 강하게 그를 압박하셨는데(출애굽기 7:14-12:51), 각 재앙은 앞선 재앙의 자연적인 결과였을 뿐 아니라 이집트의 신들에 대한 직접적인 도전이었다. 공격 대상이 (나일 강처럼) 신으로 여겨지거나 (파리처럼) 신을 나타내는 존재였던 것이다. 결국 이집트인이 그토록 정성껏 준비했던 '죽음'이 불쑥 찾아와 각 가정의 만아들을 데려갔다. 파라오는 그제야 항복하고 이스라엘 자손을 풀어준다. 출애굽(exodus, "출발"을 뜻하는 그리스어에서 나온 표현)으로 알려진 그들의 탈출은 남자만 60만 명(12:37), 여자와 아이들을 포함하면 이삼백만 명에 이르는 대규모 민족 이동이었다. 그러나 청동기 후기에 이러한 대규모 이주는 드문 일이 아니었다.

언약과 계명 시내 산에서 하나님은 개인이 아니라 한 민족과 언약을 맺으셨으며(출애굽기 19:6), 그들을 복 주고 보호해 주겠다고 약속하셨다. 그리고 그들에게 하나님을 섬기고 그분에게 순종할 것을 요구하셨다. 그 다음, 하나님은 그들에게 율법을 주시며 그대로 살라고 말씀하셨는데, 율법의 중심에는 십계명이 있었다(20:1-17). 십계명이 뜻하는 바는 출애굽기와 레위기에 기록된, 삶의 모든 측면을 다루는 추가적인 율법으로 표현되었고, 이 율법은 이스라엘이 하나의 민족으로 결합하는 데 도움이 되었다. 십계명은 두 돌판에 기록이 되

이집트 신화의 아피스 황소 조각상. 뿔 사이에 라(Ra) 신을 상징하는 태양 원반이 있다. 모세가 시내 산에서 내려오지 않을 것이라 생각하고 이스라엘 자손이 신의 형상으로 만든 금송아지(출애굽기 32장)도 아마 이런 모습이었을 것이다.

출애굽 연대

열왕기상 6:1의 연대 기록에 따르면 출애굽은 BC 1446년에 일어났는데, 이 연대는 사사기 11:26에 언급된 300년과도 들어맞는다. 그런데 일부 사람들은 BC 13세기에 파괴된 가나안 도성들의 고고학적 증거에 근거해 출애굽 연대가 BC 1290년경이라고 믿는다. 하지만 그 도성들을 파괴한 이들의 정체를 알 수 없고, 이스라엘 자손이 자신들이 살게 될 도성을 완전히 파괴할 가능성은 낮으므로, 성경이 제시하는 출애굽 연대를 수정할 이유는 없다고 하겠다.

49

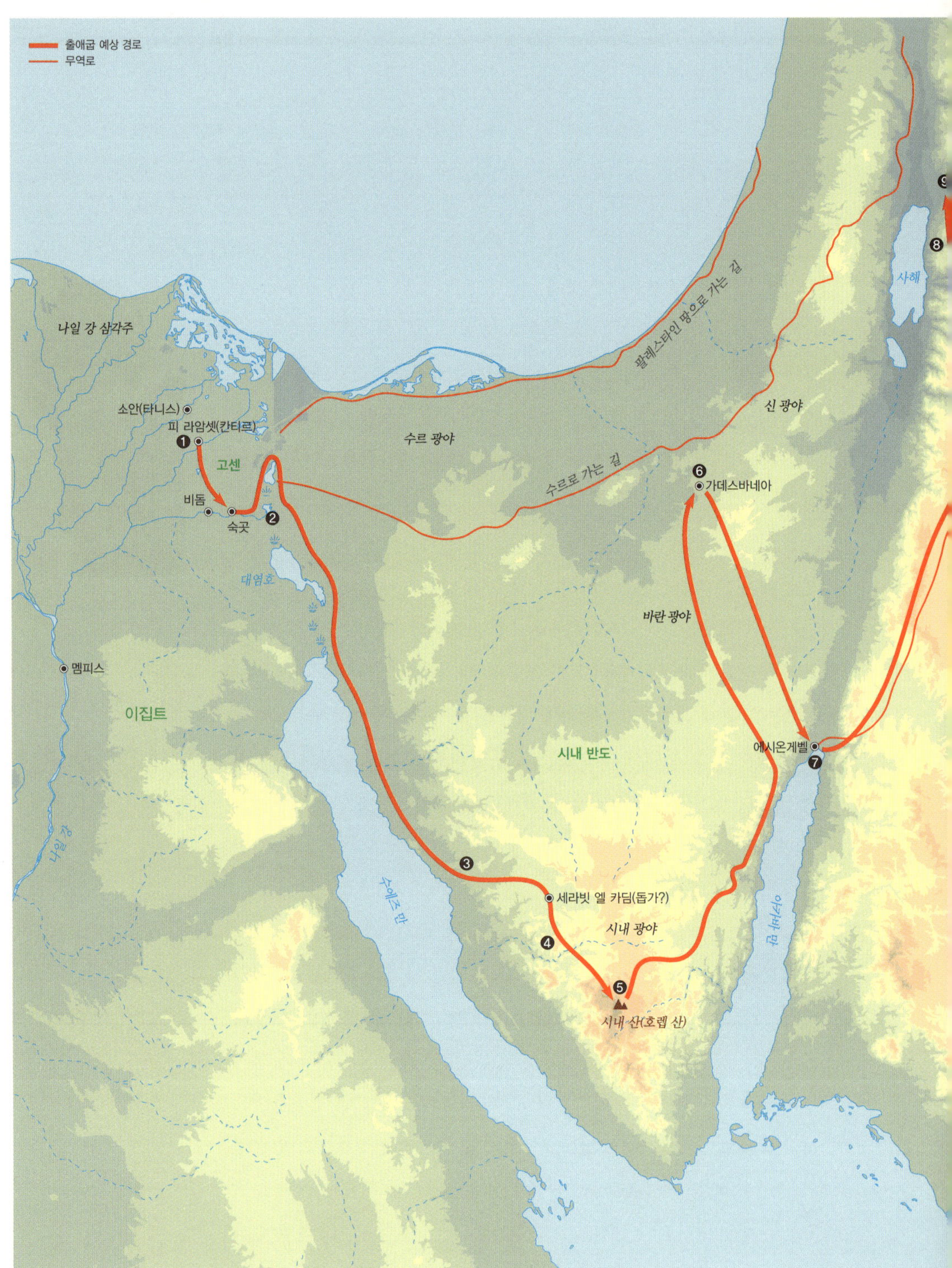

출애굽 예상 경로
무역로
나일 강 삼각주
소안(타니스)
피 라암셋(칸티르)
고센
비돔
숙곳
대염호
멤피스
이집트
나일 강
수에즈 만
팔레스타인 땅으로 가는 길
수르 광야
신 광야
수르로 가는 길
가데스바네아
바란 광야
시내 반도
세라빗 엘 카딤(돕가?)
시내 광야
시내 산(호렙 산)
에시온게벨
아카바 만
사해

출애굽 예상 경로

가능성 있는 여러 경로가 있지만, 이 지도가 이스라엘 자손이 택했을 것으로 전통적으로 추정되는 가장 유망한 경로다.

❶ **유월절** 이스라엘 자손이 유월절 식사를 하는 동안 이집트의 장자들이 죽었다(출애굽기 12:14-30).

❷ **갈대 바다** 이스라엘 자손은 앞뒤로 파라오의 군대와 바다 사이에 끼었다. 여기서 바다는 『70인역』에서 잘못 번역한 홍해가 아니라 '갈대 바다'(히브리어 '얌숩', *Yam Suph*)인데, 아마도 나일 강 삼각주의 습지대였을 것이다. 여기라면 강풍(14:21)이 불 때 물이 밀려나 사람들은 걸어서 건널 수 있는 반면, 무거운 전차들은 강바닥에 빠져 꼼짝할 수 없었을 것이다.

❸ **시내 광야** 광야생활의 어려움이 닥치자 최초의 환희는 불평으로 바뀌었다. 그러나 하나님은 만나와 메추라기를 기적적으로 공급하셨다(16:1-36).

❹ 물이 떨어지자 하나님이 모세에게 반석을 치라고 하셨고 거기서 물이 기적적으로 터져 나왔다(17:1-7).

❺ **시내 산** 시내 산에서 하나님은 이스라엘을 "거룩한 민족"(19:6)으로 세우고 그들과 언약을 맺으셨다(24:1-8). 여느 민족과 마찬가지로, 그들에게는 이제 삶의 지침이 되어줄 법률(20-24장)과 하나님과의 관계를 유지할 방법(25-40장)이 필요했다.

❻ **가데스바네아** 가나안으로 보냈던 정탐꾼들이 상반된 보고를 가지고 돌아와(민수기 13:26-33) 두려움과 불신을 일으켰다(14:1-10). 그에 대한 심판으로, 신실한 여호수아와 갈렙을 제외한 스무 살 이상의 모든 사람이 광야에서 죽게 된다(14:11-45). 이스라엘 자손은 광야에서 40년 가까이 머물렀다.

❼ **에돔** 이스라엘 자손은 남쪽으로 갔다가 북쪽으로 올라가 동쪽에서부터 가나안으로 들어갈 계획을 세웠다. 그러나 에돔(에서의 후손)이 자기네 땅을 통과하는 것을 거부했고, 이스라엘 자손은 할 수 없이 에돔을 우회해 더 동쪽으로 갔다(20:14-21).

❽ **모압** 모압도 이스라엘의 통행을 거부했다. 이스라엘은 그들과 싸워 야하스, 헤스본, 에드레이에서 결정적인 승리를 거두고(21:21-33) 가나안 공격의 든든한 근거지를 확보했다. 이스라엘을 저주하기 위해 고용된 점쟁이 발람은 그들을 저주할 수 없었다. 단지 축복할 수 있을 뿐이었다(22-24장). 모세는 여호수아를 후계자로 임명하고(27:12-23) 하나님과 이스라엘의 언약을 갱신했다(신명기).

❾ **느보 산** 모세는 약속의 땅을 코앞에 두고 120살에 죽었다. 하나님의 백성에게 분노한 일로 약속의 땅에 들어갈 자격을 잃어버렸기 때문이다(민수기 20:1-12).

었는데, 흔히 생각하듯 한 돌판에 다섯 계명씩 적힌 것이 아니라 두 개의 원본이 각각의 돌판에 적힌 것이다. 흔히 언약의 증서는 언약 참가자 양방이 한 부씩 나누어 보관하지만, 이 언약은 온전히 하나님이 하시는 일이기 때문에 하나님은 두 원본 모두 성막 안의 '언약궤'에 보관하셨다.

언약 ▼

언약—구속력 있는 계약—은 고대 세계에서 흔한 개념이었다. 그러나 그 언약들이 언제나 언약 당사자 양쪽의 의무를 포함하는 쌍방적인 것이었던 반면, 성경의 언약은 일방적이다. 인간과 언약을 맺는 주체는 하나님이며, 우리가 할 수 있는 것은 응답이 전부다. 언약은 보상도 필요 조건도 아닌, 하나님의 헌신적인 사랑의 은혜로운 표현이다. 하나님은 그 사랑에 신뢰와 순종으로 반응하도록 사람들을 초대하신다.

모세가 죽자 그의 후계자 여호수아가 이스라엘의 지도자가 되었다. 하나님은 그와 함께하겠다고 말씀하셨으며, 굳세고 용감하라고 격려하셨다(여호수아 1:2-9). 마침내 때가 되었다. 수백 년 전, 약속의 땅에 대해 아브라함에게 주신 약속이 성취될 참이었다. 가나안은 이미 많은 독립 도시국가들이 차지하고 있었지만, 여호수아는 하나님을 의지하고 탁월한 전략을 발휘해 이스라엘을 이끌고 들어가 그들이 유산으로 받은 땅을 차지했다. 하지만 저항세력들이 남아 오랫동안 그들을 괴롭혔다.

9. 약속의 땅

땅의 분할　약속의 땅을 차지한 후 여호수아는 열두 지파에게 땅을 나누어 주었다. 르우벤 지파, 갓 지파, 그리고 므낫세 지파 절반이 이전에 요청했던(민수기 32:1-42) 요단 강 동쪽 땅으로 돌아갔다. 여호수아는 제비를 뽑아 남은 지파들에게 가나안 땅을 나누어 주었다. 여호수아 13-19장은 각 지파의 영역을 글로 밝혀 준 지도에 해당한다. 하나님의 성막은 누구나 찾아올 수 있도록 가나안 땅 한복판에 있는 실로에 두었다(여호수아 18:1). 살인 혐의를 받은 사람이 공정한 재판을 받을 수 있도록 도피성 여섯 곳(요단 강 동서쪽에 세 곳씩)을 마련했고, 땅을 받지 못한 레위인을 부양할 성읍들도 지정했다.

가나안 정착　출애굽 시기를 어떻게 보는지에 따라 가나안 정복 전쟁의 시기가 달라진다. 흔히 BC 1406년이나 1230년을 그 시작으로 본다(빈약한 고고학적 증거만 보면 둘 다 가능성이 있다). 이스라엘은 그 땅에 정착할 의도였기 때문에 가나안의 모든 것을 파괴하지는 않았다. 이 기간에 해당하는 파괴의 증거가 거의 발견되지 않았다는 것은 그리 놀랄 일이 아니다. BC 14세기에 가나안과 시리

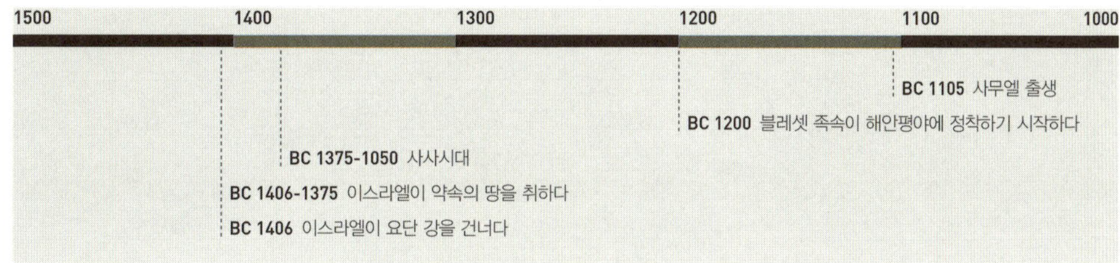

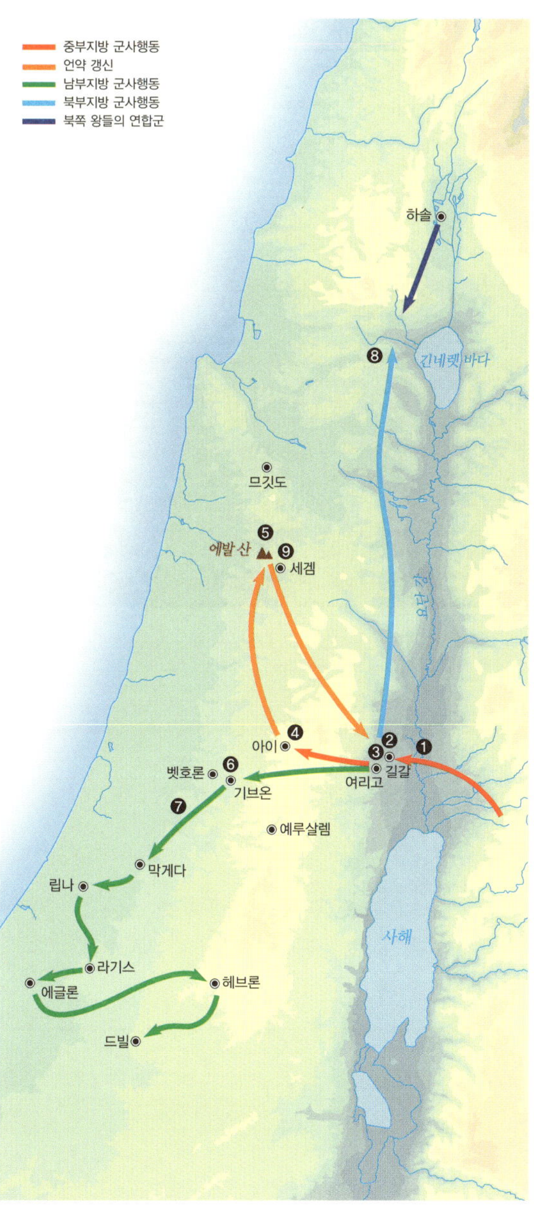

여호수아의 군사행동

❶ **요단 강** 정탐꾼들이 돌아온 후 이스라엘은 요단 강을 건넜는데, 제사장들이 언약궤를 메고 요단 강으로 들어가자 헤르몬 산의 눈이 녹아내려 홍수가 난 강물이 상류에 쌓여 멈췄다(여호수아 3:1-4:24). 흐르는 강물로 상징되던 바알의 능력은 살아 계신 하나님 앞에서 꼼짝없이 무너졌다.

❷ **길갈** 이스라엘은 광야에서 소홀히 했던 할례를 다시 시행해 하나님에 대한 헌신을 재차 확인했고(5:1-12) 약속의 땅에서 처음으로 유월절을 지켰다. 다음 날, 그동안 기적적으로 공급되던 만나가 그쳤다(5:11).

❸ **여리고** 여호수아의 첫 번째 장애물은 든든한 성벽을 갖춘 고대도시 여리고였는데, 가나안 중부를 지나는 길이 그들의 소유였다. 천사가 나타나 이 전투는 여호수아가 아닌 하나님의 것임을 알려 주었고(5:13-15), 여리고 성을 함락시키기 위해 주어진 특이한 전략은 그 사실을 더욱 분명히 보여주었다. 이스라엘이 7일 동안 찬양하며 성 주위를 행진하자 성벽이 무너져 내린 것이다(6:1-27).

❹ **아이** 여리고에서 서쪽으로 24km 떨어진 아이 성 전투에서 이스라엘은 패배했다(7:1-5). 아간이 여리고 성의 전리품을 챙긴 죄 때문이었다. 그 죄를 밝히고 처리한 후(7:6-27), 매복 전략을 써서 아이 성을 점령했다(8:1-29).

❺ **에발 산** 여호수아는 산 위에 제단을 쌓고 하나님의 언약을 재확인했다(8:30-35).

❻ **기브온** 기브온 사람들이 이스라엘을 속여 평화협정을 맺었다. 이 사실을 알게 된 이스라엘은 그들에게 강제 노역을 부과했다(9장). 이때부터 가나안 연합군은 둘로 나뉘었다.

❼ **남부지방** 이스라엘은 전략적으로 중요한 모든 도시를 점령해(10장) 가나안 남부를 지배하게 되었다.

❽ **북부지방** 그 다음 여호수아는 북쪽으로 진군해 하솔 왕이 이끄는 연합군을 무찔렀다. 하솔을 점령하고 다른 성읍들을 차지하여(11장), 30년 만에 대부분의 정복이 완료되었다. 그러나 이후로도 오랫동안 저항세력들은 살아남았다.

❾ **세겜** 여호수아는 언약을 갱신하고 백성들을 각자 유산으로 받은 땅으로 돌려보냈다(24장). 그는 110세의 나이로 죽었다.

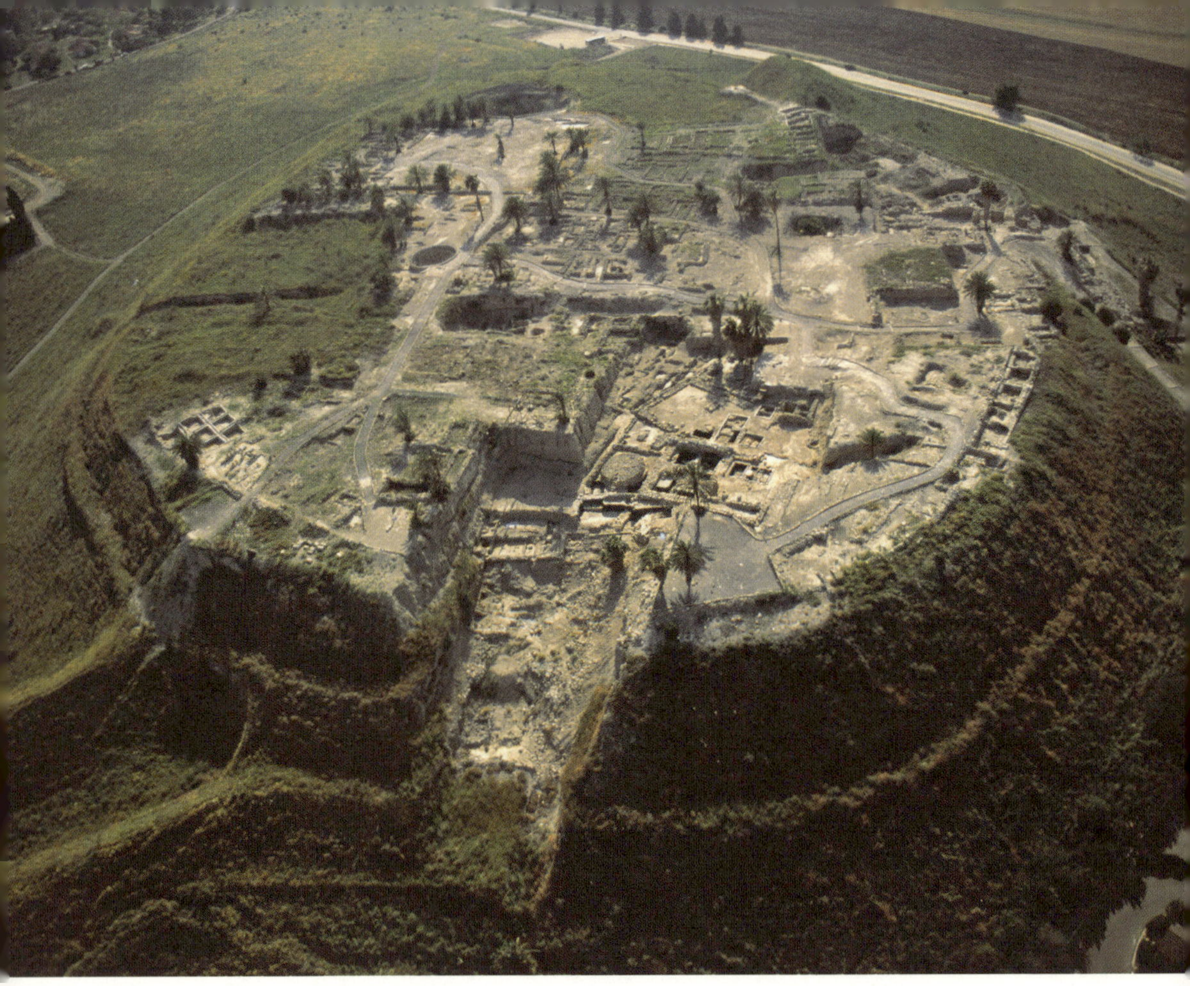

므깃도 BC 7000년경부터 사람이 살았던 므깃도는 해발 213m의 언덕에 자리 잡고 있으면서 이스르엘 골짜기를 지나가는 국제도로를 지켰다. 너무 방비가 잘되어 있어서 당시 이스라엘이 차지하지 못한 도성 가운데 하나다.

아의 통치자들이 기록한 '아르마나 서신'(*Armana Letters*)은 아피루, 혹은 하비루(히브리인을 가리키는 표현임이 거의 분명하다. 특히 그들이 노예 출신이라는 말이 그렇다)의 호전적인 활동을 불평하고 있는데, 이 서신은 앞선 연대설을 지지하는 증거다. 일부 학자들은 가나안 정복이 훨씬 더 점진적으로 이루어졌거나, 오랜 시간에 걸친 점진적이고 평화적인 흡수가 이루어져 마침내 이스라엘이 지배적인 집단이 되었다고 본다. 가나안에서 사회 혁명이 벌어졌을 것이라고 생각하는 이들도 있다. 이러한 견해는 여호수아서를, 이스라엘의 기원을 미화한 후대의 창작물로 본다. 하지만 이것은 성경의 자료와 일치하지 않는다.

룻

룻의 이야기는 "사사들이 다스리던 때"(룻기 1:1, 우리말성경)를 배경으로 하고 있다. 어려운 시기를 맞은 한 이스라엘 가정에 시집온 모압 여인 룻은 다른 사람을 위한 사심 없는 헌신과, 어떤 민족이나 어떤 상황에 있는 사람이건 능히 구원하시는 하나님의 능력을 보여주는 탁월한 본보기로 제시된다.

사사들

여호수아가 죽은 후 이스라엘은 급속히 쇠퇴했다. 가나안 종교의 성적 유혹에 넘어간 그들은 하나님과 하나님이 그들을 위해 하신 모든 일을 잊어버리고 주위 민족들과 똑같이 되었다. 그러나 하나님은 그들을 포기하지 않으셨다. 성경은 하나님이 사랑의 징계 행위로 주변 민족들의 침략을 허락하여 이스라엘이 하나님께 부르짖도록 하셨다고 기록한다. 사사기는 열두 명의 지도자(사사)를 하나님이 일으키시고 상황에 따라 필요한 능력을 주셔서 이스라엘을 구원하는 내용으로 이루어져 있다. 하지만 순종의 기간은 짧았다. 위험이 지나가면 그들은 곧장 이전의 모습으로 되돌아갔다. 불순종, 곤경, 구원의 주기로 이어지는 이 시기는 300년이 넘게 이어졌다. 유명한 사사로는 기드온(사사기 6:1-8:32), 삼손(13:1-16:31), 사무엘(사무엘상 1:1-25:1), 그리고 유일한 여자 사사 드보라(사사기 4-5장)가 있다.

대부분의 사사는 각 지파의 영웅들이었고 당시에는 이스라엘 민족이 하나라는 의식이 희박했는데, 이 점은 사사기를 마감하는 글에 요약되어 있다. "그 때에는 이스라엘에 왕이 없었으므로, 사람들은 저마다 자기의 뜻에 맞는 대로 하였다"(21:25).

이집트 메르넵타 화강암 석비. 이 석비는 이스라엘로 여겨지는 민족이 BC 1213년에 이미 가나안에 있었고 농경생활을 했음을 확인해 준다.

성공 ▼

모세의 성공은 이스라엘을 약속의 땅으로 인도한 일이라기보다 하나님이 그에게 맡기신 임무를 이어받아 완수할 사람을 길러낸 데 있다고 볼 수 있다. 진정한 성공은 후계자들을 배출하는 데 있다. 하나님의 음성을 듣고 순종하는 여호수아 같은 후계자 말이다. 성공이 우리에게서 끝난다면 그것은 진정한 성공이 아니다. 예수도 그 사실을 아셨기 때문에 훈련받은 제자들을 통해 그분의 사명을 완수하게 하셨다.

서쪽으로부터 블레셋의 위협이 점점 커지자 이스라엘은 그들에게 왕이 없는 것이
문제의 핵심이라고 생각하게 되었다. 하지만 성경은 그들이 패배한 이유가
하나님을 신뢰하지 않았기 때문이라고 분명히 밝히고 있다. 사무엘이 강하게 경고하는데도 그들은
왕을 달라고 졸라댔고(사무엘상 8:1-22), 하나님은(이미 그들의 왕이셨건만!) 그들의 요구를 들어주셨다.
이렇게 해서 이스라엘은 느슨한 지파연맹체에서 군주국가로 넘어가게 되었다.

10. 이스라엘의 초기 왕들

사울

이스라엘의 첫 왕 사울의 출발은 좋았다. 그는 큰 키에 힘이 강했고 용모가 준수했으며, 무엇보다 겸손했다. 이스라엘 백성이 원했던 모든 것을 갖춘 사람이었다.

그러나 첫 번째 성공(사무엘상 11:1-15) 이후 기고만장해졌다. 자신은 왕이니 무엇이든 내키는 대로 할 수 있다고 생각했고, 선지자 사무엘의 지시를 두 번이나 무시하고는 일이 잘못되자 남 탓을 했다(13:1-15, 15:1-35). 그래서 하나님은 사무엘을 보내어 그분이 그를 버리셨고 다른 사람을 왕으로 택하셨음을 전하게 하셨다(13:13-14).

사무엘은 왕을 임명한 일이 실수였다고 생각했다. 그러나 하나님은 이미 400년 전에 주신 율법에서 왕에 대한 규정을 마련하셨다(신명기 17:14 20). 이것으로 보아 이스라엘 자손은 정당한 것을 부당한 이유로 구했던 것 같다.

다윗

다윗의 아버지는 이스라엘의 새로운 왕을 찾으러 온 사무엘이 아들들을 데려오라고 말했을 때 그를 부르지도 않았다. 다윗의 형들을 본 사무엘은 그들의 외모에

블레셋 용사 골리앗을 물리친 유명한 대결에서 다윗은 사진과 같은 물맷돌을 사용했다 (사무엘상 17장). 고속으로 발사된 테니스공 정도 크기의 물맷돌에 맞으면 목숨을 잃을 수도 있었다.

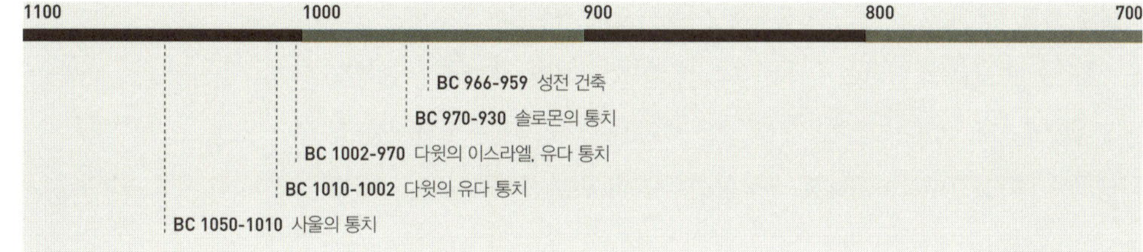

잠시 판단력이 흐려졌지만, 하나님은 "사람은 겉모습만을 따라 판단하지만, 나 주는 중심을 본다"(사무엘상 16:7)는 사실을 상기시키셨다. 양 떼를 돌보고 있던 다윗이 마침내 도착했을 때, 하나님은 사무엘에게 말씀하셨다. "바로 이 사람이다. 어서 그에게 기름을 부어라!"(16:12)

▲ **예루살렘 점령** 북쪽과 남쪽 지파의 경계 지역에 자리 잡은 여부스 족의 성 시온(예루살렘)은 다윗의 새 수도로서 이상적인 곳이었다. 여부스 족은 든든한 방비를 믿고 지나치게 자신만만해하다가 다윗 부하들의 기습공격을 받고 제압되었다. 다윗의 군사들은 기혼 샘을 통해 물 긷는 수구(1867년 이곳을 발견한 사람의 이름을 딴 워렌의 수구—옮긴이)로 올라가 도성으로 들어갔다(사무엘하 5:6–10).

하지만 다윗이 왕이 되는 길은 순탄치 않았다. 권력을 지키는 일에 혈안이 된데다 점점 심적 안정을 잃어 간 사울은 다윗을 시기해 이후 10년 동안 그를 쫓아다녔다. 하지만 다윗은 사울의 목숨을 살려 주었다(24:1-22, 26:1-25). 사울이 죽고 난 후에야 다윗이 왕이 될 수 있는 길이 열렸다. 처음에 그는 헤브론을 본거지로 해서 유다를 다스렸고, 7년 후 예루살렘을 수도로 정하고 통일왕국을 다스렸다. 그의 통치 아래 나라는 확장되고 든든해졌다.

다윗은 하나님을 위해 성전을 짓고자 했지만, 오히려 하나님이 친히 다윗을 위해 집을 지어 주겠다고 말씀하셨다. 그것은 돌로 만든 집이 아니라 다윗의 후손들로 이루어진 집이고, 그 후손 가운데 하나가 영원히 보좌에 앉을 것이라고 약속하셨다. 그리스도인은 '다윗 언약'(사무엘하 7:1-29)으로 알려진 이 약속이 다윗의 자손 예수 안에서 성취되었다고 믿는다.

다윗의 명암   다윗은 훌륭한 왕이었고 하나님의 마음에 합한 사람이었지만(사무엘상 13:14), 다음이 보여주듯 성공 못지않게 많은 실패를 겪었다.

다윗의 성공 왕이 되어 민족의 통일을 이루었으며(사무엘하 5:3) 예루살렘을 새로운 수도로 정했다(5:6-10). 블레셋 족속과 기타 적들을 제압했고 (5:17-25, 8:1-14, 10:1-19) 주요 무역국인 페니키아(두로)와 우호관계를 유지했다(5:11-12). 또한 언약궤를 예루살렘으로 가져왔으며(6:1-23), 시편을 쓰고 예배를 장려했다.

다윗의 실패 개인적으로는 밧세바와 간통을 하고 그녀의 남편 우리야를 죽였다(사무엘하 11장). 가정생활에서는, 이복 여동생 다말을 강간한 맏아들 암논을 방치했고(13:1-22) 암논을 죽여 다말의 복수를 한 셋째 아들 압살롬도 내버려 두었다(13:23-39). 이후 자진해서 유배를 떠난 압살롬이 돌아오도록 허락했고, 다윗의 코앞에서 서서히 쿠데타 세력을 모으는 것도 허용했다(15장). 결국 압살롬이 일으킨 내전에 전혀 손을 쓰지 못하다가, 요압이 압살롬을 죽임으로 내전이 끝이 났다(17:1-19:43). 왕으로서 그는, 인구조사를 했다가 끔찍한 결과를 맞았고(24:1-25), 왕위계승 문제를 명확히 하지 않고 있다가 하마터면 또 다른 쿠데타가 일어날 뻔했다(열왕기상 1:28-53).

솔로몬

다윗의 아들이자 후계자 솔로몬은 이스라엘이 구했던 바, 다른 모든 나라들처럼 그들을 다스릴 왕이었다(사무엘상 8:5). 그의 40년 통치 동안 이스라엘은 그 어느 때보다 큰 번영과 영향력을 누렸지만, 동시에 파멸의 씨앗도 뿌려졌다.

솔로몬은 다음 네 가지로 가장 유명하다.

지혜 하나님이 그에게 무엇이든 구하라고 하셨을 때, 솔로몬은 지혜를 선택했다(열왕기상 3:5-15). 주변 나라에서 사람들이 찾아와 폭넓은 주제에 대한 그의 지혜를 경청했다(4:29-34).

부(富) 솔로몬이 부유하다는 명성이 퍼지자 스바의 여왕 같은 방문객들이 찾아왔다(10:1-13). 솔로몬의 부는 무역을 통해서도 얻었지만 백성들에게 세금을 부과하고 강제노역을 시켜 많은 건축사업을 진행한 결과이기도 했다. 그로 인한 백성들의 불만이 폭발해 그의 사후 결국 나라가 둘로 쪼개지게 된다.

아내들 성경시대에는 아내를 둘 가진 남자를 부자로 인정했다. 그런데 솔

◀ **이스라엘의 영토** 사울과 다윗 시대 이스라엘의 영토. 다윗 치하에서 이스라엘은 마침내 하나님이 아브라함에게 약속하신 모든 땅을 지배하게 되었다. 이스라엘 영토는 솔로몬 치하에서 가장 멀리까지 뻗어갔다.

로몬은 700명의 아내와 300명의 첩을 두어 부를 과시했다. 이런 여자 사랑이 결국 그를 넘어뜨려 이방 신들을 숭배하게 했다(11:1-6).

예배 솔로몬은 아버지 다윗이 계획했던 성전을 지었다. 완공까지 7년이 걸린 성전은 페니키아(두로)의 장인들을 고용한 탓에 가나안 양식을 따랐다. 완공된 후 언약궤를 성전 안 제자리에 들여놓자 하나님의 임재가 성전을 가득 채웠다(8:1-10). 솔로몬의 성전 봉헌기도(8:22-61)는 그의 놀라운 영성을 보여주지만, 안타깝게도 인생 말년에 그것을 잃어버린다.

왕위 ▼

하나님이 이스라엘에게 왕을 주신 것은 단지 백성들의 요구에 대한 반응이 아니라, 다윗의 자손인 왕(메시아)을 통해 주어질 통치를 미리 보여주는 그림이었다. 그 왕(메시아)은 지상에 하나님의 나라를 세우고, 자유를 주시는 그분의 다스림을 받으라고 모든 사람을 초대할 것이었다. 신약성경은 이 통치가 예수 안에서 어떻게 성취되는지를 보여준다.

솔로몬은 거대한 왕국을 건설했지만 파멸의 씨앗도 함께 뿌렸다.
무엇보다, 엄청난 건축사업을 추진하고 호화로운 생활방식을 유지하기 위해 백성들에게
감당하기 힘든 부담을 지웠다. 그가 죽은 후 백성들이 이제 조금 짐을 덜기를 바란 것은 당연한 일이었다.
그러나 솔로몬의 아들 르호보암은 그들의 호소에 귀를 기울이지 않았고,
결국 돌이킬 수 없는 결과는 수세기에 걸쳐 이스라엘에 영향을 주었다.

11. 분열왕국

분열의 원인 솔로몬 왕이 주로 북쪽 지파들에게 부과했던 감당하기 어려운 부담을 덜기 위해 그들의 대표들은 르호보암 왕에게 호소했다. 어리석게도 르호보암은 장로들의 조언을 거부하고, 북쪽 지파들을 더 억눌러야 왕의 권위가 선다는 젊은 친구들의 막무가내식 조언을 받아들였다. 북쪽 지파들은 즉시 반역을 일으켜 여로보암을 왕으로 추대했다(열왕기상 12:1-19). 여로보암은 다윗 왕의 후손이 아니라 솔로몬의 관리였지만, 이미 예언이 주어진 대로(11:9-13, 26-40) 왕이 되었다. 르호보암이 군대를 일으켜 북쪽 지파들을 공격하려 하자, 하나님은 예언자 스마야를 통해 전쟁을 막으셨다(12:21-24). 르호보암의 어리석음 탓에 그의 나라에는 열두 지파 중 두 지파만 남았다. 통일왕국은 지파의 경계를 따라 북쪽의 이스라엘과 남쪽의 유다로 나뉘었고 다시는 하나가 되지 못했다.

남왕국에 초점을 맞추다 열왕기는 이스라엘보다 유다에 훨씬 많은 관심을 보인다. 기록 당시 이스라엘은 완전히 멸망했고 유다는 바벨론으로 유배된 상태였는데, 자신들에게 과연 미래가

| 1000 | 900 | 800 | 700 | 600 | 500 |

BC 930 르호보암이 왕위에 오르다. 이스라엘과 유다가 갈라지다. 여로보암이 이스라엘의 왕이 되다

BC 930-721 이스라엘 왕국

BC 930-586 유다 왕국

북이스라엘과 남유다

❶ **세겜** 여로보암이 세겜을 이스라엘의 수도로 정했다(열왕기상 12:25).

❷ **베델과 단** 이곳은 금송아지(가나안 종교의 상징)와 나름의 제사장(율법이 요구하는 레위인이 아닌)을 갖춘 성지가 되었다. 여로보암은 백성들이 예루살렘 성전으로 가지 않게 막고자 했다. 예루살렘 성전에 백성들의 마음이 계속 사로잡힐 수 있음을 알았기 때문이다(12:26-33). 이 죄는 이후 여러 세대에 걸쳐 "여로보암의 죄"로 기억된다.

❸ **사마리아** 50년 후, 오므리 왕은 사마리아를 예루살렘에 맞설 새로운 수도로 정했다(16:23-24). 주요 무역로를 차지한 이스라엘은 유다보다 국력이 강해지고 번영하게 된다. 그러나 그 전략적 위치가 오히려 화가 되어 때때로 주변 강대국들의 침략과 지배를 받기도 했다. 이후 200년도 못되어 이스라엘은 앗시리아에 멸망하고 백성들은 흩어져 다시는 돌아오지 못한다.

❹ **아람, 암몬, 모압** 이웃국가 이스라엘과 유다가 약해진 틈을 타 독립을 획득했다.

❺ **예루살렘** 유다의 수도로 남아 있었다. 북왕국 이스라엘보다 크기도 작고(삼분의 일) 번영하지도 못했지만, 유다는 이스라엘보다 130년 이상 더 유지되었다. 주로 유다산지의 고립된 위치 덕분이었다.

있을지 묻고 있던 터였기 때문이다. 열왕기 저자는 하나님이 다윗 왕에게 주신 약속이 있기 때문에 유다에 미래가 있을 것이라고 확신했다. 그래서 그는 이전 자료들에 근거해 하나님의 백성의 역사를 기록했는데, 그 의도는 하나님께 순종하면 언제나 복을 받고 불순종하면 저주를 받는다는 사실을 보여주는 데 있었다. 교훈은 분명했다. 유다는 회복의 소망을 품고 다시 한번 하나님께 순종해야 한다는 것이었다.

이스라엘과 유다의 왕들

다음 도표가 보여주듯, 유다는 이스라엘보다 상당히 오랫동안 존속했으며 훨씬 안정적이었다. 이스라엘은 210년에 걸쳐 몇 개의 왕조와 스무 명의 통치자가 있었지만(그중에 다윗의 후손은 없었다), 유다는 345년에 걸쳐 단 하나의 왕조에서 스무 명의 통치자가 나왔다(모두 다윗의 후손이었다).

열왕기의 이야기는 따라가기가 조금 어려울 때도 있다. 저자가 유다와 이스라엘 역사 사이를 끊임없이 오가기 때문이다. 그러나 그는 먼저 유다 왕을 소개하고 그 왕이 죽은 후 해당 시기에 다스렸던 이스라엘 왕을 살

이스라엘과 유다의 왕들		
연대	**이스라엘**	**유다**
BC 900	930-909 여로보암 909-908 나답 908-886 바아사	930-913 르호보암 913-910 아비야 910-869 아사
BC 800	886-885 엘라 885 시므리 885-880 디브니 885-874 오므리 874-853 아합 853-852 아하시야 852-841 요람 841-814 예후 814-798 여호아하스	872-848 여호사밧 848-841 여호람 841 아하시야 841-835 아달랴 835-796 요아스
BC 700	798-782 여호아스 793/782-753 여로보암 2세 753 스가랴 752 살룸 752-742 므나헴 742-740 브가히야 752-732 베가 732-722/721 호세아	796-767 아마샤 792/767-740 아사랴(웃시야) 750/740-735 요담 735-715 아하스 715-686 히스기야
BC 600		697-642 므낫세 642-640 아몬 640-609 요시야 609 여호아하스 609-598 여호야김
BC 500		598-597 여호야긴 597-586 시드기야

* 연대가 겹치는 부분은 순탄한 왕위계승을 보장하기 위해 왕과 왕위 계승자가 공동 통치했던 기간으로, 고대에는 흔한 관행이었다.

펴본 뒤 다시 유다로 돌아가는, 완벽하게 연대순으로 두 왕국을 대조하며 서술하고 있다. 열왕기 저자의 주요 관심사는 정치보다 신학이다. 나라를 어떻게 다스렸는지의 관점보다는 하나님 앞에서 "의로웠는가" 아니면 "악했는가"의 관점으로 모든 왕을 판단한다.

섬김 ▼

강력한 통일왕국으로 출발했던 이스라엘은 결국 분열하여 혼란에 빠져들었다. 수많은 왕들이 섬김의 중요성을 잊었기 때문이다. 우리가 어떤 지위를 맡건, 성경은 예수처럼 모든 사람이 다른 사람의 종이 되기를 촉구한다. 예수는 하나님의 아들이면서도 언제나 기꺼이 섬기셨다(마태복음 2:25-28, 빌립보서 2:5-7). 섬김은 하나님 나라의 핵심이다.

솔로몬의 왕국이 둘로 쪼개진 후, 성경은 이스라엘이 유다로부터만이 아니라
하나님으로부터도 멀어졌음을 보여주는데, 이스라엘의 왕들이 원흉이었다.
다윗과 솔로몬의 강력한 통치기간에 이스라엘은 이집트와 메소포타미아 사이의 전략적 요충지로
든든히 자리매김을 했지만 이제는 오히려 그것이 위협이 되었고,
결국 동쪽의 신흥 강국 앗시리아에게 무너지고 만다.

12. 앗시리아와 이스라엘의 멸망

이스라엘의 특징

북왕국 이스라엘은 존속 기간 내내 다음과 같은 특징을 보여주었다.

정치적 불안　끊임없이 왕조가 바뀌었고 그 과정에서 자주 유혈사태가 일어났다.

종교적 혼합주의　여호와신앙과 바알신앙이 뒤섞여 우상숭배, 부도덕, 아동 인신제사 등이 나타났다.

부실한 지도력　대부분의 왕들이 나약했고, 오므리나 여로보암 2세처럼 강력한 왕들은 철저히 불경건했다.

국제 동맹　이스라엘 왕들은 다른 나라들과의 동맹을 통해 점점 약해져 가는 국력을 떠받치려 했다.

엘리야와 엘리사

예언자 엘리야와 엘리사는 여호와의 추종자들과 가나안의 풍요의 신 바알의 추종자들 사이의 영적 전투의 선봉에 있었다. 엘리야는 이스라엘 나라 전체와 관련된 일들을 주로 한 반면, 엘리사는 개인적인 필요들에 보다 많이 개입했다. 그러나 두 사람 모두 출애굽 이후로 볼 수 없었던 많은 기적을 체험했

엘리야의 활동

- 3년 가뭄을 예언하여 여호와께서 홀로 자연을 다스리심을 보여주었고, 그 기간에 까마귀가 먹이를 물어다 주는 기적에 힘입어 생존했다(열왕기상 17:1–5).

- 기적을 베풀어 한 과부의 가정을 부양했고, 그녀의 아들이 죽었을 때 살려 냈다(17:7–24).

- 호렙(시내) 산에서 하나님을 새롭게 만났다(19:1–18).

- 나봇의 포도원을 빼앗은 아합과 이세벨에게 심판을 선언했다(21:1–28).

- 하늘로 들려 올라갔다(열왕기하 2:1–12).

엘리사의 활동

- 물을 깨끗하게 만드는 기적을 행했다(2:19–22).

- 과부에게 엄청난 양의 기름을 공급하는 기적을 행했다(4:1–7).

- 죽었던 이린아이를 살려 냈디(4:8–37).

- 시리아의 사령관 나아만의 나병을 치료했다(5:1–27).

- 하사엘이 시리아 왕이 될 것이라 예언했고(8:7–15), 예후에게 예언자를 보내 기름을 붓고 이스라엘의 왕으로 세웠다(9:1–13).

다. 그들의 생애에서 일어난 핵심적인 사건들을 왼쪽에 정리했다.

이스라엘의 주요 왕들

오므리(BC 885/880–874) 성경은 오므리의 죄 때문에 그에 대해 설명하는 데 6절밖에 할애하지 않지만(열왕기상 16:25), 인간적으로 말해서 그는 대단히 성공한 왕이었다. 사마리아를 이스라엘의 새로운 수도로 건설했고 모압을 무찔렀는데, 이 사실은 현재 파리 루브르 박물관에 있는 '모압 비문'에 나와 있다.

아합(BC 874–853) 아합은 시돈 출신의 아내 이세벨에게 이끌려 바알 신앙을 갖게 되었는데(열왕기상 16:29-33), 그로 인해 엘리야와 여러 차례 충돌했다(18:16-19:5, 21:1-28). BC 857년, 시리아 왕 벤하닷이 사마리아를 포위공격했지만 아합은 그를 격퇴했고 다음 해에는 아벡에서 그를 무찔렀다(20:1-34). 이후 3년간의 평화와 반(反) 앗시리아 동맹이 이어졌다. 그러나 아합은 유다와 동맹을 맺은 후 다시 시리아와 맞섰는데, 치밀한 기만전술을 세웠지만 전투 중에 죽었다. 그리고 엘리야의 예언대로 개들이 그의 피를 핥았다(21:19).

여로보암 2세(BC 793/782–753) 이스라엘에 최고의 국력과 번영을 선사한(열왕기하 14:23-29) 여로보암 2세는 약해진 앗시리아를 이용해 시리아를 정복했다. 이스라엘의 성지들은 순례자들로 붐볐지만, 아모스는 종교의 겉치장에 속지 않고 그 안의 불의와 부도덕을 꿰뚫어 보았다.

호세아(BC 732–722) 앗시리아에 조공 바치기를 거부한 호세아는 이집트에 도움을 청했다. 앗시리아는 신속히 대응하여 사마리아

살만에셀 3세의 검은 오벨리스크
각 면에 정복된 여러 민족들이 조공을 바치는 모습을 묘사한 다섯 층의 부조가 새겨져 있다. 이 부조들의 위아래에는 살만에셀이 감행한 32차례 군사원정의 주요 사건이 기록되어 있다. 한 부조에서 예후 왕으로 보이는 지도자가 조공을 바치고 있다.

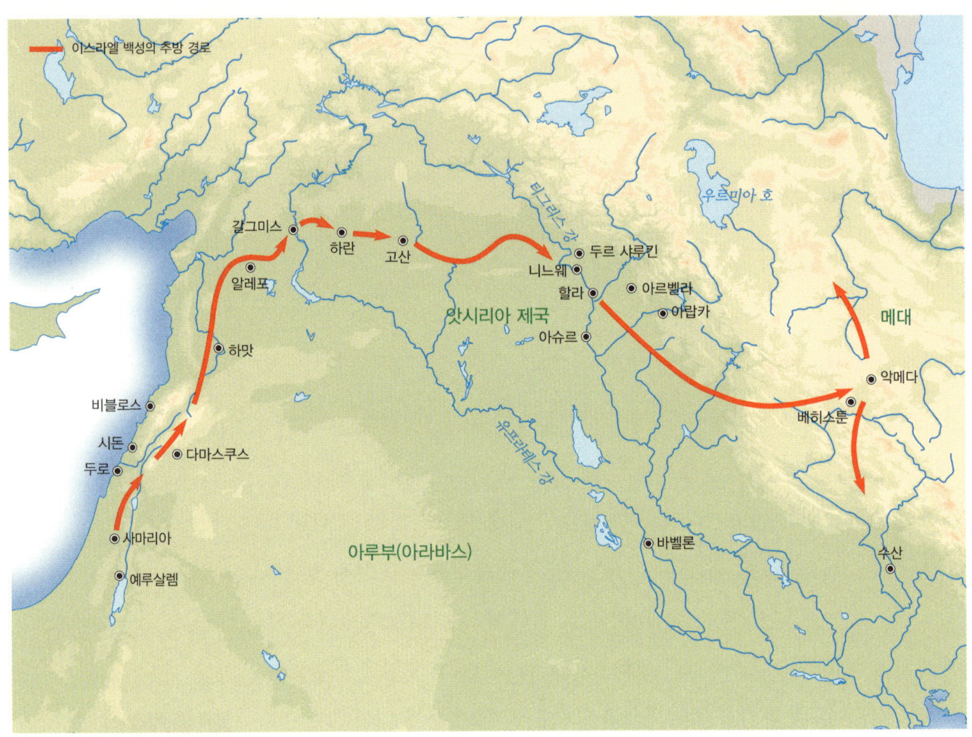

▲ 정복된 이스라엘 백성은 앗시리아 제국 곳곳의 여러 지역으로 강제 이주당했다.

를 포위, 호세아를 생포했고 이스라엘 백성을 그 땅에서 추방했다(열왕기하 17:3-6, 18:9-12).

앗시리아와 이스라엘

앗시리아는 잠시 동안 약해졌다가 다시 강해졌다. 디글랏빌레셀 3세(BC 745-727) 치하에서 앗시리아의 팽창 야심은 이스라엘에게까지 닥쳤다. 이 기간의 역사는 조금 복잡하다. 앗시리아는 이스라엘을 제압했다가 물러나고 다시 제압하는 과정이 반복되자 결국 더 이상은 안되겠다고 판단했다. 디글랏빌레셀 3세가 죽은 후 이스라엘 왕 호세아는 이집트 편에 붙어 도움을 청했는데, 이 일에 분노한 살만에셀 5세는 사마리아 포위공격을 수행했다. 사마리아는 3년 동안 저항했지만, 마침내 BC 722년 살만에셀 5세의 후계자 사르곤 2세에게 함락되었다. 이스라엘은 정복자들의 손에 들어갔고, 백성들은 앗시리아 제국 곳곳으로 추방되어 다시는 돌아오지 못했다. 그리고

사르곤 2세의 기록

앗시리아 왕 사르곤 2세의 기록에는 이렇게 나와 있다. "짐은 통치 초기에 사마리아를 함락시켰노라. 짐은 27,290명을 포로로 끌고 갔노라.……조공을 바친 적이 없었던 다른 땅의 사람들을 사마리아에 정착시켰노라."

다른 민족들이 이스라엘에 정착했다(열왕기하 17:3-6, 24-33, 18:9-12). 북쪽 열 지파의 역사는 이렇게 끝이 났다. 앗시리아가 그 일을 해치웠다. 그러나 예언자들은 하나님의 관점에서 앗시리아를 하나님의 "진노의 몽둥이"(이사야 10:5)로 보았다. 열왕기는 이러한 일이 왜 벌어졌는지 길게 설명하면서 이스라엘의 역사 기록을 마친다(열왕기하 17:7-23).

사라진 열 지파를 두고 상당한 신화들이 생겨났지만, 그들에게 어떤 일이 벌어졌는지 모른다는 것이 진실이다. 달아난 이들도 있지만 대다수는 앗시리아 제국 전역으로 흩어져서 사라졌다. 일부는 고향에 남아 앗시리아가 그곳으로 이주시킨 다른 민족들과 통혼해 '사마리아인'이 되었는데, 신약시대에 이들은 인종적, 종교적으로 부정하다는 이유로 유대인들의 경멸을 받았다.

회개 ▼

예언자들의 메시지 한복판에는 회개의 촉구가 있었다. 그들은 이전의 생활방식이 잘못되었음을 인정하고 방향을 바꾸어 하나님의 뜻대로 살라고 말했다. 성경은 회개를 통해서만 하나님이 그토록 주기 원하시는 용서를 경험할 수 있다고 말한다.

나라가 나뉜 후 이스라엘은 온갖 혼란을 겪었지만, 유다는 자신들이 안전하다고 생각했다.
그들은 다윗 왕가를 물려받았을 뿐 아니라 성전이 있었기 때문에 하나님의 복이 보장되었다고 생각했다.
하지만 그들은 이 복을 받으려면 순종이 있어야 한다는 모세의 경고(신명기 28장)를 잊어버렸다.
회개하지 않으면 이스라엘에게 벌어진 일이 그들에게도 닥칠 것이라는 예언자들의 경고도 무시했다.
그리고 이제 심판을 피할 수 없는 지경에까지 이르렀다.

13. 바벨론과 유다의 멸망

**선한 왕과
악한 왕**

왕국이 분열된 후 350년에 걸쳐 이어진 유다에는 하나님이 보시기에 선한 왕도 있었고 나쁜 왕도 있었다. 열왕기와 역대기에 기록된 몇 가지 사례를 소개한다.

여호사밧(BC 872-848) 하나님의 율법을 가르쳤다. 군대와 방어시설을 강화하고 찬양행진을 통해 모압과 암몬을 무찔렀다.

요아스(BC 835-796) 일곱 살에 왕위에 올랐고, 성전을 수리했다.

아사랴(웃시야, BC 792/767-740) 장기간 안정적으로 통치하며 블레셋, 아라비아, 암몬 사람들과 싸워 승리를 거두었고, 농업을 장려했다.

히스기야(BC 715-686) 이교신앙을 제거하고 성전과 예배를 재조직했다. 도성들의 방비를 강화했으며 예루살렘 급수를 위한 수로를 만들었다. 앗시리아가 예루살렘을 공격했을 때 하나님을 신뢰했다.

요시야(BC 640-609) 여덟 살에 왕위에 올랐다. 바알신앙을 제거했고, 성전 수리 도중 발견된 '율법의 책'대로 언약을 갱신하고 유월절을 지켰다.

여호람(BC 848-841) 아합과 이세벨의 딸 아달랴와 결혼했고 그들의 사악

예언자들

이 시기의 주요 예언자들은 다음과 같다.

- **이사야** 유다의 심판과 미래에 있을 구원을 예언

- **미가** 사마리아의 함락을 예언. 유다도 달라지지 않으면 같은 일을 당할 것이라고 예언

- **나훔과 스바냐** 니느웨의 함락을 예언

- **하박국** 바벨론 같은 불경건한 나라를 심판의 도구로 사용하시는 일에 대해 하나님께 따져 물음

- **예레미야** 백성들이 회개하지 않으면 예루살렘 성전이 파괴될 것이라고 예언

1000	900	800	700	600	500

BC 930 왕국 분열. 르호보암이 유다의 왕이 되다
BC 701 앗시리아가 예루살렘 포위공격을 벌였지만 실패하다
BC 612 바벨론이 니느웨를 파괴하다
BC 597 유다가 바벨론에 항복하다
BC 586 바벨론이 예루살렘을 파괴하다. 백성들이 끌려가다

함을 따라가다 끔찍한 죽음을 당했다.

아달랴(BC 841-835) 유다의 유일한 여왕. 다윗 혈통을 끊어 버리려 했으나 혁명으로 폐위되었다.

아하스(BC 735-715) 이방 신들의 숭배를 장려하고 아들을 희생제물로 바쳤다. 하나님을 신뢰하라는 이사야의 호소를 거부하고 앗시리아를 믿었다가 속국의 처지가 된다.

므낫세(BC 697-642) 히스기야의 업적을 무효로 돌리고 유다를 바알신앙으로 돌려놓았다. 주술을 행하고 점을 치며, 성전에 이방 제단을 세우고 아들을 희생제물로 바쳤다.

아몬(BC 642-640) 아버지 므낫세처럼 행동하다 신하들에게 암살당했다.

히스기야와 산헤립

르호보암(BC 930-913)은 집권한 지 불과 5년 만에 이집트의 대규모 침공을 받고 굴욕을 맛보았다(열왕기상 14:25-28). 이것은 다가올 미래의 맛보기였고, 히스기야 시대에 일어난 또 다른 사건도 그러했다. 앗시리아는 BC 722년에 이스라엘을 정복한 후 예루살렘 북쪽 겨우 몇 km 떨어진 곳에 자리를 잡았다. 앗시리아가 제국 내 다른 지역의 문제에 잠시 신경을 쓰는 동안 히스기야는 개혁을 추진할 시간을 벌었지만, 마침내 앗시리아는 유다로 다시 관심을 돌렸다. 산헤립은 페니키아를 침공하고 엘드게에서 이집트-구스 군대를 무찌른 후 내륙으로 방향을 돌려, 예루살렘에서 남서쪽으로 불과 40km 지점에 위치한 라기스 및 46개 성읍을 파괴했다. 히스기야는 앗시리아의 요구에 부응하기 위해 성전 문에 입힌 금을 벗겨가면서까지 엄청난 조공을 바쳤지만(열왕기하 18:13-16), 그래도 만족하지 못한 산헤립은 예루살렘으로 군대를 보냈다. 히스기야는 앗시리아에서 온 협박편지를 성전 안 하

산헤립은 38cm 높이의 이 각기둥에다 이러한 내용을 새겼다. "내 멍에에 굴복하지 않았던 유다의 히스기야를 벌하기 위해 나는 그의 강한 성읍과 요새 46개를 포위해 함락시켰고 주변의 허다한 지역을 차지했다. 공성용 경사로를 쌓고 공성퇴들을 밀어 올리며 보병들이 싸웠다. 성벽 아래를 허물고 굴을 파 성벽에 구멍을 뚫었다. ……새장에 갇힌 새처럼 히스기야를 그의 도읍 예루살렘에 가둬 놓았다."

 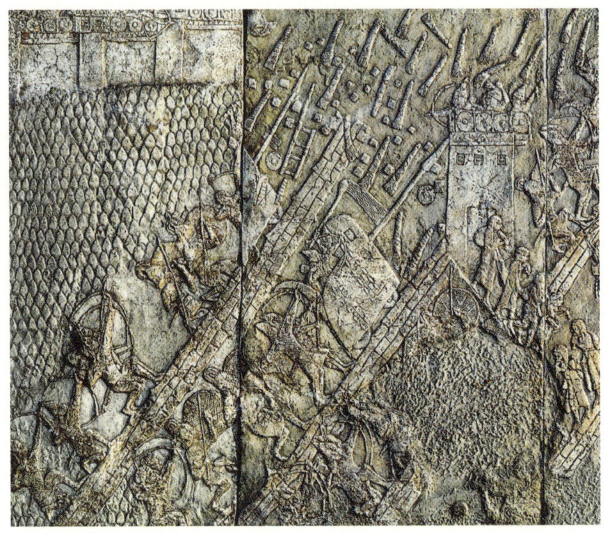

히스기야의 수로(왼쪽)   히스기야는 553m의 터널을 파서 예루살렘 바깥의 기혼 샘과 내부의 실로암 연못을 연결,
안전한 물 공급로를 확보했다. 지금도 존재하는 이 수로는 양쪽 끝에서 파 들어가 중간에서 만났다.

라기스 포위공격(오른쪽)   앗시리아의 수도 니느웨의 센나케리브 궁에서 나온 부조. 열왕기하 18장에 기록된 라기스 포위공격 장면을 보여준다.

나님 앞에 펼쳐 놓았고 이사야는 하나님이 그들을 구원해 주실 것이라고
예언했다(열왕기하 18:17-19:34, 역대하 32:1-23, 이사야 36-37장). 바로 그날
밤, 185,000명의 앗시리아 군인들이 갑자기 죽는 사건이 벌어지고 산헤립
은 철수해 니느웨로 돌아간다(열왕기하 19:35-36). 이렇게 해서 예루살렘은
당분간 위기를 모면하게 되었다.

예루살렘 함락   앗시리아 남쪽에 위치한 작은 도시국가였던 바벨론은
나보폴라사르가 왕위에 오르면서 국력이 강해졌다. 그
는 BC 616년 앗시리아를 침공해 BC 612년에 니느웨
를 정복했다. 바벨론이 BC 605년 갈그미스에서 앗시리아-이집트 연합군
을 무찌르면서 앗시리아는 종말을 고했고 바벨론은 앗시리아 제국을 통째
로 집어삼켰다.

갈그미스 전투 결과를 본 여호야김은 BC 604년 바벨론에 굴복하지
만, 이집트의 부추김으로 3년 만에 반역한다. BC 598년 바벨론은 보복에
나섰다. 여호야김은 쇠사슬에 매인 채 바벨론으로 끌려갔고 그의 아들 여
호야긴이 대신 왕이 되었다. BC 597년 예루살렘은 다시 포위되었고 여호

▲ 유다 백성의 추방 경로와 바벨론 제국의 영토

야긴과 많은 지도층 인사들이 바벨론으로 끌려가 BC 605년에 강제 이주된 이들과 합류했다. 느부갓네살이 시드기야를 왕으로 세웠지만 그 또한 반역했다. 그래서 바벨론은 예루살렘으로 진군해 2년 동안 포위공격을 실시했다. BC 586년, 예루살렘 성벽이 무너졌고 성전을 포함한 모든 주요 건축물이 파괴되었으며 백성들은 바벨론으로 끌려갔다(열왕기하 25:1-21, 역대하 36:15-21, 예레미야 52:1-30). 시드기야의 아들들은 그가 보는 앞에서 처형되었고 시드기야는 눈이 뽑힌 채 바벨론으로 끌려갔다. 유다의 역사는 이렇게 끝난 것처럼 보였다.

심판 ▼

성경은 하나님이 은혜로우시고 오래 참으시지만, 죄에 대한 심판은 반드시 있다고 말한다. 예언자들은 그러한 심판을 거듭해서 경고했다. 그들은 '하나님의 진노의 잔'을 말했는데, 그것은 하나님의 의로운 진노가 가득 차서 언제든 쏟아질 것 같은 상태를 말한다(예레미야 25:15-29 등). 유다 백성은 심판이 하나님의 원수들에게만 해당된다고 생각한 반면, 예레미야는 하나님의 백성도 회개하지 않으면 진노의 잔을 마시게 된다고 경고했다.

예루살렘이 약탈당하고 성전은 파괴되었으며 유다 백성은 포로로 끌려갔다.
이 모든 상황은 여러 가지 질문을 불러일으켰다. 하나님은 어디 계셨는가? 그분의 약속들은 어떻게 된 것인가?
바벨론의 신들이 여호와보다 강했던 것인가? 이에 대해 하나님의 백성이 바벨론에서 찾은 답변은
한 민족을 한 믿음의 공동체로, 곧 유다에서 유대교로 바꾸어 온 세계에 영향을 끼쳤다.

14. 유배와 귀환

바벨론에서의 생활 앗시리아와 달리, 바벨론은 피정복 민족들이 한데 어울려 자신들의 정체성을 유지하는 일을 허용했다. 그래서 유다 백성은 예레미야가 권한 대로(예레미야 29:5-7) 집을 지어 정착했고 바벨론의 언어인 아람어를 익혔다. 많은 사람들이 부유해졌고 몇몇 사람은 다니엘처럼 고위직에 올랐다. 하지만 고향을 그리워한 이들도 많았다. "우리가 바벨론의 강변 곳곳에 앉아서, 시온을 생각하면서 울었다"(시편 137:1). 바벨론 사람들에게는 큰 강 유프라테스와 티그리스가 재물과 권력의 상징이었지만, 유다 백성에게는 패배와 절망을 의미할 뿐이었다.

유대교의 발전 바벨론으로 끌려간 하나님의 백성은 자신들의 신앙이 특정한 장소(성전)에 매여 있지 않음을 서서히 깨닫고, 어디서나 실천할 수 있는 율법의 요소들에 초점을 맞추기 시작했다. 시간이 지남에 따라 특별한 장소(예루살렘)의 중요성은 약해지고 특별한 날(안식일)이 중요해졌다. 성전은 회당에 자리를 내주었고, 회당에서 기도와 율법 읽기에 초점을 맞추었다. 제사장(이제 쓸모없어진)의

700	600	500	400	300

BC 445 느헤미야가 예루살렘 성벽을 재건하다
BC 458 에스라가 예루살렘에 도착하다
BC 520 학개와 스가랴가 격려의 예언을 하다
BC 536 성전 공사가 시작되다
BC 538 유대인들이 예루살렘으로 돌아오다
BC 539 고레스가 바벨론을 정복하다
BC 586 마지막 유배
BC 597 두 번째 유배
BC 605 첫 번째 유배

자리는 서기관과 랍비(율법 필경사와 율법 교사)들이 대신했고 그들이 유대
교 발전의 중심이 되었다.

여호수아, 사사기, 사무엘, 열왕기(가나안에 들어갈 때로부터 그곳에서
쫓겨날 때까지의 역사)는 이 기간에 최종 형태를 갖추어 순종은 축복을, 불
순종은 저주를 낳는다는 기본 모티프를 제공했는데, 이것은 역사 가운데
자명하게 드러난 진리였다.

유배가 끝나다　　바벨론은 천하무적으로 보였기 때문에, 유배 기간이
70년이면 끝날 것이라는 예레미야의 예언(예레미야
25:11-12)이 실현될 것으로 생각하기는 어려웠다. 그러
나 신흥 강대국 페르시아가 일어나고 있었고, 다니엘은 벨사살에게 그의
날이 얼마 남지 않았다고 경고했다(다니엘 5:22-30). BC 539년 10월 페르
시아의 고레스가 바벨론을 정복해 바벨론 제국을 자신의 지배권 아래 놓
으면서 예레미야의 예언은 성취되었다.

고레스는 유배를 온 민족들에게 보다 관용적인 정책을 취했고, BC
538년에는 유대인들이 본국으로 돌아가
성전을 재건하는 것을 허락하는 칙령
을 반포한 뒤 성전의 기물들까지 돌
려주었다(언약궤에 대한 언급은 전혀 없
다). 하지만 유대인 역사가 요세푸스
는 유배 와 있던 많은 이들이 이미 정

고레스 실린더　고레스가
유프라테스 강줄기를 돌려
군대가 마른 강바닥을 밟고
행군해 들어가 바벨론을
정복했다는 기록이 적힌 점토
원통이다. 고대 왕들이 남긴
대부분의 기록처럼, 이것도
고레스가 세계의 통치자라
주장하며 잔뜩 빼기고 있다.

유배 당한 이들이 돌아오다

❶ 다니엘이 느부갓네살에게 바벨론 제국이 무너질 것이라고 말했다(BC 539).

❷ 여호야긴의 손자 스룹바벨이 귀환하는 첫 번째 유대인 무리를 이끌고(BC 538-537) 성전 재건을 열정적으로 시작했다.

❸ 귀환한 유대인들이 지쳐서 성전 건축이 중단되자, 학개와 스가랴가 건축을 격려하고 마무리했다. BC 516년 완성된 성전은 솔로몬 성전의 웅장함에 전혀 미치지 못했다. 이 '제2성전'은 수리와 재건축을 거듭하다가, 마침내 헤롯 대왕 시대에 이르러 새로운 성전을 짓게 된다.

❹ 에스더는 돌아오지 않은 유대인 가운데 한 사람으로서 아하수에로(크세르크세스) 왕과 결혼하고(BC 460년대) 멸절 상태에 있던 유대인들을 구원했다.

❺ 에스라가 두 번째 무리를 거느리고 귀환해 그들에게 하나님의 율법을 가르쳤다(BC 458).

❻ 느헤미야가 세 번째 무리와 함께 귀환해 예루살렘 성벽을 재건했다(BC 445).

착한 상태였기 때문에, 새로운 터전을 버리고 다시 떠나고 싶어 하지 않았다고 전한다.

**다니엘과
에스더**
다니엘과 에스더는 바벨론과 페르시아 정권의 핵심에 자리하고 있었으며, 하나님은 유다가 아닌 바로 그곳에서 그들을 사용해 제국에 영향을 끼치셨다.

BC 605년에 바벨론으로 끌려간 다니엘은 궁정에서 고위직에 올랐다(다니엘 1:1-21). 믿음을 시험하는 많은 어려움이 있었지만(6:1-28 등), 그는 변함없이 신실한 태도로 하나님을 섬겼다. 바벨론의 왕을 섬기긴 했지만 하나님만이 홀로 지고의 통치자시며 그분의 나라만이 영원하다고 정면으로 지적하곤 했다(2:31-45, 7:1-28). 다니엘은 유다로 돌아가지 않고 70년 가까운 세월을 바벨론의 공직을 맡으며 보냈고 그곳에서 죽었다.

다니엘보다 한 세기 후의 인물인 에스더는 유대인 고아였다가 아하수에로 왕(BC 486-465)의 왕비로 뽑혔다. 그녀는 왕비의 지위를 활용해 유대인을 몰살시키려는 하만의 음모를 뒤엎었는데(에스더 3:1-9:17), 유대인은 이 사건을 부림절이라는 축제로 지금까지 기념하고 있다.

에스라, 느헤미야, 말라기 BC 458년, 아닥사스다(아르타크세르크세스) 왕은 페르시아에 있던 에스라를 예루살렘으로 보내 하나님의 율법을 가르치게 하고 왕의 권위와 재원으로 지원해 주었다(에스라 7:1-28). 에스라는 하나님의 백성이 율법에 불순종하는 모습(이방인들과의 통혼 같은)을 보고 깜짝 놀라 그들에게 새로운 방식으로 살라고 촉구했다(9:1-10:17).

BC 445년, 수산 궁전의 고위 관리였던 느헤미야는 아닥사스다에게 예루살렘으로 가서 성벽을 재건하게 해달라고 요청했고 아닥사스다는 그를 유다 총독으로 임명했다(느헤미야 1:1-2:10). 느헤미야는 이 치욕적인 상황을 끝내자고 유대인들을 격려하여 52일 만에 성벽 재건을 마무리했고(3:1-4, 23, 6:1-15), 개혁의 선봉에 서서 가난한 사람들을 도왔다(8:1-12). BC 433년 그는 일을 마치고 페르시아로 돌아갔다가 BC 432년에 다시 돌아와 총독으로 두 번째 임기를 시작했다(13:6-31).

이들과 동시대에 활동한 말라기는 영광스러운 미래에 대한 예언자들의 약속을 의심하는 이들을 꾸짖으며 "주의 날"이 참으로 오고 있으며, 삶의 방식을 바꾸지 않으면 그날이 심판의 때가 될 것이라고 선포했다. 신약성경은 하나님이 보내실 "특사"(messenger, 말라기 3:1, 4:5)에 대한 약속이 세례 요한을 통해 성취되었다고 보았다.

민족의 대규모 귀환이 있었지만, 신약시대 무렵까지 '영적 유배'로부터 온전히 자유로워지고자 하는 갈망은 여전히 유대인의 마음속에 자리잡고 있었다.

남은 자들 ▼

예언자들은 "남은 자들"(소수의 살아남은 하나님의 백성)의 존재가 하나님의 지속적인 신실하심과 사랑의 증거라고 보았다. 상황이 아무리 나빠지거나 하나님의 백성의 수가 아무리 적어지더라도, 하나님은 언제나 남은 자를 보존하시며 그들로부터 그분의 뜻이 다시금 자라게 하신다. 이 시기의 역사는 바로 이것을 보여준다.

구약성경의 마지막인 말라기에서 신약성경의 첫 부분인 마태복음으로 넘어갈 때,
우리는 그 사이의 400년을 놓치기 쉽다.
그러나 하나님은 예언자들을 통해 말씀하지 않았을 뿐,
이때에도 분명히 일하고 계셨다. 세계사에서 일어난 두 차례의 거대한 변화를 통해,
약속된 메시아인 예수의 오심을 준비하고 계셨던 것이다.

15. 신구약 중간기

그리스 제국 세력이 약하고 분열되어 있던 그리스를 통일한 사람은 마케도니아의 필리포스 2세와 그의 아들 알렉산드로스 대왕이었다. BC 334년, 알렉산드로스는 소아시아로 들어가 그라니코스에서 페르시아 군대를 무찌르고 오늘날 터키에 해당하는 지역을 휩쓸었다. 그는 (죽기 전까지) 이후 12년 동안 그의 앞에 놓인 모든 것을 차지했다. 아시아, 시리아, 팔레스타인, 이집트, 페르시아, 심지어 인도에까지 이르렀다. 그러나 알렉산드로스의 꿈은 단지 제국을 만드는 것이 아니라 새로운 생활방식의 창조에 있었다. 그는 그리스 문화, 곧 헬레니즘(Hellenism, "그리스"를 뜻하는 *Hellas*에서 나온 표현) 문화를 퍼뜨려, 결코 잊혀지지 않는 유산을 남기기를 원했다. 그 결과 그리스의 예술, 건축, 스포츠, 관습, 사상이 번창했고 그리스어는 국제적인 언어가 되었는데, 이것은 이후 기독교의 전파에 도움이 될 터였다.

하지만 인간 중심의 그리스 세계관과 유대교의 하나님 중심성은 날카롭게 충돌했다. 특히 유대인은 운동경기장과 극장을 불쾌하게 여겼다. 경기장에서는 운동선수들이 벌거벗은 채 경기를 했고, 극장에서는 선정적인 연극이 자주 공연되었는데, 유대인이 보기에 그것은 하나님이 주신 성

유대교 저작

이 '신구약 중간기' 동안 그리스도인에게 '제2정경' 또는 '외경'으로 알려지는 많은 유대교 저작이 기록되었다. 그리스어로 기록된 이 저작들은 단 한 번도 유대교 성서에 포함된 적이 없으며, 모든 기독교 전통에서 성경으로 받아들인 적도 없다. 그렇지만 이 저작들이 이 시기의 생활과 신앙에 대해 많은 정보를 제공하는 것만은 분명하다.

400	300	200	100	0

BC 63 로마가 팔레스타인을 정복하다
BC 128 유대가 독립을 획득하다
BC 168 마카베오 전쟁이 시작되다
BC 198 셀레우코스 왕국이 유대를 점령하다
BC 323 알렉산드로스 제국이 분열되다
BC 334 알렉산드로스 대왕이 소아시아를 침략하다

(性)을 오용하고 도덕법을 어기는 일이었다. 무엇보다 그리스의 다신론과 우상숭배 때문에 충돌은 불가피했다.

마카베오 전쟁　BC 175년 셀레우코스 왕국 안티오코스 4세 에피파네스의 즉위와 더불어 중요한 사건이 벌어졌다. BC 169년 프톨레마이오스 6세와의 대결에서 승리를 거두고 돌아오는 길에 그는 예루살렘 성전의 기물을 모두 가져갔다. 다음 해 헬레니즘화에 대한 유대인의 저항 때문에 그는 다시 예루살렘을 약탈했고 유대교를 박멸하려 했다. 제사와 할례와 안식일 준수를 금지하고 유대인들에게 돼지고기를 먹게 했으며, 유대교 성서를 파괴하고 유대 전역에 이방 제단을 세웠다. 성전에 제우스 신상을 세우고 제단에 돼지(유대인에게 부정한 짐승)를 희생제물로 바쳤을 때(다니엘이 예언한 "흉측한 파괴자의 우상", 다니엘 11:31), 그들의 인내는 마침내 한계에 도달했다. 제사장 맛다디아스는 그리스 제단에 희생제사를 드리라는 명령을 받자 셀레우코스군 장교를 살해하고 게릴라전을 일으켰다. 맛다디아스가 죽고 난 후에는 그의 아들 유다 마카베오(마카베오 전쟁은 그의 이름에서 나온 것이다)가 지휘권을 넘겨받아 예루살렘으로 진격해 BC 164년 성전을 되찾고 정화했는데, 유대인은 이 사건을 하누카(Hanukkah, "봉헌") 축제로 기념한다.

　　전쟁이 여러 해 동안 계속되면서 셀레우코스 왕국은 유대인에게 점점 더 많은 자율권을 부여했고 하스몬 왕조(맛다디아스의 아버지 하스몬의 이름에서 따옴)는 집권 왕조로서 점점 더 확고하게 자리를 굳혀 갔다. 그들의 지도 아래 유대는 BC 63년 로마가 예루살렘을 점령할 때까지 상대적인 독립의 기간을 누렸다.

유대인을 자극해 마카베오 전쟁의 계기를 제공한 셀레우코스 왕조의 안티오코스 4세 에피파네스의 얼굴이 그려진 금화. '에피파네스'라는 호칭은 "현신왕"(現神王)을 뜻하지만, 그의 적들은 "미친 놈"을 뜻하는 '에피마네스'로 바꿔 불렀다.

알렉산드로스 제국의 붕괴

알렉산드로스가 죽은 후(많은 고대문헌은 사인이 독살이라고 주장하지만, 현대 이론들은 사인을 말라리아나 장티푸스로 추정한다), 그의 광대한 제국은 두 개의 작은 제국(마케도니아와 트라키아)과 두 개의 큰 제국(프톨레마이오스 왕조가 다스린 이집트/북아프리카와 셀레우코스 왕조가 다스린 서아시아/메소포타미아)으로 분열되어 부하 장군들이 차지했다. 이렇게 되자 유다는 다시 한번 패권을 다투는 초강대국 사이에 끼인 각축장이 되었다. 유대인들은 프톨레마이오스 왕조의 지배 아래서는 관용을 누렸지만, BC 198년 셀레우코스 왕조가 이 지역을 차지하고 헬레니즘화를 강요하면서 모든 것이 달라졌다.

로마의 발흥　　역사의 교훈이 있다면, 어떤 제국도 영원하지 않다는 것이다. 앗시리아, 바벨론, 페르시아가 그랬던 것처럼 그리스도 그 운명을 피할 수 없었다. 그리스 서쪽에서 또 다른 신흥 제국이 자라고 있었기 때문이다. BC 278년, 로마는 이탈리아 전역을 점령하고 확장일로에 있었다. BC 146년에는 카르타고와 코린트(고린도)를, BC 86년에는 아테네를 무찔렀다. BC 1세기에 율리우스 카이사르는 서북쪽의 갈리아와 브리타니아를 정복했고, 폼페이우스는 동남쪽의 시리아와 팔레스타인을 점령했다. 신약시대에 이르러 로마 제국은

폼페이우스와 유대 로마 장군 폼페이우스의 흉상. BC 63년. 그는 짧막한 독립을 누리고 있던 이스라엘을 정복해 유대라고 이름을 지었다. 네 개 군단이 주둔해 있으면서 평화를 유지하고 세금을 징수했는데, 이로 인해 유대에는 팽팽한 긴장이 감돌았다. 로마의 지배를 좋게 여기는 이들도 있었지만 대부분은 그것에 분개했고, 이후 100여년 동안 유대인 왕국을 다시 세우겠다는 자칭 메시아들이 나타나면서 많은 봉기가 일어났다.

유럽, 그리스, 소아시아, 북아프리카를 아우르는 방대한 영토를 갖게 되었다. 로마의 철권통치는 평화와 안정을 가져왔다. 공정한 법과 탁월한 행정이 시행되었고 수도교(水道橋, aqueduct)가 깨끗한 물을 날랐다. 80,500km 길이의 도로들이 모든 도시를 이었고, 데나리온은 세계통화가 되었다. 이 모두가 더해져서 '팍스 로마나'(로마의 평화)를 낳았다. 그리스가 남겨 둔 공용어와 더불어 세계는 기독교 메시지를 전파하기에 더할 나위 없이 잘 준비되었다.

디아스포라

일부 유대인들이 바벨론 유배에서 돌아오긴 했지만, 많은 이들은 바벨론에 남거나 다른 나라들로 흩어졌다. BC 200년에는 모로코, BC 175년에는 인도에까지 이르렀다. 이 '디아스포라'(Diaspora, "흩어짐")로 인해 지중해 전역에서 유대인 공동체가 형성되었다. 유대 지역 안보다 바깥에 유대인이 더 많았고 그들 대부분은 그리스어로 된 성경(『70인역』, 이 번역본에는 '제2정경'이 들어 있다)을 읽었다. 그들이 세운 유대교 회당은 이후 기독교 선교활동의 출발점 역할을 하게 된다.

주권 ▼

이스라엘 역사에서 이 시기는 강대국들과 세계적인 사건들도 하나님의 통제권을 벗어나지 않는다는 것을 보여 준다. 이러한 하나님의 주권, 곧 우리를 적대시하는 이들까지 포함해 모든 상황을 하나님이 온전히 통치하셔서 그분의 선한 뜻대로 이끄신다는 것은 성경의 지속적인 주제이자 바울이 인생에 대해 가졌던 근본적인 확신이었다(로마서 8:28-39 등).

신약성경에 이르면 한 민족에게서 한 사람에게로 초점이 옮겨진다. 그러나 그것은 여전히 같은 이야기다.
그리스도인이 믿는 바에 따르면, 예수는 구약성경의 연속이자 클라이맥스이기 때문이다.
2,000년 전에 아브라함이 받았던 약속이 마침내 성취되려 하고 있었다.
이 민족에게 오래전에 약속된 메시아가 등장하는 찰나였다.
그러나 그는 사람이 기대했던 바와 너무나 다른 방식으로 왔고, 많은 이들이 그를 놓치고 말았다.

16. 예수의 생애

메시아에 대한 기대 마가는 복음서를 시작하면서 하나님의 최종적 개입이 광야에서 외치는 이의 소리, 그리고 주님의 친히 오심으로 시작될 것이라는 예언자들의 예언을 상기시키는데(마가복음 1:1-3), 예수의 이야기가 바로 그렇게 시작한다. 마가가 광야를 언급한 부분은 유대인들의 심금을 울렸다. 이스라엘은 역사상 두 번 광야에서 탈출했다(이집트와 바벨론). 그러나 그들에게는 여전히 유배 상태에 있다는 느낌이 아주 강하게 남아 있었다. 이사야가 예언한 영광스러운 귀환이 한 번도 이루어지지 않았기 때문이다. 분명히 무언가 더 나은 것이 올 거라고 많은 이들이 생각했다. 그리고 마가는 과연 그렇다고 말한다. 예수는 유배의 끝을 알리고 있었다. 하지만 많은 이들이 그를 알아보지 못했다. 특정한 유형의 메시아, 곧 불경건한 이방인들을 제거하고 예루살렘을 수도로 하는 하나님 나라를 굳건히 세울 메시아를 기대했던 탓이다. 그러나 메시아 예수는 검이 아니라 십자가를 지고 찾아오셨다.

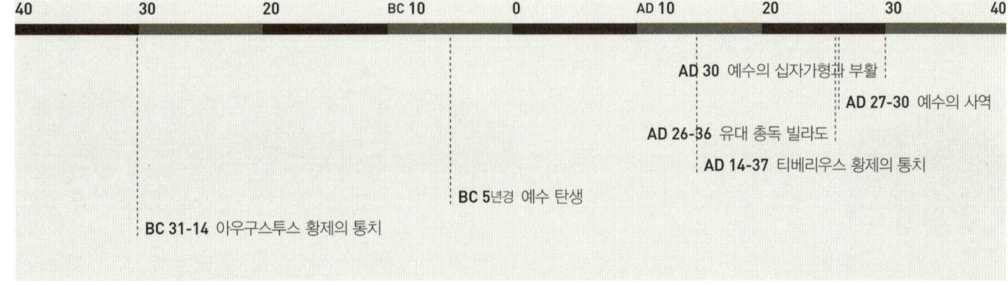

**예수는
누구인가**
마가는 복음의 내용이 "하나님의 아들 예수 그리스도"라고 말한다(마가복음 1:1).

예수 그리스도　그리스도는 이름이 아니라 직책이다. 그리스도(Christ)는 히브리어 마쉬아(*mashiah*, "메시아" 또는 "기름부음 받은 자")에 해당하는 그리스 단어다. 구약시대의 예언자, 제사장, 왕은 그들의 일을 감당할 수 있도록 하나님의 성령이 부어짐을 상징하는 기름부음을 받았다. '메시아'는 하나님의 백성을 구원하고 하나님의 나라를 시작할 궁극의 예언자요 제사장이며 왕인 다윗의 후손을 가리키는 말이 되었다(이사야 9:6-7; 11:1-16; 42:1-7, 예레미야 23:5-6; 33:14-16, 다니엘 7:13-14, 미가 5:2-4). 신약성경은 예수가 바로 약속된 기름부음을 받은 자라고 주장한다.

하나님의 아들　그러나 신약성경 속의 예수는 기름부음 받은 자 그 이상의 존재다. 그는 하나님의 아들이다. 그저 명목상 그런 것이 아니라 참으로 하나님의 아들이다. 그는 동정녀 탄생과 성육신을 통해 인간이 되신 하나님이다. 그러나 이 칭호는 오해의 소지가 너무 많았다. 그래서 예수는 자신을 일컫는 전혀 다른 칭호를 만들어 내셨다. 물론 용례를 전혀 찾아볼 수 없는 칭호는 아니었는데, 그것은 바로 '인자'(人子)다. 인자는 다니엘의 환상(다니엘 7:13)에 등장하는데, 사람이되 사람보다 훨씬 뛰어난 그분에게 하나님 나라가 주어졌다.

출생
크리스마스 이야기는 세상에서 가장 유명한 이야기 중 하나다. 천사가 마리아에게 나타나 이제 곧 성령으로 잉태할 것을 알려 준다. 인구조사 때문에 요셉과 마리아는 베들레헴으로 가야 했고 예수는 마구간에서 태어났다. 목자들과 동

유대 광야 메시아의 예비자인 세례 요한은 광야에서 나와 온 유대 사람에게 회개하고 세례를 받으라고 촉구했다. 사탄이 예수가 감당하러 오신 메시아의 역할에 문제를 제기하며 예수를 시험한 장소도 바로 이곳, 광야였다.

방박사(현자)들이 아기를 찾아왔다. 헤롯은 두 살 미만의 남자아이들을 학살했다. 그러나 그리스도인들은 이러한 장면 배후에 더 깊은 신비가 놓여 있다고 믿는다. 그것은 요한이 이렇게 말한 바와 같다. "태초에 '말씀'이 계셨다. 그 '말씀'은 하나님과 함께 계셨다. 그 '말씀'은 하나님이셨다.……그 말씀은 육신이 되어 우리 가운데 사셨다"(요한복음 1:1, 14). 신약성경의 주장은 말씀이신 예수를 통해 하나님이 친히 우리에게 찾아오셨다는 바로 그것이다.

사역 서른 살 무렵(누가복음 3:23) 예수는 공적 사역을 시작했는데, 그 사역은 겨우 3년간 지속되었다. 나사렛에서 위태롭게 출발했지만(4:16-30), 예수가 병자들을 치유하고 귀신 들린 자들을 자유케 하며 하나님 나라를 가르침으로 모든 사람에게 하나님의 사랑을 보여주면서 그의 이름이 널리 퍼져 나갔다. 그의 기적은 하나님 나라의 실증으로서 하나님이 다스리실 때 인간의 삶이 어떻게 변하는지를 보여주고, 그의 비유는 하나님 나라에 대한 설명으로서 그 나라가 어떻게 작동하는지를 보여준다. 그는 열두 제자를 중심으로 하나님의 새로운 공동체를 나타내는 무리들을 불러 모아 하나님의 다스림 아래 함께 살아가는 것이 어떠한 모습인지도 보여주었다. 많은 사람들이 그의 메시지와 기적에 매력을 느꼈지만 반감을 보인 이들도 많았다. 예수 때문에 위협을 느낀 종교적, 정치적 기득권 세력이 특히 그러했다.

죽음

그의 죽음은 정치적으로 불가피해 보였지만, 성경은 그것이 하나님의 계획의 일부였으며 그가 이 세상에 온 이유였다고 주장한다(마태복음 16:21; 20:25-28, 요한복음 12:23-33). 유대교 지도자들은 날조된 죄목을 가지고 여러 차례 재판을 거친 후, 빌라도를 설득해 예수를 십자가에 못 박게 했다. 십자가형은 최악의 범죄자와 반역자에게만 적용되는 잔인한 처형 방법이었고, 유대인에게는 하나님의 저주를 받은 자의 상징(신명기 21:23)이었다. 하지만 이 죽음은 가장 작은 부분까지 정확하게 구약의 예언을 성취했고(예를 들어 시편 22:16-18), 그리스도인은 이 죽음이 인류의 죄가 용서받는 수단이라고 믿는다. 이것은 이사야가 예견한 것(이사야 52:13-53:12)과 같으며, 예수도 이와 똑같이 설명한다(누가복음 24:25-27). 그의 죽음은 실패가 아니라, 사람들을 하나님과의 올바른 관계로 이끌기 위한 하나님의 영원한 계획이었다.

부활

예수는 금요일에 십자가에 못 박혔는데, 일요일이 되자 그의 제자들은 예수를 다시 보았다고, 그것도 영혼이나 유령이 아니라 살아 있는 그를 보았다고 주장했다. 그들 역시 직접 보기 전에는 믿을 수 없던 일이었다. 부활은 예수가 오랫동안 기다렸던 하나님 나라를 가져온 메시아라는 것과, 그 나라는 더 이상 먼 미래가 아니라 바로 지금 임했고 그를 믿는 모든 이가 누릴 수 있음을 확증해 주었다. 예수 이야기는 끝이 아니라 여전히 진행 중이다.

십자가 ▼

예수는 자신이 죽기 위해 세상에 왔다고 말씀하셨다. 하지만 그렇다고 그의 가르침, 윤리, 기적의 중요성이 줄어들지는 않는다. 오히려 이 모두는 그의 죽음의 목적을 가리켜 보인다. 그것은 하나님과 인류의 관계를 처음의 상태로 회복시키는 것이다. 성경은 십자가가 인간의 죄를 처리하시는 하나님의 방법이라고 말한다. 인간의 죄는 언제나 죽음으로 이어진다. 예수의 십자가가 없다면 용서도, 관계의 회복도, 소망도 없을 것이다.

예수는 부활 후 40일 동안 하나님 나라를 가르치셨다. 예수는 제자들의 민족주의적 관점보다 훨씬 더 큰
계획을 가지고 계셨다(마태복음 28:18-20). 그 계획은 제자들이 이스라엘뿐 아니라
모든 민족에게 나아가는 일이었다. 성령이 오셨을 때 비로소 제자들은 그 계획을 이해하기 시작했고,
예루살렘의 자그마한 유대교 분파는 유대인과 이방인을 모두 아우르는 세계적인 운동으로 변화했다.
2,000년 전에 아브라함에게 주어졌던 약속이 드디어 이루어지기 시작했다.

17. 교회의 탄생

오순절　　시간은 오전 아홉 시, 제자들은 모든 유대인 남자가 예루살렘 성전을 방문해야 하는 세 절기 가운데 하나인 오순절을 준비하고 있었다. 그런데 갑자기, 바람과 불로 묘사할 수밖에 없는 무언가가 그들에게 불어닥쳤고 그들은 성령으로 충만하게 되어 각각 다른 방언으로 말했다(사도행전 2:1-4). 너무나 압도적인 경험이었기 때문에 그 광경을 지켜본 많은 이들은 그들이 술에 취했다고 생각했다. 그러나 베드로는 이 모든 상황이 요엘의 예언이 성취된 것이라고 설명하며(2:15-21) 다른 이들도 예수를 믿으면 이렇게 하나님의 영을 체험하게 될 것이라고 말했다(2:22-39). 이렇게 해서 교회와 교회의 사명이 태어났는데, 오순절과 더없이 잘 어울리는 일이 아닐 수 없었다. 유대인의 축제 오순절은 율법 수여와 추수, 이 두 가지를 기념하는 날이기 때문이다. 그날, 성령을 통해 하나님의 약속된 새 율법이 주어지고 새 추수가 이루어졌다. 그것은 돌판이 아니라 마음에 새겨진 율법이었으며, 곡식이 아니라 사람의 추수였다.

사도들의 행전 사도행전의 수신자는 데오빌로다 (사도행전 1:1). 어쩌면 누가의 후원자였을지 모르는 신원불명의 이 로마 관리는 누가복음의 수신자이기도 했다(누가복음 1:3). 두 책의 문체가 동일한 것으로 보아 사도행전도 누가의 작품임이 분명하다. 사도행전은 "예수께서 일하시고 가르치기 시작하신 모든 것"(사도행전 1:1, 우리말성경)이 담긴 두 권 분량의 저작의 후반부에 해당하는데, 누가는 예수가 자신을 따르는 자들을 통해 하실 일이 더 남아 있음을 암시하고 있다.

사도행전은 예수의 승천(AD 30년경)부터 바울의 첫 번째 로마 투옥(AD 59-62년경)까지 초대교회의 모습을 다룬다. 매우 정직하게 써 내려간 이 기록은 이 기간에 교회가 이룬 성공과 실패를 모두 보여준다.

니카노르 문 베드로가 나면서부터 못 걷는 사람을 치유했던 '아름다운 문'(美門, 사도행전 3:1-10)은 성전의 니카노르 문이 거의 확실하다. 최고급 청동으로 만든 이 문은 햇빛을 받으면 빛났고 '여인의 뜰'에서 열다섯 계단 위에 세워져 있었는데, 그 너머로는 여인이나 부정한 자들(나병환자 같은)은 지나갈 수 없었다. 그런 장소에서 구걸은 흔히 일어났다. 치유는 초기 기독교 사역에서 흔한 요소였는데, 예수의 생애에서도 그랬지만 초대교회 안에서도 지속적으로 나타났다.

예루살렘 교회 예수의 동생이자 신약성경의 야고보서를 쓴 야고보는 빠른 속도로 예루살렘 교회의 지도자가 되었다. 베드로가 기적적으로 감옥에서 풀려나왔을 때 그는 제자들에게 "이 사실을 야고보와 다른 신도들에게 알리시오"(사도행전 12:17)라고 했고, 나중에 바울이 "야고보를 찾아갔는데, 장로들이 다 거기에 있었다"(21:18)라고 쓴 것으로 보아 야고보가 지도자의 위치에 있었던 것이 확실하다. 그는 중요한 예루살렘 공회의 의장을 맡아 분명한 권위를 갖고 논의의 결론을 지었다(15:19). 그러므로 바울이 그를 교회의 기둥으로 묘사한

사도행전에 나온 교회의 첫 20년

- 오순절에 3,000명이 세례를 받음(2:41)
- 활기찬 나눔의 삶(2:42-47, 4:32-37)
- 성전에서의 치유(3:1-26, 5:12-16)
- 아니니아와 삽비라가 교회를 속이려다 죽음을 당함 (5:1-11)
- 유대인 그리스도인과 이방인 그리스도인 사이의 의견 충돌(6:1-7)
- 스데반의 순교(7:1-60)
- 사마리아인들과(8:4-25) 에티오피아 환관의(8:26-39) 회심
- 바울의 회심이 진실한지에 대한 의심(9:26-30)
- 최초의 이방인 회심(10:1-48)
- 베드로가 이방인들에게 유대인이 되라고 요구하지 않고 세례를 준 것에 대한 불만(11:1-18)
- 베드로의 기적적인 탈옥(12:1-19)
- 바울의 제1차 선교여행(13:1-14:28)

우측으로 가이사랴 마리티마의 3,500석 규모 원형경기장이 보인다. 요세푸스에 따르면, 야고보를 처형하고 베드로를 감옥에 가둔 헤롯 아그립바가 스스로 신이라고 주장하다가 천사에게 벌을 받아 병든 장소가 바로 이곳이다(사도행전 12:19-23).

것은 그리 놀랍지 않다(갈라디아서 2:9). 그는 AD 62년에 순교했다.

예루살렘 교회는 박해와 가난을 겪으면서 어려운 시기를 보냈고 결국에는 이방인 교회의 지원이 필요한 상황이 되었다(로마서 15:25-26). 안타깝게도, 예루살렘 교회는 유대교 뿌리 너머를 보지 못하여 끝내 주도권을 잃었고, 안디옥 교회가 이내 훨씬 더 중요한 역할을 맡아 더 넓은 사명을 감당했다.

더 넓어지는 복음 예수의 부활 이후 30년 만에 교회는 급속히 팽창해 유대교의 뿌리를 훌쩍 넘어섰다. 사도행전은 당시에 일어난 중요하고도 획기적인 사건들을 기록하고 있다.

- 전통적으로 믿음 없는 '반쪽짜리 유대인' 취급을 받던 사마리아인들의 회심(8:4-25)

- 몸의 문제로 결코 유대인이 될 수 없는 에티오피아 환관의 회심(8:26-39)

- 이방인 최초로 로마인 백부장과 그의 가족과 친구들이 회심(10:1-48). 베드로가 그들에게 미처 할례를 줄 틈도 허용하지 않은 채, 하나님은 그들에게 성령을 부어 주셨다.

- 세계 각지에서 온 이방인들이 안디옥에서 회심(11:19-21)

- 바울이 선교여행을 시작하면서 소아시아(터키), 그리스, 로마 곳곳에서 일어난 회심(13:1-28:31)

사도행전은 로마 세계 전역에 걸쳐 이루어진 교회의 성장에 초점을 맞추었지만, 교회는 다른 방향으로도 뻗어갔다. 교회 전승에 따르면 도마는 인도로 갔고, 마태는 에티오피아와 아라비아로 갔다. 교회는 인종을 뛰어넘는 하나님의 백성들로 이루어진 국제적인 공동체가 되어 가고 있었다.

성령충만 ▾

구약시대에는 지도자나 예언자 같은 특별한 사람들만 하나님의 영을 체험했지만, 선지자 요엘은 하나님의 백성 모두가 성령을 받게 될 날을 고대했다(요엘 2:28-32). 사도행전은 성령을 받는 일을 그리스도인이 경험해야 할 표준으로 제시한다(사도행전 19:2). 이것은 성령으로 세례를 받다, 성령을 받다, 성령으로 충만하다 등의 다양한 방식으로 묘사되는데, 용어가 아니라 실체가 중요하다는 것을 말해 주고 있다.

예수는 그의 제자들이 "땅끝까지" 이르러 그의 증인이 될 것이라고 선언하셨다(사도행전 1:8).
그리스도인들은 복음이 유대인뿐 아니라 이방인을 위한 것이기도 함을 깨달았고,
로마 세계 전역을 누비기 시작해 AD 40년에는 시리아, 48년에는 소아시아, 52년에는 그리스,
60년에는 로마에까지 이르렀다. 선교의 사명이 진행되고 있는 것이다.

18. 교회의 성장

안디옥 교회　　시리아 주의 주도 안디옥은 오론테스 강변에 자리 잡은 데다 주요 무역로를 끼고 있어 여러 나라에서 온 사람들이 만나는 곳이었다. 스데반의 순교 이후 예루살렘에서 흩어진 그리스도인들이 이곳에 교회를 개척했다. 유대인에게만 복음을 전하는 이들도 있었지만, 몇몇이 장벽을 넘어 이방인에게 다가갔고 그들 중 상당수가 반응을 보였다(사도행전 11:19-21). 세계적이고 외향적인 도시의 성격이 교회의 색깔을 이루었다. 예루살렘이 유대교적 뿌리에 갇혀 있는 동안 안디옥은 기독교 선교의 가장 중요한 근거지가 되었다.

바울의 회심　　열성적인 바리새인 사울은 그리스도인을 수색해 잡아들였다. 그러던 그가 부활하신 예수를 강력하게 조우하면서 그 행보를 멈추었다(사도행전 9:1-19). 그리고 이후 그의 인생이 바뀌었다. 예수는 이방인에게 복음을 전하는 임무를 그에게 맡기셨다. 그의 이름도 유대식 이름인 사울에서 이방식 이름인 바울로 바뀌었다. 그는 곧바로 여러 회당에서 복음을 전하기 시작했지만(9:20-22), 얼마 후 아라비아로 물러가 혼자만의 시간을 가졌다(갈라디아서 1:17).

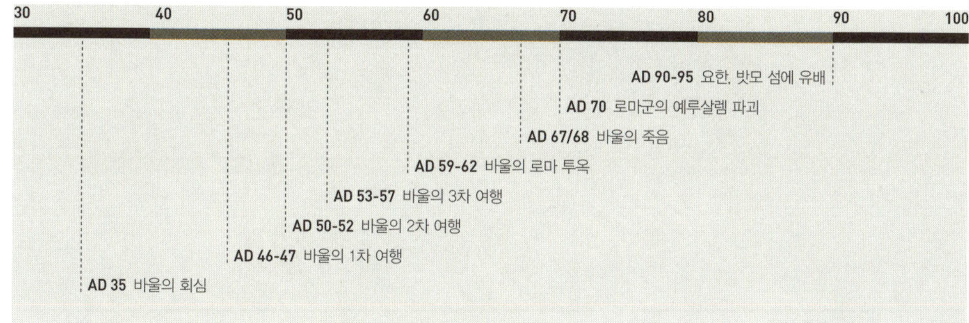

바울의 선교여행

사도행전 후반부는 여행기로, 바울이 동료들(바나바, 마가, 실라, 디모데, 누가, 브리스길라와 아굴라 등)과 함께 여행하며
교회를 개척한 일과 그곳들을 재방문해 굳건히 하는 내용이 담겨 있다. 지도는 사도행전에 기록된 바울의 여행 경로를 보여준다.

제1차 유대 반란   유대교 역시 황제에게 바치는 제사를 포함한 모든 이질적인 제사를 중단했고, 이로 인해 로마의 분노를 감당해야 했다. AD 66년부터 73년까지 전쟁이 이어졌는데, 70년의 예루살렘 약탈과 성전 파괴로 절정에 이르렀다. 이후 성전은 두 번 다시 재건되지 못했다. 일부 열심당원은 유대 광야에 있는 요새궁전 마사다(사진)로 달아나 그곳에서 AD 73년까지 버텼다. 로마군이 거대한 공성퇴를 만들어 성벽을 뚫고 들어갔을 때, 그들은 스스로 목숨을 끊은 뒤였다.

다마스쿠스로 돌아온 직후 그는 바구니에 담겨 성벽 아래로 달아 내려진 덕분에 암살 위협을 피했는데(사도행전 9:23-25), 이것은 그가 앞으로 겪게 될 시련의 시작에 불과했다(고린도후서 11:23-29).

박해와 승리   로마는 기독교를 유대교의 또 하나의 분파이자 국가공인종교(*religio licta*) 정도로 여기며 특별한 간섭을 하지 않았다. 그러나 로마 황제들이 신성을 주장하기 시작하고 그리스도인들이 황제숭배를 거부하자 사정이 달라졌다. 네로 치하

- **로마서**(AD 57) 아브라함에게 주신 하나님의 약속이 성취되고 있다. 이방인도 율법을 지킴으로가 아니라 믿음을 통해 그것을 누리게 된다.

- **고린도전서**(AD 55) 사랑과 성령의 은사들이 교회의 모든 문제를 푸는 열쇠다.

- **고린도후서**(AD 55) 상황이 나아지고 있다는 소식을 듣는 영적 아버지의 기쁨

- **갈라디아서**(AD 49/50) 이방인은 유대인이 되지 않고도, 유대교 율법을 지키지 않고도 그리스도인이 될 수 있다.

- **에베소서**(AD 60) '그리스도 안에' 있음으로 그분의 교회의 일원이 되는 축복

- **빌립보서**(AD 60년경) 옥중의 바울이 빌립보 교회가 보여준 우정과 하나님의 선하심으로 인해 기뻐함

- **골로새서**(AD 60년경) 골로새 교회에 침투한 예수에 대한 이단과 은밀한 영적 통찰을 내세우는 주장들을 반박함

- **데살로니가전서**(AD 50/51) 새 교회에 대한 칭찬과 예수의 재림을 생각하며 계속 전진하라는 격려

- **데살로니가후서**(AD 50/51) 예수의 재림에 관한 오해를 바로잡음

- **디모데전서**(AD 62년경) 교회를 보살피는 젊은 목회자에게 주는 실용적인 격려

- **디모데후서**(AD 66/67) 임박한 처형을 앞둔 바울이 영적 아들과 나누는 마지막 생각들

- **디도서**(AD 63–65년경) 교회를 지혜롭게 지도하기 위한 실제적인 가르침

- **빌레몬서**(AD 60년경) 예수가 빌레몬의 새 출발을 도우신 것처럼, 그리스도인이 되어 새 출발이 필요한 도망노예를 받아 주라는 권면

- **히브리서**(AD 70 이전) 유대교로 돌아오라는 압력을 받고 있는 유대 그리스도인들을 격려하는 편지. 그들이 두고 떠나온 모든 것보다 예수가 더 우월한 분이므로 기독교 신앙을 지키라는 내용

- **야고보서**(AD 49/50) 유대 그리스도인들에게 굳건히 서서 실제적인 방식으로 믿음을 표현하라고 격려함

- **베드로전서**(AD 60년대 초) 박해에 직면한 신자들에게 전하는 위로와 소망의 메시지. 그들을 위해 고난당하신 예수를 기억하며 굳건히 서라는 내용

- **베드로후서**(AD 60년대 초) 잘못된 가르침을 바로잡음. 하나님의 공의를 가져오실 예수의 재림을 생각하며 굳건히 서라고 촉구함

- **요한일·이·삼서**(AD 85–95년경) 하나님 및 서로와 교제를 나누라는 격려. '세상'을 사랑하거나 거짓 가르침에 속지 말라는 충고. 요한이삼서는 짤막한 개인 서신이다.

- **유다서**(AD 65–85년경) 불경건한 삶을 사는 일의 위험을 역사를 통해 상기시킴. 우리가 쓰러지지 않게 지키시는 하나님을 신뢰하고 인내하라는 촉구

* 신약성경에는 스물한 통의 편지가 있는데, 그 중 바울이 쓴 첫 열세 통(로마서－빌레몬서)을 바울서신이라고 한다.

(AD 54-68)에서 박해가 시작되었는데, 네로는 로마 대화재(AD 64)의 책임을 그리스도인들에게 덮어씌우고 그들을 경기장으로 끌고 와 사자밥으로 내주거나 몸에 불을 붙여 인간 횃불을 만들었다. 베드로와 바울이 이 시기에 순교했는데, 전승에 따르면 베드로는 십자가에 거꾸로 매달렸고 로마 시민이었던 바울은 참수형을 당했다. 여러 해가 지나고 요한은 밧모 섬으로 유배되어 그곳에서 요한계시록을 썼다. 계시록은 사탄의 온갖 노력에도 끝내 하나님이 승리하시고 아브라함에게 주신 약속이 성취되어, 하나님의 새 세상에서 "모든 종족과 언어와 백성과 민족"(5:9)으로 이루어진 가족이 예수 앞에 모일 것이라고 말한다.

그리스도인 ▾

"제자들은 안디옥에서 처음으로 '그리스도인'이라고 불리었다"(사도행전 11:26). 원래 '그리스도인'(Christian, 그리스도를 따르는 자들)은 교회 외부 사람들이 붙여준 별명이었다. 이 이름은 그리스도인이 되는 것의 핵심을 잘 보여준다. 그것은 특정한 민족, 가문, 교회에 속하는 것이 아니라 개인적으로 그리스도를 따르기로 선택하는 일이다.

3

성경의 땅

성경 이야기의 주요 무대는 자그마한 가나안 땅이지만, 주위에 있는 여러 민족을 생각하지 않고는
그 이야기를 제대로 이해할 수 없다. 이 민족들은 나중에 보다 자세히 살펴볼 것인데(4부, 124-167쪽),
여기서는 우선 큰 그림을 보면서 다른 민족들에게 영향을 끼쳐야 할 이스라엘이
오히려 거듭해서 그들에게 영향을 받는 상황을 살핀다.
하지만 이 모든 과정 속에서도 하나님의 큰 목적은 이루어지고 있었다.

19. 고대 근동

**고고학에서
얻는 통찰**

고대문명에 대해 알 수 있는 출처는 크게 두 가지다.
첫째, 당대의 기록—예를 들어 BC 2000년
중엽의 '누지 토판'(Nuzi Tablets)은 아카드
어로 법적, 사회적 절차 일부를 기록하고 있는데, 그 내용을 보
면 이전 족장시대의 관습들을 짐작할 수 있다. '고레스 실린더'
(73쪽)는 페르시아의 바벨론 정복을 기록하고 있다—이다.
둘째, 고고학적 발견이다. 사람이 만든 물건은 당시의 생
활상을 보여주며, 전쟁 같은 큰 사건의 증거가
되기도 한다.

토기　토기(토기 조각은 가장 흔한 고고학적 발견물
이다) 양식의 끊임없는 변화는 고고학자들이 유
적지의 연대를 결정하는 데 큰 도움이 된다. 사
진을 보면 소박한 철기시대 양식(오른쪽)과 BC
4세기 후반 헬레니즘 시대 마케도니아 필리포
스 2세의 무덤에서 발견된 꽃병의 양식(왼쪽)이
얼마나 다른지 알 수 있다.

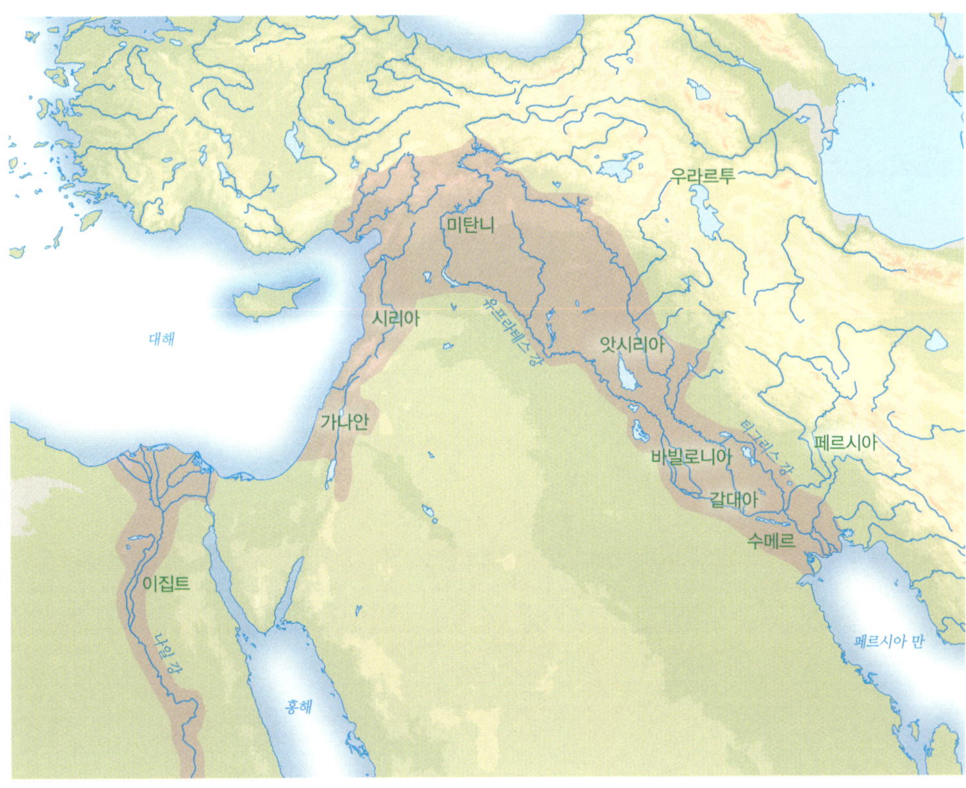

▲ **비옥한 초승달 지대** 비옥한 초승달 지대는 나일 강을 낀 이집트에서 가나안의 지중해 연안을 따라 올라가다가, 두 개의 큰 강인 유프라테스와 티그리스로 물을 대는 메소포타미아(오늘날 이라크)까지 이어진다. 사막과 산이 많은 근동에서 이 지대의 비옥함은 매력적일 수밖에 없었고 이곳을 두고 수없이 많은 싸움이 벌어졌다.

텔 둔덕을 뜻하는 '텔'(tell)은 일반적인 언덕으로 보이지만 실은 옛 주거지의 잔해다. 고대에는 침략자들의 공격으로 마을 전체가 파괴되는 경우가 종종 있었다. 그러나 새로운 거주자들은 다른 곳으로 이주하지 않고 그 자리에 도시를 재건했다. 그곳에 벽돌과 나무가 많고 깨끗한 물도 있었기 때문이다. 이것은 애초에 그곳에 마을이 세워진 이유이기도 했다. 도시가 파괴될 때마다(수천년 동안 여러 차례에 걸쳐) 이전의 폐허 위에 새 도시를 세우다 보니 지대가 조금씩 높아졌다. 고고학자들은 이러한 텔의 단층을 잘라 역사를 추정하고, 토기 양식의 변화 등을 연구하여 각 단층의 연대를 알아낸다.

성경의 땅 다음 지도는 성경시대의 세계 모습과, 여러 시대에 걸쳐 여러 방식으로 하나님의 백성에게 영향을 끼친 나라들을 보여준다.

❶ **로마**　신약시대 무렵에는 로마 제국이 유럽 대부분과 중동, 북아프리카를 장악했다. 로마의 유대 지역 총독이 예수의 십자가형을 명령하기는 했지만, 로마는 정치적 안정과 탁월한 도로망으로 본의 아니게 기독교의 팽창을 도왔다. 주후 70년, 유대인은 로마의 무지막지한 힘에 밀려 예루살렘과 성전이 파괴당하는 일을 겪었다.

❷ **그리스**　알렉산드로스 대왕 치하에서 그리스 제국은 인도 국경까지 뻗어갔다. 그리스 문화와 생활양식을 강요한 그리스 제국은 BC 2세기에 유대인과 충돌했다. 그러나 세계 공용어가 된 그리스어는 복음을 전하는 데 큰 도움이 되었다.

❸ **소아시아**　헷 족속(히타이트 족)은 BC 1600년에서 1200년 사이에 남쪽으로 시리아까지 이르는 강력한 제국을 건설했다. 신약시대 바울의 활동은 상당부분 소아시아에서 이루어졌고 이곳에서 많은 교회를 개척했다.

❹ **메소포타미아**　티그리스–유프라테스 골짜기는 구약시대에 나타난 많은 문명의 발상지다. 아브라함 시대의 주요 문명은 수메르와 갈대아 문명이었다. 이후 앗시리아, 바벨론, 페르시아가 바로 이곳에서 발현하여 이스라엘에 지대한 영향을 끼쳤다.

❺ **앗시리아**　BC 2300년경 이 지역에 자리를 잡은 앗시리아는 BC 1500년부터 1100년 사이에 힘을 키워 강대국이 되었고, BC 9세기와 8세기에는 한껏 팽창해 이집트에까지 이르는 제국이 되었다. 앗시리아는 BC 722년에 북이스라엘을 멸망시켰고, 이후 열 지파는 뿔뿔이 흩어졌다.

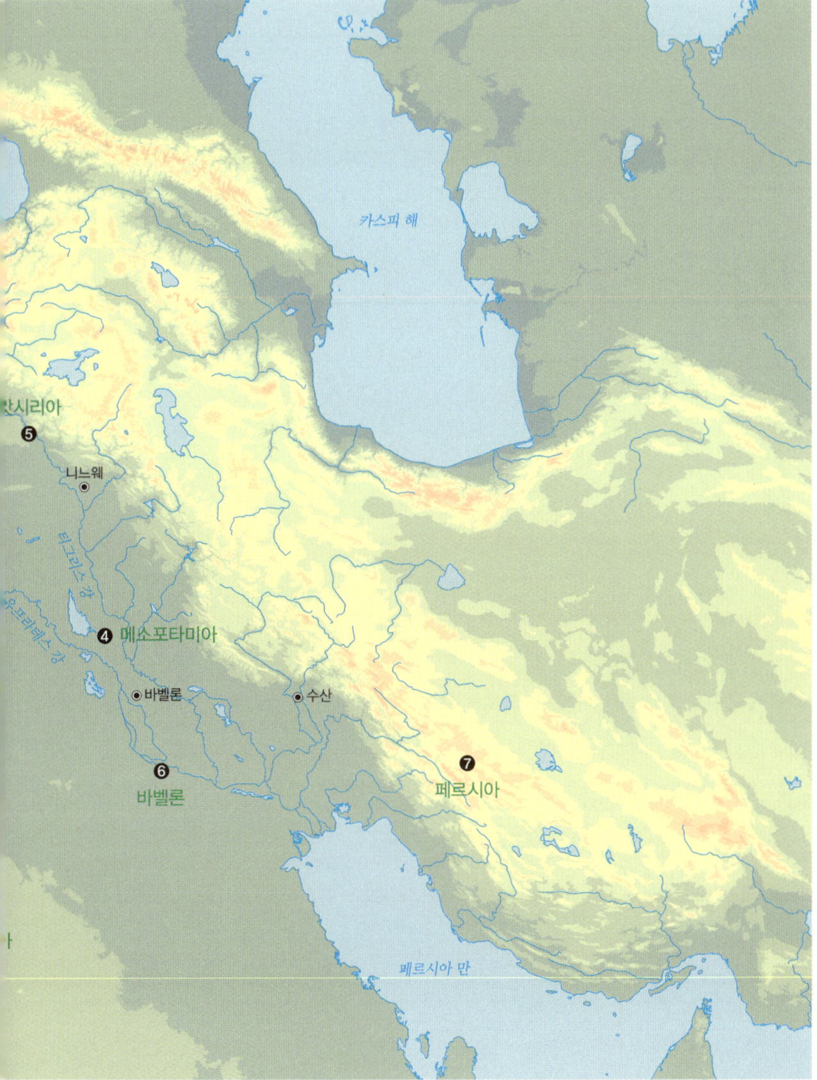

목적 ▼

이스라엘의 4대 총리 골다 메이어(Golda Meir)는 중동 지역에서 기름이 나지 않는 유일한 곳, 가나안을 약속의 땅으로 고르신 이유를 하나님께 물은 적이 있다. 성경은 하나님의 모든 일, 심지어 우리가 이해하지 못하는 일에도 목적이 있다고 말한다. 하나님이 가나안을 선택하신 뜻은 그분의 백성을 문명의 교차로에 두셔서 전 세계에 영향을 끼치게 하려는 것이었다. 그리고 그 중심에 그들의 메시아, 예수가 있었다. 그리스도인들은 예수의 오심이 어떻게 준비되었는지를 보면서, 하나님의 계획은 종종 느리게 이루어지는 것처럼 보일 때가 있지만 결코 때늦은 법은 없음을 믿는다.

❻ **바벨론** BC 3000년경 생겨난 바벨론은 BC 7세기에 앗시리아를 정복하고 그 제국을 통째로 삼키면서 절정의 국력을 과시한다. 바벨론은 BC 586년에 유다를 정복해 예루살렘과 성전을 파괴한 뒤 하나님의 백성들을 바벨론으로 끌고 갔다.

❼ **페르시아** BC 7세기에 등장한 페르시아는 금세 강력한 나라가 되어 서쪽으로는 그리스와 이집트, 동쪽으로는 우즈베키스탄과 인도 국경까지 세력을 뻗어갔고, 유대인들이 약속의 땅으로 돌아가 성전을 재건하도록 허락했다.

❽ **팔레스타인** 여러 시대에 걸쳐 다른 이름(가나안, 이스라엘, 유대, 팔레스타인)으로 알려졌지만, 유대인은 언제나 이곳을 하나님이 아브라함과 그 후손에게 약속하신 땅이라고 보았다. 이곳에서 대부분의 성경 이야기가 펼쳐진다.

❾ **이집트** BC 3000년경 나일 강 골짜기에서 발생해 고대 세계의 가장 위대한 문명 가운데 하나가 된 이집트는 다양한 방식으로 성경 역사에 영향을 끼쳤는데, 때로는 적으로 때로는 피난처로 등장한다.

하나님은 모세를 불러 그분의 백성을 이끌고 "젖과 꿀이 흐르는 땅"(출애굽기 3:8)으로 인도하라고 명하셨다.
젖과 꿀은 의식주와 삶의 모든 좋은 것을 공급한다는 일종의 상징이었다. 모세는 그 땅에 들어가지 못했지만,
약속된 좋은 것을 한 번도 시야에서 놓치지 않았다. 마지막까지도 그는 여전히 가나안 땅을
"밀과 보리가 자라고 포도와 무화과와 석류가 나는 땅이며, 올리브기름과 꿀이 생산되는 땅이며,
먹을 것이 모자라지 않고 아무것도 부족함이 없는 땅"이라고 말했다(신명기 8:8-9).

20. 가나안 땅

가나안의 자연 **물** 모세는 가나안을 "골짜기와 산에서 지하수가 흐르고 샘물이 나고 시냇물이 흐르는 땅"이라고 묘사했다 (신명기 8:7). 구릉지에 내린 빗물이 흘러내려 시냇물이 형성되었고 지하수에서 나온 물로 웅덩이와 샘이 생겼다. 요단 강 서쪽에는 시내가 별로 없었기 때문에, 대부분 샘과 웅덩이에 의존했다. 비는 주로 겨울철에 내렸고(10월 중순에 내리는 '이른 비'와 4-5월에 내리는 '늦은 비') 해발고도가 높을수록 강수량이 많았다. 따라서 갈릴리 구릉지대가 유대 구릉지대보다 강수량이 많았다. 해안지역을 따라 내리는 이슬도 이 지역에 수분을 공급하는 데 중요한 역할을 했다. 지중해에서 불어온 습한 공기가 밤사이 차가워져 땅에 내렸다.

관개에 사용할 큰 강이 있던 이집트나 메소포타미아와 달리, 이 땅은 전적으로 비에만 의존하고 있었다. 그래서 이스라엘은 "누가 비를 내리는가, 바알인가 여호와인가?"라는 질문을 가지고 끊임없이 씨름했다. 선지자 엘리야 역시 지칠 줄 모르고 이 질문을 던졌다(열왕기상 17:1, 18:1-2, 16-46). 가뭄과 그에 따른 기근은 드물지 않았는데, 하나님의 백성이 불순종할 때 특히 그러했다(신명기 28:23-24, 예레미야 14:1-10).

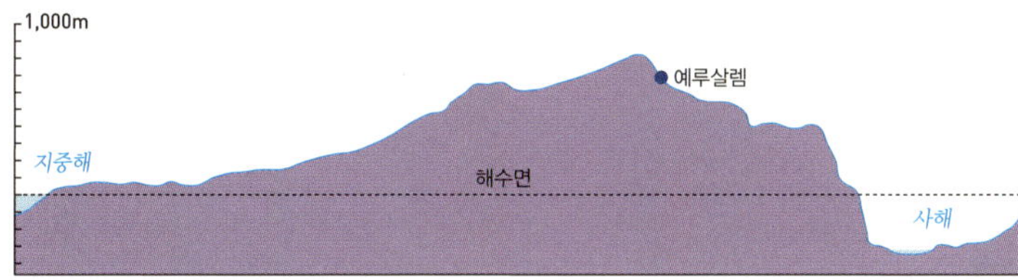

◀ 가나안의 단면

서에서 동으로, 육지가 해안에서 완만하게 올라가다가 급하게 내리꽂혀 요단 골짜기와 사해에 이르는 것을 볼 수 있다

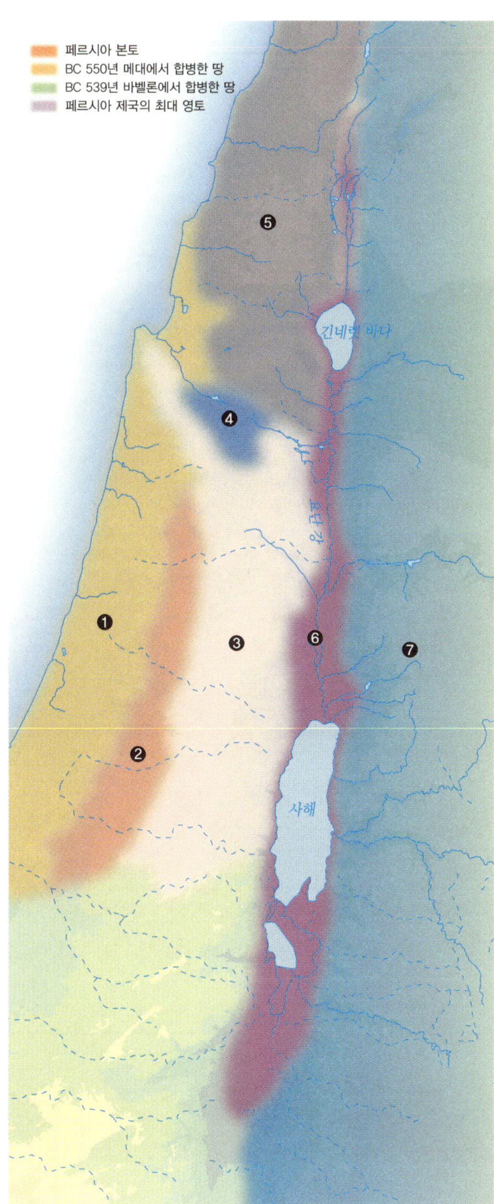

가나안의 지리

가나안의 지리적 영역은 명확하게 구분된다.

❶ **해안평야** 모래언덕과 숲, 그리고 남쪽 끝의 습지로 이루어져 그리 쓸모 있는 땅은 아니다. 그래서 이곳의 블레셋 족속이 끊임없이 새 영토를 찾아 나섰던 것이다. 하지만 북단의 샤론 평야는 매우 기름졌고 갈멜 산 너머로 자연항들이 있어서 페니키아와 교역이 이루어졌다.

❷ **세펠라**(Shephelah) 폭 19-24km 정도의 대단히 기름진 구릉지대로, 이곳을 두고 이스라엘과 블레셋이 자주 싸웠다. 네 개의 골짜기가 회랑처럼 이 지역을 통과하고 게셀, 벳세메스, 라기스 같은 요새들이 그 길을 지켰다.

❸ **중앙 산악지대** 1,115m 높이로 솟아오른 베델 근처의 이 땅은 이스라엘 영토의 중심이며 예루살렘과 헤브론 같은 도시들이 위치하고 있다. 국제도로들이 이 지역을 비껴갔기 때문에 오랫동안 고립되었고 결과적으로 많은 보호를 받았다.

❹ **므깃도 평야** 중앙 고지대와 갈릴리 언덕 사이의 동서 평야 지역이다. 이집트에서 메소포타미아에 이르는 주요 남북도로가 지나가는 곳이었기에 무역과 전쟁의 전략적 요충지였다. 많은 전투가 이곳에서 벌어졌고, 요한계시록에서 요한은 최후의 전투가 이곳("아마겟돈")에서 일어날 것을 보았다.

❺ **갈릴리** 산악지대가 죽 이어진다. 구릉이 높아져 1,200m에 이르고 레바논 산맥으로 연결되는 2,814m 높이의 헤르몬 산에서 절정을 이룬다. 그보다 낮은 갈릴리 언덕들은 아주 기름졌고 곁을 지나가는 국제무역로의 영향으로 번성했다. 그 모양 때문에 '하프'를 뜻하는 이름을 갖게 된 긴네렛 바다(신약시대에는 '갈릴리 바다'나 '디베랴 바다'로 불림)에는 물고기가 많았다. 예수는 갈릴리에서 생애의 대부분을 보내셨다.

❻ **요단 골짜기** 북쪽 갈릴리 바다에서 남쪽 사해(염해)로 이어지는 이 골짜기는 대지구대(Great Rift Valley, 아시아 남서부 요단 강 계곡에서 아프리카 동남부 모잠비크까지 이어지는 세계 최대의 지구대—편집자)의 일부다. 사해는 지표상 최저점으로, 해수면보다 400m 이상 아래에 있고 바닥은 그보다 427m 더 내려가며 염분이 25퍼센트다. 요단 강은 이곳까지 725m나 아래로 흘러오면서 그 이름을 얻게 되었다(요단은 "내려가는 자"를 뜻한다). 하도 구불구불 돌아가 그 길이가 직선 구간의 두 배인 325km에 이른다. 사해 남쪽에는 아라바 골짜기가 있다.

❼ **요단 강 동편 고원** 요단 골짜기 동쪽에 위치한 이곳은 갈릴리 동쪽으로 580m, 사해 남동쪽으로 2,000m까지 솟아오른 산악지대다. 그러다 보니 비가 잘 내려 동물들에게 좋은 목초지가 되었다. 이곳 너머에 동부 사막이 놓여 있다.

남쪽을 바라보고 찍은 갈릴리 북부의 요단 강

이집트의 고관 시누헤가 이집트에서 달아나 가나안에 머문 일을
소개하는 '시누헤 이야기'(*Story of Sinuhe*, BC 1950)는
그 땅을 묘사한 성경의 기록과 일치한다. 이 글에는 이렇게 나와
있다. "그곳에는 무화과와 포도가 있었다. 물보다 포도주가
많았다. 꿀이 풍부했고 올리브도 많았다. 온갖 열매가 나무에
달려 있었다. 보리와 밀이 있었고 온갖 종류의 가축도
헤아릴 수 없이 많았다." BC 1250년경의 기록으로 추정되는
이 조각은 이집트 테베에서 나왔을 것이다.

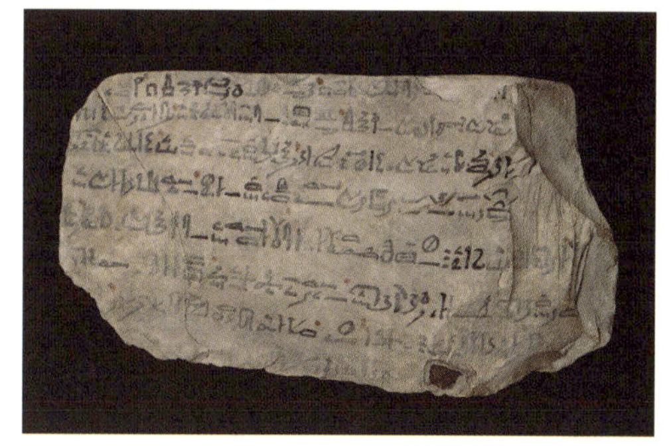

기온　가나안은 다양한 지리적 구성으로 인해 지역에 따라 기온차가 매우
컸다. 사해 주변은 섭씨 50도까지 올라갈 만큼 더운가 하면, 갈릴리 북부
는 서늘하고 습기가 많았다. 지중해에서 불어오는 시원한 미풍으로 여름
의 열기는 견딜 만했지만, '동풍'—아라비아에서 불어오는 뜨겁고 건조한
바람 캄신(*khamsin*)—은 이곳 사람들을 괴롭혔다(요나 4:8).

천연자원　철은 질이 좋지는 않아도 풍부한 반면, 구리는 주로 요단 강 동
편에서 나왔다. 철은 노천채광이 가능했지만, 구리를 얻으려면 수직갱도
를 파야 했다. 원시적인 채광기술은 욥기 28:1-11에 묘사되어 있다. 중앙
산악지대와 갈릴리의 석회암은 건축에 쓰일 좋은 돌을 제공했고, 사해 해
변에서는 소금이 거의 무제한으로 공급되었다.

지진도 드물지 않았다. 요단 강이 멈추고(여호수아 3:15-16) 여리고 성
벽이 무너진 것(6장)은 아마도 때마침 지진이 있었기 때문일지도 모른다.
아모스(1:1)와 스가랴(14:5) 모두 웃시야 왕 시대에 일어난 큰 지진을 언급
하고 있다.

의존　▼

모세는 이스라엘에게 경고한
바 있다. 약속의 땅을 누리는
일은 저절로 이루어지지 않
고 하나님을 의존해야만 가
능하다고! 비를 내리실 하나
님을 신뢰해야만 하는 상황
은 그것을 시험하는 주된 방
법 중 하나였다. 가나안에는
물을 끌어올 큰 강이 없었기
때문이다. 성경은 하나님의
약속 외에 다른 어떤 것에도
기대지 않는 것이 진정한 의
존이라고 말한다.

이스라엘은 종종 "거룩한 땅"이라 불리지만, 히브리어 성경 텍스트에서는 이 표현이
단 한 번, 스가랴 2:12에 등장한다. 유다가 유배에서 돌아올 날을 예언하면서 스가랴는
이스라엘을 "거룩한 땅"이라고 묘사한다. 거룩하신 하나님이 그분의 거룩한 뜻을 위해 되찾은 곳이기 때문이다.
그곳은 아브라함의 자손들을 위한 집일 뿐 아니라 모든 땅, 모든 사람에게로 구원이 뻗어나갈 근원지였다.
구약은 이스라엘을 흔히 "약속의 땅" 또는 "그 땅"이라고 부른다.

21. 거룩한 땅

땅의 분할

가나안을 정복한 후, 여호수아는 그 땅을 열두 지파에
게 분배했다. 르우벤 지파와 갓 지파, 그리고 므낫세 지
파 절반은 요단 강 동쪽 그들 몫으로 할당된 땅으로 돌
아갔다(민수기 32:1-42). 여호수아는 남은 지파들에게 가나안 땅을 나누어
주었는데, 그 내용은 다음 장의 지도(이스라엘의 주요 도시)에 나와 있다. 단
지파는 두 지역에 나누어 살았다. 그들이 원래 할당받은 에브라임과 유다
사이의 땅을 아모리 족속으로부터 탈취하기가 너무 어려웠기 때문에(사사
기 1:34) 단 지파의 많은 이들이 북쪽 갈릴리로 올라가 자리를 잡았다(여호
수아 19:47, 사사기 18장). 성막은 실로에 위치해 있어서 모든 백성이 쉽게
찾아갈 수 있었다(여호수아 18:1).

**하나님의
나그네들**

"땅을 아주 팔지는 못한다. 땅은 나의 것이다. 너희는
다만 나그네이며, 나에게 와서 사는 임시 거주자일 뿐
이다"(레위기 25:23). 하나님이 그 땅을 하나님의 것이
라 주장하셨기 때문에, 이스라엘은 자신을 하나님 대신 그곳을 보살피는
임시 거주자로 여겨야 했다. 율법의 많은 대목에 이러한 정신이 표현되어

유대 광야

있다. 이스라엘은 땅의 소산과 땅에서 나는 풀을 뜯는 양과 소의 십일조(십분의 일)를 하나님께 바쳐야 했다(27:30-33). 땅은 소유권을 임대할 수 있을 뿐 팔 수는 없었으며 50년(희년)이 지나면 원 소유주에게 돌려주어 누구도 영구적인 가난에 시달리지 않게 했다(25:8-31).

이스라엘의 영토 다음 지도는 지파별 영토의 대략적인 범위와 주요 도시들을 보여준다. 사울(BC 1050-1010)은 통치기간 중 가나안의 산악지대 방비를 강화하는 정도였지만 다윗(BC 1010-970)은 이스라엘의 경계를 크게 확장하고 확실하게 지켰다. 그의 치하에서 이스라엘은 마침내 하나님이 아브라함에게 약속하셨던 모든 땅을 완전히 손에 넣었다.

대해
두로
단
단(라이스)
동쪽 므낫세
납달리
아셀
가버나움
①
긴네렛 바다
나사렛
②
스불론
잇사갈
③ ④
이스르엘
므깃도
가이사랴
⑤
므낫세
⑥
사마리아
세겜
⑦
숙곳
요단강
실로
⑧
에브라임
갓
암몬
단
베델
⑨
여리고
⑩
베냐민
예루살렘
⑪
헤스본
베셀
베들레헴
⑫
르우벤
유다
⑬ ⑭
가사
라기스
헤브론
사해
모압
브엘세바
⑮
시므온
에돔

이스라엘의 주요 도시

2,000년이 넘는 이스라엘의 역사 가운데 하나님이 펼쳐 가신 이야기의 주요 무대가 되는 장소들이 있다. 그중 몇 곳을 살펴보자.

❶ **가버나움**　예수 사역의 근거지(마태복음 4:12-16). 예수는 이곳에서 가르치고 질병을 치유하셨지만(마가복음 1:21-34) 이곳 사람들의 불신앙을 탄식하셨다(마태복음 11:23-24).

❷ **나사렛**　이곳에서 자라난 예수는(마태복음 2:22-23) 사역 초기에는 사람들의 환영을 받았지만 하나님의 구원 계획에 이방인도 포함된다고 말했다가 거부당하셨다(누가복음 4:16-30).

❸ **므깃도**　여호수아가 정복했고(여호수아 12:21) 솔로몬이 성벽을 쌓았다(열왕기상 9:15). 남부 평야지대에서는 자주 전투가 벌어졌는데, 요한계시록(16:16)에 따르면 이곳 아마겟돈("므깃도의 언덕")에서 최후의 대전투가 벌어진다.

❹ **이스르엘**　아합의 궁전이 있던 곳. 아합이 이곳 나봇의 포도원을 빼앗았다(열왕기상 21:1-28).

❺ **가이사랴**　베드로가 처음으로 이방인들에게 설교한 항구도시(사도행전 10:1-48). 바울은 이곳을 여러 차례 방문했다(9:30, 18:22, 21:8). 그는 이곳에 2년간 투옥되어 있다가 로마로 보내졌다(23:23-26:32).

❻ **사마리아**　오므리가 북이스라엘의 수도로 삼은 곳(열왕기상 16:23-24). 아합은 이곳에 화려한 궁전을 짓고(23:39) 바알신전을 세웠다(16:32). 시리아의 포위공격을 두 번이나 물리쳤지만, 앗시리아의 포위공격을 3년간 버티다 함락되면서 이스라엘은 결국 멸망한다(열왕기하 17:3-6).

❼ **세겜**　여기서 하나님이 아브라함에게 땅을 약속하셨고(창세기 12:6-7), 여호수아는 언약을 새롭게 했으며(여호수아 24:1-27), 여로보암은 왕국 분열 이후 이곳을 첫 수도로 삼았다(열왕기상 12:25).

❽ **실로**　성막이 있던 곳(여호수아 18:1). 블레셋 족속에게 빼앗기기 전까지 언약궤가 있던 곳이자(사무엘상 4:1-11) 사무엘이 어린 시절을 보낸 곳이다(1:24-28). BC 1050년경 블레셋에 의해 파괴되었다. 그 후 실로는 버림받은 성소를 가리키는 상투어가 되었다(예레미야 7:12-15).

❾ **베델**　야곱이 꿈을 꾼 후 이름을 베델로 지었다(창세기 28:10-22). 아브라함이 첫 번째 제단을 쌓은 곳이다(12:8-9). 이스라엘 북부 지역 예배의 중심지가 되었고, 여로보암의 금송아지 하나가 있는 곳이기도 했다(열왕기상 12:26-29).

❿ **여리고**　이스라엘이 차지한 첫 번째 도시(여호수아 5:13-6:27). 예언자 학교가 있던(열왕기하 2:5) 이 오아시스 지역에서 예수는 몇 가지 기적을 행하셨고(마태복음 20:29-34 등) 삭개오를 만나셨다(누가복음 19:1-10).

⓫ **예루살렘**　여부스 족속의 도시였는데 다윗이 빼앗아 수도로 삼았다(사무엘하 5:6-10). 바로 이곳에 솔로몬이 성전을 건축했고(역대하 2:1-7:22), 그곳은 BC 586년 바벨론에 의해 파괴된다(열왕기하 25:1-21). 종종 '시온'(원래는 도시가 자리 잡은 언덕을 가리키는 이름)이라 불렸으며, 예언자들과 시편 저자들은 예루살렘이 하나님께 특별하며(시편 48편) 종말의 계시의 초점이 될 것이라고 믿었다(이사야 2:1-5). 하지만 예수는 그분을 거부한 예루살렘이 맞을 운명을 알고 슬피 우셨다(마태복음 23:37-39).

⓬ **베들레헴**　라헬의 매장지이자(창세기 35:19) 다윗의 고향. 다윗은 이곳에서 왕으로 기름부음을 받았다(사무엘상 16:1-13). 미가는 메시아가 이곳에서 태어날 것이라고 예언했다(미가 5:2, 마태복음 2:6).

⓭ **라기스**　여호수아가 빼앗고(여호수아 10:1-35) 나중에 르호보암이 요새로 만든 곳(역대하 11:5-12). 앗시리아의 산헤립 왕은 이곳을 점령한 후 히스기야와 협상을 벌이다 역병을 만나 철수했다(열왕기하 18:13-19:36).

⓮ **헤브론**　아브라함의 정착지(창세기 13:18). 여기서 그는 이삭이 태어날 것이라는 약속을 받았고(18:1-15) 이후 이삭과 야곱도 여기서 살았다(35:27). 이스라엘 백성이 가나안 땅에 들어가면서 갈렙이 이 도성을 차지했고(여호수아 14:6-15), 다윗은 이곳에서 왕으로 즉위했다(사무엘하 5:1-5).

⓯ **브엘세바**　이곳에서 아브라함(창세기 21:33), 이삭(26:23-25), 야곱(46:1-4)이 하나님을 만났으며, 이후 순례지가 되었다(아모스 5:5).

거룩 ▼

성경은 하나님을 "거룩하다"—다른 모든 것과 구별된다—고 묘사하며 그분을 따르는 사람들에게 하나님처럼 거룩하라고 촉구한다. 이스라엘은 거룩한 외적 행동들로 거룩함을 나타내야 했다. 희생제사, 사회적 의무, 도덕적 요구사항 같은 외적 행동을 통해 그들은 하나님께 속한 자, 곧 '다른 자'들로 구별되었다. 하지만 신약성경은 '거룩한 것'에는 별로 관심이 없다. 대신 '거룩한 사람' 예수에게 초점을 맞춘다. 신약성경은 예수만이 그분을 따르는 사람들을 거룩하게 할 수 있다고 주장한다.

솔로몬과도 비길 수 없는

"백합꽃이 어떻게 자라는지를 생각해 보아라. 수고도 하지 아니하고, 길쌈도 하지 않는다. 그러나 내가 너희에게 말한다. 온갖 영화를 누린 솔로몬도 이 꽃 하나만큼 차려 입지 못하였다. 믿음이 적은 사람들아, 오늘 들에 있다가 내일 아궁이에 들어갈 풀도 하나님께서 그와 같이 입히시거든, 하물며 너희야 더 잘 입히지 않으시겠느냐?"(누가복음 12:27-28, 마태복음 6:28-30도 보라)

예수는 종종 자연계의 사물을 들어 창조세계의 아름다움과 인류의 특별함을 부각시키셨다.

22. 풀·꽃·향료

침향(aloe) 기름과 수지를 향료로 썼던 큰 식물. 니고데모는 침향과 몰약 섞은 것을 예수의 시신에 발라 매장을 준비했다(요한복음 19:39-40).

콩과 팥 그대로 요리하거나 말려서 가루로 만들었다(에스겔 4:9). 팥은 죽으로도 만들어 먹었다(창세기 25:34). 둘 다 훌륭한 단백질 공급원이었다.

쓴 나물 쓴 맛이 나는 야생식물(민들레, 꽃상추, 치커리 등)의 잎. 유대인은 노예생활의 고통을 기억하기 위해 유월절에 쓴 나물을 먹었다(출애굽기 12:8).

계수나무(cassia) 이 나무의 향기로운 껍질(계피)을 몰약, 육계, 창포와 섞어 만든 기름을 부어 제사장을 임명했다(출애굽기 30:23-24).

곡물 이스라엘의 주식이며 가루로 빻아 썼다. 밀을 빻으면 빵을 만드는 최고의 재료가 되었고, 보리는 가난한 이들이 사용했다. 기장으로 만든 빵은 최악이었기에 기근 때 먹는 음식으로 여겨졌다. 보리는 말의 먹이로 쓰

침향

육계

거나 발효해서 맥주를 만들었다.

육계(cinnamon)　육계나무 껍질로 만든 기름은 음식과 포도주에 향을 더하는 데 썼다.

근채(cumin)**와 회향**(dill)　고기 양념이나 빵과 케이크의 향신료로 쓰였다. 바리새인들은 이 작은 향신료 씨앗의 십일조까지 바쳤지만, 예수는 그들이 더 중요한 문제는 소홀히 했다고 나무라셨다(마태복음 23:23-24).

근채

아마(flax)　45cm까지 자라는 아마를 물에 불리고 빗질해 섬유질을 분리해 낸 후 아마포로 짜서 돛이나 고운 옷(창세기 41:42), 수의(마가복음 15:46) 등을 만들었다. 아마의 섬유질은 그물이나 램프 심지를 만드는 데도 쓰였고, 씨는 으깨어 아마기름을 만들었다.

회향

유향　아라비아 남부와 아프리카 북동부에서 자라는 유향나무의 줄기에 상처를 내어 생긴 수액을 모아 굳힌 것. 향료 대상들이 싣고 왔는데(열왕기상 10:2) 가격이 대단히 비쌌다. 태우면 은은한 향이 나는 이것을 다른 향신료와 섞어 성막에서 쓰는 특별한 향을 만들었다(출애굽기 30:34-37). 동방박사들이 예수의 탄생을 축하하기 위해 가져온 선물 중 하나였다(마태복음 2:11).

아마

마늘　음식에 풍미를 더하는 데 썼고 이집트에 흔했다. 이스라엘 자손이 광야에서 지낼 때 그리워한 음식(오이, 참외, 부추, 양파와 더불어) 가운데 하나였다(민수기 11:5).

우슬초

우슬초(hyssop)　바위나 벽에서 자라는 향기 나는 덤불식물(열왕기상 4:33). 우슬초 잔가지는 의식이나 제사에서 피를 뿌릴 때 썼다(출애굽기 12:21-23, 레위기 14:1-7). 다윗이 "우슬초로 나를 정결하게 해주십시오"(시편 51:7)라고 기도했을 때 염두에 두었던 장면이 바로 이것이다. 우슬초 가지는 신 포도주를 적힌 해면을 십자가에 달린 예수의 입에 대어 줄 때 사용되었다

(요한복음 19:29).

백합(나리꽃)　성경에서는 여러 가지 꽃을 가리킨다. 아가 5:13에서 입술을 두고 백합화라 한 것은 분홍 튤립을 말한 것이다. 열왕기상 7:19, 26에서 성전 기둥과 물두멍에 새겨진 커다란 꽃들을 백합화라 한 것은 연꽃을 말한 것이다. 다른 곳에 등장하는 백합화는 야생의 청색 히아신스나 성모백합이었을 수도 있는데, 보기에 아름다웠을 뿐 아니라 알뿌리는 식재료로도 쓰였다.

합환채(자귀나무)　줄기가 짧고 잎이 큰 이 식물은 토마토를 닮은 오렌지색 열매를 맺는데, 임신을 촉진한다고 알려졌다(창세기 30:14-18).

박하　향신료로 쓰였던 허브.

겨자　120cm까지 자라는 식물. 아주 작고 까만 씨앗은 향신료로 쓰였고 기름을 짜기도 했다. 예수는 겨자를 들어 하나님 나라의 성장을 실감나게 보여주셨고(마태복음 13:31-32) 자신을 따르는 자들은 겨자씨만한 작은 믿음만 있어도 무슨 일이든 할 수 있다고 말씀하셨다(17:20).

몰약(myrrh)　아라비아 남부와 아프리카 북동부에서 자라는 가시덤불의 황갈색 나뭇진이다. 이것은 성막과 그 기구와 제사장의 몸에 발라 거룩하게 구별하는 용도로만 쓰였던 관유(성별하는 기름)의 주성분이다(출애굽기 30:22-33). 동방박사들이 아기 예수에게 바친 선물 중 하나였고(마태복음 2:11), 니고데모가 장례를 앞둔 예수의 시신에 바르기도 했다. 포도주와 섞어 진통제로도 사용되던 터라 이것을 십자가에 달린 예수의 입에 갖다 대었지만, 예수는 거부하셨다(마가복음 15:22-23).

파피루스(왕골)　습지(욥기 8:11), 특히 나일 삼각주에서 자라며 길이가 3m에 달한다. 줄기를 얇게 갈라 가로세로로 직각으로 엮은 후 단단한 바닥에 대고 누르거나 두들겼다. 이것을 건조시키면 '종이'가 되는데 길게 이어 붙

백합(나리꽃)

겨자

파피루스(왕골)

여 두루마리를 만들었다. 파피루스는 바구니(출애굽기 2:3), 배(욥기 9:26), 밧줄, 샌들을 만드는 데도 쓰였다.

장미 오늘날 우리가 아는 장미가 아닌 것은 거의 분명한데, 수선화, 사프란, 야생튤립 등을 가리키는 듯하다(이사야 35:1, 아가 2:1).

장미

나드(nard) 인도에서 수입해 향을 보존하기 위해 옥합에 보관했던 향유의 재료. 베다니의 한 여자가 예수의 머리에 부었던 향유가 바로 이것이다(마가복음 14:2-9, 요한복음 12:1-8).

나드

엉겅퀴 팔레스타인에는 120종이 넘는 엉겅퀴가 자라는데, 그중에는 2m 높이로 자라는 것들도 있다. 예수의 '곡식과 가라지' 비유에 나오는 가라지는 독보리로, 처음에는 밀과 구별이 되지 않는다. 로마 병사들은 예수를 '유대인의 왕'으로 십자가에 못 박기 전, 그를 조롱하기 위해 엉겅퀴로 '가시관'을 엮어 머리에 씌웠다(마가복음 15:16-18).

엉겅퀴

쓴 쑥 쓴맛이 나는 쓴 쑥은 괴로움이나 슬픔의 상징으로 사용되었다(요한계시록 8:10-11).

"모든 사람은 풀과 같고 그 모든 아름다움은 들판의 꽃과 같다. 여호와께서 입김을 부시면 풀은 시들고 꽃은 떨어진다. 그렇다. 이 백성은 풀에 불과하다. 풀은 시들고 꽃은 떨어지지만 우리 하나님의 말씀은 영원히 서 있다"(이사야 40:6-8, 우리말성경). 참으로 아름답지만 금세 지고 마는 꽃은 이 세상 모든 것, 특히 인간 존재의 덧없음을 드러내 준다. 성경은 하나님과 그분의 말씀만이 영원함을 상기시킨다.

"여호와 하나님께서는 보기에도 아름답고 먹기에도 좋은 온갖 나무가 땅에서 자라게 하셨"다
(창세기 2:9, 우리말성경). 창세기는 나무처럼 우리가 당연하게 여기는 것들도
하나님이 창조세계에 공급하신 선한 것의 일부임을 강조하고 있다.
나무는 먹을거리, 연료, 건축재료 등의 실용적인 용도 외에도,
토양침식 예방과 기후 조절에 중요한 역할을 한다. 성경에 등장하는 주요한 나무와 관목들을 소개한다.

23. 나무들

아카시아나무　시내 광야와 아라바 골짜기의 마른 강바닥을 따라 자라는,
꼭대기가 편편한 나무. 언약궤와 그것의 운반용 장대를 아카시아나무로
만들었다(출애굽기 25:10-16).

아몬드나무　이스라엘에서 매해 가장 먼저 꽃이 피는 나무. 열매는
사람들이 즐겨 먹는 음식이고 기름을 짜기도 했다. 하나님은 아론
의 아몬드 지팡이에서 하룻밤 새 기적적으로 싹이 나고 꽃이 피고 열
매가 열리게 하심으로 아론의 권위를 확증해 주셨다(민수기 17:1-11, 우리
말성경).

아몬드나무

발삼나무　흔히 물가에서 자라며 바람이 불면 나뭇잎이 흔들리면서 바스
락거리는 키 큰 포플러나무. 하나님은 이 현상을 이용해 언제 블레셋 족속
을 공격할지 다윗에게 알려 주셨다(사무엘하 5:22-25, 한글성경에는 뽕나무라
고 되어 있다―옮긴이).

로뎀나무(싸리나무)　메마른 모래지역에서 자라는 사막의 관목. 뿌리는 불
을 피우는 숯을 만드는 데 쓰이거나(욥기 30:4) 불화살을 쏠 때 화살에 묶어
불을 붙였다(시편 120:4).

쥐엄나무　야생에서 자라고 사람이 재배하기도 했다. 열매는 주로 동

물 사료로 쓰였는데, 탕자는 이것이나마 배불리 먹고 싶어 했다(누가복음 15:16).

상수리나무　크고 수명이 긴 튼튼한 나무로 여러 종류가 있는데, 일부는 상록수다. 단단하고 튼튼한 목재로는 노를 만들거나(에스겔 27:6) 우상을 새겼다(이사야 44:13-14). 상수리나무 밑은 매장지로 인기가 있었고(창세기 35:8) 종종 우상을 섬기는 산당자리이기도 했다(이사야 57:5, 에스겔 6:13).

잣나무　진초록의 키 큰 나무. 노아는 잣나무로 방주를 만들었다(창세기 6:14).

종려나무(대추야자나무)　키 큰 종려나무를 뒤덮은 2m 가량의 나뭇잎 사이로 대추가 자란다. 대추 열매는 먹고 나뭇가지는 승리의 상징으로 쓰였다. 예수가 종려주일에 예루살렘으로 들어가실 때 많은 사람들이 가지를 흔들었다(요한복음 12:13). 천국의 성도들도 손에 종려나무 가지를 들고 흔든다(요한계시록 7:9).

무화과나무　느리게 자라는 중간 크기의 이 나무는 연중 거의 열 달 동안 달콤한 열매를 맺는다. 아담과 하와는 무화과나무의 큰 잎으로 옷을 만들었지만(창세기 3:7), 그보다는 흔히 포장재료로 쓰였다. 무화과는 날로도 먹었고(이사야 28:4) 말려서도 먹었다(사무엘상 25:18). 예수는 열매 맺지 않는 이스라엘에 대한 하나님의 심판의 상징으로 열매 없는 무화과나무를 저주하셨다(마가복음 11:13-14).

에셀나무(tamarisk)　흰 꽃이나 분홍 꽃이 피고, 소금기를 분비하는 비늘잎이 달린 관목. 건조한 기후에서 잘 자라고, 잎이 많은 가지는 열기를 막아주는 그늘을

아카시아나무　　　　　상수리나무　　　　　에셀나무

만든다. 사울도 이 그늘 아래서 쉰 적이 있다(사무엘상 22:6). 아브라함은 브엘세바에 에셀나무를 심어(창세기 21:33) 평화와 번영을 기원했고, 사울은 이 나무 아래에 묻혔다(사무엘상 31:13). 나무껍질은 무두질(가죽 손질)하는 데 썼고, 목재는 건축과 숯 제작에 썼다.

월계수 줄기가 가늘고 재질이 단단하며 성장 속도가 느린 상록수. 질긴 나뭇잎은 월계관으로 엮어 운동선수들에게 수여했다(디모데후서 4:7-8).

화석류나무(myrtle) 산비탈에서 자라는 야생관목으로 사철 빛나는 초록 잎과 상쾌한 향이 특징이다. 가지는 유대인의 절기인 초막절에 초막(임시거처)을 짓는 데 썼다(느헤미야 8:14-15).

백향목 꼭대기가 편편한 큰 나무로서 오늘날 레바논의 상징물. 성경시대에도 레바논에 많이 있었다. 백향목 목재는 따스한 빨간빛으로 내구성이 뛰어나며 다루기가 좋다. 솔로몬의 성전을 건축하고(열왕기상 6:14-18) 왕의 가마를 만드는 데(아가 3:7-10) 쓰였다.

전나무와 소나무 산지와 구릉지에서 자라는 상록수. 목재는 배를 만들거나(에스겔 27:3-5) 건축재료로(열왕기상 5:8-9) 쓰였으며, 악기를 만드는 데 쓰기도 했다.

올리브나무(감람나무) 회녹색 잎을 가진 작은 나무로 단단한 씨가 든 열매를 맺는다. 성장 속도가 느려서 다 자라는 데 30년이 걸리고 수백 년을 살

백향목

전나무와 소나무

기도 한다. 올리브는 초에 절여 먹거나 기름을 짜서 식용으로 썼는데, 램프 연료나 피부에 바르는 로션으로도 썼다. 고대 이스라엘에서는 왕과 제사장을 임명할 때 올리브기름을 부었다. 올리브나무는 깎아 내고 다듬어 그룹(천사)과 성전 문처럼 정교한 물품을 만들었다(열왕기상 6:23-35).

석류나무 진녹색 잎에 주홍색 종 모양 꽃이 달리고 즙이 많은 씨앗으로 채워진 크고 둥근 열매를 맺는 커다란 관목. 성경에 자주 등장하는 것으로 보아 당시에 인기가 많았음을 알 수 있다. 석류 열매는 대제사장의 겉옷에 새긴 자수처럼 장식예술의 소재로도 쓰였다(출애굽기 28:31-35). 솔로몬이 지은 성전의 장식품으로도 등장한다(열왕기상 7:16-20).

뽕나무(돌무화과나무) 따뜻한 지역을 좋아하고 추운 날씨를 견디지 못하는 무화과나무의 일종(시편 78:47). 아모스는 뽕나무를 가꾸는 사람이었다(아모스 7:14). 이 나무는 가지가 아래로 뻗었기 때문에 삭개오가 군중에 가린 예수를 보기 위해 타고 올라가기가 쉬웠다(누가복음 19:1-10).

포도나무 짧은 줄기와 긴 가지를 가지고 녹색이나 검은색 포도송이를 맺는 덩굴 관목. 볕이 잘 드는 비탈에 줄지어 심었다. 열매를 술틀에 넣고 눌러 포도주를 만들거나 말려서 건포도를 만들었다. 포도나무는 이스라엘의 국가적 상징물로, 모세가 약속의 땅에 정탐꾼을 보냈을 때 그들이 가져온 포도나무 가지가 너무 무거워서 두 사람이 들어야 했던 장면을 떠올리게 한다(민수기 13:17-24). 예수는 자신이 참 포도나무, 곧 새 이스라엘이라고 말씀하셨다(요한복음 15:1).

석류나무

하나님의 공급

"하나님이 말씀하시기를 '땅은 푸른 움을 돋아나게 하여라. 씨를 맺는 식물과 씨 있는 열매를 맺는 나무가 그 종류대로 땅 위에서 돋아나게 하여라' 하시니, 그대로 되었다.⋯⋯하나님 보시기에 좋았다"(창세기 1:11-12). 하나님이 씨와 열매를 통해 우리에게 필요한 것을 풍부하게 공급하는 세상을 창조하신 일은 그분의 선하심을 보여주는 한 측면이다. 성경에 따르면 하나님은 우리가 이 공급을 감사함으로 받고 지혜롭게 사용해 다른 사람들과 관대하게 나누기를 기대하신다.

24. 가축들

일하는 동물　**수송아지**　수송아지는 무거운 쟁기, 수레, 타작기를 끌
었다. 희생제물로 규정된 동물 가운데 하나다(레위기
4:1-21).

낙타　낙타는 사막의 유목민에게 매우 유용했다. 200kg 이상의 무거운
짐을 나를 수 있고, 물 없이도 혹에 들어 있는 지방으로 며칠씩 버틸
수 있는 낙타는 사막생활에 특히 적합하다. 좁게 트인 콧
구멍과 긴 눈썹은 모래를 막아 주며 튼튼한 입술과 혀는
가시나무도 먹을 수 있다. 운반능력 외에도 똥을 말려 연
료로 썼고, 젖을 짜서 마셨으며, 털로 옷을 만들었다(세례 요
한이 입었던 옷이 낙타털로 짠 것이었다. 마가복음 1:6). 다만 율법이 금
했기에 유대인은 낙타 고기는 먹지 않았다(레위기 11:4). 일부 민족은
낙타를 전투에서도 사용했다. 신약보다는 구약에서 자주 언급되지만, 예
수가 두 번의 흥미로운 말씀에서 낙타를 언급하신 것으로 보아(마태복음
19:24, 23:24) 신약시대에도 낙타가 여전히 쓰였음을 알 수 있다.

나귀와 노새　성경시대의 가장 흔한 짐 나르는 동물이다. 짐을 나를 때나
타고 다닐 때, 부자와 가난한 사람 모두가 썼다. 나귀는 누비아 나귀의 후

낙타

손이고 노새는 말과 나귀의 잡종이다. 성경에서 나귀가 등장하는 가장 유명한 장면은 예수가 스가랴의 메시아 예언을 성취하여 종려주일에 나귀를 타고 예루살렘으로 입성한 사건이다(마태복음 21:1-11).

말 BC 10세기에 이스라엘에 도입된 말은 부자들만 부렸는데, 전쟁 시에는 왕과 용사들만 탈 수 있었다. 하나님은 이스라엘 자손에게 말과 전차를 믿지 말라고 하셨다. 그것들은 인간이 가진 힘의 상징이었기 때문이다(이사야 31:1). 솔로몬은 이 원리를 전혀 이해하지 못하고 말 수만 마리를 길렀다(열왕기상 4:26). 말에게 주는 물은 나귀나 노새의 물보다 깨끗해야 했고 먹이도 잘 주어야 했다.

나귀와 노새

식용동물 **양** 고대 이스라엘에 양이 흔했다는 사실은 연령별, 성별, 종류별로 양을 가리키는 히브리어가 많다는 사실로 알 수 있다. 양털은 실을 자아낸 다음 짜서 옷을 만들었다. 잡아서 고기를 먹기도 했다. 양은 구약의 희생제물 가운데 가장 중요했고, 세례 요한은 예수를 "하나님의 어린양"이라고 불렀다(요한복음 1:29-36).

염소 염소는 외형상 종종 양과 구별하기 힘들었지만(이 점은 마태복음 25:31-46에 나오는 예수의 '양과 염소 비유'를 이해하는 데 도움이 된다) 둘의 식습관은 아주 달랐다. 염소는 풀 대신 나뭇잎과 잔가지를 뜯어 먹었다. 염소를 길러 우유, 치즈, 고기를 얻었고 털로는 거친 천을 짰으며 가죽은 물통으로 썼다. 염소도 희생제물로 널리 쓰였는데, 많은 경우 양과 염소 중 아무것이나 바칠 수 있었다(레위기 1:10).

소 소는 우유와 고기, 가죽을 얻기 위해 길렀다. 갈릴리 바다 북동쪽의 바산은 목초지가 풍부해 소로 유명했다.

가금(집에서 기르는 날짐승) 무역상을 통해 인도에서 이스라엘로 처음 들어온 적색야계(현대 닭의 조상)는 고대 이스라엘에 아주 흔했

말

다. 솔로몬의 식탁에 올랐던 새(열왕기상 4:23)는 아마 이집트에서 수입한
거위였을 것이다. 예수는 닭과 병아리를 예로 들어 교훈을 가르치셨다(누
가복음 13:34).

애완동물　오늘날과는 달리, 고대 이스라엘에서 애완동물을 기르
는 일은 상대적으로 드물었다. 구약성경에서 애완동물
로 언급된 유일한 동물은 어린 양이다(사무엘하 12:1-
3). 그러나 부유한 로마인은 애완동물을 길렀는데, 가장 인기 있는 동물은
개였지만 고양이, 물고기, 흰 담비, 검은 새, 앵무새, 원숭이, 뱀, 심지어 사
자와 호랑이도 길렀다. 그리스에서는 새, 개, 염소, 거북이, 쥐 등이 모두
인기 있었고, 그리스 꽃병그림을 보면 사냥꾼들이 개를 거느리고 있는 모
습이 나온다. 이집트에서는 일부 개와 고양이를 신성하게 여겨 미라로 만
들기도 했다.

　최초로 길들인 개의 분명한 고고학적 증거는 BC 9600년 가나안까지
거슬러 올라간다. 하지만 성경에 나오는 개에 대한 언급은 대부분 부정적
이고(사무엘상 17:42-43, 열왕기상 14:11, 잠언 26:11) 히브리어에는 "고양이"
에 해당하는 단어가 하나도 없다.

동물의 복지　성경은 하나님이 친히 창조하신 동물을 인류가 이용하
고(창세기 1:28) 먹는 일을(9:3) 허락하셨다고 밝히지만
"의인은 집짐승의 생명도 돌보아" 준다는(잠언 12:10)
점도 강조한다. 이것은 하나님이 모세에게 주신 율법에
도 반영되어 있다. 율법에는 동물의 복지를 위한
규정이 많이 들어 있다. 예를 들어 보자.

- 안식일은 사람뿐 아니라 동물도 쉬는 날이
  되어야 한다(출애굽기 20:8-10).
- 밭과 포도원과 올리브나무 숲은 6년마다 쉬게
  해서 가난한 사람들과 야생동물들이 거기서 자
  연적으로 나는 것을 먹게 해야 한다(23:10-11).

염소

116

- 무거운 짐에 눌려 주저앉은 나귀는 그 주인이 원수라 해도 일어서도록 도와야 한다(23:5).
- 가축이 일을 하는 동안에 먹는 것을 허용해야 한다(신명기 25:4).

작지만 친절한 이 명령들은 성경이 정한 동물 복지의 기준이 높다는 사실을 보여준다. 하지만 동물우상과 동물숭배에 대한 엄격한 금지조항(출애굽기 20:4-5)을 볼 때, 결국 동물은 창조된 질서의 일부이고 인간이 사용하고 누리도록 주어진 존재이지 그 이상은 결코 아님을 알 수 있다.

양

지배권 ▼

성경은 인간이 그저 동물의 한 종류가 아니라고 말한다. 인간은 하나님의 창조의 면류관이며, 동물과 같은 날에 창조되었지만(그래서 동물과 연결되어 있지만) 하나님의 형상으로 만들어졌다는 점에서 동물과 구별된다(창세기 1:26-27). 그러므로 동물은 어떤 의미에서 보더라도 우리의 '형제'가 아니며 우리의 '지배권'(권위와 통치권) 아래 있는 종이다(창세기 1:28; 2:19, 시편 8:6-9). 그러나 성경은 우리가 무정한 지배권이 아니라 보살피는 지배권을 행사해야 한다고 가르친다.

창조는 분명 대단히 복잡한 과정이었겠지만,
성경의 창조 기록은 하나님이 손수 모든 동물을 창조하셨음을 부각한다(창세기 1:20-25).
성경에 나오는 일부 큰 동물(사자, 곰, 타조)은 이스라엘에서 더 이상 볼 수 없다.
성경시대에 비교적 흔했던 몇 가지 야생동물을 소개한다.

25. 야생동물

들짐승 **곰** 언덕이나 숲에 흔했던 시리아 불곰은 보통 나무 열매, 뿌리, 꿀, 알 등을 먹었지만, 배가 고플 때에는 양 떼를 공격해 어린 양을 채어 갔다. 다윗 왕은 목동 시절 곰이나 사자와 싸워 그것들을 물리쳐야 했다(사무엘상 17:34-37).

사슴 이스라엘에는 다양한 사슴, 가젤, 아이벡스(야생염소)가 살았고, 사람들의 주요한 육류 공급원이었다. 숲이 사라짐에 따라 사슴도 살기가 어려워져 서서히 사라졌다. 성경에서 우아함, 민첩함, 부드러움의 상징이다 (역대상 12:8, 아가 2:8-9).

곰

여우 여우는 늑대보다 덩치가 작은 늑대 사촌뻘로, 혼자 사냥을 하면서 종종 포도밭을 망쳐 놓았다(아가 2:15). 자칼은 무리를 지어 사냥을 하거나 밤에 야생의 황량한 벌판에서 죽은 고기를 먹었다. 성경은 이들의 모습을 빌어 풍성한 시적, 예언적 이미지를 그렸다.

표범 표범의 얼룩무늬 가죽은 숲과 바위 지역에서 위장복 기능을 하여 들키지 않고 사냥감 가까이 다가갈 수 있었다. 예레미야는 표범이 제 몸의 반점을 바꿀 수 없다는 속담을 인용했다(예레미야 13:23).

사자　요단 골짜기의 덤불숲에 살았던 사자는 구약시대에는 흔했지만 신약시대가 되면서 수가 급격히 줄었다. 앗시리아와 바벨론 왕들은 사자사냥을 즐겼고 다니엘이 경험한 것처럼 우리나 구덩이에 가두어 놓고 기르기도 했다(다니엘 6장). 사자는 그 힘 때문에 권력의 상징이 되었으며 예수는 "유다 지파의 사자"(요한계시록 5:5, 우리말성경)로 불렸다.

늑대(이리)　사나운 사냥꾼. 보통은 작은 동물을 잡아먹었지만 배가 많이 고플 때에는 양이나 소도 공격했다. 성경은 기만적인 지도자들을 양의 탈을 쓴 이리라고 부른다(마태복음 7:15).

늑대

날짐승　　**비둘기**　집비둘기와 산비둘기는 가금으로 길러 식용으로 썼다. 양이나 염소를 바칠 형편이 안되는 가난한 사람들은 비둘기 두 마리를 대신 바쳤다(레위기 5:7). 비둘기는 노아에게 올리브 잎을 물어와 홍수로 찬 물이 줄어들었음을 알렸고(창세기 8:8-12), 예수가 세례를 받으실 때 하나님의 영의 상징으로 성령이 비둘기같이 그 위에 내려앉았다(누가복음 3:21-22). 비둘기는 순수함과 온유함의 유명한 상징이다(마태복음 10:16).

독수리　이 대형 맹금은 그 힘과 강력한 날개 때문에 기이함(잠언 30:18-19)과 감탄(이사야 40:30-31)의 대상이 되었다. 하나님은 이스라엘을 날개로 업어 나르는 독수리로 자신을 묘사하셨다(출애굽기 19:4). 그러나 독수리는 심판의 이미지로도 등장한다(에스겔 17장).

타조　날지 못하는 이 커다란 새는 고대 아라비아와 팔레스타인 전역에서 볼 수 있었다. 타조의 별난 행동은 욥기 39:13-18에 잘 묘사되어 있다.

부엉이　밤에 작은 생물을 덮치는 사냥꾼으로, 폐허나 버려진 곳에 살았다(이사야 34:8-15). 그래서 유대인은 부엉이를 부정하게 여겼다.

까마귀　거의 모든 것을 먹는 큰 새. 하나님은 까마귀를 사용하셔서서 기근 동안 엘리야에게 기적적으로 먹을 것을 공급하셨다(열왕기상 17:1-6).

표범

참새 참새는 종달새와 핀치를 포함해 먹을 수 있는 모든 작은 새를 가리켰다. 예수는 참새를 예로 들어 하나님의 사랑이 얼마나 큰지 알려주셨다(마태복음 10:29-31).

메추라기 작고 통통한 이 새는 먼 거리를 이동하는 철새다. 이스라엘 자손이 광야에 있을 때, 하나님은 강풍으로 메추라기 떼를 내륙으로 몰아 그들이 고기를 먹을 수 있도록 하셨다(민수기 11:31-32).

대머리독수리 동물의 사체나 다친 동물을 뜯어 먹고 사는 새. 남을 덮치려고 기다리는 사람들의 상징으로 쓰였다(하박국 1:6-11). 예수는 자신의 다시 오심이 시체 주위에 독수리가 모이는 것처럼 분명하게 드러날 것이라고 말씀하셨다(마태복음 24:28).

부엉이

파충류　　**도마뱀** 이스라엘에는 다양한 도마뱀이 있었는데, 전부 부정하다고 여겨져 먹는 것이 금지되었다(레위기 11:29-38). "왕궁을 드나드는"(잠언 30:28) 도마뱀은 아마 도마뱀붙이였을 것인데, 발바닥의 빨판을 이용해 벽을 기어오르고 천장도 지나다닐 수 있다.

뱀 성경은 팔레스타인과 그 주변 땅에 사는 다양한 종류의 뱀을 구분하지 않는다. 모세의 지팡이가 변한 뱀(출애굽기 4:1-5)은 아마 코브라였을 것이다. 코브라는 이집트에서 특별한 의미가 있었고 파라오는 권위의 상징으로 코브라 모양의 머리장식을 썼기 때문이다. 광야에서 이스라엘 백성을 물었던 뱀(민수기 21:4-9)은 살무사였을 것이다. 살무사에게 물린 사람은 독이 퍼져 죽는 데 2-3일 정도 걸렸다. 따라서 모세는 하나님의 명령대로 놋뱀을 만들어 세울 시간이 있었다. 예수는 서기관과 바리새인을 독사의 자식들이라고 불렀는데(마태복음 23:33), 어미 뱀이 알들이 부화할 때까지 품고 있다가 어느 순간 새끼 독사들이 한꺼번에 모습을 드러내는 장면을 연상하게 된다.

곤충　　**개미** 백만 마리까지 군집을 이루어 사는 사회적 곤충. 분업을 하고 의사소통과 문제해결에 탁월한 능력을 보여준다. 성경은 개미를 열심히 일하는 사람, 미래

독수리

를 내다보는 사람의 본보기로 제시한다(잠언 6:6-8).

벌 벌은 성경에 자주 언급되지 않지만, "젖과 꿀이 흐르는 땅"으로 묘사된 가나안에 많았을 것이다. 꿀은 감미료이자 귀중한 음식이었다. 대부분의 벌은 야생이었고 바위나 나무에 집을 지었는데, 한번은 사자의 사체에 집을 지었다가 삼손에게 발견되었다(사사기 14:8).

메뚜기 메뚜기는 많게는 수억 마리에 이르는 엄청난 떼를 이루어 날아다녔다. 메뚜기 떼는 밭의 작물을 눈 깜짝할 새 먹어치우고 수확을 망쳐 놓았다(메뚜기의 히브리 이름 가운데 하나가 "파괴자"다). 유대교 율법은 메뚜기를 먹는 것을 허용했다(레위기 11:20-23). 메뚜기는 훌륭한 단백질 공급원이었는데, 세례 요한도 메뚜기를 양식으로 먹었다(마태복음 3:4).

좀 좀은 옷과 담요 같은 직물을 먹는다(이사야 51:8). 그래서 무엇이든 다 먹어치우는 존재를 가리키는 말이 되었다(마태복음 6:19-20).

창조주 ▼

성경은 온갖 다양한 생명체들을 우연의 산물이 아닌 창조주 하나님의 작품으로 본다. 동물들이 살아가는 일상적인 모습도 하나님이 설계하고 개입하신 것으로 제시한다(욥기 38:39-41:34). 그렇기 때문에 성경에 등장하는 하나님은 언제나 아버지 하나님이다. 세계와 그 안의 모든 것은 하나님의 창조성, 위엄, 보살핌을 반영한다.

4

성경의 나라와 민족들

메소포타미아는 나라 이름이 아니라 지역 이름이다.
이 이름은 그곳에 살던 사람들은 쓴 적이 없고 훨씬 나중에 그리스 역사가들이 그 위치를 묘사하며 붙인
이름이다(메소포타미아는 그리스어로 "강 사이"를 뜻한다). 이 지역은 다양한 고대문명을 이룬
수메르인, 아람인, 갈대아인, 앗시리아인, 바벨론인, 페르시아인의 고향이다.
이스라엘의 역사에서 대단히 중요하며, 성경 이야기의 여러 대목에 등장하면서 큰 영향을 끼쳤다.

26. 메소포타미아

수메르인

많은 사람들이 문명의 발생지로 여기는 메소포타미아에서 발견된 인류 정착지 가운데 역사상 가장 오래된 것은 무려 BC 7000년까지 거슬러 올라간다. BC 4000년 중엽에는 도시국가들(주위 지역에 영향력을 행사하는 도시들)이 생겨났고, 관개에 필요한 물과 무역이 발달할 수 있는 무대를 제공하는 티그리스 강과 유프라테스 강을 따라 성장해 갔다. 대표적인 도시국가로는 우르와 우룩이 있었는데, 둘 다 성경에 등장한다(우룩은 에렉이라고 나와 있다). 우르에서 나온 고고학적 발굴의 결과, BC 3200년경 그곳의 인구는 당시로서는 엄청난 규모인 10,000명가량이었을 것으로 추정되며 그곳의 다양한 주택과 건축물은 여러 사회계층이 있었음을 알려 준다. 우룩은 보다 넓은 지역을 다스린 수메르 왕주의 수도가 되었는데, 수메르 왕조는 BC 2900년부터 2350년 사이에 '수메르 왕 목록'에 이름이 실려 있는 왕들이 통치하던 도시국가들을 모아 연맹을 결성했다.

수메르인의 기원은 분명하지 않지만 문자, 예술, 건축, 그리고 바퀴와 쟁기 같은 기술 등으로 이후의 문명에 많은 영향을 끼쳤다. 하지만 BC 2000년경 이주해 온 아모리 족 같은 다른 민족들과의 결혼을 통해 수메르

성경에 등장하는 메소포타미아

- 아브라함의 아버지 데라는 "바빌로니아의 우르" 출신이었다 (창세기 11:27–32).

- 갈대아 사람들의 무리가 덮쳐 욥의 낙타 떼를 빼앗아 갔다(욥기 1:17).

- 다니엘은 "바빌로니아의 언어와 문학"(다니엘 1:4, 개역개정 성경에는 "갈대아 사람의 학문과 언어"로 번역됨—옮긴이)을 배웠다.

이 지역과 성경의 관계를 좀 더 알고 싶으면 앗시리아, 바벨론, 페르시아를 보라.

▲ **메소포타미아 지역**　이 지도는 티그리스 강(1,840km)과 유프라테스 강(2,850km)의 강둑을 따라 형성된 주요 도시국가를 보여준다. 두 강 모두 터키 산맥에서 발원해 페르시아 만으로 흘러든다. 메소포타미아는 오늘날 이라크와 이란 전역, 터키와 시리아 일부에 해당하고, 4,000년 동안 고대 근동의 역사에 큰 영향을 미쳤다.

인만의 고유한 정체성은 서서히 사라졌다.

종교　수메르인은 다신교도로 많은 신들이 있다고 믿었다. 각 도시마다 고유의 수호신과 그 신에게 바친 주요 신전을 따로 두었고 거기에 그 신이 산다고 생각했다. 우룩에는 사랑과 다산과 전쟁의 신 이난나, 우르에는 달의 신 난나, 슈루팍에는 곡물의 여신 수드 등이었다. 하늘의 신 안처럼 전국적인 숭배를 받는 신도 있었다. 수메르인은 신들이 인간의 형상을 했고 인간처럼 행동하며 종종 인간사에 개입한다고 믿었다.

125

BC 4000년대에 만들어진 것으로 추정되는 고대 수메르인의 도시 우르에 BC 2113년, 우르 제3왕조의 창립자 우르남무 왕이 세운 지구라트(신전탑). 이 탑의 기초는 대략 60×45m에 이르고, 메소포타미아 전역의 표준이 된 설계의 가장 초기 형태다. 바벨탑(창세기 11:1–9)의 모습이 이것과 비슷했을 것이다.

수메르 문자   학자들은 문자가 수메르에서 발명되었다고 보는데, BC 3300년경의 것으로 추정되는 초기 문자가 우룩의 점토판에서 발견되었다. 그들의 문자체계는 700여 개의 상형기호를 사용했는데, 처음에는 상거래 내역을 기록하는 용도로 쓰였다. BC 2500년경에는 수메르 설형(楔形, 쐐기모양) 문자체계가 사용되었다. 메소포타미아 고대문헌의 사례를 보고 싶다면, '고대 메소포타미아 이야기'(43쪽)를 보라.

예술   수메르의 예술과 건축은 고대 근동문화에 큰 영향을 끼쳤다. 점토, 나무, 금속공예가 특히 발달했다. 토기는 손으로 만드는 대신 돌림판을 사용하거나 틀에 넣

맥주 마시기

BC 5000년에서 1500년 시기의 테페 가우라(Tepe Gawra) 유적지에서 발견된 인장에는 맥주의 존재를 드러내는 세계에서 가장 오래된 증거가 나와 있다.

어 대량으로 만들어 내기 시작했다. 아름다운 보석이 나온 것으로 보아 대단히 숙련된 공예가들이 있었음을 알 수 있다. 이 지역에서 나지 않는 재료를 쓴 것은 당시 여행과 무역이 발달했음을 말해 준다.

아카드인 메소포타미아 토박이였던 수메르인과 달리, 원래 셈 족이었던 아카드인은 메소포타미아 전역으로 서서히 퍼져 나갔다. BC 2340년에 사르곤 왕이 수메르 도시들을 정복하고 페르시아 만에서부터 레바논까지 이르는 통치영역을 확고히 하면서 아카드 제국이 부상하기 시작했다. 사르곤의 수도 아카드는 나중에 바벨론으로 알려지게 된다. 바벨론은 이후 2,000년 동안 그 지역을 지배한다. 사르곤은 중앙집권적 조세체계를 도입했고, 도량형을 통일했으며, 상거래의 공용어인 아카드어를 도입했다. 사르곤의 제국은 BC 2125년까지 존속했지만 그 영향력은 장기적으로 이어졌고 이후의 통치자들은 자신들의 도시를 훌쩍 넘어서까지 영토를 확장할 수 있다는 생각을 갖게 되었다. 이 생각은 향후 앗시리아와 바벨론 제국에 영감을 제공하게 된다.

BC 3000년대 말 메소포타미아 권력의 중심지는 둘이었는데, 북쪽의 아카드와 남쪽의 우르였다. 아카드 제국이 무너진 후 우르가 메소포타미아의 중심지가 되었지만, 우르 역시 BC 2004년, 서쪽에서 온 아모리 족과 동쪽에서 온 엘람 족에 밀려 거의 하룻밤 사이에 사라져 버리고 만다.

금, 은, 청금석으로 정교하게 조각된 이 아름다운 염소상은 우르의 왕릉에서 발견되었다. BC 2600년경의 것으로 추정된다.

일신론 ▼

메소포타미아의 다신론과 달리, 성경은 하나님이 오직 한 분임을 강조한다. 성경은 첫 장부터 그 사실을 강조하고 있다. "태초에 하나님이 천지를 창조하셨다"(창세기 1:1). 신들이 아니라 한분 하나님을 밝히고 있는 것이다. 우르 출신의 아브라함은 많은 신들을 믿었고 다신교적 창조 이야기를 알았을 것이다. 그러나 살아 계신 하나님을 만난 후(12:1-9) 그는 다신론을 버리고 참되신 한분 하나님을 믿는 세계적인 공동체의 조상이 되었다.

이집트는 고대 세계의 막강한 나라로 메소포타미아의 강대국들에 필적할 만했다.
아브라함이 기근을 면하기 위해 이집트로 들어왔을 때는(창세기 12:10-20) 이미 나라가 세워진 지
1,000년도 넘은 상태였다. 그러나 BC 1000년 이후 이집트의 전성기는 끝났고 어느 누구의 버팀목도 될 수 없는
"부러진 갈대 지팡이"(이사야 36:6)와 다를 바 없었으며 결국 다른 제국들에게 흡수되고 만다.
이 모든 과정 가운데 이집트는 때로는 좋은 쪽으로, 때로는 나쁜 쪽으로 성경에 등장하며 중요한 역할을 했다.

27. 이집트

나일 강

나일 강이 없었다면 이집트는 강대국이 되지 못했을 것이다. 우간다의 빅토리아 호수에서 발원한 나일 강은 북쪽으로 6,670km를 흐르다 마침내 여러 줄기로 나뉘어 습지 삼각주를 이룬 후 지중해로 흘러든다. 아프리카 고지대의 녹은 눈에다 계절풍과 더불어 내리는 비로 불어난 나일 강은 매년 6월부터 9월 사이, 아케트(*akhet*, "범람") 시기에 범람했다. 이집트인은 이것을 하피 신이 땅을 비옥하게 해주는 현상이라고 보았다. 이후 곡물을 심고 3-4월에 강물이 줄어들면 곡식이 무르익어 추수할 때가 되었다. 이러한 정기적인 물 공급은 이집트의 부에 크게 기여했다.

역사

역사학자들은 이집트의 역사를 대략 다음과 같은 시기로 구분한다.

상고기(BC 3100-2691) 메네스가 상이집트(나일 골짜기)와 하이집트(나일 삼각주)를 통일했다.

고왕국(BC 2691-2136) 파라오를 위한 무덤으로 거대한 피라미드를 건설했다. 기자에 있는 피라미드는 고대 7대 불가사의 중 가장 잘 보존된 유물

성경에 등장하는 이집트

• 아브라함이 기근을 피해 찾아갔다(창세기 12:10-20).

• 요셉이 이집트에서 고위직에 올랐다(37:12-50:26).

• 출애굽의 배경(출애굽기 1-14장)

• 솔로몬이 죽은 후 유다를 침공해 굴복시켰다(열왕기상 14:25-26).

• 예언자들은 이집트를 믿을 수 없는 나라로 보았으며(이사야 30-31장, 예레미야 46장), 이집트가 앗시리아의 공격에서 이스라엘을 지켜 주지 못한 사건으로 그들이 옳았음이 드러났다(열왕기하 17:1-6).

• 아기 예수가 헤롯의 박해를 피해 달아난 피난처(마태복음 2:13-18)

이다.

제1중간기(BC 2136–2023)　사회격변의 시대로, 나일 강의 수량 감소와 아시아 민족의 침입이 원인이었던 듯하다.

중왕국(BC 2023–1795)　멤피스를 수도로 삼아 황금이 풍부한 누비아를 차지하고, 나일 강을 더 효과적으로 활용해 농업생산량이 늘어난 결과로 상당한 번영을 누린 시기다. 북동부 국경을 따라 세운 요새들이 외부의 침입을 막아 주었다.

제2중간기(BC 1795–1540)　힉소스 족이 삼각주의 아바리스를 수도로 정하고 이집트를 다스렸다.

신왕국(BC 1540–1070)　아호모세는 힉소스 족을 쫓아낸 후 테베(룩소르)에서 제18왕조를 열었다. 투트모세 3세(BC 1479-1425)는 영토 확장을 통해 이집트의 국경을 보호할 요량으로 팔레스타인과 시리아로 열여덟 차례의 원정에 나섰다. 제19왕조의 람세스 2세(BC 1279-1213)는 삼각주의 피 라암셋을 수도로 삼아 으리으리한 건축물들을 지었다. 네 개의 엄청난 규모의 석상이 있는, 남부의 경이로운 아부 심벨 신전도 그중 하나다. 일부 학자들은 출애굽기에 상세히 설명된, 이스라엘 자손이 당한 압제는 성경이 제시하는 시기보다 조금 늦은 람세스 2세의 통치기간에 더 잘 들어맞는다고 본다.

제3중간기(BC 1070–525)　이집트는 리비아, 구스, 앗시리아 그리고 BC 525년부터는 페르시아의 지배를 받았다.

그리스–로마기　BC 332년 알렉산드로스 대왕은 이집트를 정복하고 알렉산드리아를 세웠다. 그가 죽은 후 제국은 분할되었는데, 이집트를 다스렸

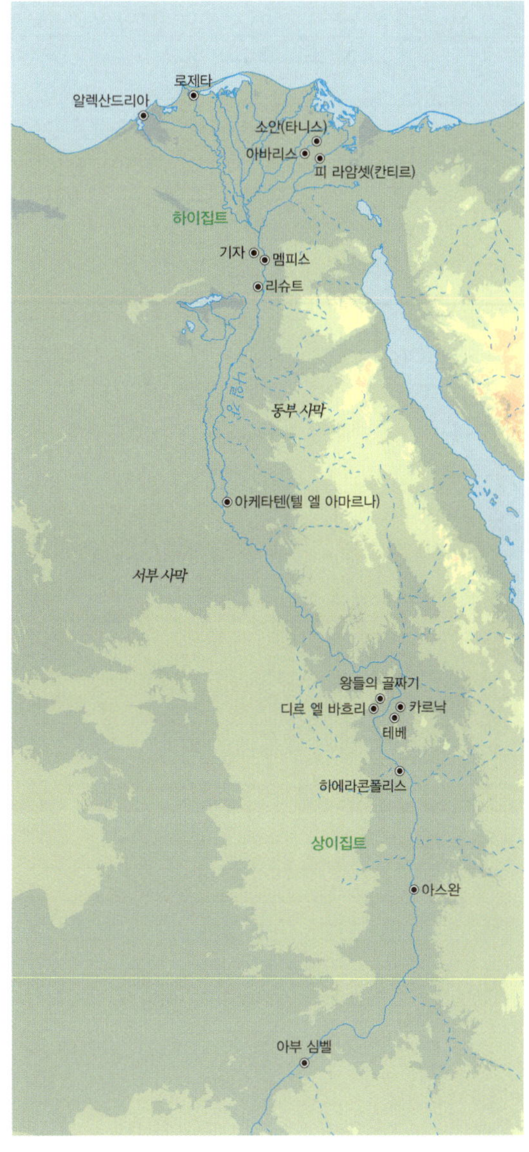

▲ 고대 이집트의 주요 도시

상이집트와 하이집트 파라오의 '이중 왕관'(가운데)은 이집트의 통일을 상징한다. 이중 왕관은 하이집트의 붉은 왕관(왼쪽)과 상이집트의 하얀 원뿔 왕관(오른쪽)을 합한 것이다.

던 프톨레마이오스 왕조는 BC 30년 로마에 정복되었다.

이집트의 신들 고대 이집트에는 신이 많았다. 라(태양신), 토트와 콘스 (달의 신들), 하피(나일 강의 신), 아문(자연의 신) 등이었 다. 파라오는 신과 인간의 중개자였는데, 신들에게 제 물을 바치고 축복을 받는 인간을 대표했으며 신전을 건축하고 유지함으로 써 신을 대변했다. 보통 사람들은 신전에 들어갈 수 없었고 축제일 행렬에 서나 신상들을 볼 수 있을 뿐이었다. 그래서 그들은 집안의 수호신을 섬기 거나 동네 신당에 드나들었다. 사람들은 화를 막기 위해 부적을 가지고 다 녔는데, 가장 인기 있는 부적은 쇠똥구리였다.

유일신 아톤(왼쪽) 아메노피스 4세(아케나톤, BC 1353–1337)는 이집트의 전통적인 다신교를 버리고 사진에 보이는 태양 원반으로 상징되는 유일신(아톤)을 섬겼다. 하지만 그가 죽은 후, 전통적인 다신교가 되살아났다.

나일 강 수위계(오른쪽) 이집트인은 나일 강 수위계를 만들어 매년 홍수의 정도를 재고 그에 따라 과세 수준을 결정했다.
이 수위계는 오르막 계단의 형태로 되어 있어서 좁은 수로를 통해 에드푸 신전 안마당으로 흘러드는 강의 수위를 측정할 수 있었다.

내세

이집트인은 몸이 영혼의 거처이며 사람이 죽으면 영혼이 몸을 떠난다고 보았다. 그래서 내세로 가는 여행을 위해 개인 소지품을 시신과 함께 묻었다. 부자들의 시신은 미라로 만들어졌는데, 그들의 무덤은 열기가 차단되어 시신이 마르지 않았기 때문이다. 가난한 사람들은 마른 모래에 그냥 묻혔다. 미라를 만들 때는 먼저 뇌와 대형 장기들을 제거하고 시신을 소금에 재워 수분을 빼낸 뒤 향기로운 천연수지로 몸의 구멍들을 채운다. 그 다음 시신에 수지를 바르고 붕대를 감아 정교하게 장식한 나무관에 안치한다. 야곱과 요셉 모두 미라가 되었다(창세기 50:1-3, 26). 신왕국의 파라오들은 테베 반대쪽 나일 강 서안에 위치한 왕가의 계곡에 묻혔는데, 해가 지는 서쪽이 옛것의 종말과 새것의 시작을 상징한다고 보았기 때문이다.

망자가 마지막 길을 잘 통과해 지하세계로 들어가도록 돕기 위한 주문과 준비물도 만들어졌다. 왕이 죽으면 내세를 라(태양신)와 함께 보내면서 낮에는 그의 배를 타고 하늘을 가르고, 밤에는 지하세계의 신 오시리스의 영역을 다니며 죽은 신하들을 보살핀다고 믿었다.

꿈

이집트인은 꿈을 미래에 대한 신의 예언으로 보고 꿈 해설서나 꿈 전문가를 통해 그 내용을 해석하려 했다. 그래서 파라오가 요셉을 꼭 만나고 싶어 했던 것이다(창세기 41장). 성경도 하나님이 꿈을 통해 말씀하실 수 있다고 말하고, 성경의 많은 인물들이 꿈을 통해 하나님을 만나거나 하나님의 뜻을 발견했다. 요엘은 그러한 꿈이 모든 하나님의 사람들에게 정상적인 것이 될 날이 올 것이라고 말했다(요엘 2:28).

성경에서 다른 족속들과 종종 함께 나열되기 때문에(창세기 15:18-21, 출애굽기 3:17)
히타이트 족(헷 족속)이 원래부터 가나안에서 살았다고 생각하기 쉽다. 하지만 그들의 근거지는
소아시아, 곧 흑해와 지중해 사이에 자리 잡은 유럽과 아시아의 교두보였다.
그리고 BC 1400년에서 1200년 사이에 고대 근동에서 가장 큰 제국 가운데 하나를 세웠는데,
전성기 때는 터키 중앙, 시리아 북서부, 메소포타미아 북부까지 아울렀다.

28. 히타이트 족

기원

히타이트 족은 아나톨리아(터키)에 정착한 인도-유럽계 민족이다. 그들의 이름은 이전에 그 지역에 살았던 하티 족과 관련이 있다. 히타이트 족 가운데 일부는 남쪽으로 이주해 시리아와 가나안에 정착했던 것 같고, 아브라함 시대에 이미 그곳에 있었던 것이 분명하다(창세기 23:1-20). 그러나 성경의 히타이트 족(헷 족속)은 가나안 본토인 중 하나로서 아나톨리아의 히타이트 족과 별개의 집단이며, 두 히타이트 족은 그저 우연히 이름이 같은 것일 뿐이라고 생각하는 학자들도 있다.

역사

초기의 히타이트 족은 상당히 이질적인 무리가 모인 민족이었다. 그러나 강력한 통치자들이 그들을 하나로 묶어 내자 제국에 가까운 형태를 갖추기 시작했다. 그들의 역사는 이후 세 개의 주요 시기로 나누어진다.

구왕국(BC 약 1600–1400) 히타이트의 가장 위대한 왕 하투실리 1세와 무르실리 1세는 히타이트 제국의 영토를 시리아와 메소포타미아까지 크게 넓혀 놓았고, BC 1531년경에는 후르리인과 바벨론인을 무찔렀다. 그러나

▲ 히타이트 제국의
대략적인 영토와 고대 무역로

무르실리의 암살 이후, 히타이트 제국은 내분과 왕위계승 규정의 부재로
인한 혼란으로 약화되었다.

중왕국(BC 약 1400–1340) 투드할리야 2세 치하에서 나라는 다시 통일되
었지만, 북쪽의 적들을 막아 내기엔 여전히 취약한 상태였다.

신왕국(BC 약 1340–1200) 수필룰리우마스가 즉위하면서 히타이트 제국
은 미탄니와 시리아와 핵심 항구도시 우가릿을 쳐서 무찌르고 가나안 북
부의 강국이 되었다. 히타이트 제국의 국경이 이집트와 접하게 되면서, 두
강대국은 부유한 해안 도시들의 지배권을 놓고 다투었는데, 둘의 싸움은
BC 1275년 무와탈리 왕이 가데스에서 파라오 람세스 2세와 대전투를 벌
이며 절정에 이르렀다. 전투의 결과는 결정적이지 않았지만, 이집트는 자
신들이 대승을 거두었다고 주장했다. 이후 히타이트는 내전, 왕위 쟁탈전,
외부의 위협 등으로 인해 국력이 쇠퇴하기 시작했고 BC 1200년경에 갑작

스럽게 몰락했다(아직도 그 이유는 완전히 설명되지 않고 있다).

고고학적 발견으로 BC 14세기 말 히타이트 제국의 수도 하투샤의 인구가 4-5만 명이었다는 사실이 드러났다. 하투샤는 왕궁, 대형 행정건물, 폭풍의 신에게 바치는 신전이 있는 도심과 그 너머로 정교하게 장식된 성문들, 돌로 지은 신전들과 기타 건축물, 나무와 진흙벽돌로 지은 집들이 있는 시 외곽으로 이루어졌다. 성벽 바깥에는 무덤군이 있는데, 그 대부분에는 화장한 재가 담긴 토기가 묻혀 있었다.

종교

히타이트 족은 수백 종류의 신을 섬겼고, 다른 종교를 접할 때마다 그 안의 적당한 요소들을 기꺼이 통합했다. 그들이 섬긴 주신은 폭풍신 테슙과 그의 아내인 태양여신 헤붓이었다. 많은 신들이 인간의 모습과 인간의 감정을 갖고 있었는데, 동물의 형상을 하거나 돌처럼 사물의 형상을 한 신도 있었다. 히타이트 족은 매일 신들에게 음식과 음료를 바치는 의식을 치렀다.

히타이트 족이 남긴 글에는 그들의 종교적 관행이 자세히 드러나 있

폭풍신 갈그미스의 개선행진로에 있는 부조에 새겨진 히타이트의 폭풍신. 도끼로 알아볼 수 있다. 히타이트 신화의 신들은 상대적으로 약했다. 폭풍의 신 가운데 하나인 텔레피누는 홧김에 세상을 내팽개쳐 세상이 가물도록 내버려 두었다. 곡식은 성장을 멈추었고 동물은 새끼를 낳지 못했다. 다른 어떤 신도 그를 찾지 못했는데, 그는 나무 아래에서 잠들어 있다가 다름 아닌 벌에게 발각된 뒤 쏘여 난리법석을 피운다. 제사장들이 마법을 통해 겨우 그의 분노를 달랠 수 있었다. 이러한 이야기는 세상의 모든 것을 다스리시는 하나님, 세상을 결코 버리지 않고 잠들지도 않는 성경의 사랑의 하나님과 전혀 다르다.

다. 히타이트의 신전 건축을 위한 지침은 성막을 어떻게 지어야 하는지를 규정한 출애굽기의 내용과 유사하다. 제사장과 신관들의 행동도 기록하고 있는데, 이것 역시 유대교 율법의 규정과 유사하다. 신전 조리실 사역자들이 머리와 손톱을 짧게 깎고 깨끗한 옷을 입어야 했던 것은 레위인의 경우와 같고(민수기 8:5-7), 신전 봉사자들이 신전에서 매일 먹을 음식을 받았던 것도 레위인의 경우와 유사하다(18:8-20). 제사장들이 정해진 규칙에 따라 일정한 시기마다 축제를 열어야 했던 것 또한 모세율법을 따르는 유대 제사장의 경우와 같았다(레위기 23:1-40). 이런 동시대적 유사성은 성경의 제사 규정이 일부 학자들의 주장처럼 이스라엘 역사에서부터 훨씬 후대에 만들어진 작품이 아니라 모세 시대에 이미 이 지역에서 흔한 것이었음을 보여주는 중요한 의미가 있다.

깨어 지키심

히타이트 족의 신 텔레피누는 홧김에 창조세계를 내버려 두고 잠을 잤다고 하지만, 성경은 살아 계신 하나님에 대해 이렇게 말한다. "너를 지키시느라 졸지도 않으신다. 이스라엘을 지키시는 분은, 졸지도 않으시고, 주무시지도 않으신다"(시편 121:3-4). 하나님은 친히 만드신 세계와 자신의 백성들을 늘 지켜보신다. 하나님이 알지 못하거나 뜻밖에 닥치는 일이란 없다.

가나안("상인들")이라는 이름은 원래 지중해 연안에 살던 사람들을 가리켰지만,
후기 청동기 시대(BC 16-12세기) 지중해와 요단 강 사이에 살던 모든 이들을 가리키는 집합적인 이름으로
확장되었다. 하나님은 아브라함에게 바로 이 땅을 약속하셨고(창세기 12:6-7, 17:8) 그의 후손들에게
이곳의 거주민과 섞이지 말라고 경고하셨다(신명기 7:1-6). 그러나 그들은 가나안 종교의
강력한 성적 유혹에 이끌려 그 말씀에 불순종했다. 이후 가나안 족속은 여러 세대에 걸쳐 이스라엘의 덫이 된다.

29. 가나안 족속

도시국가들의 땅

가나안의 북쪽 경계는 두로와 시돈, 동쪽 경계는 요단 강, 남쪽 경계는 사해부터 가데스바네아를 지나 지중해까지 이르러 남쪽으로는 이집트, 북쪽으로는 시리아, 아나톨리아, 메소포타미아 사이에 위치했다. 이 모든 나라들이 영토를 확장하려는 야망을 갖고 있었기 때문에, 가나안은 자연스럽게 열 강의 싸움터가 되었다.

출애굽해 온 이스라엘 자손이 보니 가나안에는 여러 민족이 섞여 살고 있었다. 통칭 가나안 족속으로 알려진 헷 족속, 아모리 족속, 브리스 족속, 히위 족속, 여부스 족속은 모두 노아의 손자 가나안의 후손이었다(창세기 10:15-19). 이들은 도시국가를 이루어 나름의 왕을 세우고 느슨한 연대를 이루었다. 그래서 위기의 순간에는 금세 협력했지만(여호수아 11:1-5) 그렇지 않은 경우에는 서로 옥신각신했는데, 사사기의 기록이나 BC 14세기 이집트에서 나온 '아르마나 서신'에서 이와 관련된 사실을 확인할 수 있다. 그들은 돌과 흙으로 방벽을 쌓아 도시 주위를 둘렀고 밤

다산과 기후의 신 바알. 그의 오른손에는 번개를 상징하는 창이 들려 있었을 것이다.

이 되거나 적의 공격을 받으면 모두 방벽 안으로 들어갔다.

알파벳 가나안 족속이 남긴 가장 위대한 유산 중 하나는 알파벳이다. 이곳에서 BC 2000년에서 1600년 사이에 만들어진 알파벳은 복잡한 상형문자나 설형(쐐기)문자 대신 각각의 자음을 나타내는 단순한 기호를 사용했다. 모음을 나타내는 기호는 없었는데, 가나안 문자에 근거해 만들어진 히브리 문자의 경우도 마찬가지다.

종교 성경은 이스라엘을 위협한 것이 가나안 문화가 아니라 가나안 종교였음을 보여준다. 가나안 종교에 대해 우리가 아는 지식의 주된 출처는 가나안 북쪽의 우가릿에서 발견된, BC 1400년경의 유물로 추정되는 상형문자 점토판이다. 가나안 족속은 '다산 종교'(fertility religions)를 추종했는데, 이런 종교는 자연의 힘을 인격화하고 그것이 인간과 자연의 풍성한 결실에 꼭 필요하다고 여기며 숭배했다. 주신 엘의 아들 **바알**("주")은 다산과 기후의 신이었고 황소를 타고 번개창을 쥔 모습으로 종종 그려졌다. 가나안 신화에서 그는 바다신 얌을 무찌르고 최고신의 자리에 올랐고 수확과 생존에 필수적인 비, 안개, 이슬을 다스렸다. 엘의 배우자 **아세라**는 어머니 여신이자 바다의 여신이었다. **아스다롯**은 바알의 배우자였다. 다른 중요한 신들로는 다곤(곡물의 신), 샤마슈(태양신), 레셰프(전쟁과 지하세계의 주인)가 있었다. 바알과 아세라 모두 구약 이야기에 자주 등장하는데, 가나안 종교의 영향력은 구약에서 거듭 반복된다.

가나안 예배의 주요한 측면은 신전에서 이루어지는 매춘이었는데(민수기 25:1-3), 종교의식의 일부였다. 그들은 그 행위가 땅에 풍요를 가져다준다고 믿었다. 이스라엘이 가나안 종교를 그토록 매력적으로 느낀 이유는 종교라는 허울 아래 무제한의 섹스를 제공했기 때문이었다. 그것은 예언자들이 가나안 종교를 거침없이 정죄했던 이유이기도 했다(호세아 4:11-19). 그러한 불경건과 일부 몰렉 숭배자 같은 이들이 벌이던 아동제사를 생각하면 하나님이 가나안 족속을 그 땅에서 완전히 제거하라고 이스라엘

다산을 상징하는 여신 아세라

성경에 등장하는 가나안 족속

- 아브라함이 가나안 땅에 도착했을 때 가나안 사람이 그곳에 살고 있었다(창세기 12:6, 13:7).
- 아브라함은 그들의 땅을 약속 받았지만, 그 약속이 실현되려면 가나안 족속의 죄가 계속되어 하나님이 도저히 참을 수 없을 지경에 이를 때까지 기다려야 했다(15:13-16).
- 가나안 족속은 힘을 합쳐 여호수아와 싸웠다(여호수아 9:1-2).
- 페니키아 장인(두로 사람 후람)이 솔로몬의 성전을 위해 기구를 만들었다(열왕기상 7장).
- 아합 왕은 바알숭배를 장려했다(16:29-33).
- 바알 예언자들이 갈멜 산에서 엘리야의 도전에 패배했다(18:16-46).

갈멜 산 갈멜 산 정상에서 내려다본 광경. 이스라엘을 다시 바알숭배로 돌려놓았던 아합(열왕기상 16:29-33)의 통치기간에
바로 이곳에서 엘리야가 바알 예언자들에 맞서 대결을 펼쳤다(18:16-46). 바알 예언자들은 그들의 신이 응답하지 않자
자해를 했는데(18:26-29), 이것은 신의 죽음을 애도하는 것과 관련된 흔한 슬픔의 표시였다. 하지만 단순한 신앙의 표현이었을 가능성도 있다.
구약성경은 자해나 몸을 흉하게 만드는 일, 문신 등을 이교적인 것, 하나님의 거룩한 백성에게 어울리지 않는 것으로
보았다(레위기 19:27-28, 신명기 14:1). 이 대결의 결과로 살아 계신 하나님 여호와가 바알보다 훨씬 강력하며,
그분만이 비를 내리신다는 사실이 분명하게 드러났다(열왕기상 18:41-46).

에게 명령하신 이유를 어느 정도 이해할 수 있다.

솔로몬의 죽음(BC 930) 이후, 처음부터 우상숭배 위에 세워졌던 북
왕국 이스라엘(열왕기상 12:25-33)은 가나안 종교에 크게 마음을 빼앗겼다.
BC 9세기의 엘리야와 엘리사, BC 8세기의 호세아는 그런 행태에 문제를
제기하며, 바알숭배와 여호와예배를 동일시하거나 둘을 섞으려는 시도(혼
합주의로 알려진 행태)는 결코 용납할 수 없다고 말했다. 열왕기의 저자는
뿌리 깊은 우상숭배가 이스라엘 멸망의 핵심요인이었다고 분명히 밝히고
있다(열왕기하 17:7-23).

산당 BC 3000년경에
만들어진 것으로 추정되는
므깃도의 가나안 산당.
지름이 10m 정도 되는데
아마도 다진 흙을 덮어 바닥을
평평하게 만들었을 것이다.
이곳에서 희생제물(흔히 동물이나
음식, 가끔은 인간)을 바쳤고
신전 매춘부들과의 성행위도
이루어졌다.

신약시대에 유대인들은 바알세불("왕 바알")을 바알세붑("파리들의 왕")으로 바꾸어 사탄을 그렇게 불렀다. 예수도 친히 사탄에 대해 이 표현을 사용하심으로(마태복음 10:25, 12:24-28) 우상숭배와 성적 부도덕을 통해 사람을 비인간화시키는 모든 것이 바로 사탄의 일임을 강조하셨다.

우상숭배 ▼

성경은 우상숭배를 단호하게 정죄한다. 특히 십계명에서 그렇다(출애굽기 20:4-6). 우상숭배는 인간의 손으로 만든 물건을 섬기는 일이니 어리석고(이사야 44:9-10), 하나님이 어떠한 모습인지 알 수 없으면서 그 형상을 만드니 불합리한 일이다. 성경은 우리 삶에서 하나님이 아닌 다른 무엇인가를 앞세우는 것이 바로 우상숭배이며 하나님을 모욕하는 일이라고 말한다.

오늘날 영어에서 '블레셋'(Philistine)이라는 용어는 교양 없고 상스러운 사람과 동의어로 쓰인다. 하지만 실제로 블레셋 족속은 문화가 대단히 발달한 민족이었다. 물론 호전적이기도 했다. 그들은 가나안의 해안 정착지가 성이 차지 않자 내륙에서 새로운 영토를 구했고, 그 땅을 하나님으로부터 약속받은 이스라엘 자손과 충돌하게 되었다. 블레셋 족속은 가나안 내륙지방을 많이 지배하지는 못했지만 이 지역 전체를 가리키는 팔레스타인이라는 이름을 유산으로 남겼다.

30. 블레셋 족속

기원

이집트 기록에 따르면 BC 13세기와 12세기의 파라오들은 '해양민족들'의 침입을 물리쳤다. 그 무리 가운데 하나가 블레셋 족속이었는데, 그들은 크레타 섬과 그리스에서 이주해 왔다. 전사들은 지중해 연안을 따라 항해했고 가족들은 그들을 따라 육로로 움직였다. 그들은 시리아와 가나안을 통과하면서 닥치는 대로 파괴하다가 마침내 이집트에 이르렀는데, BC 1175년에 그곳에서 람세스 3세에게 패했다. 이후 그들은 이전에 정복했던 땅으로 물러나 가나안의 해안지대를 따라 다섯 개의 도시국가(가사, 아스글론, 아스돗, 가드, 에그론)를 세우고 정착했다. 그 땅을 철저히 파괴하고 더 크고 견고하게 도시를 재건한 그들은 남북을 잇는 해안 국제도로인 해변길(Via Maris)을 지배하게 되었다.

이스라엘과의 관계

이스라엘과 블레셋이 같은 영토를 원하는 상황에서 충돌은 불가피했다. 사사시대 내내 블레셋 족속은 끊임없이 이스라엘을 위협했고(사사기 13:1), 단 지파의 많은 사람들은 그들에게 할당받은 영토를 차지할 수 없어 북쪽으로 이주했

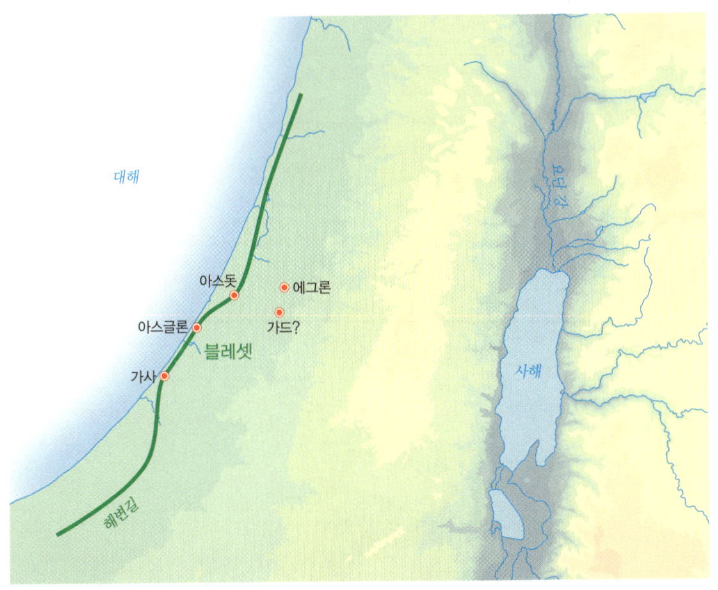

◀ 블레셋의 다섯 도시

다. 이스라엘이 마지막 사사 사무엘에게 왕을 구하게 된 것도 블레셋 족속의 위협 때문이었다(사무엘상 8장). 이스라엘은 블레셋을 두려워했고(13:5-7) 사울은 그들을 제대로 무찌르지 못했다. 그는 블레셋 족속 때문에 왕위에 올랐지만, 그를 죽음에 이르게 한 것도 그들이었다(13:7-22). 사울은 길보아 산 전투에서 철저히 패배해 아들 요나단과 함께 목숨을 잃었다. 블레셋 족속을 무릎 꿇리는 일은 결국 그의 계승자 다윗의 몫으로 남겨졌다(사무엘하 5:17-25). 블레셋 족속은 계속해서 가나안에 살다가 BC 8세기에 앗시리아에게 패배했고 BC 6세기에는 마침내 바벨론에 흡수되고 말았다.

군사적 우위　블레셋이 군사적 우위를 점할 수 있었던 요인은 무엇보다 철제 무기를 보유했기 때문이었을 것이다. 그들은 전에 무찌른 히타이트 족을 통해 철 제련 기술을 습득했고 이 비밀을 애써 지켰으며, 이스라엘에게 알려지지 않도록 특히 주의했다(사무엘상 13:19-22). 골리앗의 무시무시함은 그의 덩치(키 3m)만이 아니라, 철로 된 창날의 무게만 600세겔(7kg)에 달하는 창에 있었다. 이스라엘 자손은 다윗 왕이 이스라엘 영토를 확장한 다음에야 에돔의 풍부한 철광상에 접근할 수 있었다(사무엘하 8:14).

고고학적 확증

에그론(또는 가드)의 왕이 아기스라고 불렸다는 성경의 진술(사무엘상 21:10)은 1996년 에그론의 한 블레셋 신전에 있던 비문이 발견되면서 옳은 것으로 확인되었다. 성경의 역사적 신뢰성을 보여주는 증거가 또 하나 나온 것이다.

람세스 3세의 장례신전에 있는
유약 도자기 조각.
전통적인 깃털형 두건을 쓴
블레셋 사람이 보인다.

삼손과 블레셋

삼손은 정욕을 다스리지 못해 블레셋 여자 들릴라에게 괴력의 비밀을 털어놓고 배신당했다. 힘이 약해진 삼손은 가사로 사로잡혀 가 감옥에서 곡식 빻는 일을 하게 되었다(사사기 16:1-22). 가사에서 곡식 빻는 장소들이 발굴되었다.

삼손은 다곤 신전을 무너뜨린 일로 가장 유명할 것이다 (16:23-30). 가사에서는 아직 신전이 발견되지 않았지만 텔 카실레(이스라엘 텔아비브 근처)에서의 발굴로 그 기간에 세 개의 신전이 만들어졌다는 것이 밝혀졌다. 그중 가장 나중에 지어진 신전은 BC 11세기의 건축물로 추정되는데, 주춧돌 위에 세워진 두 개의 백향목 기둥이 지붕을 떠받치고 있는 구조가 삼손 이야기에 나오는 것과 일치했다(16:26). 지붕의 무게가 기둥을 붙들어 주고 있었기 때문에, 두 기둥을 무너뜨리면 사사기 기록에 나와 있는 대로 신전 전체가 무너지는 일이 충분히 가능했을 것이다.

종교

블레셋 족속의 주요 신으로는 **다곤**(곡물신), 아스다롯 (바알의 배우자), 바알세불("왕 바알")이 있었다. 다곤은 고대 근동 전역에서 널리 숭배되었는데, 메소포타미아, 우가릿, 가나안에 신전이 있었다. 가나안에서는 가사, 아스돗, 벳산에 다곤 신전이 있었다. 벳산은 다곤이 거둔 승리의 상징으로 사울의 시신을 전시했던 곳이다(사무엘상 31:10, 역대상 10:10). 다곤이 이스라엘 자손의 생활에 끼친 영향은 이스라엘 성읍 하나가 다곤의 이름을 따 벳다곤이라는 이름이 붙었다는 데서 짐작할 수 있다(여호수아 15:41). 그러나 살아 계신 하나님 여호와 앞에서 다곤이 얼마나 무력한지 잘 보여주는 사건이 성경에 실려 있다. 블레셋 족속이 빼앗은 언약궤를 다곤 신상 앞에 가져다 놓자 다곤 신상이 몇 번이나 고꾸라졌던 것이다(사무엘상 5:1-5).

붉은색과 검은색으로 기하학적 디자인을 한 블레셋 맥주잔. 이러한 유형의 미케네 도자기는 그리스, 크레타, 키프로스에서 유명했는데, 블레셋 족속이 그 지역에서 이주해 왔다는 추가적인 증거다. 블레셋 족속은 에게 문명의 또 다른 축을 이루는 건축술과 야금술도 가나안으로 가져왔다.

마법 ▼

블레셋 족속은 점을 쳤고(이사야 2:6) 징조를 읽어 신의 지침을 얻었다. 성경은 미래를 읽어 내거나 조작하려는 시도, 죽은 자들이나 영계, 온갖 마법과 접촉하려는 시도—점, 주술, 징조해석, 마술, 주문, 영매와 강신술사를 찾는 일—를 혐오스럽고 위험한 것으로 규정하고 명백하게 금하고 있다(신명기 18:9-13, 사도행전 8:9-24).

오늘날 잔인한 제국주의의 상징이 된 앗시리아는, 그들의 입장에서 보면 물이 풍부한 자신들의 땅을
호시탐탐 노리는 주변 나라들에게 위협을 느끼고 평화를 지키기 위해 전쟁을 벌인 것뿐이었다. 그러다 보니
앗시리아와 이집트 사이에 끼어 있던 이스라엘은 이들의 관심을 한 몸에 받았고 결국 앗시리아에 의해
멸망하고 말았다. 하지만 이사야는 이 심판의 주체이신 하나님이 앗시리아를
"나의 진노의 몽둥이"(이사야 10:5)로 사용하셔서 자기 백성을 징계하신 것이라고 선포했다.

31. 앗시리아

역사　　**기원**　　원래 셈 족이었던 앗시리아인은 BC 2300년경
에 메소포타미아 북부의 작은 지역에 정착했는데, 그
들의 나라와 수도의 이름은 그들의 주신 아슈르의 이
름에서 나왔다. 수도 아슈르와 제2의 도시 니느웨 모두 충분한 물과 풍성
한 수확을 보장하는 티그리스 강을 끼고 있었다. 아슈르와 니느웨는 원래
독립적인 도시국가였는데 아슈르우발리트 1세(BC 약 1364-1329)가 두 도
시국가를 하나의 나라로 통합했고, 그 나라는 강대국이 되어 서쪽으로 유
프라테스 강과 갈그미스까지 세력을 확대했다. 하지만 사막에서 쳐들어온
아람인(시리아인)의 침략을 받고 힘을 잃었다.

성장　이후 300년에 걸쳐 강력한 왕들이 잃어버린 영토를 되찾고 새 영토
를 정복했다. 아슈르나시르팔 2세(BC 883-859)와 그의 아들 살만에셀 3세
(BC 858-824) 모두 무시무시한 전사였으며, 많은 도시를 정복하고 그 왕들
을 봉신으로 삼았다. 하지만 그런 왕들은 앗시리아가 물러나면 종종 반역
을 꾀하곤 했다. 그래서 **디글랏빌레셀 3세**(BC 745-727)는 팽창정책을 추
진했을 뿐 아니라 피정복 영토를 계속 장악하기 위해 지역마다 총독을 임
명했다. 그가 죽은 후 북이스라엘은 이집트의 도움을 받아 앗시리아의 지

성경에 등장하는 앗시리아

* 니므롯이 큰 도시들을 세운 지
  역으로 처음 언급된다(창세기
  10: 8-12).

* 디글랏빌레셀 3세(성경에는 그
  의 바벨론식 이름 "불"로 나온다)
  는 이스라엘 왕 므나헴으로부
  터 조공을 받아 냈다(열왕기하
  15:19-20).

* 임마누엘에 대한 이사야의 예
  언(이사야 7장)은 아하스가 이스
  라엘과 시리아에 맞서기 위해
  앗시리아에게 도움을 청하는
  상황에서 주어졌다(BC 735).

* BC 722년 사마리아는 3년간
  의 포위공격 끝에 앗시리아에
  게 함락되었고 이스라엘 백성
  은 본토에서 쫓겨났다(열왕기하
  17장).

* 히스기야는 하나님을 신뢰함
  으로 예루살렘을 공격한 산헤
  립을 물리쳤다(열왕기하 18-19
  장, 이사야 36-37장).

* 여러 예언자들이 앗시리아에
  대해 예언했다(이사야, 호세아, 요
  엘, 아모스, 미가, 나훔, 스바냐).

◀ 앗시리아 제국의 성장

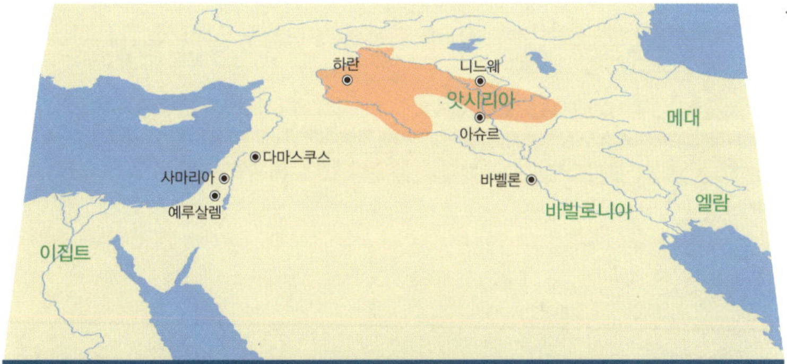

하란
니느웨
앗시리아
아슈르
메대
다마스쿠스
바벨론
사마리아
예루살렘
바빌로니아
엘람
이집트
살만에셀 3세(BC 824)

하란
니느웨
앗시리아
아슈르
메대
다마스쿠스
바벨론
사마리아
예루살렘
바빌로니아
엘람
이집트
디글랏빌레셀 3세(BC 727)

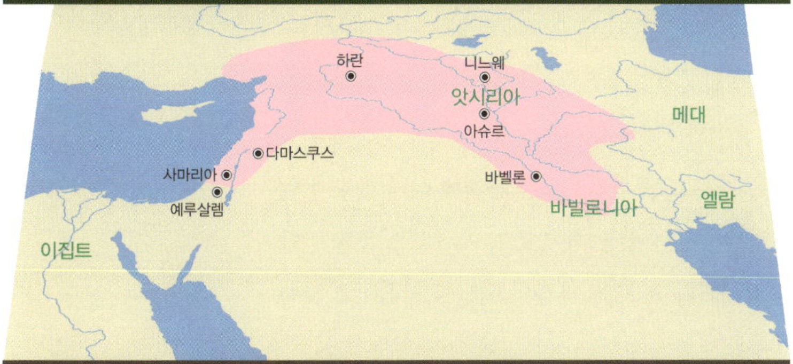

하란
니느웨
앗시리아
아슈르
메대
다마스쿠스
바벨론
사마리아
예루살렘
바빌로니아
엘람
이집트
사르곤 2세(BC 705)

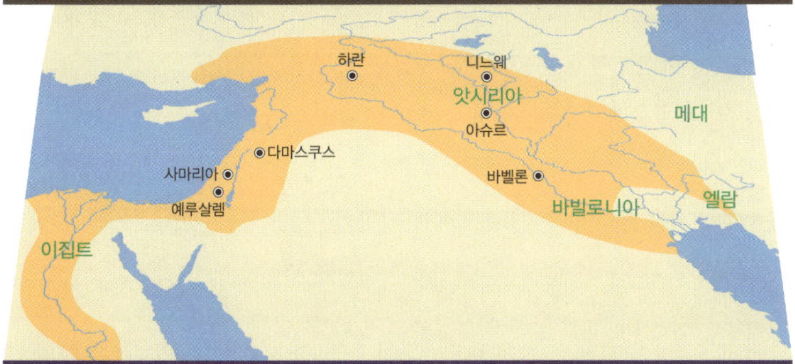

하란
니느웨
앗시리아
아슈르
메대
다마스쿠스
바벨론
사마리아
예루살렘
바빌로니아
엘람
이집트
아슈르바니팔 1세(BC 627)

배에서 벗어나려 했는데, 이에 분노한 살만에셀 5세가 이스라엘의 수도 사마리아를 포위공격했다. 사마리아는 3년 동안 저항한 끝에 BC 722년 그의 후계자 사르곤 2세에게 함락되었다(열왕기하 17:5-6). 이스라엘은 정복되었고 백성들은 앗시리아 제국 전역으로 추방되어(앗시리아의 공통적인 정책이었다) 북쪽 지파의 역사는 갑작스럽게 끝나고 말았다(17:3-6, 18:9-12).

쇠퇴 에사르하돈(BC 681-669)과 아슈르바니팔(BC 669-627) 치하에서 앗시리아 제국은 영토가 너무 커져 모든 반란세력을 동시에 상대할 수가 없었다. BC 625년 마침내 바벨론이 독립을 획득했고, 메대의 도움을 받아 BC 612년에 니느웨를 함락시켰다. 이로써 나훔의 예언이 성취되고 앗시리아 제국은 종말을 고했다.

종교 앗시리아인은 다신론자로서 고대 메소포타미아의 신들뿐 아니라 새로운 신들도 기꺼이 수용했다(열왕기하 17:27-33). 아슈르는 국가적인 신이자 최고신이었지만 삶의 온갖 측면에 대응하는 다른 신들도 많았다. 각 도시에는 나름의 수호신이 있어 축제일이면 수호신 신상 행진이 있었고, 변덕스러운 신들을 달래어 호의를 얻기 위해 신전에 예물을 바쳤다. 왕궁에는 왕들의 승리를 묘사하는 석조 부조를 새겼는데, 이는 왕을 추켜세우고 적들을 위협하는 목

앗시리아의 전쟁기계 앗시리아 군대는 잔인했고 상대방에게 최대한 고통을 가하는 것을 위협의 수단으로 삼았다. 이라크 북부 님루드에서 나온 이 석조 부조는 앗시리아 군인들이 공성퇴로 성벽을 부수는 모습을 보여준다. 피정복 민족은 무거운 조공을 바치거나 제국 전역으로 추방되었다. 앗시리아가 추방한 사람들은 4백만 명에 이르는 것으로 추산된다.

디글랏빌레셀 3세의 궁전에서 나온 부조. 전차를 탄 그의 모습을 볼 수 있다.

적과 함께, 정복된 적들의 신보다 자신들의 신이 우월함을 드러내어 신들에게 영광을 돌리려는 목적도 있었다. 고고학적 증거에 따르면 '편지 기도'는 왕들이 신에게 도움을 청하는 흔한 수단이었다. 유다의 히스기야 왕은 심각한 병이 들자 이 영적 소통의 방법을 활용해 하나님께 기도의 편지를 썼다(이사야 38장).

문화

엄청난 부를 획득한 앗시리아 제국의 왕들은 앞다투어 거대한 궁전과 신전을 지었다. 그러한 궁전과 신전의 벽에는 휴식을 취하거나 예배하거나 전쟁에 나선 왕의 모습을 새긴 웅장한 부조가 죽 이어져 있었다. 그들은 거대한 조각상을 만들었고 상아와 황금으로 궁전의 기구들을 장식했다. 동물머리 모양으로 황금잔을 만들고 멋진 보석을 생산했다.

앗시리아 문화, 특히 읽기와 쓰기는 바벨론의 영향을 받았다. 앗시리아인은 바벨론 설형(쐐기)문자를 받아들였다. 수천 개의 토판이 아직 남아 있는데 그중에는 아슈르바니팔 왕의 방대한 도서관 자료도 있다. 그는 자신의 도서관에 과거와 현재의 모든 문헌과 지식이 있다고 주장했다. 앗시리아인은 과학, 수학, 의학에서도 진보를 이루었는데, 이것은 전쟁에 집착한 결과이기도 했다. 4,000년 가까이 된 가장 오래된 자물쇠가 니느웨에서 발견되었다.

느부갓네살은 "내가 세운 이 도성, 이 거대한 바벨론을 보아라! 나의 권세와 능력과 나의 영화와 위엄이 그대로 나타나 있지 않느냐!"(다니엘 4:30)라고 뽐냈다. 참으로 그곳은 중동 전역으로 뻗은 강력한 제국의 심장부였고 엄청나게 화려한 도시였다. 하지만 교만은 패망의 선봉이라는 것을 느부갓네살과 벨사살, 둘 다 알게 되었다(4:31-5:31). 하나님은 오만한 바벨론뿐 아니라 다가올 다른 제국들도 결국 패망할 것임을 여러 환상을 통해 다니엘에게 알려 주셨다(2, 7, 8장).

32. 바벨론

함무라비 법전

역사 BC 2100년에 이미 중요한 도시로 떠오른 바벨론은 함무라비 왕(BC 1792-1750) 치하에서 구(舊) 바벨론 제국의 중심지가 되었다. 하지만 그가 죽은 후 제국은 금세 쇠퇴했고 나보폴라사르의 신 바벨론 제국이 등장하기 전까지 제대로 힘을 쓰지 못했다. BC 616년 나보폴라사르는 앗시리아를 침략하고 BC 612년에 니느웨를 함락시켜 앗시리아의 지배에서 벗어났다. BC 605년 그의 아들 느부갓네살 2세가 갈그미스에서 앗시리아-이집트 연합군을 무찌르면서 앗시리아는 영원히 사라졌고, 바벨론은 앗시리아 제국과 그 부를 통째로 삼켰다. 느부갓네살(성경에서 가장 많이 언급된 이방 통치자)은 제국을 확장하고 부를 끌어모았으며 거대한 건축사업을 벌였다. 그러나 그의 비전은 후대까지 이어지지 못해 그가 죽은 후 나약한 통치자들이 연이어 바벨론을 다스렸다. 나보니도스(BC 556-539)가 마르둑 신앙을 버리고 사막으로 들어가 신(달의 신)을 섬기자, 사람들은 이후 계속된 전염병과 기근을 그의 탓으로 돌렸다. 10년 후 그가 바벨론으로 돌아왔을 무렵 이미 그의 지위는 크게 약화되어 있었

▲ 전성기의 바벨론 제국

다. 당시만 해도 페르시아의 이름 없던 왕 고레스가 BC 539년에 바벨론의
성문을 두드렸을 때, 마르둑의 제사장들은 나보니도스를 타도하고 고레스
를 새로운 통치자로 기꺼이 받아들였다.

함무라비 법전　함무라비가 세운 제국은 그의 죽음 이후 무너졌지만,
그 자신은 바벨론 법을 개정한 업적으로 두고두고 기
억되고 있다. 개정된 내용은 '함무라비 법전'으로 알려
진 석비에 새겨져 있다. 석비 상부는 태양신 샤마슈(앉아 있는)가 함무라비
에게 권력의 상징을 수여하는 모습이다. 이 석비는 BC 2000년대 초에도
법전이 존재했고, 성경의 주장대로 모세가 그 시대에 율법을 쓰는 것이 가
능했음을 보여준다. 함무라비 법전은 사회계층을 차별한 반면, 유대율법
은 모든 사람을 똑같이 대한다는 큰 차이점이 있다.

BC 575년경 건축된 바벨론의 여덟 성문 중 하나인 이슈타르 성문 복원판.
채유벽돌(채색을 하고 유약을 발라 구운 벽돌―옮긴이)로 만들어진 이 성문에는 용과 황소 그림이 그려져
있다. 이 문에서부터 시작된 개선행진로는 큰 신전들이 있는 도성 중앙으로 이어졌는데, 파란색
채유벽돌로 쌓은 개선행진로 벽에는 노란색, 빨간색, 흰색의 사자(이슈타르의 상징)가 새겨져 있었다.

종교

신 바벨론 사람들은 다신론자였다. 그들이 섬기는 많은 신들 중에는 아누(하늘의 왕), 이슈타르(전쟁과 사랑의 여신), 마르둑(만물의 창조주)이 있었다. 마르둑은 바벨론의 수호신이 되었고 BC 2000년대에 큰 인기를 얻어 마침내 모든 신의 왕이 되었다.

신화 생명의 시작과 세상의 초창기에 대한 많은 신화들이 바벨론에서 나왔다(43쪽의 '고대 메소포타미아 이야기'를 보라). 그들은 신년축제 때 그들의 창조 이야기인 '에누마 엘리쉬'를 되뇌며 마르둑이 혼란을 정복하고 세계를 창조한 후 주신이 된 것을 기념했다.

귀신 바벨론 사람들은 그들을 덮치려고 기다리는 귀신들이 세상에 가득하다고 믿었다. 귀신으로부터 스스로를 보호하기 위한 많은 미신이 생겨났는데, 부적을 몸에 넣고 다니거나 병자들을 위해 주문을 외우는 것 등이었다.

점 바벨론 사람들은 신들이 주는 메시지로 '징조'를 찾았다. 동물의 간에 특이한 점이 없는지 살피기도 하고, 새들의 비행 패턴을 주목하기도 했으며, 별(신으로 숭배한)의 움직임에 대해 점성술사들에게 묻기도 했다.

내세 바벨론 사람들은 이집트인과 달리, 내세에 대한 기대가 거의 없었다. 그들은 사람이 죽으면 모두 먼지투성이 지하세계로 내려가 후손들이 바치는 음식을 먹고 산다고 믿었다. 후손들이 아무것도 바치지 않으면 죽은 자들이 돌아와 산 자들을 괴롭힌다고 믿었다.

도성 바벨론

느부갓네살은 정복을 통해 얻은 부를 사용해 제국의 수도 바벨론을 세계에서 가장 위대한 도시로 만들기로 작정했다. 바벨론에는 유프라테스 강이 도시를 가로지르며 흘렀고 강 이편과 저편을 잇는 다리가 있었다. 도시는 이중 성벽과 넓은 해자로 보호받았다. 바깥 성벽은 16km 길이에 두께가 3.7m였고 안쪽 성벽은 9km 길이에 두께가 6.5m였으니, 네 마리 말이 끄는 전차가 성벽 위를 달릴 수 있을 만큼 넓었다. 성벽에는 17m마다 탑을 하나씩 세웠고 이중 성문을 여덟 개 설치했다. 동쪽에 7.3km 길이의 이중벽을 추가로 세워 내성 바깥쪽 건축물들의 방비를 강화했는데, 그 건축물 가운데 하나인 하궁(Summer Palace)은 그리스의 역사가 헤로도토스가 고대 7대 불가사의 중 하나로 기록한 공중정원으로 유명했다. 도시 전체는 850헥타르(여의도 정도 크기—옮긴이), 궁전은 20헥타르의 크기였다.

주의 날

"주의 날"은 이 무렵 활동한 예언자들의 메시지에 자주 등장하는 테마였는데, 구약 예언서 중 아홉 권에서 볼 수 있다. 하나님의 백성은 그날에 하나님이 강력하게 임하셔서 죄를 심판하고 원수들을 멸하실 것이라고 믿었다. 그러나 예언자들은 하나님의 백성이라도 회개하지 않으면 그날이 심판의 때가 될 것이라고 말했다. 하나님의 심판은 차별이 없기 때문이다. 그래서 성경은 모든 사람이 심판의 날을 준비해야 한다고 말한다.

페르시아 제국은 고대 근동의 거대 제국이었다. 페르시아어가 인도-유럽어이긴 했지만,
페르시아인이 어디서 왔는지는 분명하지 않다. 하지만 성경의 관점에서 볼 때 페르시아가 발흥한 시점이
자기 백성을 향한 하나님의 목적과 딱 들어맞는다는 사실만은 분명하다. 이사야가 페르시아의 왕 고레스에 대해
이렇게 예언할 수 있을 정도였다. "나는 여호와다.……너는 내가 세운 목자니
내가 기뻐하는 것을 네가 모두 이룰 것이다"(이사야 44:24, 28, 우리말성경).

33. 페르시아

역사

페르시아인은 인도-유럽계 민족으로 BC 1000년경 메소포타미아에 들어왔지만 BC 약 650년이 되어서야 고레스 1세가 그 민족을 하나의 나라로 만들었다. 나라가 제국으로 바뀐 시점은 그의 손자 고레스 대제(BC 559-530) 때였다. 그 전까지 페르시아는 파르스(Pars)로 알려진 메소포타미아 남부의 작은 지역에 불과했다. 그런데 고레스 대제가 BC 550년에 메대의 수도 악메다를, 뒤이어 터키와 인도 북서부의 메대 제국 전체를 정복했다. 그 다음 그는 바벨론으로 관심을 돌려 BC 539년 10월 12일 전투 없이 수도를 차지했고('나보니도스 연대기'에 날짜가 나와 있다) 바벨론 전체를 집어삼켰다. 그럼으로써 그의 영토는 에게 해부터 인도의 인더스 강까지 이르게 되었다.

고레스는 전장에서 죽었고 그의 아들 캄비세스(BC 530-522)가 왕위를 물려받았는데, 그는 이집트를 정복했다. 그의 왕위를 다리우스 대제(BC 522-486)가 이었고, 그의 치하에서 페르시아 제국은 절정에 이르러 마케도니아까지 정복했다. 그는 제국의 영토를 그리스까지 확장하려 했지만 BC 490년 마라톤 전투에서 패배했고 4년 후에 죽었다. 그의 아들 크세르크세스 1세, 곧 아하수에로(BC 486-465)는 고대 역사상 최대 규모의 군대

성경에 등장하는 페르시아

- 고레스 왕은 유배된 유대인들이 약속의 땅으로 돌아가도록 허용하는 칙령을 반포했다(역대하 36:23, 에스라 1:2-4).
- 유대인을 전멸시키려는 시도를 에스더가 좌절시킨 사건(에스더 3:1-9:17)은 아하수에로 왕 시대의 일이다.
- 에스라와 느헤미야는 아닥사스디 왕의 보냄을 받아 유디로 돌아갔다(에스라 7:1-28, 느헤미야 1:1-2:10).
- 학개, 스가랴, 말라기 모두 페르시아에서 돌아온 상황에서 예언을 했다.
- 페르시아의 박사들이 탄생하신 예수를 방문했다(마태복음 2:1-12).

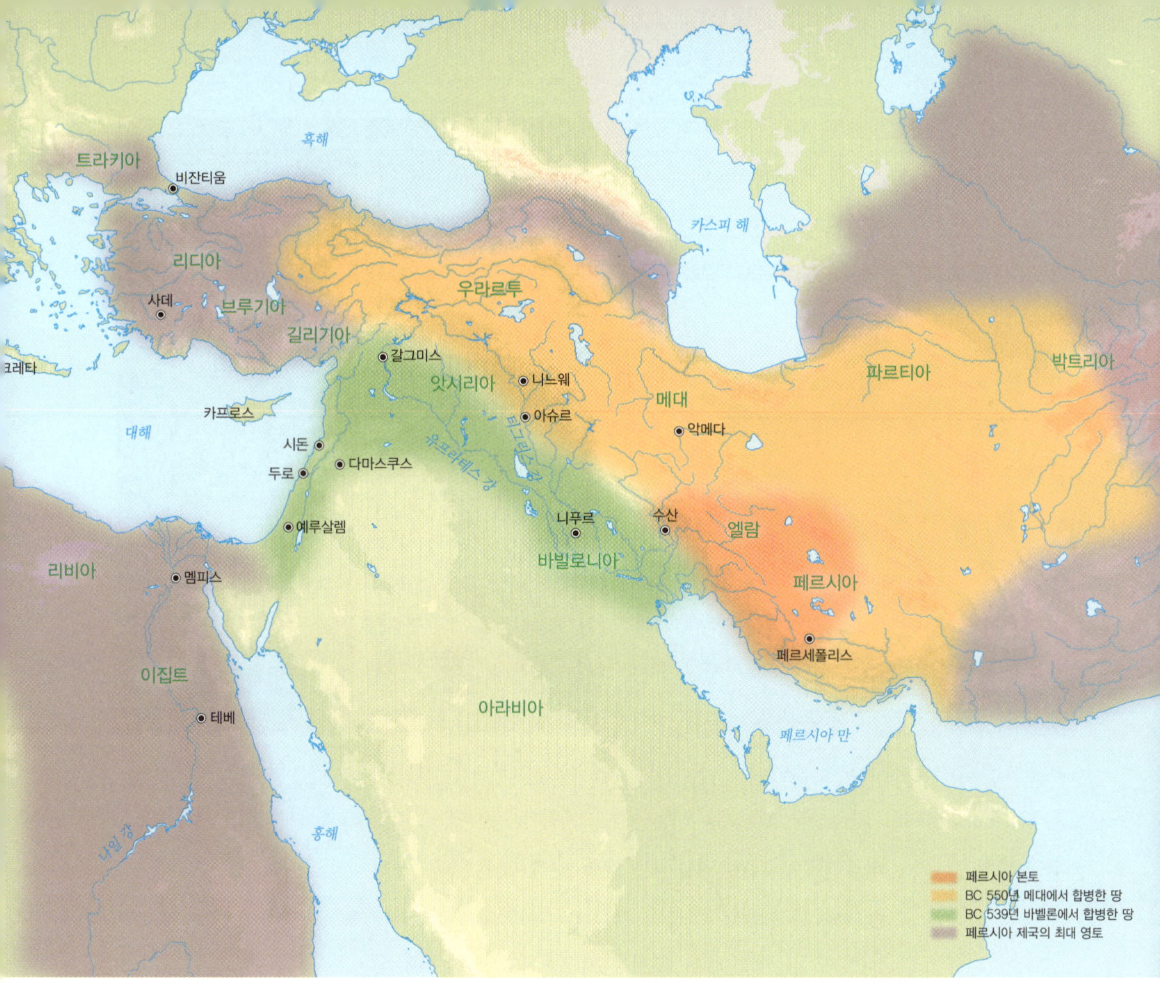

▲ 페르시아 제국

를 모아 다시금 그리스 정복을 시도했지만, 이 군사원정은 재앙으로 끝났다. 그의 함대는 살라미스에서 패배했고(BC 480) 육군은 플라타에아에서 결정적으로 패했다(BC 479). 그의 아들 아르타크세르크세스 1세(아닥사스다, BC 465-424)는 이집트-그리스 연합군에 맞섰고 전쟁은 10년 동안 이어지다 마침내 평화협정이 이루어졌다. 페르시아는 그 이후 100년 동안 제국을 유지하다 결국 BC 323년, 알렉산드로스 대왕에게 정복당한다.

고레스 대제　이전의 통치자들과 달리, 고레스 대제는 기존의 추방정책을 뒤집어 피정복 민족에게 관용정책을 펼쳤다. 모종의 자율권을 제공하고 각국의 관습과 종교를 존중했으며 심지어 그들이 고향으로 돌아가는 일조차도 허용했다. 바로 이 정책에 따라 그는 BC 538년, 유대인들이 본국으로 돌아가 왕의 지원으로 성전을 재건하도록 허용하는 칙령을 반포했다. 이것은 연민에서 나온 정책일 수도 있겠지만 기민한 정치적 조치이기도 했다. 자기 형편에 만족하는 민족일수록 반역을 일으킬 소지가 적다는 사실을 이용한 것이다. 피정복민에게 성전 재건을 허용한 것은 그들의 비위를 맞춘 일이었다. 또한 충실한 다신론자였기에 각 지역 신들의 호의를 받고 싶은 마음도 있었다(에스라 6:9-10, 7:23). '고레스 실린더'(73쪽)에는 이러한 종교적 관용 정책과 고레스가 피정복민을 해방시킨 기록이 담겨 있어 성경의 기록이 옳음을 입증해 준다 (역대하 36:23, 에스라 1:2-4).

페르시아 궁수를 새겨 놓은 이 채유벽돌 부조는 에스더 이야기의 무대가 되는 수산의 다리우스 궁에서 나온 것이다.

제국 통치 페르시아가 넓은 영토를 통제할 수 있었던 것은 현명한 정책과 현명한 행정의 결합 덕분이었다. 페르시아는 제국을 스무 개의 행정구역(사트라피)으로 나누어 페르시아인 총독(사트라프)에게 맡기면서도(에스라 8:36, 다니엘 3:1-3) 지역마다 어느 정도의 자율권을 부여했다. 유대는 "강 건너편" 지역, 곧 유프라테스 강 서쪽 사트라피의 일부였다(에스라 4:10, 느헤미야 2:7). 다리우스는 이 체계를 더욱 개선했고 새로운 법제, 화폐제도, 우편제도를 도입했다. 아람어는 제국의 유일한 행정언어로 사용되었는데, 이것을 알면 에스라서의 일부, 곧 왕의 칙령을 소개하는 부분(4:8-6:18, 7:12-16)을 왜 아람어로 적었는지 이해할 수 있다.

종교 고대 페르시아의 신들은 자연신과 관념의 혼합체였는데, 초기 유목민 생활에 뿌리를 둔 것 같다. 페르시아인은 제사의 일부로 동물을 희생제물로 바쳤고 치유와 힘, 성적 흥분을 가져다준다고 믿었던 술 '하오마'(haoma)를 마셨다. 큰 영

154

페르시아는 거대한 부로 인해 온 갖 예술과 공예가 번성했고 제국 전역에서 다양한 물품들이 실려 와 왕의 궁전을 장식했다. 그리핀(머리·앞발·날개는 독수리고 몸통·뒷발은 사자인 상상의 동물—편집자) 형상을 돋을새김한 사진의 황금 장식물은 옥수스유보(Treasure of Oxus) 중 하나다. 옥수스유보란 옥수스 강변에서 발견된 고레스 대제 시대의 금은 장신구와 보물 170점을 가리킨다.

향력을 행사한 종교인으로는 조로아스터(자라투스트라)가 있었다. 그는 서른 살에 환상을 보고 최고신 아후라마즈다(지혜의 주)에게 초점을 맞춘 새로운 메시지를 전했다. 아후라마즈다의 상징은 불이었다. 조로아스터는 세계와 인간은 선하지만 악의 공격으로 훼손되었다고 가르쳤다. 그는 개인적인 종교에 큰 중요성을 부여했고 남녀 모두에게 선과 악 가운데 하나를 선택하라고, 그 선택에 따라 영원한 운명이 결정된다고 가르쳤다. 그의 사상은 궁정에서 큰 호응을 얻었고 궁정사제 역할을 했던 메대의 제사장 가문 박사(Magi)들이 널리 전파했다. 예수의 출생 시에 그를 찾아온 이들이 바로 이 박사들이었다(마태복음 2:1-12). 조로아스터교 신자들은 AD 7세기, 이슬람이 페르시아 전역을 휩쓸면서 맹렬한 박해를 받았다. 이들 중 많은 수가 AD 10세기에 인도로 달아나 오늘날 '파르시 공동체'의 전신이 되었다.

선(善)

조로아스터교와 마찬가지로, 성경은 하나님이 선하시고 그분이 만드신 세상도 선하다고 가르치며 이것에 비추어 사람들에게 선을 행하라고 촉구한다. 그러나 성경은 인간의 죄가 이 선을 훼손했다고(완전히 파괴되지는 않았다. 세상은 여전히 하나님의 것이고 인간은 여전히 그분의 형상을 갖고 있기 때문이다)도 말한다. 신약성경은 예수의 죽음을 통해서만 죄를 처리할 수 있으며, 선으로 가는 길을 막는 장애물을 단번에 영원히 제거할 수 있다고 말한다.

그리스는 성경 이야기에서 눈에 띄게 드러나지는 않지만,
그 영향력은 이전의 어떤 제국보다 컸다.
그리스 문화는 신구약 중간기에 유대인의 고유한 생활방식을 크게 위협했고
대규모 반란의 계기가 되었다. 그리스 문화는 기독교의 세계관과 충돌하기도 했지만,
긍정적인 면으로 보자면 그리스어라는 세계어의 탄생으로 복음이 제국 어디에나 전해질 수 있게 되었다.

34. 그리스

역사

그리스의 기원은 적어도 BC 3000년대 후기로 거슬러 올라가는데, 당시 북쪽에서 온 침입자들이 이 지역을 장악해 독립적인 도시국가들을 세웠다. 그리스의 첫 번째 큰 문명은 크레타(갑돌) 섬에서 발달했는데, 그곳에 살던 미노아인은 BC 1500년경에 절정기를 맞았지만 새로운 천년에 이를 무렵 완전히 패망했다. BC 1400년경에는 미케네인이 그리스 본토에서 두각을 드러냈는데 그들의 언어를 보면 식별 가능한 최초의 '그리스인'이라는 것을 알 수 있다. 그러나 BC 1150년경 그들의 문명도 무너졌고 이후 수백 년간 그리스의 역사는 내부 충돌로 점철되었다.

마케도니아의 필리포스 2세가 남쪽을 휩쓸어 BC 338년 그리스 군대를 제압하고 나라를 통일하면서 모든 것이 달라졌다. 그익 승리를 이어받은 스무 살의 아들 **알렉산드로스 대왕**은 BC 323년 페르시아 제국을 장악했다. 이렇게 해서 그리스는 절정의 국력을 자랑하며 거대 제국으로 성장했다. 알렉산드로스가 때 이른 죽음을 당하지 않았다면 아마 더 큰 제국이 되었을 것이다.

아리스토텔레스에게 개인지도를 받은 알렉산드로스는 땅의 정복만

성경에 등장하는 그리스

- 다니엘은 그리스의 발흥을 예언했다(다니엘 2:1-43, 7:1-7).
- 제2정경 중 마카베오 1서는 안티오코스 4세(에피파네스)의 헬레니즘화 작업에 대항한 유대인의 반란을 기록하고 있다.
- 예수는 몇몇 그리스인을 대상으로 사역하셨다(마가복음 7:24-30, 요한복음 12:20-36).
- 바울의 선교는 주로 소아시아의 그리스 도시들과 그리스 본토에서 이루어졌다.
- 신약성경 전체가 그리스어로 기록되었다.

▲ **알렉산드로스 대왕의 제국**
알렉산드로스 대왕이 이룬 절정기의 제국(BC 323). 그가 죽은 후 제국은 마케도니아, 트라키아, 메소포타미아, 이집트로 나뉘어져 부하 장군들이 다스렸다.

이 아니라 영원히 잊혀지지 않을 유산을 남기길 원했다. 그래서 그는 헬레니즘화 사업, 곧 그리스의 사상과 문화를 전파하는 일을 시작했다. 갈릴리의 세포리스 같은 그리스 도시들을 세웠고 경기장, 체육관, 극장이 도처에 생겨났다. 그리스어는 교육과 무역의 언어가 되었다. 그리스의 영향력은 그리스가 로마에 패배한 이후에도 오랫동안 이어졌다.

종교 그리스인은 많은 신을 믿었는데, 최고신 제우스는 올림포스 산에 살면서 다른 신들을 다스렸다. 유명한 신으로는 아폴론(지혜의 신), 아레스(전쟁의 신), 하데스(죽은 자들의 신), 아테나(예술과 전쟁의 여신), 아프로디테(사랑의 여신), 데메테르(수확의 여신), 디오니소스(포도주의 신) 등이 있었다. 아테네인들은 혹시 알지 못하는 어떤 신의 심기를 건드리는 일이 있을까 하여 "알지 못하는 신에게" 바치는 제단까지 세웠다(사도행전 17:23). 바울은 그 제단을 언급하며 그들에게 예수를 소개했다. 그리스에는 많은 '신비종교'도 있었는데, 감추어진 영적 진리를 입교자들에게만 알려 주는 비밀 집단이었다. 바울은 가끔 신비종교의 언어를 사용해 이방 청중들과 교감했다. 그는 하나님

그리스인
신약에서 "그리스인"(헬라인)은 이방인과 동의어로 자주 쓰인다.

대부분의 그리스 도시국가는 외부의 공격에 맞서기 위해 아크로폴리스라 불리는 높고 방어하기 쉬운 요새를 끼고 발달했다.
사진은 고린도에 있는 아크로폴리스로, 전면에 보이는 도심의 아폴론 신전 폐허 뒤로 약 550m 가량 솟아올라 있다.
바울이 고린도 교인들에게 교만의 '요새'를 무너뜨리라고 권면했을 때(고린도후서 10:4-5) 바로 이것을 염두에 둔 것임이 분명하다.

께도 신비와 비밀이 있는데, 이제 그 비밀을 예수 그리스도를 통해 모든 사람에게 알려 주셨다고 말했다.

철학

신에 대한 전통적인 믿음이 쇠퇴함에 따라 많은 그리스인들이 인생의 문제에 대한 해답을 철학에서 찾았다. 아테네는 페리클레스, 소크라테스, 플라톤 같은 주요 사상가들과 소포클레스, 에우리피데스 같은 극작가들의 근거지가 되었다. 에피쿠로스학파, 키니코스(견유)학파, 스토아학파 등 여러 철학 학파가 생겨났고 각기 다른 고유의 접근법을 개발했다. 바울은 아테네에서 에피쿠로스, 스토아 철학자들과 논쟁을 벌였다(사도행전 17:16-34).

일부 철학자들은 인간의 몸과 영혼은 완전히 별개이며 영혼만 중요

스포츠

그리스인은 스포츠를 좋아했다. 스포츠에 종교적 의미가 있다고 믿었고 그것을 신들에게 헌정했다. 올림픽은 이러한 생각을 가장 분명하게 드러낸 장이었다. 모든 도시가 4년마다 그리스 남부의 올림피아에서 모여 경쟁을 펼쳤는데, 이 기간에는 전쟁도 중단했다. 운동선수들은 열 달 동안 집에서 훈련한 후 한 달간은 올림피아의 체육관에서 훈련을 받았다. 재정적 보상은 따로 없었지만 우승자는 월계관을 받는 명예를 누렸다. 속임수를 쓰다가 발각될 경우, 경고의 뜻으로 본인과 가문의 이름을 경기장 출입구 근처의 돌에 새겼다.

바티칸성당에 있는 라파엘로의 「아테네 학당」(1510)

하다는 '이원론'을 가르쳤는데, 이런 생각은 두 가지 결과를 낳았다. 몸은 중요하지 않다고 생각하고 내키는 대로 몸을 사용하거나, 몸을 지속적으로 억압하기 위해 가혹한 방법을 쓰는 것이었다. 두 가지 태도 모두 초대 교회에 영향을 끼쳤는데, 바울은 서신서를 통해 두 입장을 바로잡으면서 보다 총체적인 인간관을 가지라고 촉구했다.

민주주의   BC 500년경에 아테네는 세계 최초의 민주국가가 되었다. 독재자를 추방하고 남자 시민은 모두 '도시'(그리스어 *polis*, 이 단어에서 정치를 뜻하는 politics가 생겨났다)의 일에 관여해야 한다는 믿음 하에 민회(民會)를 확립했다. 오늘날에는 최고의 정치 형태로 간주되지만, 성경에는 민주주의를 지지하는 대목이 따로 없다.

변증 ▼

변증(apologetics, "변호"를 뜻하는 그리스어 *apologia*에서 나온 말)은 자신의 믿음에 대해 합리적인 근거를 제시하는 활동이다. 사도 바울은 특히 그리스 문화권에서 말과 글로 변증했고 이것을 "복음을 변호하고 입증"하는(빌립보서 1:7) 일이라 설명했다. 기독교 변증은, 신앙이 맹목적인 도약이 아니라 철저히 합리적인 토대가 있음을 보여주고자 하는 것이다.

오늘날 이탈리아에 해당하는 지역은 성경의 무대에서 주변부에 해당하지만,
로마는 매우 중요하고도 모순되는 역할을 하게 된다. 유대인의 신앙은
로마의 공인종교(렐리기오 릭타)로 인정을 받았는데, 그들의 성전을 무너뜨린 장본인 역시 로마였다.
그리스도인들은 로마가 제공한 평화 덕분에 제국을 여행하면서 복음을 전할 수 있었지만,
예수를 십자가에 못 박아 처형하고 교회를 박해한 존재도 로마였다.

35. 로마

역사

로마 신화에 따르면, 로물루스가 팔라티노 언덕에 로
마를 세운 시기는 BC 753년 4월 21일이었다. 로마인
은 그날을 기점으로 역사를 기록했다. 수세기 동안 로
마는 작고 미약한 도시국가로 머물렀고 주변 왕국의 지배를 받았는데 그
중 일부는 이웃의 에트루리아인이었다. 그러나 BC 509년에 이르러 로마
는 에트루리아인의 지배를 떨치고 공화국을 세웠다. 시간이 가면서 로마
의 국력은 점차 강해졌는데, 테베레 강변 내륙 몇 킬로미터 안쪽과 이탈리
아 서부를 따라 달리는 주요 도로변에 위치한 지리적 요인이 도움이 되었
다. 로마는 주변국들을 하나씩 정복해 나가다 BC 278년에 이탈리아 남부
전체를 지배하게 되었다. 그 다음 로마는 먼 곳으로 눈을 돌렸고 여러 해
에 걸친 전투 끝에 BC 146년 카르타고를 무찔러 북아프리카와 지중해 서
부를 차지했다. 같은 해 고린도를 정복해 그리스 문화를 접하게 되었고 이
후 100년에 걸쳐 주위 나라들을 정복해 나갔다. 거기서 멈추지 않고 율리
우스 카이사르는 갈리아와 브리타니아를 정복했고, 폼페이우스는 동쪽의
시리아와 팔레스타인을 정복했다. 예수가 태어난 AD 1세기 무렵 로마 제
국의 영토는 이렇게 광대했다.

성경에 등장하는 로마

- 로마의 인구조사로 인해 요셉
  과 마리아는 베들레헴으로 돌
  아갔고, 거기서 예수가 태어남
  으로(누가복음 2:1-7) 구약의 예
  언이 성취되었다(마태복음 2:4-
  6, 미가 5:2).

- 예수는 믿음이 무엇인지 잘 이
  해하고 있는 로마인 백부장에
  게 감탄하며 그의 종을 고쳐주
  셨다(마태복음 8:5-13).

- 예수를 재판하고 죽이도록 명
  령한 장본인은 로마 총독 빌라
  도였나(27:11-26).

- 바울은 가택연금 상태로 로마
  에서 2년을 보낸 뒤(사도행전
  28:16, 30) 풀려났다가 나중에
  네로 치하에서 다시 투옥되었
  고(AD 66-67) 그 기간에 디모
  데후서를 기록했다.

- 로마는 AD 70년에 예루살렘
  성과 성전을 파괴했다.

▲ 로마 제국

　　그러나 광대한 제국의 약점도 있었다. 로마에서 멀리 떨어진 지역에서 벌어지는 부패는 통제하기 어려웠고 경쟁하는 장군들 사이에서 권력투쟁이 끊이지 않았다. BC 48년, 카이사르는 폼페이우스를 무찌르고 딕타토르(독재관)가 되었지만 4년 후 로마 의회에서 암살당했다. 그의 죽음으로 안토니우스와 옥타비아누스 간의 내전이 시작되었고, 결국 옥타비아누스가 승리를 거두었다. BC 27년, 그는 아우구스투스("가장 존엄한 자")라는 칭호를 받으며 로마 최초의 황제가 되었고, 로마의 평화(팍스 로마나)를 이루었다. 신약성경은 이것을 예수의 오심과 복음 전파의 준비무대로 본다.

종교 초기 로마종교의 중심에는 자연의 신적 능력에 대한 믿음이 놓여 있었고, 그들은 그 힘을 일상의 필요에 활용하고 싶어 했다. 그래서 삶의 거의 모든 영역마다 신이 있었다. 하지만 유피테르(주피터) 같은 주요 신들만이 '인간'의 모습으로 그려졌다. 그런데 그리스 정복 이후, 그리스의 사상과 종교가 로마인의 생각에 스며들기 시작했다. 옛 로마 신들이 점차 그리스의 신들과 합쳐졌고 그리스 신들은 로마식 이름을 받게 되었다. 사람들은 이들이 제우스의 대가족으로 올림포스 산에서 산다고 생각했다. 로마인은 대단히 미신적이어서 징조와 꿈에 상당히 의지했다. 빌라도의 아내가 예수에 대한 꿈을 꾸고 몹시 심란해했던 것도 이 때문이다(마태복음 27:19). 대부분의 로마인에게 종교는 일상생활에 큰 영향을 주지 않았고, 국가는 이들이 착실한 시민으로 사는 한 원하는 대로 믿게 내버려 두었다. 지식인들은 점차 종교가 정치적 목적을 위한 수단이라고 보게 되었고 그리스 철학에서 인생의 질문

수도 로마 로마는 백만 명이 넘는 주민으로 북적이는 국제도시였다. 부유층은 으리으리한 저택에 살았지만 가난한 사람들은 혼잡한 거리에 있는 사오 층짜리 임대주택에 살았다. 그래서 도시에는 늘 긴장이 흘렀고, 황제들은 무료로 곡물을 나누어 주거나 볼거리를 만들어 평화를 유지했다. 가장 큰 볼거리는 50,000명을 수용할 수 있는 콜로세움(일명 플라비아누스 원형경기장) 안에 있었다. 바로 이곳에서 수많은 그리스도인이 순교했는데, 야생동물에게 던져지거나 검투사들과 싸워야 했다. 이 모두가 오락거리로 이루어진 일이었다.

162

에 대한 답을 구했다. 보다 개인적인 신앙을 얻기 원한 사람들은 신비종교나 이방 밀교를 찾았다.

황제숭배 로마인은 너무나 많은 신을 섬겼던 탓에, 황제를 신으로 보는 과정도 그리 어렵지 않았다. 황제 신격화의 출발점은 로마가 이룬 평화에 대한 감사였다. BC 29년 소아시아의 버가모 사람들이 옥타비아누스(아우구스투스)에게 그를 신으로 섬기게 해달라는 요청을 했고 황제는 예상대로 허락했다. 이 일로 인해 여러 해가 지난 후 요한은 버가모를 "사탄의 왕좌가 있는 곳"(요한계시록 2:13)이라 불렀고, 로마를 하나님을 모독하는 큰 짐승으로 묘사했다(13:1-10). 황제를 신으로 모시는 관행은 급속히 퍼져 나갔고 그에게 바치는 신전을 여러 도시들이 앞다투어 건설했다. 황제는 '신', '신의 아들', '세상의 구원자'로 여겨지게 되었는데, 그리스도인들은 이 모든 호칭을 예수에게만 사용했다. 그들은 "황제가 주"라는 충성의 맹세를 거부했고, 이로 인해 많은 그리스도인이 목숨을 잃었다.

올림포스 12신		
그리스 이름	관할 영역	로마 이름
제우스	최고신	유피테르
헤라	결혼과 모성	유노
아테나	전쟁·지혜·예술	미네르바
아폴론	태양·예언·시·음악·의료	아폴로
아르테미스	정절·사냥·달	디아나
포세이돈	바다·지진·말	넵투누스
아프로디테	사랑·아름다움	비너스
헤르메스	여행·상업·발명·속임수	메르쿠리우스
아레스	전쟁	마르스
데메테르	농업·풍요·결혼	케레스
디오니소스	포도주·황홀경	바쿠스
헤파이스토스	불·대장간	불카누스

권위 ▼

바울(로마서 13:1-7)과 베드로(베드로전서 2:13-17)는 그리스도인은 권력자에게 순복하고 그들을 위해 기도해야 한다고 말했다. 불경건하고 잔혹한 로마 황제들에 대해 이렇게 쓸 수 있었다면, 오늘날 그리스도인들은 얼마나 더 순종하고 기도해야 하겠는가? 비록 정치적 입장을 달리하는 정부라 해도 말이다. 바울과 베드로는 권력남용을 용인한 것이 아니라 나쁜 정부가 무정부 상태보다는 낫다는 사실을 인정했을 뿐이다.

성경 이야기에는 중요도가 다른 주변 민족들도 여럿 등장한다.
성경은 언젠가 모든 민족이 살아 계신 하나님을 알게 될 날이 올 것이라고 예언한다.

36. 다른 민족들

❶ **터키**　오늘날 터키에 해당하는 지역에는 히타이트 족(132쪽) 외에도 여러 민족이 살았다. 카리아인은 남서부에 살았고 용병으로 일했다. 리디아인의 수도는 금광으로 부유해진 사데(사르디스)였다. 구리와 노예 무역을 했던 브루기아인은 BC 7세기, 리디아의 일부가 되었다. 청동세공에 능했던 우라르투인은 BC 8세기부터 7세기까지 시리아 북부를 장악하고 있으면서 앗시리아의 팽창을 저지하려 했지만, BC 7세기에 스키타이인(스구디아인)의 침략으로 멸망했다.

❷ **후르리인**　BC 2500년경에 등장해 고대 근동 전역에 흩어져 살았다. BC 18세기에 자리를 탄탄히 잡았고 BC 16세기경에는 메소포타미아 북부에 미탄니 왕국을 세웠다. 이들 중에는 가나안 곳곳에 정착한 무리도 있었는데 BC 1250년경에 히타이트 제국의 일부가 되었다.

❸ **페니키아인**　가나안 북부 해안에 도시국가를 이루고 살았다. 문자가 처음 나타난 곳으로 추정되는 비블로스가 그들의 주요 항구였는데, BC 1000년 이후 두로와 시돈이 비블로스를 추월했다. 페니키아인은 주도적인 해상 무역가들로 지중해 곳곳에 식민지를 건설했다. 솔로몬은 성전을 지을 때 페니키아의 물건과 기술을 사용했다(열왕기상 5장).

❹ **구스 족속**　종종 '에티오피아'로 번역되는 누비아의 아래위에 살았을 것이다. 구스는 대단히 부유했고 나일 강을 따라 값비싼 광물과 향료를 수출했다. 모세는 구스 여인을 아내로 두었고(민수기 12:1) 다윗에게는 구스 출신 심부름꾼이 있었다(사무엘하 18:21). 빌립은 구스의 여왕 간다게의 관리였던 에티오피아 내시에게 세례를 주었다(사도행전 8:26-40).

❺ **아람인**(시리아인)　메소포타미아와 시리아에 흩어져 살던 반유목민족이다. 구약시대의 족장들이 바로 아람인이었다(신명기 26:5). 히타이트 제국이 무너졌을 때, 시리아의 아람인은 강력한 도시국가를 이루어 BC 11세기부터 8세기까지 번성했다. 나아만 장군은 자기 도시에 대한 자부심 때문에 하마터면 나병을 치유받지 못할 뻔했다(열왕기하 5:1-19). 이

스라엘은 아람, 특히 다마스쿠스와의 관계가 복잡했는데 때로는 그들과 싸우기도 하고 때로는 무역을 하기도 했다. 아람어는 BC 750년 이후 이 지역 전체에 통용되는 국제어가 되었다가 나중에 그리스어에게 자리를 내주지만, 이후에도 유대인의 공통언어로 남았다.

❻ **아모리 족속** 메소포타미아에서 넘어와 시리아와 가나안으로 흩어진 유목민족이다. 그들은 르우벤, 갓, 므낫세 지파로 서서히 흡수되었다(여호수아 12:1-6). 아모리 족속은 가나안 거주민을 대표하는 용어로 종종 쓰였다(창세기 15:16, 여호수아 24:15).

❼ **암몬 족속** 롯의 딸들의 후손(창세기 19:36-38)인 그들은 요단 강 동남쪽, 얍복 강과 아르논 강 사이에 살면서 왕의 대로를 따라 무역로를 장악했다. 이스라엘은 그들과의 혈연관계 때문에 그들을 공격하지 말라는 명령을 받았지만(신명기 2:19) 암몬 족속은 그들을 공격했다. 특히 사사시대(사사기 3:12-13, 10:6-18)와 초기 왕정시대(사무엘상 11:1-14, 사무엘하 10:1-19)에 심했다. 그들은 BC 9세기에 요단 강 동편의 연맹을 결성해 앗시리아의 진군을 막고 여호사밧을 공격했는데, 그때 그는 하나님의 기적적인 구원을 경험한다(역대하 20장). 그들은 BC 732년 앗시리아에 항복했고 BC 581년에는 바벨론에 정복되었다.

❽ **모압 족속** 요단 강 동편, 아르논 강과 세렛 강 사이에 살았는데, 북쪽에 있는 비옥한 평원을 두고 이스라엘과 종종 싸움을 벌였다. 발락은 가나안으로 가는 이스라엘이 모압을 지나가지 못하게 막으려고 시도했고(민수기 22-24장) 에글론은 사사시대에 이스라엘을 억압했다(사사기 3:12-30). 모압은 이스라엘의 지배를 받기도 하고(사무엘하 8:2) 반란을 일으키기도 했다(열왕기하 3장). BC 585년 바벨론에 정복된 후 역사에서 사라졌다.

❾ **에돔 족속** 이삭의 아들 에서의 후손으로, 에서와 야곱의 경쟁관계는 이후에도 계속되어 잦은 충돌로 이어졌다(민수기 20:14-21, 사무엘상 14:47, 열왕기상 11:14, 이사야 34:5). 그들은 사해 남쪽 산지에 살았는데, 그곳에는 난공불락의 요새들이 있었다. 오바댜는 에돔의 멸망을 예언했다.

❿ **아말렉 족속** 에서의 손자 아말렉의 후손으로 시내 광야와 네겝 사막에서 유목민으로 살았다. 하나님은 출애굽 당시 이스라엘 자손을 공격한 그들과 영구히 싸우겠다고 맹세하셨다(출애굽기 17:8-16). 사울(사무엘상 15장)과 다윗(30장) 모두 그들과 전쟁을 벌였다.

⓫ **미디안 족속** 아브라함이 두 번째 아내 그두라를 통해 얻은 미디안의 후손이다(창세기 25:1-4). 그들은 홍해 주변에서 약탈과 무역을 하며 살았는데, 형들이 요셉을 팔아넘긴 상대가 바로 미디안 상인들이었다(37:28). 모세는 미디안 여인과 결혼했지만(출애굽기 2:11-25) 미디안 족속은 가나안으로 가는 이스라엘이 그들의 영토를 통과하는 것을 허락하지 않았고 그로 인해 이스라엘의 적이 되었다(민수기 25:16-18). 그들은 사사시대에 이스라엘 영토를 습격했지만(사사기 6:1-6) 결국 기드온에게 패했다(7장).

⓬ **나바테아인** 에돔과 모압에 정착한 아랍인들이다. 그들은 BC 4세기 무렵 페트라를 수도로 정한 이후 훨씬 넓어진 영토를 오가는 대상들과 교역하며 엄청난 부를 축적했다. 그들의 왕국은 아레다(아레타스) 4세(BC 9-AD 40) 치하에서 절정기를 맞았다. 그의 딸 가운데 하나가 헤롯 대왕의 아들 헤롯 안티파스와 결혼했는데, 이후 헤롯은 그녀와 이혼하여 세례

요한의 정죄를 받았다(마가복음 6:14-29). 다마스쿠스에 있던 아레다 왕의 총독은 사도 바울을 체포하려 했다(고린도후서 11:32-33).

❸ **엘람 족속**　티그리스 강 동편에 살면서 영토를 확장하고 번성했다. 하지만 종종 주변 앗시리아의 지배를 받기도 했다. 앗시리아는 BC 721년에 이스라엘 백성을 이 지역으로 끌고 왔다. 엘람은 후에 페르시아의 일부가 되었고 웅장한 겨울궁전이 수산에 세워졌는데, 그곳이 에스더 이야기의 무대가 되었다.

❹ **메대 족속**　BC 1000년경 북쪽에서 메소포타미아 동부로 들어왔다. 그들은 BC 7세기에 페르시아를 지배했고, 스키타이와 바벨론과 동맹해 BC 612년에 앗시리아를 멸망시켰다. 하지만 고레스 대제의 등장과 함께 결국 페르시아가 그 동맹의 주역이 되었다.

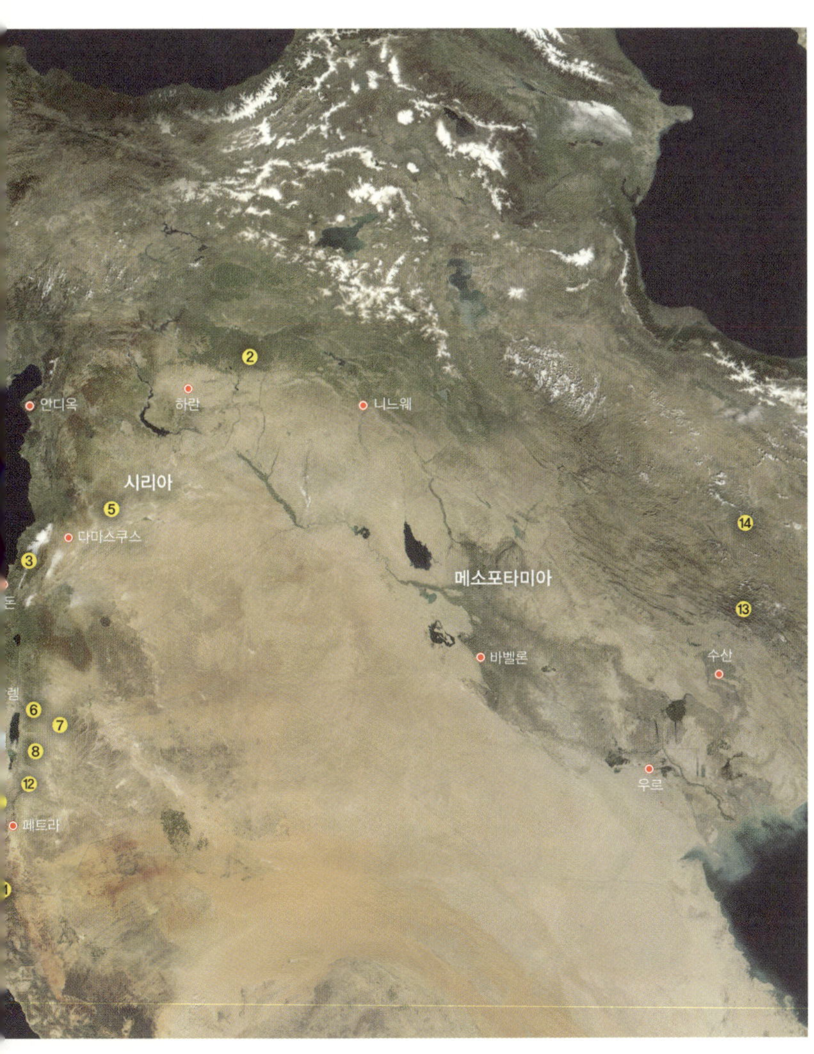

⑮ **"섬들"** 지중해 연안을 가리키는 이사야의 용어다. 두 개의 주요 섬은 키프로스(구브로)와 크레타(그레데)다. 키프로스인은 복음을 처음 이방인에게 전한 이들 중 하나였고(사도행전 11:19-21) 바울은 제1차 선교여행 때 바나바의 고향 키프로스를 방문했다(13:4-12). 바울은 로마로 가는 파란만장한 여행길에 미노아 문명이 번성했던 크레타에 들렀고(27장), 디도는 이곳에 한동안 머물렀다.

뭇 민족 ▼

성경은 "뭇 민족"(열방)이라는 표현으로 하나님을 대적하는 자들을 가리키기도 하고, 하나님이 계획하신 대로 모든 민족이 하나님을 알게 될 종말의 때를 고대하기도 한다. 하나님이 아브라함을 부르신 목적은 한 민족을 세우기 위해서만이 아니라 모든 민족에게 복을 주기 위해서였는데(창세기 12:3), 요한은 환상 가운데 그것이 실현되는 광경을 보았다(요한계시록 5:9-10).

5

성경 속의 생활방식

성경은 가족을 사회적 구성물이 아닌 하나님이 인류에게 주신 선물로 본다.
바울은 가족의 기원이 하나님 아버지의 본질에 있다고 보고(에베소서 3:14-15)
하나님을 (그리스어의 말놀이를 써서) "모든 아버지 됨의 아버지", 모든 가정생활의 기원으로 소개한다.
하나님이 삼위일체의 가족관계 안에서 자신을 표현하시듯,
사람들은 가족을 주요 통로로 한 인간관계를 통해 자신의 인간성을 표현한다.

37. 가족

가족의 중요성 성경 이야기는 가족을 생활과 인간관계의 중심 무대로 놓고 시작한다. 가족이라는 무대 위에서 남녀는 서로 충족감을 추구하고 자녀를 기를 수 있는 안전한 공간을 준비한다(창세기 1:27-28, 2:19-25). 가족은 다른 모든 것 못지않게 죄로 훼손되었다. 창세기에는 옥신각신하는 부부, 경쟁하는 형제, 부모를 속이는 자녀들이 등장한다. 하지만 하나님은 다름 아닌 가족을 통해 자신이 약속하신 뜻을 이루겠다고 말씀하신다(12:1-3, 15:1-19, 17:1-27). 가족의 중요성은 신약시대에까지 이어져 교회는 "믿음의 식구들"(갈라디아서 6:10)로, 그리스도인은 형제자매로 불리며, 역사의 종말에 예수는 교회를 그분의 "신부"로 맞이하신다(요한계시록 21:2).

민족, 지파, 가문, 가족 고대 이스라엘의 생활은 오늘날의 (특히 서구의) 생활보다 개인주의적인 성격이 훨씬 덜했다. 큰 범위 안에 속해 있다는 소속감이 사회구조를 이루는 네 가지 수준에서 유지되었다.

이스라엘 민족은 아브라함의 후손이다. 물론 초기의 이스라엘은 오

늘날 우리가 생각하는 하나의 민족보다는 지파들의 연맹에 가까웠다.

이스라엘 민족은 열두 개 지파로 이루어졌는데, 이스라엘로 이름이 바뀐(창세기 32:22-32) 야곱의 열두 아들의 후손이었다. 그들은 르우벤, 시므온, 레위, 유다, 잇사갈, 스불론(야곱의 첫 번째 아내 레아의 소생), 요셉과 베냐민(두 번째 아내 라헬의 소생), 단과 납달리(라헬의 몸종 빌하의 소생), 갓과 아셀(레아의 몸종 실바의 소생)이다. 요셉 지파가 없는 이유는 야곱이 요셉의 두 아들 므낫세와 에브라임을 아들로 삼았고(48장), 둘은 아버지 요셉의 몫에다 제사장 직분을 맡아 땅을 유산으로 받지 못한 레위 자손의 몫까지 받았기 때문이다.

모든 지파는 가문들로 이루어졌는데, 친족과 영토 단위로 모인 가문은 가족들의 땅을 보호할 책임이 있었고, 결혼, 유산, 행정, 전쟁 같은 문제에서 일차적으로 폭넓은 권위를 행사했다. 하지만 왕정이 세워지고 중앙 집권화가 이루어지면서 지파와 가문의 중요성은 점차 줄어들었다.

가문은 가족(가정)으로 이루어졌다. 가족에 해당하는 히브리어 표현 중 하나인 벳압(*bêt'āb*)은 말 그대로 "아버지의 집"을 뜻하며, 가장의 핵심 역할과 가족의 범위가 부모와 자녀에 한정되지 않음을 잘 보여준다. 가정은 가장과 그의 아내, 아들들과 그 아내들(남편의 가정에 합류한 이들), 손자 손녀, 그리고 그가 부양해야 하는 많은 식구들을 아울렀다. 가장이 죽으면 맏아들이 그 자리를 대신했다. 가장은 가족 전체의 행복을 책임져야 했고 방문객들에게 환대를 베풀어야 했다(창세기 18장). 가족 내부에 관심이 집중된 오늘날의 핵가족은 분명 성경적 세계관과 매우 거리가 있다.

가족생활　가정은 모든 일이 이루어지는 핵심장소였다. 신앙과 윤리 교육(신명기 6:9)의 장이자, 여자아이들을 위한 가사기술과 남자아이들을 위한 아버지의 직업전수 등 실용적 훈련이 이루어지는 자리이기도 했다. 가축을 돌보는 일과 곡물 수확은 물론 모두가 함께했다. 아버지는 가족의 안정과 행복을 책임지는 존재였고 그의 권위는 절대적이었다. 아내와 딸들은 원칙상 가장의 소유였기 때문에 당시 여자들의 삶은 위태로울 수도 있었다. 하지만 그들은 억압받지 않았고 앗시리아에서는 볼 수 없었던 영향력을 가정 안에서 행사했으며 가족생활의 모든 면에 적극 관여했다. 잠언 31:10-31의 현숙한 아내 역시 상당한 영향력과 책임을 보여준다.

가족질서　바울은 하나님이 정하신 가족생활의 이상적인 모습을 로마의 '가족법' 형태로 제시했다(에베소서 5:21-6:4, 골로새서 3:18-21). 그는 그리스도 때문에 서로 복종하는 태도(에베소서 5:21)를 토대로 상호 의존적이고 보완적인 역할을 감당하며 자신의 행동에 책임을 지라고 촉구했다. 자신을 가정의 머리로 여기는 남편은 그리스도가 교회를 사랑하시는 것처럼 아내를 사랑하고, 자녀를 노하게 하지 말고 잘 가르쳐야 한다. 아내는 교회가 머리 되시는 예수에게 순종하듯 머리 된 남편에게 순종해야 한다. 자녀들은 부모를 공경하고 부모에게 순종해야 한다. 바울에게 이것은 단순한 문화가 아니라 하나님의 성령으로 충만한 삶의 일환이었다(5:18-21).

유산　아버지가 죽으면 아들들이 그의 재산과 책임을 물려받았다. 맏아들은 가장이 되어 대가족을 부양해야 했기 때문에 두 몫을 받았다. 엘리사가 엘리야에게 "선생님에게 있는 영[을] 두 배"(열왕기하 2:9, 우리말성경) 달라고 구한 것은 두 배나 큰 사역을 하게 해달라는 것이 아니라, 엘리야의 영적 아들로서 그의 사역을 이어가기 원한다는 의미였다.

족보 사람들은 자신을 한 '개인'으로 생각하지 않았고 가족, 가문, 지파의 구성원으로 보았기 때문에 기다란 족보(가족의 기록)를 작성했다. 성경은 많은 족보를 기록하고 있는데, 짧은 족보(룻기 4:18-22 등)와 긴 족보(마태복음 1:1-16 등) 모두 기록 당시의 정체성과 적법성을 과거와 확고부동하게 연결시킨다. 족보는 제사장과 왕 같은 계승직과 토지 소유권을 확인하는 데 특히 중요했다. 초대 그리스도인들은 예수가 아브라함과 다윗의 참된 후손(마태복음 1장, 누가복음 3장)이고 그들에게 주신 하나님의 약속을 성취할 자격이 있다는 점을 증명하기 위해 부단히 노력했다. 그러나 한편으로 예수를 따르는 모든 자들이 아브라함의 참된 후손이라 말함으로써 하나님 나라의 족보를 재정의하기도 했다(갈라디아서 3:29).

『켈즈의 서』(라틴어 복음서 채색필사본)에 나오는 그리스도의 족보

양자

이스라엘 백성은 입양이라는 개념을 몰랐다. 고아들의 필요는 율법과 관습을 통해 채워졌기 때문이다. 하지만 그리스인과 로마인에게는 입양이 흔했다. 그들은 입양된 양자에게 상속권을 포함해 자신이 낳은 아이와 똑같은 특권을 보장했다. 신약성경은 예수만이 본질상 하나님의 아들이지만, 예수를 믿는 모든 사람이 하나님의 입양된 아들이 되어 그분을 아버지로 알게 되고 그와 더불어 따라오는 온갖 특권과 유산을 받는다고 말한다.

성경에 따르면, 하나님이 원하시는 친밀한 관계는
한 남자와 한 여자가 평생 서로에게 충실하여 둘이 하나가 되는 것이다(창세기 2:24, 말라기 2:15, 마태복음 19:4-6).
그런데 사람들은 그 이상에 걸맞게 살지 못했을 뿐 아니라 종종 그것을 회피할 길을 모색했다.
예수는 결혼을 매우 귀하게 여겨 이혼의 조건을 까다롭게 정하셨다(마태복음 19:1-12).

38. 결혼

아내 구하기 이스라엘에서 결혼은 부모가 주선했는데, 흔히 같은 가문 안에서 배우자를 찾았고 사촌 정도를 이상적인 상대로 봤다. 아주 가까운 근친 간의 결혼은 율법이 금하고 있었다(레위기 18:1-18). 신앙이 없는 상대와의 결혼은 신구약시대 모두 금지된 일이었다(창세기 24:3-4, 고린도후서 6:14-18). 소녀들은 이르면 열두세 살부터 결혼했고, 남자들은 보통 십대 후반에 결혼했다. 하지만 야곱 이야기에서 볼 수 있는 것처럼(창세기 29:9-18), 중매결혼이라고 해서 결혼 당사자에게 발언권이 전혀 없는 것은 아니었다.

약혼 결혼은 종교적이기보다는 법적인 문제였고, 약혼은 법적 효력을 가진 결혼 약속이었다. 요셉이 마리아의 부정을 의심했을 때, 파혼의 절차가 필요했던 이유가 바로 여기에 있다(마태복음 1:18-19). 길면 1년 정도 이어지는 약혼 기간 동안 남자는 딸을 보내는 신부 가족에게 지급하는 보상금인 신부값(*mohar*)을 준비했는데, 돈으로 준비하기도 했고 라헬을 얻기 위해 일했던 야곱처럼(창세기 29:16-20) 다른 것으로 대체하기도 했다. 이 기간 동안은 서로 따로

살며 잠자리를 같이하지 않았는데, 신약
시대에도 이어졌다(히브리서 13:4). 신부
아버지는 신부값의 이자를 사용할 수 있
었지만, 신부 아버지나 남편이 죽는 경우
원금은 신부에게 돌아갔다. 신부의 아버
지는 신부값에 대한 답례로 지참금을 지
불했다.

전통복장과 장신구를 착용하고
있는 예멘의 유대인 신부와 신랑

결혼식 신랑이 새집을 완성
하는 시점에 결혼식
이 열렸기 때문에, 정
확한 결혼식 날짜는 미리 알 수 없었다(신
랑이 언제 올지 모르니 준비하며 기다리라고
촉구한 예수의 열 처녀 비유에는 이러한 배경
이 있다. 마태복음 25:1-13). 준비를 모두 마친 신랑은 저녁에 친구들을 대동
해 신부의 집으로 갔고, 예복을 갖춰 입은 신부는 신랑에게 받은 장신구를
착용하고 베일을 쓴 채로 기다렸다. 신랑이 소박한 의식에 따라 그녀가 자
신의 아내이고 자신은 그녀의 남편이라고 선언하는 것으로 결혼식은 끝났
다. 혼인잔치는 길게는 일주일 동안 이어졌는데(창세기 29:27) 마을 사람
전부를 초대했다. 이것을 알면 가나의 혼인잔치에서 왜 포도주가 떨어졌
는지, 예수가 그날 왜 그렇게 많은 포도주를 만드셨는지 이해할 수 있다(요
한복음 2:1-11). 신혼부부는 신부의 방, 후파(*huppa*, 오늘날에는 결혼식이 열
리는 동안 신랑 신부의 머리 위로 치는 천막을 가리킴)에서 첫날밤을 치렀다.
신부의 부모는 결혼할 때 딸이 처녀였다는 증거로 피 묻은 이불을 보관했
는데, 이혼을 요구하는 부당한 주장에 대비한 조치였다(신명기 22:13-19).

아내는 구약시대 초기에는 남자가 아내를 둘 이상 두는 일이
몇 명이나 흔했다. 처음에는 일부다처제가 경제적으로 타당했다
(자녀들은 곧 노동력을 의미했고 그들이 나이든 부모를 봉양
했다). 그러나 여러 아내를 두는 비용이 그로부터 얻는 잠재적 이득보다 커

지자 일부다처제는 서서히 사라지고 부자들 사이에서만 남았다. 예수는
한 남자와 한 여자가 평생 같이 사는 것이 하나님의 계획임을 다시 한번 말
씀하셨다(마태복음 19:4-6).

상속자를 얻기 위해 소실로 받아들인 여종, 곧 첩을 두는 관행은 널
리 퍼져 있었는데 특히 부자들 사이에서 흔했다. 사라는 자신의 불임을 염
려한 나머지 몸종을 아브라함의 첩으로 내놓았고(창세기 16:1-4) 그로부터
수많은 문제가 생겨났다(16:5-15, 21:8-21). 레아와 라헬의 몸종들도 야곱
의 첩이 되었다(30:1-11). 축첩제도는 이후 이스라엘에서 사라졌지만 그리
스와 로마에서는 여전히 시행되었다. 남자들은 성적 쾌락을 마음껏 누렸
지만 그로 인해 태어난 아이는 적법한 자녀로 인정받지 못했다. 이러한 배
경 아래서 초대교회는 첩을 두고 결혼하지 않는 남자들에게 세례를 베풀
지 않았다.

이혼　　　　구약성경은 이혼을 금하지 않았지만 규제했고, 모세는
　　　　　　　남자가 이혼하는 경우 아내에게 '이혼증서'를 주도록
　　　　　　　했다(신명기 24:1-4). 신약시대에 이르면서 유대교 내에
서 이혼에 대한 두 가지 입장이 생겨났다. 랍비 샴마이는 모세가 부부 사
이의 불륜만을 이혼의 정당한 근거로 인정했다고 말했지만, 랍비 힐렐은
보다 자유롭게 해석해 "아내에게서 수치스러운 일"(24:1)이 남편 마음에
들지 않는 아내의 모든 면, 심지어 식사를 태운 것까지 가리킨다고 보았
다. 예수는 샴마이의 입장을 지지하셨을 뿐 아니라 거기서 더 나아가 음행
이외의 사유로 이혼하고 다른 여자와 재혼하는 것은 모두 간음이라고 말
씀하셨다. 그 가르침이 너무나 엄중해 제자들도 쉽사리 받아들이지 못했
다(마태복음 19:1-12).

독신　　　　'독신자'에 해당하는 히브리 단어가 없는 것으로 볼 때
　　　　　　　고대 이스라엘에서는 결혼을 당연한 절차로 여겼음이
　　　　　　　분명하다. 독신녀는 결혼할 때까지 아버지의 보호 아
래 머물렀기 때문에 현대적인 독신생활(미혼 여성이 혼자 살아가는)의 문제
는 발생하지 않았고, 과부들은 대가족에 편입되어 보살핌을 받았다. 진정

남편의 권리와 책임을 요약해 써넣고 장식한 케투바(ketubah, 유대식 혼인계약서). 랍비들은 케투바를 작성해 신부값(모하르)을 모을 능력이 없는 젊은 남자들도 결혼할 수 있도록 해결책을 제시했다. 미지급한 신부값과 죽음이나 이혼으로 혼인관계가 중지되었을 때 지불해야 하는 금액까지 케투바에 명시한 것이다. 케투바는 아내의 동의 없이도 이혼이 가능했던 시절에 남편 마음대로 이혼하지 못하도록 제지하는 역할을 했다.

한 의미에서 독신인 사람들(가족이 없는 과부나 고아 같은 이들)은 특별한 보살핌의 대상이었다(신명기 24:17-21, 디모데전서 5:3-16 등). 일부는 예수와 바울(그는 홀아비였을 수도 있다)처럼 하나님 나라를 위해 독신을 선택했는데, 바울은 독신을 성령의 은사로 보았다(고린도전서 7:7). 바울은 결혼을 반대하지 않았지만 결혼과 독신 모두 하나님의 복을 받을 수 있는 삶의 방식이며 어느 쪽이든 경건하게 살아야 함을 강조했다.

그리스도의 신부

교회가 그리스도의 신부라는 이미지(고린도후서 11:2, 에베소서 5:25-32, 요한계시록 19:7; 21:2)는 예수와 교회의 연합, 그리고 교회를 향한 그분의 사랑을 강력하게 보여준다. 그러나 이것은 교회를 향해 여느 신부와 마찬가지로 신랑을 맞을 준비를 하고 "어린양의 혼인잔치"(요한계시록 19:7-9)에 참여할 수 있도록 아름답게 단장하라는 촉구이기도 하다.

"자식들은 여호와의 유산이요 모태의 열매는 그분께 받는 상이다.
젊을 때 낳은 아들들은 용사들의 손에 든 화살과 같다.
화살통이 화살로 가득 찬 사람은 복이 있으니"(시편 127:3-5, 우리말성경).
결혼의 목적 가운데 하나가 자녀를 갖는 것이었던 사회였으므로 고대 사람들은 자녀가 많은 것을
하나님이 주신 큰 복으로 여겼다. 노년에 부모를 보호하고 봉양할 아들을 특히 큰 복으로 여겼다.

39. 자녀

출산

성경시대에 출산은 쉽지 않았다. 출산 과정에서 죽는 산모들도 있었는데, 난산(창세기 35:16-20)이나 조산(사무엘상 4:19-22) 후 특히 그런 일이 많았다. 그러므로 안전한 출산은 기뻐할 일이었고 아이를 하나님의 선물로 여겼다(창세기 21:6, 이사야 54:1, 요한복음 16:21). 산파들은 산모를 도와(창세기 35:17) 탯줄을 끊고, 아기를 씻기고, 소금으로 문질러 아기 피부를 튼튼하게 하고, 아기를 포대기로 쌌는데(누가복음 2:7) 기다란 아마포로 아기를 꽁꽁 싸매면 뼈가 강해진다는 믿음에서 나온 관행이었다. 아마포를 풀고 나서는 올리브기름으로 피부를 문지르고 빻아 놓은 화석류나뭇잎 가루를 뿌렸다. 동방정교회는 예수 탄생의 신성함을 보존하기 위해 마리아가 아기 예수를 혼자 낳았다고 주장하지만, 중동의 관습을 생각할 때 그 가능성은 아주 낮다.

출산 의식

이름 짓기 아기는 태어날 때 이름을 지었는데(창세기 25:24-26), 때로는 예수의 경우처럼 할례를 줄 때 이름을 짓기도 했다(누가복음 2:21). 유대인에게 이름은 큰 의미가 있어서, 믿음이나 소망을 표현하거나 아이가 태어날 때의 상황을

나타내기도 했다. 엘리야는 "여호와가 하나님이시다"라는 뜻인데, 당시 이스라엘은 어느 신을 따라야 할지 몰라 갈팡질팡하던 때였다. 이사야는 "하나님은 구원이시다"라는 뜻으로, 당시 사람들은 구원을 얻기 위해 어디를 보아야 할지 알지 못했다.

할례 유대인 남아는 생후 8일 만에 할례를 받았는데(레위기 12:3), 당시 주변 민족들은 열세 살에 성인이 되는 표시로 할례를 행했다. 유대인에게 할례는 아이가 하나님의 언약 백성에 속한다는 표시였고, 그것은 조상 아브라함에서부터 시작된 관습이었다(창세기 17:9-14).

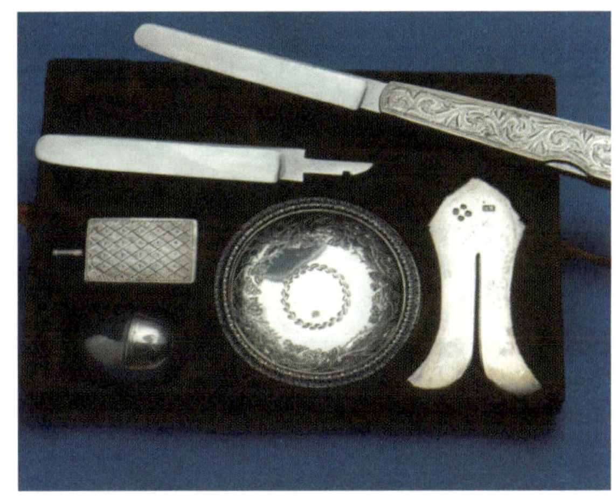
유대인의 전통 할례도구

정결의식 출산을 하면 산모는 의식(儀式)상 '부정'해졌고, 율법은 그것을 하나님을 예배하는 데 장애가 되는 상태로 규정했다. 그래서 남자아이의 경우 출산하고 40일, 여자아이는 80일 후에 산모가 비둘기와 어린 양을 한 마리씩, 가난한 경우에는 비둘기 두 마리를 제물로 바쳐 의식상의 정결함을 회복했다(레위기 12:1-8).

대속 맏아들은 '대속'(redemption)했는데, 이 관습의 기원은 출애굽 때에 하나님이 열 번째 재앙에서 이스라엘 자손의 모든 맏이를 구원하신 사건이다(출애굽기 13:2). 맏이는 하나님의 것으로 여겨졌고, 하나님이 이스라엘을 크게 대속하신 일을 기념해 제사장에게 다섯 세겔을 바쳐 대속해야("되사야") 했다(13:14-16).

아들

아들은 가문의 대를 잇고 대가족을 이끌 중요한 존재였다. 그래서 아들이 태어나면 어머니는 "누구의 어머니"로 알려졌다. "야고보의 어머니 마리아"(마가복음 16:1), "예수의 어머니 마리아"(사도행전 1:14), 이런 식이었다. 구약시대에는 내세 개념이 희박했던 터라, 아들을 통해 삶을 이어간다는 생각이 매우 강했다. 남자가 아들 없이 죽으면 그의 형제가 미망인을 아내로 삼아 형제

예수와 어린아이

예수는 자녀를 둔 적이 없었지만 아이들을 사랑하셨다. 그분은 아이들과 시간을 보내는 것을 좋아하셨고 그들을 배척하지 않으셨으며, 제자들에게 아이들에게서도 배울 것이 있다고 말씀하셨다 (마태복음 19:13-15; 21:14-16, 마가복음 9:14-27).

의 아들을 낳아 주는 것이 의무일 정도였다(신명기 25:5-10). 오난은 이 의무를 이행하기 꺼리다가 죽음을 당했다(창세기 38:8-10). 이 관습은 예수 당시에도 유효했던 것 같다(마가복음 12:19).

불임   고대 사람들은 불임을 하나님의 심판까지는 아니라 해도 큰 불행으로 여겼고, 여러 방식으로 대처했다. '누지 토판'에 따르면 어떤 사람들은 종을 상속자로 입양했는데, 이것은 아브라함이 고려했던 방법이기도 하다(창세기 15:2-3). 아이를 갖지 못하는 아내들은 몸종을 남편에게 첩으로 주어 아이를 얻고자 했다(창세기 16:1-4 등). 토라의 규정에 따르면 남자는 아들 없이 먼저 죽은 형제의 아내와 결혼해 죽은 이의 대를 이을 아들을 낳아 주어야 했다(신명기 25:5-10). 하지만 성경은 아이가 없는 상황에서 하나님을 신뢰하는 이들을 한결같이 칭찬하며, 특히 사무엘의 어머니 한나(사무엘상 1:1-28)와 세례 요한의 부모 사가랴와 엘리사벳(누가복음 1:5-25, 57-66)이 하나님께 중요하게 쓰임받는 자녀를 얻어 믿음의 보상을 받았음을 보여준다.

많은 고대인이 아동인신제사를 통해 신의 도움을 구하거나(열왕기하 3:26-27), 도성을 보호하거나(열왕기상 16:34), 풍작을 보장받으려 했다. 아브라함이 이삭을 희생제물로 바치려 한 것을 볼 때 그도 인신제사를 잘 알고 있었음을 알 수 있다. 하지만 그는 이것이 살아 계신 하나님이 원하시는 바가 아님을 알게 되었다(창세기 22:1-19). 사진은 예루살렘 외곽에 있는 힌놈 골짜기의 모습이다. 이스라엘 역사의 암흑기에 사람들은 이곳에 있던 도벳 산당에서 암몬 족속의 신 몰렉에게 어린아이들을 제물로 바쳤다(열왕기하 16:3; 17:17, 예레미야 7:30-31). 황소 모양의 우상을 뜨거운 불로 달구고, 빨갛게 달아오른 우상의 쭉 뻗은 두 팔 위에 아이를 제물로 올려놓았다. 하나님은 그런 관행을 가증스럽게 여기셨다(레위기 18:21; 20:2-5, 신명기 12:31, 예레미야 32:35). 요시야 왕은 개혁조치의 일환으로 도벳 산당을 부정하게 했다(열왕기하 23:10).

낙태   의도적인 임신중절인 낙태는 고대에 흔했고, 갓난아이를 죽게 내버려 두거나 노예로 팔아 버리는 일도 흔했다. 유대인과 그리스도인이 한결같이 낙태에 반대했다는 사실은 성경 이외에 그들이 남긴 글에서도 확인할 수 있다. 그들은 모든 생명이 신성하며 잉태 시부터 잠재력과 목적을 갖는, 하나님의 선물이라고 믿었다(시편 139:13-16, 예레미야 1:5).

징계 ▼

성경은 불필요한 징계와 분노를 자극하는 징계를 거부하지만(에베소서 6:4), 사랑에서 나온 적절한 징계가 자녀의 행복과 올바른 인생교육에 필수적이라 보았고(잠언 1:1-7, 6:23, 13:24, 22:15, 29:17) 자녀를 징계하지 않으면 큰 문제가 생긴다고 말한다(5:22-23, 13:18, 15:10, 23:13-14). 성경은 하나님도 자신의 자녀들을 징계하시는데, 그들을 사랑하지 않아서가 아니라 참으로 사랑하기 때문이라고 가르친다(잠언 3:11-12, 히브리서 12:5-11).

40. 교육

고대 이스라엘의 교육

고대 이스라엘의 교육은 대부분 가정에서 이루어졌고 (히브리어에는 "학교"를 뜻하는 단어가 없다) 기회가 날 때마다 자녀들에게 하나님에 대해 가르치는 것이 부모의 의무였다(신명기 6:4-9). 기도, 의식, 절기에 대한 가르침이 기본이었고 이스라엘의 역사를 들려주는 일도 필수였다(출애굽기 13:14-16, 신명기 6:20-25). 학습은 주로 암기였는데, 기억을 돕는 다양한 기법과 기억술이 동원되었다. 암송을 돕기 위해 시편에서 흔히 사용한 방법은 각 행이나 시구의 첫 글자가 히브리어 알파벳 순서에 따라 시작하도록 시를 짓는 것이었다 (시편 9-10편, 111-112편, 119편, 145편 등).

어린아이들은 먼저 어머니에게 배웠다. 그러다 나이가 좀 더 들면 아들은 아버지에게 가업을 배웠고, 딸은 어머니에게 집안일을 배웠다. 이스라엘 백성은 교육을 평생의 과정으로 여겼고, 성경에는 하나님의 말씀을 배우는 성인들의 사례가 많이 나온다(출애굽기 18:20, 역대하 17:7-9, 느헤미야 8:1-12). 이러한 하나님 중심의 교육과 달리 주변 민족들의 교육은 대체로 목표 지향적이어서, 아이들이 향후 국가에 봉사할 수 있게 준비시켰다. 헬레니즘화를 강요했던 안티오코스 4세는 BC 167년, 예루살렘에 그리스식 학교(김나지움)를 세우고 철학, 수사학, 시학, 연극, 음악, 운동 같은 그리스 전통 커리큘럼을 가르쳤는데, 그런 무신론적 교육은 정통 유대인들을 분개하게 만들었고 마카베오 전쟁을 촉발한 한 가지 계기로 작용했다.

학교 구약시대의 일부 소년들에게는 공식 교육을 받을 수 있는 기회가 있었다. 사무엘은 엘리에게 훈련을 받았고(사무엘상 1:24-28, 2:11, 18-26, 3:1-21), '예언자 학교'가 세워졌으며(열왕기하 2:3, 4:1, 6:1) 이사야에게도 제자들이 있었다(이사야 8:16). 후대로 가면 회당 안에 공식적인 학교가 세워졌다. 소년들은 다섯 살 무렵이 되면 '읽기의 집'(벧 세페르)에 들어갔고, 보다 유능한 학생들은 열세 살이 되면 '가르침의 집'(벧 미드라쉬)으로 들어갔다. 수업은 회당이나 야외에서 이루어졌고 학생들은 교사를 빙 둘러 바닥에 앉았다. 교수법은 말로 가르치고 내용을 암기하는 것에 초점을 맞추었다. 여기서 탁월한 능력을 보인 학생들만이 사도 바울처럼 예루살렘의 랍비 밑에서 고등교육을 받았는데(사도행전 22:3), 그러한 학생들도 천막제조 일을 했던 바울처럼 하나의 생업기술을 배워야 했다.

서기관 이스라엘이 유배에서 돌아온 이후, 서기관(원래 궁정의 기록담당자)이 중요한 존재로 새롭게 부상해 율법의 필사뿐 아니라 에스라(느헤미야 8:1-12)나 가말리엘(사도행전 22:3)처럼 율법을 가르치고 해설하는 일도 맡았다. 신약시대에 이르러 그들은 상당한 권위를 행사했고 산헤드린(70인으로 구성된 유대교 최고법정)의 상당한 비율을 차지했으며 각 지역에서 여러 직책을 맡았다. 그들은 급료를 받지 않도록 되어 있었기 때문에 별도의 직업을 가진 경우도 많았다. 그들의 가르침과 해석은 율법 자체만큼이나 권위 있게 받아들여졌고, AD 200년경에는 '미슈나'(*Mishnah*)로 편집되었다. 예수가 가르치는 방식은 그들과 전혀 달랐다. 예수는 권위 있게 말씀하셨지만, 그들은 한 교사의 견해와 다른 교사의 견해를 끝없이 비교했다.

지혜 전수　　고대 근동에서는 한 세대에서 다음 세대로 지혜를 전수하는 일이 중요했다. BC 3000년대 중반에 기록된 메소포타미아의 '슈루팍의 교훈'에서, 슈루팍은 다음과 같은 말로 가르침을 시작한다. "아들아, 내 훈계를 잘 들어라." 잠언에서도 동일한 구조를 볼 수 있다(1:8, 2:1, 3:1, 11, 21, 4:1, 10, 20, 5:1, 6:1, 20, 7:1). 잠언이 말하는 교육이란, 아버지가 다음 세대에게 지식과 지혜를 전수하는 일이다.

'슈루팍의 교훈'이 적힌 토판 중 하나

다니엘의 사례　　젊은 나이에 바벨론으로 끌려간 다니엘은 단연 "이해가 빨라"(다니엘 1:4) 바벨론 궁정에서 일할 사람으로 뽑혔다. 이것은 "바벨론의 말과 학문"(1:4)을 배운다는 뜻이었으니, 그는 성경에서 배운 것과 사뭇 다른 고대의 신화들을 놓고 지적, 영적 씨름을 벌여야 했을 것이다. 하지만 그때까지 받은 교육에 힘입어 다니엘은 이 낯선 문화를 피해 달아나지 않고 정면으로 대결할 수 있었고, 하나님은 그가 "어떤 마법사와 주술사보다 열 배나 뛰어나"게(1:20, 이상 우리말성경) 해주셨다. 신약성경 시대 쿰란 공동체의 고립주의 전략과 달리 그는 낯선 체제와 기꺼이 상대함으로써 70년 가까이 바벨론의 정책에 영향을 끼쳤다.

그리스도인과 교육　　자녀를 가르칠 일차적인 책임이 부모에게 있다는 입장은 초대교회에까지 이어졌다. 바울은 자녀들을 "주님의 훈련과 훈계로"(에베소서 6:4) 양육하라고 권면했다. 그러나 교회 공동체 내의 다른 사람들도 교육의 한몫을 감당했다. 바울은 디모데에게 "믿음직한 사람들"을 가르치라고 권면하면서 "그리하면 그들이 다른 사람들을 또한 가르칠 수 있을 것"이라고 말했다(디모데후서 2:2). 디도에게는 "젊은 여자들을 훈련시켜서, 남편과 자녀를 사랑"하게 하라고 말했다(디도서 2:4).

　　기독교는 여러 세기에 걸쳐 교육의 발달에 큰 영향력을 행사했다. 수

도미누스 일루미나티오 메아 "주님은 나의 빛이다"라는 뜻의 라틴어. 1602년 세워진 옥스퍼드 보들리언 도서관 마당에 새겨져 있는 글귀로 옥스퍼드 대학교의 교훈이다. 옥스퍼드 대학교는 성속의 분리를 일체 거부하는 성경적 세계관에 근거해 세워졌다. 옥스퍼드의 설립자들은 세상의 모든 것이 하나님의 질서를 따르는 우주의 일부이며 창조주와 연결되어 있기 때문에, 참된 교육의 본질은 영리해지는 것이 아니라 세상을 구성하는 부분들이 어떻게 결합되었는지 볼 수 있는 지혜를 얻는 것이라고 생각했다.

도사들은 소박한 가르침을 제공했고, 대학은 수도회에서 발달했다. 체코의 요한 코메니우스(Jan Comenius, 1592-1670)는 일찍부터 보편교육을 강력하게 주장했고, 로버트 레이크스(Robert Raikes, 1736-1811)는 사람들이 가난에서 벗어나도록 돕는 최선의 방법이 교육이라 믿고 영국에서 주일학교 교육의 장을 연 선구자였다. 그리스도인들은 지금도 여전히 전 세계에서 중요한 교육가로 자리매김하고 있다.

> **지혜** ▼
>
> 성경은 지식을 멸시하지 않지만 (성경은 하나님이 모든 것을 아신다고 주장하지 않는가) 지혜를 더 높이 평가한다. 지혜란 올바른 것이 무엇인지 알고 그 지식을 올바른 때에 올바른 방식으로 사용하는 일을 말한다. 참된 지혜의 뿌리는 하나님을 아는 것이며, 그 지혜에 따라 삶의 모든 부분, 곧 지적(진리를 이해함), 윤리적(진리대로 살아감), 실천적(진리를 활용함) 부분이 만들어진다.

성경 이야기는 적어도 2,000년 동안 이어지는데, 그 시간을 거치며 집의 형태는 크게 달라졌다.
족장시대 유목민의 천막부터 정착민의 돌집, 그리고 왕의 거대한 궁전까지 생겨났다.
이러한 변화는 주변 민족들의 경우는 물론 가나안에서도 나타났는데,
형태와 양식이 어떠했건 집은 이스라엘의 생활의 심장부였다.

41. 집

천막 이스라엘의 족장들은 천막에서 살았는데, 반유목민 생활을 하던 그들에게 적합한 주거형태였다(고고학적 발견에 따르면 그 무렵에 이미 여리고와 하솔 같은 도시들도 있었다). 한 줄에 세 개씩 세 줄로 장대를 세우고 가운데 줄의 장대를 조금 높게 해서 염소털로 짠 천을 얹은 뒤 나무고리를 걸고 밧줄과 말뚝으로 단단하게 고정했다. 이렇게 지붕이 세워지면 옆쪽으로 천을 더 둘렀고, 천막 내부는 둘로 나누어 뒤쪽에는 여자와 아이들이, 트여 있는 앞쪽에는 방문객들이 머무르게 했다(창세기 18:1-15). 바닥에 깔개를 까는 경우도 있었지만, 대체로 맨땅으로 내버려 두었다. 이 구조를 알면 아간이 여리고 성의 전리품을 훔친 일에 대해 그의 가족이 함께 심판을 받은 상황을 이해할 수 있다. 장막 바닥에 무엇인가를 묻었다면 가족이 모를 수가 없었을 것이기 때문이다(여호수아 7:20-26). 이스라엘 사람들은 서로를 지켜 주고 공동체 의식을 갖기 위해 무리를 지어 천막을 쳤고, 가나안에 들어온 이후에도 한동안, 특히 목동이나 군인들이 장막에서 지냈다.

후대에 다소 근처 길리기아의 염소털이 천막재료로 쓰였는데 이후 훨씬 질긴 천이 나왔지만 다루기가 더 어려워 길리기아에서의 천막제조는

특화된 사업이 되었다. 사도 바울은 바로 이 기술을 배웠다(사도행전 18:3).

돌로 지은 집 가나안에 정착한 후 이스라엘 자손은 천막을 버리고 집에서 살기 시작했는데, 직사각형 마당을 중심으로 삼면을 둘러싼 형태였다. 석회암과 현무암이 많은 구릉지나 사암을 구할 수 있는 해안에서는 돌로 벽을 만들었고, 거의 1m 두께의 벽에 쑥 들어간 벽감을 만들어 창고로 썼다. 평야에서는 진흙벽돌을 썼는데, 진흙을 짚, 종려나무 섬유, 조개나 숯 조각과 함께 물에 개어 나무로 만든 틀에 집어넣었다. 그렇게 만들어진 벽돌을 태양 아래 놓고 말리거나 가마에 구워 더 튼튼한 기초석을 만들었다.

지붕 들보 위에 나뭇가지, 흙, 점토 등을 덮어 만들었는데, 그렇기 때문에 중풍병자의 친구들이 지붕을 뚫고 그를 예수에게 달아 내릴 수 있었다(마가복음 2:3-4). 율법은 지붕 주위에 반드시 난간을 세워서 지붕 아래로 떨어지는 사람이 없게 하라고 명했다(신명기 22:8). 보자기를 치거나 덩굴식물이 자랄 수 있게 격자구조물을 세워 그늘을 만든 지붕에 올라갈 때는 사다

리나 외부 계단을 이용했는데, 지붕은 옷이나 곡물을 말리는 용도 외에 또 다른 방이 되기도 했다. 지붕 위에 그렇게 쳐 놓은 보자기는 아마도 베드로가 환상을 보는 계기가 되었을 것이다(사도행전 10:9-16). 기술이 발달함에 따라 엘리사를 위해 만든 손님방(열왕기하 4:10)처럼 2층을 올리는 일이 흔해졌다. 신약시대에 이르러서는 기와지붕이나 경사지붕도 많아졌다.

바닥 단단하게 다졌는데, 가끔은 그 위에 돌조각을 까는 경우도 있었다. 그리스의 영향으로 부자들의 집에는 모자이크 바닥이 사용되었지만, 유대인들은 이교적인 상징을 쓰지 않으려고 주의했다.

창문(벽에 낸 작은 구멍) 집을 여름에는 시원하게, 겨울에는 따뜻하게 유지할 수 있을 정도로 개수도 적었고 크기도 작았다. 격자형 덧문으로 침입자를 막았고 두꺼운 양모커튼은 겨울의 냉기를 막아 주었다. 문은 잔가지를 엮어 만들었는데, 나중에는 나무나 금속으로 만들었다.

대부분의 집은 두 구역으로 나누어졌다. 동물들이 지내는 문 근처의 낮은 구역과 바닥을 높여 아래 공간을 창고로 쓰는 뒤쪽의 구역이었다. 화장실이나 목욕시설은 없었다. 로마의 도시들에서 가난한 사람들은 공동주택(인술라이)에 살았는데, 대체로 1층은 상점이고 2층부터는 외부 계단을 통해 올라갈 수 있는 주택이었다.

가구

이스라엘 사람들의 집에는 가구가 별로 없었다. 수넴 여인이 엘리사를 위해 마련해 준 방에도 "침대와 탁자와 의자와 등잔"(열왕기하 4:10)뿐이었다. 침대는 양털을 채워 넣은 깔개로, 밤에는 펼쳐서 온 가족이 그 위에 누웠고(누가복음 11:7) 아침이 되면 접어 놓았다. 부자들만이 침대나 탁자를 쓸 수 있었는데, 바산 왕 옥 같은 이는 엄청난 크기의 철 침대를 갖고 있었다(신명기 3:11). AD 70년경에 부유한 가족이 살았던 것으로 보이는 예루살렘의 '불탄 집'에서는 돌 탁자가 나왔다.

가버나움 베드로의 집으로 추정되는 유적지. 검은 현무암과 자갈로 지은 열두 채의 집 가운데 하나로 오븐과 맷돌이 있는 중앙의 마당을 중심으로 지어졌다. 반죽 벽에는 여러 장식, 십자가, 글자들이 새겨져 있었다. 그 한쪽에 그리스도에게 바치는 기도문이 있고 베드로의 이름도 그 안에 들어 있는 것으로 보아, 이른 시기부터 이 집이 중요한 순례 장소였음을 알 수 있다.

부자들의 집

부자들의 집은 가난한 사람들의 집과 크게 달랐다. 솔로몬은 다듬은 돌로 으리으리한 궁전을 짓고 백향목을 둘렀다(열왕기상 7:1-12). 상아로 거대한 왕좌를 만들고 생활용품도 금으로 만들었다(10:18-22). BC 10세기에서 8세기 사이 이스라엘에 부유한 상류층이 나타나 정원과 마당을 갖춘 호화주택을 지었다. 일부 부자들은 심지어 겨울 집과 여름 집이 따로 있었고(아모스 3:15), 가난한 사람들을 착취해 부를 축적했다고 예언자들의 꾸지람을 들었다. 신약 시대에 특히 예루살렘에서는 부자들이 로마 양식으로 집을 지었는데, 양쪽으로 회랑이 늘어선 안뜰 주위로 모자이크 바닥과 채색 벽화를 그려 넣은 방들이 있었다. 헤롯 대왕은 예루살렘의 여름궁전, 여리고의 겨울궁전, 그리고 소요 발생 시 피난처로 삼을 마사다의 요새궁전을 가지고 있었다.

희년(Jubilee) ▼

성경은 50년에 한 번씩(희년) 모든 땅의 소유권이 원 소유주에게 돌아가(레위기 25:8-17, 23-34) 가난이 고질적인 것이 되지 않게 하라고 말한다. 땅은 임대만 가능했고, 그 가격도 희년까지 남은 햇수에 따라 결정되었다. 하나님은 이 땅에 잘 사는 사람과 그렇지 못한 사람이 있을 것임을 아셨고, 잘 사는 사람들의 이기적인 성향도 아셨다. 안타깝게도 이 규정은 종종 무시되긴 했지만, 어느 누구도 영구적인 가난에 눌리지 않게 하려는 하나님의 조치였다. 가난한 자들에 대한 편애는 성경에 끊임없이 나타나는 특징이다.

하나님은 광야에서 이스라엘 자손에게 말씀하셨다.

"내가 거룩하니, 너희도 거룩하게 되어야 한다"(레위기 11:45).

그들은 거룩—깨끗함, 순수함, 구별됨—을 종교만이 아닌 삶의 모든 측면에서 나타내야 했다.

이스라엘 백성이 깨끗하고 온전한 삶을 사는 것에 율법이 지대한 관심을 갖고 변소 같은 기본적인 것까지

세세하게 규정한 것도 같은 취지에서 나온 일이다.

42. 위생·물·조명

이스라엘의 위생

공중보건에 대한 율법의 꼼꼼한 지침이 없었다면 이스라엘 백성은 광야를 통과하는 기간에 거의 살아남지 못했을 가능성이 높다. 유대율법, 특히 레위기는 물 공급, 하수처리, 공중위생, 질병 통제와 같은 문제들을 다루었다. 예를 들어 변소는 이스라엘 진영 바깥에 파야 했는데, 질병이 퍼지는 것을 막기 위해서뿐 아니라 그들 가운데 하나님의 거룩을 드러내기 위해서였다(신명기 23:12-14). 음식에 대한 율법 규정에 따라 돼지고기와 이미 죽은 동물의 고기는 먹을 수 없었다. 정복한 도시를 불태우는 조치에는 거룩함 못지않게 보건적인 고려도 있었다. 포위공격을 당한 도성의 위생상태는 엉망이었고 종종 질병이 창궐했기 때문이다.

정결함과 부정함

율법은 '정결한'(따라서 허용되는) 것과 '부정한'(따라서 허용되지 않는) 것을 구분했다. 어떤 구분은 의식(儀式)적인 것이었지만 대단히 실용적인 것도 많이 있었다. 예를 들어 부정한 대상에는 동물의 사체와 전염병 환자들이 있었는데, 율법은 그들과 접촉했을 때 어떻게 해야 하는지 상세한 지침을 주었다(손을 잘

씻는 것과 격리도 그중 하나였다. 레위기 15:1-15).
이러한 율법은 위생이나 질병을 막는 일과 관
련이 있긴 하지만, 이와 같은 행동이 상징하는
'거룩'을 하나님이 얼마나 귀하게 보시는지도
강조해서 보여주었다.

격리(quarantine) 개념은 율법이 특정 질
병이나 증상을 지닌 사람을 무리에서 떼어 놓
는 기간에서 나왔다(12:1-4). 14세기에 흑사병
이 창궐할 때 이탈리아인들은 유대인들이 특정
전염병에 면역성이 있다고 보고 성경의 격리
(quarantena는 "40일 기간"을 가리키는 라틴어) 조
항을 채택해 실행했다.

히스기야의 수로 이 지하수로는
BC 710년경 히스기야 왕이
예루살렘 성 외부의 기혼 샘에서
내부의 실로암 못으로 물을
끌어오기 위해 만들었고(열왕기하
20:20). 덕분에 포위공격을
받았을 때 물을 확보할 수
있었다. 수로 벽에는 양 끝에서
공사를 시작해 중간에서 만난
노동자들의 흥분이 담긴
글귀들이 새겨져 있다. 성인이
간신히 지나갈 정도의 크기인
이 터널은 533m에
S자 모양인데, 아마도
건축자들이 석회암의 자연적인
틈을 따라 터널을 팠기
때문일 것이다.

물 공급

고대에는 도시와 마을이 물
공급원(강이나 우물) 근처에
자리 잡아야 했는데, 그로 인해 주거지가 밀집하게 되
었다. BC 1200년경 방수웅덩이(회반죽을 바른 커다란 종 모양의 구덩이)의
발명으로 빗물을 저장할 수 있게 되면서 비로소 수원지에서 떨어진 곳에
도 정착지가 만들어졌다. 라기스는 샘에서 떨어진 곳에 지어진 초기 도시
중 하나다. 당시에는 개인의 웅덩이를 갖는 것이 모두의 꿈이었지만(열왕
기하 18:31), 보통은 (흔히 여자들이) 가장 가까운 우물까지 걸어가 밧줄로
매어 놓은 항아리나 나무 두레박으로 물을 길었다. 하지만 큰 도시에는 웅
덩이가 많았는데, 미스바에서 50개가 발견되었고 예루살렘의 성전구역에
서는 35개가 발견되었다.

신약시대가 되면서 더 많은 웅덩이가 사용되었고 로마인은 수도교
로 저수지에서 물을 끌어왔는데, 그 물을 쓰려면 돈을 내야 했다. AD 1세
기 말엽, 수도 로마에는 11개의 수도교가 591개의 물 저장소에 물을 대어
매일 거의 백만 톤가량의 깨끗한 물을 공급했다.

칼다리움 마사다에 있는 헤롯의 로마식 목욕탕 유적. 200개의 작은 기둥이 이 칼다리움(*caldarium*, "온탕")의 육중한 바닥을 지지했는데, 바닥 아래로는 외부 화덕에서 불어오는 뜨거운 공기가 지나갔다. 증기를 만들기 위해 바닥에 물을 뿌렸고 벽에 파이프를 심어 욕실을 따뜻하게 했는데, 중앙난방의 초기 형태에 해당한다. 신약시대에는 최고의 부자들만 이런 사치를 누릴 수 있었다.

공중화장실 AD 1세기의 것으로 추정되는 에베소의 공중화장실. 모자이크 바닥을 빙 둘러 변기들이 배치되었고 칸막이는 없었다. 배설물은 물이 흐르는 하수구로 떨어졌으며, 발치에 있는 작은 수로의 물로 뒤처리를 했다. 배수시설을 통한 하수처리의 기원은 고대 메소포타미아 문명과 미노아 문명까지 거슬러 올라간다.

신약의 위생 신약시대에는 위생상태가 크게 개선되었는데 도시, 특히 예루살렘 인근의 상태가 언제나 더 좋았다. 묘지나 무두질 공장처럼 건강에 해로울 수 있는 시설은 도시에서 50규빗(25m) 이내에 허용되지 않았다. 로마는 공중목욕탕과 물이 흐르는 화장실을 도입했는데, 그 물은 오수구덩이로 흘러들어갔고 밤에 수레로 그것을 비웠다. 가이사랴의 하수관은 바다로 이어졌다. 로마에는 대규모의 하수처리망이 갖추어져 있었지만 거기에 연결되어 있는 집은 많지 않았다.

로마인은 일주일에 한 번 목욕을 했는데 손발은 매일 씻었다. 유대인은 목욕을 그렇게 자주 하지는 않았지만 율법의 정결규례에 따라 손을 자주 씻어야 했기 때문에 청결을 유지할 수 있었다. 의식(儀式)적인 전신욕은 미크바(*mikvah*, 정결의식용 목욕통)에서 이루어졌을 텐데, 예루살렘 성전에는 그러한 목욕통이 많았다.

흙으로 빚어 만든 접시 등잔

조명 성경시대의 가장 기본적인 조명기구는 등잔이었다. 단순한 형태로는 올리브기름을 채운 접시에 아마나 대마로 만든 심지를 꽂은 등잔을 등잔대 위에 놓거나(누가복음 8:16) 쇠사슬로 천장에 매달았다. 성경시대 후기로 가면 등잔이 좀 더 화려해진다. 가난한 사람들은 밀랍이나 나뭇진에 심지 대신 풀을 꽂은 초를 사용했다. 실외 조명기구로는 횃불을 사용했는데, 막대기에 등잔을 매달거나 나뭇가지 묶음에 식물질이나 해진 천을 채우고 나뭇진이나 역청, 기름을 적셔 불을 붙였다.

빛 ▼

성경에서 빛은 처음부터(창세기 1:3-4) 끝까지(요한계시록 22:5) 하나님의 본성과 그분이 모든 어둠을 정복하심을 상징한다. 요한은 아예 "하나님은 빛이시요"(요한일서 1:5)라고 썼다. 예수는 횃불들이 예루살렘을 밝혔던 초막절에 스스로를 "세상의 빛"(요한복음 8:12)이라고 주장하셨고 자신을 따르는 자들에게 이 빛을 약속하셨다. 그리고 그들도 "세상의 빛"이 되어 모든 사람이 볼 수 있게 환히 빛나도록 부름을 받았다(마태복음 5:14-16, 에베소서 5:8-9).

예수가 제자들에게 "오늘 우리에게 일용할 양식을 주시옵고"(마태복음 6:11, 개역개정)라는 기도를 가르치셨을 때,
그것은 그저 식량에 대한 시적 이미지가 아니었다. 그것은 삶의 현실을 인정한 것이었다.
성경시대에 대부분의 사람들은 땅을 일구고 살면서 자급자족을 해야 했으므로,
일상생활의 대부분은 땅과 땅의 1년 주기를 중심으로, 곧 일용할 양식을 얻기 위한 노력으로 채워졌다.

43. 일상생활

땅을 일구는 삶

성경시대 내내 대부분의 사람들은 땅을 일구고 살았다. 모든 사람은 가나안에 들어오면서 땅을 받았는데, 그 땅은 영구적으로 그 가족의 소유가 되거나 적어도 희년에는 그들에게 돌아와 가난의 대물림을 방지하게 되어 있었다(레위기 25:8-17, 23:24). 그러나 신약시대가 되면서 상당량의 땅이 대토지를 가진 외국인들의 소유가 되었고, 이스라엘 농부들은 소작을 얻어야 했다(마태복음 21:33-34). 그리고 종종 엄청난 소작료를 냈다. 대부분의 가정에서 동물을 두어 마리씩 길렀는데, 농사가 잘 안되는 지역에서는 농사보다 양과 염소를 많이 길렀다.

하루 일과

오늘날 세계 많은 지역에서 그렇듯, 이스라엘은 가족 전체가 생존에 필수적인 일상의 과제들에 매달렸다. 남자들은 들에서 일하거나 별도의 직업이 있었고 아들에게 관련기술을 가르치는 책임을 맡았다. 여자들은 음식과 의류를 책임졌다. 그들의 일과는 일찍 일어나

생활이 아무리 힘들어도, 어린아이들에게는 언제나 놀 여유가 있었다. 고대에 쓰이던 많은 장난감이 발견되었는데, 사진은 로마시대에 나무로 만든 바퀴 달린 장난감 비둘기다.

194

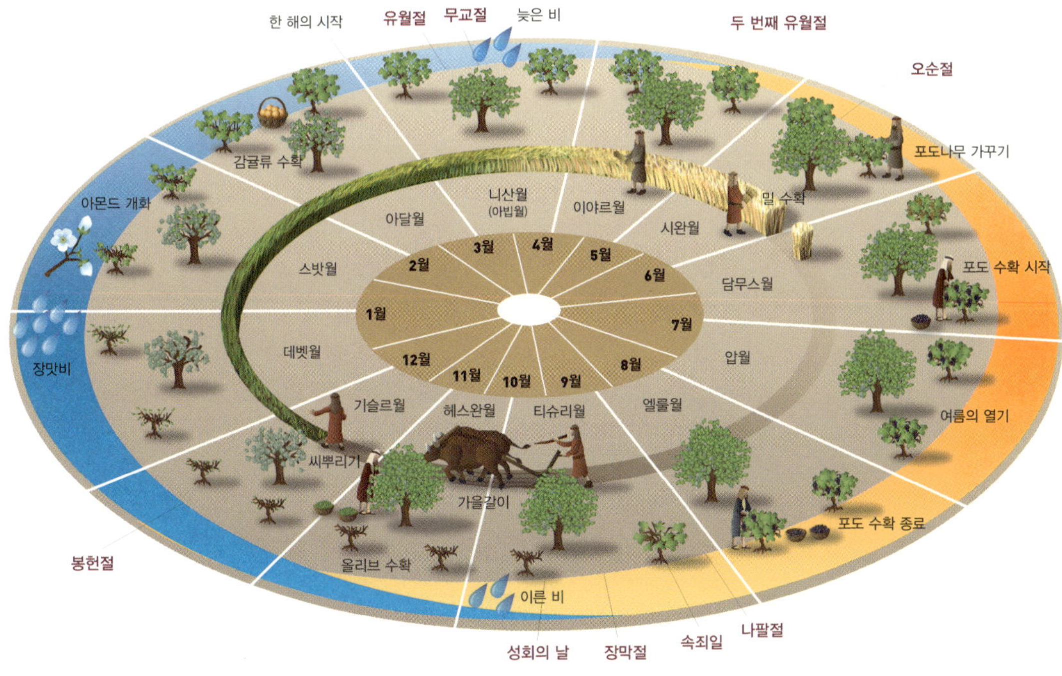

이스라엘의 일상생활이었던
농사와 종교생활 주기

물 받기, 빵 굽기, 마실 젖과 요구르트, 치즈 등을 얻기 위한 염소젖 짜기로 이어졌다. 남은 하루는 요리, 청소, 물레질, 베 짜기, 염색, 바느질로 채워졌고 밭일을 돕거나 수공품을 내다 팔기도 했다. 아이들은 어릴 때부터 가족생활 전반에 참여했다(오늘날의 '아동 노동'과 같은 것이 아니라 생존과 장래의 생활기술 훈련에 중요한 과정이었다). 물을 나르고, 등잔의 기름을 채우고, 어머니의 집안일을 도왔다. 그래도 더 어린 아이들은 장난감을 가지고 놀 시간이 있었다. 나이가 어느 정도 찬 소년들은 아버지를 도왔는데, 다윗이 아버지의 양 떼를 지켰던 것과 같다(사무엘상 16:11, 17:34). 수공품은 집안 대대로 물려졌고 일부 마을에선 도자기나 철물 같은 특정 수공업이 특화되었다. 해질녘에 가족이 모여 앉아 하루의 정찬을 드는 것으로 하루 일과는 끝이 났다.

마을 생활　　　절대다수의 이스라엘 자손은 성경시대 내내 구릉지 동쪽에 밀집한 마을을 이루고 살았다. BC 1000년에서 750년 사이에 이곳에 있던 많은 마을들이 빠르게 성장했는데, 아마도 왕정과 관료제가 발달하면서 도시에 공공 건축물이 더 많이 지어진 반면 주택이 들어설 자리는 줄어들었기 때문일 것이다. 이 마을들은 인근 도시와 긴밀한 유대관계를 유지했는데(여호수아 17:11 등) 대체로는 군사적 보호를 받기 위해서였지만 경제적인 이유도 있었다. 중앙 광장을 중심으로 만들어진 마을도 있고, 되는대로 규모가 커진 마을도 있었다.

게셀 달력의 확대 복제품

달력　　최초의 달력은 연중 농사철 및 그와 관련된 종교의식을 중심으로 만들어졌다. 메소포타미아와 이집트 같은 대제국의 달력은 대단히 정확했지만 초기 이스라엘의 달력은 절기에 초점을 맞춘 것 외에는 그리 정확하지 않았다. 위 사진은 '게셀 달력'이다. BC 10세기 후반에 만들어진 것으로 추정되는 이 돌판에는 이스라엘의 농사철이 기록되어 있다. 내용은 다음과 같다.

　　수확 두 달, 파종 두 달, 늦은 파종 두 달, 괭이질 한 달, 보리 수확 한 달, 수확과 축제 한 달, 포도 수확 두 달, 여름 과일 한 달.

　　이스라엘은 바벨론 유배 이후에야 현지인들의 영향으로 보다 정확한 달력을 만들었고(오늘날까지 남아 있다) 가나안식 달 이름을 바벨론식 이름으로 바꾸었다. 신약성경 저자들은 대체로 유대절기(요한복음 7:2, 14, 13:1)나 이방 통치자들의 이름(누가복음 2:1, 3:1)을 언급하며 사건의 발생 시기를 표시했다.

손님 대접　　이스라엘에서 방문자를 영접하는 일은 의무이자 특권이었다(창세기 18:1-5). 여행자들은 여관을 찾지 않고 (여관 자체가 매우 적었다) 마을이나 도심 한복판에서 누군가가 집으로 초대해 줄 때까지 기다렸다(사사기 19:14-21). 집으로 초대를 받으면 음식, 마실 것, 숙소를 제공받았다. 방문자를 대접하는 식사는 고기를 먹을 수 있는 몇 안되는 경우였고, 방문자는 존경의 표시로 가장 맛있는 부위를 받았다(사무엘상 9:22-24). 여행에 물리적, 사회적 위험이 가득 뒤따르던 시절, 이러한 환대는 여행자에게 꼭 필요했고 초청, 적격 심사, 숙식 제공, 떠남이라는 일정한 관례를 따랐다. 소돔은 걷잡을 수 없는 부도덕뿐 아니라 이러한 기본적인 사회 관습을 위반해 결국 파멸을 맞았다(창세기 19:1-29).

그리스인에게 환대는 문명의 표시였고(그들의 주신 제우스는 환대의 신이었다), 이집트인에게는 내세의 편안한 삶을 보장하는 일이었다. 로마인은 환대를 신성한 의무로 여겼다. 하지만 유대인이 베푼 환대의 뿌리는 하나님이 그들을 환대하신 주인이시므로(시편 23:5, 아가 2:4, 이사야 25:6, 마태복음 8:11) 우리도 서로에게 그 같은 미덕을 베풀어야 한다는 믿음이었다.

환대 ▼

성경은 친구에게 베푸는 환대뿐 아니라 낯선 이들과 어려움에 처한 이들을 대접하는 환대도 하나님이 원하시는 것이라고 말한다. 하나님은 "나그네를 사랑하셔서 그에게 먹을 것과 입을 것을 주시는 분"이며(신명기 10:18), 이스라엘 역시 한때 나그네였음을 기억하고 나그네들을 똑같이 대접하라고 말씀하신다(출애굽기 23:9). 환대는 하나님의 사랑과 공급하심에 대한 합당한 반응으로 여겨졌고(신명기 24:17-19) 신약성경도 그 중요성을 강조하고 있다(로마서 12:13, 히브리서 13:2, 베드로전서 4:9).

"공중의 새를 보아라. 씨를 뿌리지도 않고, 거두지도 않고, 곳간에 모아들이지도 않으나,
너희의 하늘 아버지께서 그것들을 먹이신다. 너희는 새보다 귀하지 아니하냐?"(마태복음 6:26)
예수는 하나님이 야생동물에게도 먹을 것을 공급하시는데,
하물며 하나님의 백성에게 꼭 필요한 것들을 공급하시지 않겠느냐고 말씀하셨다.

44. 음식

맷돌질 곡물을 갈고 있는 이집트 여인의 모형(BC 3000년 중엽). 아랫부분의 고정된 돌(맷돌) 위에 곡물을 올려놓고 상부의 돌(손돌)을 앞뒤로 밀고 당겨 갈았다. 구약시대 후기에는 이것 대신 평평하고 둥근 돌 두 개로 만든 보다 효율적인 맷돌이 나왔다. 밑돌은 고정되어 있고 윗돌을 손잡이로 돌리는 구조였으므로 맷돌을 쓰려면 여자 두 명이 필요했는데(마태복음 24:41), 한 사람은 곡물을 넣고 다른 사람은 윗돌을 돌렸다.

빵

빵은 이스라엘 사람들의 주식이었다. 히브리어로 "빵을 먹다"가 "식사를 하다"라는 뜻으로 쓰일 정도였다.

빵을 만드는 데는 밀가루가 제일이었지만 가난한 사람들은 보릿가루를 사용했다. 곡물을 가루로 빻아 소금, 물, 올리브기름을 넣고 반죽을 만들었다. 미리 만들어 두었던 빵 반죽에서 발효된 덩이를 조금 떼어내 새로운 덩이 안에 넣고 반죽한 다음 부풀어 오르게 두었다. 거기서 일부를 다시 떼어 다음 날의 반죽을 위해 따로 보관하고 나머지를 구워 빵을 만들었다.

과일

과일은 이스라엘 식단의 주요한 부분이었다. 포도(과일로 먹거나 건포도로 말려 먹음), 무화과(과일로 먹거나 말려 먹음), 대추야자, 석류, 멜론(과일로 먹음), 올리브(과일로 먹거나 절여 먹음), 감귤(신약시대에 와서) 등이 있었다.

채소

양파, 부추, 오이는 제철에 생으로 먹었지만, 다른 채소들은 삶아 먹었다. 콩과 팥, 완두는 말려서 항아리에 보관해 두었다가 죽을 만들었는데, 에서는 그런 죽 한 그릇에 장자권을 팔았다(창세기 25:29-34). 상추, 꽃상추, 치커리, 겨자는 모두 야생에서 자랐다.

축산물

우유는 음료로 쓰거나 치즈와 요구르트를 만들었다. 우유를 가죽부대에 넣고 흔들어 상하게 만든 뒤 가죽부대 안의 박테리아로 발효시켜 먹기도 했다(사사기 5:25). 신약시대에는 많은 사람들이 닭을 길러 달걀을 얻었고, 달걀은 올리브기름으로 요리했다. 메추라기, 자고새, 거위, 비둘기 등의 알도 먹었다.

암포라(amphora) BC 200년대의 것으로 추정되는 포도주 저장 항아리. 포도주를 45리터 정도 담을 수 있는 이 항아리는 바닥이 뾰족하게 되어 있어 땅바닥에 파묻어 포도주의 온도를 차갑게 유지했다.

음료

수질이 대체로 좋지 않다 보니 포도주가 가장 흔한 음료였다. 그래서 히브리어에는 "포도주"를 가리키는 단어가 많다. 포도를 으깨어 발효가 시작되기 전에 즙을 걸러내고 향신료, 꿀, 독한 술을 섞으면 혼합포도주가 만들어졌다. 포도주에다 보리를 섞으면 훌륭한 식초가 되었고, 몰약을 섞으면 마취제가 만들어졌다(마가복음 15:23). 율법은 포도주 마시는 것을 금하지 않았지만 근무 중인 제사장(레위기 10:9)이나 나실인 서원을 한 사람(민수기 6:1-4)은 예외였다. 그러나 구약과 신약 모두 술 취함을 규탄했고(이사야 28:1-8, 갈라디아서 5:19-21, 에베소서 5:18) 심각한 결과가 뒤따른다는 것을 보여주었다(창세기 9:20-24, 열왕기상 16:8-10, 잠언 23:20-21, 누가복음 12:44-46).

빵굽기

화덕이 없을 때는 뜨거운 숯불에 돌을 얹고 그 위에다 빵을 구웠다(열왕기상 19:6). 때로는 곡물을 통째로 볶아서 먹기도 했다(사무엘상 17:17).

바리새인 시몬은 예수를 식사에 초대하고서도 손과 발을 씻을 물도 드리지 않았다.
하지만 한 여인이 예수의 발에 향유를 부어 드렸다. 그림은 파올로 베로네세의 「시몬 집에서의 만찬」(1560)이다.

식사 아침 식사는 밭으로 가는 길에 먹었다. 점심 식사는 가볍게 들었고(룻기 2:14), 일과가 끝난 후 온 가족이 모여서 그날의 정찬(그래 봐야 한 가지 요리였다)을 먹었다 (3:1-7). 족장시대만 해도 바닥에 앉아 식사를 했지만(창세기 37:25), 나중에는 식탁에 앉거나(열왕기상 13:20) 기대어 앉아(에스더 7:8) 먹는 것이 관례가 되었다. 신약시대에는 낮은 식탁의 삼면을 둘러 긴 의자나 매트를 놓고 그 위에 기대어 앉아 먹었다(누가복음 7:36). 발은 식탁 반대쪽으로 향했는데, 그래서 한 여인이 예수의 발에 향유를 부을 수 있었다(7:36-38). 왼쪽 팔꿈치는 쿠션에 기대고 오른손으로 자유롭게 음식을 집어 먹었다. 대접에 담긴 음식을 같이 먹었기 때문에(마태복음 26:23) 식사 전에 손을 씻었고 빵을 이용해 음식을 집고 소스를 찍었다. 식후에는 감사의 기도를 드렸고 (신명기 8:10) 다시 손을 씻었다. 식사 자리는 누구와 어울릴지 결정하고 그들과의 관계를 돈독히 하는 주요 무대였고(마태복음 9:10-13), 초대교회에서 주의 만찬(성찬)은 식사의 일부로 진행되었다(고린도전서 11:17-34).

조미료와 감미료

주로 홍해 부근에서 소금을 구했는데, 조미료나 음식을 보존하는 용도로 쓰였다. 인기 있는 허브로는 박하, 회향, 근채가 있었다(마태복음 23:23). 야생 꿀은 감미료로 쓰거나 그냥 먹었다(사사기 14:8-9, 마태복음 3:4).

어류와 육류

생선은 신약시대의 중요한 먹을거리였는데 특히 갈릴리에서 그랬다. 예수가 물고기로 군중을 먹이신 기적을 보아도 알 수 있다(마가복음 6:32-43, 8:1-10). 작은 생선은 소금 간을 해서 햇볕에 말려 빵과 함께 먹었다. 갓 잡은 생선을 불에 바로 구워 먹기도 했다(요한복음 21:9-10).

고기는 탕자가 돌아왔을 때처럼 특별한 일이 있거나(누가복음 15:23) 종교적인 절기 때만 먹었다. 양고기, 염소고기, 새고기가 가장 흔했는데, 부자들은 양고기, 송아지고기, 소고기를 먹었다. 특히 양의 살진 꼬리는 매우 귀한 부위였다. 고기는 보통 삶아 먹었지만(사무엘상 2:13) 유월절 어린양은 구워 먹었다(출애굽기 12:8).

채식주의

인류는 원래 채식만 했으나(창세기 1:29), 홍수 이후에 사람들이 고기와 물고기도 먹도록 하나님이 허락하셨다(9:1-3). 신약성경은 채식주의는 선택의 문제일 뿐이므로 다른 사람에게 강요할 수 없다고 말한다(고린도전서 10:23-33, 로마서 14:1-23).

생명의 빵 ▼

"내가 생명의 빵이다. 내게로 오는 사람은 결코 주리지 않을 것이요, 나를 믿는 사람은 다시는 목마르지 않을 것이다"(요한복음 6:35). 예수는 빵이 육체를 위한 주식인 것처럼, 자신이 육체적이고 영적인 생명을 위한 주식이라고 말씀하셨다. 우리가 빵을 먹고 빵이 우리의 일부가 되듯, 예수가 우리 안에 오셔서 우리를 먹이시는 관계를 형상화한 말씀이다. 광야에서 이스라엘 백성이 먹었던 만나와 달리, 이 양식은 영원한 만족을 가져다줄 것이다(6:47-58).

성경은 옷의 실용성뿐 아니라 그것이 하나님의 선물임을 보여준다.

아담과 하와가 무화과나무 잎으로 벌거벗은 몸을 가리려 했을 때, 하나님은 심판을 선언하심과 동시에 친절을 베풀어 "아담과 그의 아내를 위하여 가죽옷을 지어 입히시고"(창세기 3:21) 그들을 에덴동산에서 쫓아내셨다. 가죽옷은 그들의 부끄러움을 가려 준 물건이자, 앞으로 그들이 마주해야 할 삶을 위해 필요한 것들을 친히 공급하시겠다는 징표였다. 이후 친절의 징표로 옷을 주는 것이 고대 세계 생활의 한 특징이 된다(41:42).

45. 의복과 장식

복식유형 성경시대 동안 팔레스타인의 복식유형은 거의 달라지지 않았는데, 주된 차이라면 부자와 가난한 이들 사이에 있었다. 가난한 사람들은 입고 있는 옷이 전부였지만, 부자들은 계절과 경우에 따라 다양한 옷을 갖추고 입었다.

남자 남자들은 속옷으로 허리에서 무릎까지 오는 천이나 치마를 입었는데, 그것을 걸치지 않는 경우는 드물고 눈에 띄는 일이었다(마가복음 14:51-52). 율법은 남자들이 옷자락 끝 네 군데에 술이 달린 옷(탈리스)을 입어 자신들이 누구인지 항상 기억하라고 명했다(민수기 15:37-41). 양모나 아마포, 또는 무명(부자들의 경우)으로 만들어 정강이까지 내려오는 튜닉, 곧 웃옷은 옷감을 절반으로 접어 옆쪽을 바느질하거나 묶고 머리와 팔 부분에 구멍을 낸 뒤 가죽이나 천으로 만든 허리띠로 허리 부분을 동여맸다. 일하거나 달릴 때는 겉옷을 허리띠 안에 집어넣었는데 그것을 "허리를 동여매다"(출애굽기 12:11, 열왕기상 18:46)라고 표현했다. 신약시대가 되면 남자들은 야외에서 무릎까지 내려오는 양모 망토를 걸쳤다.

여자 여자들은 남자들 것과 같은 튜닉을 입었는데, 길이가 발목까지 내려오고 종종 파란색으로 물을 들이거나 전통적인 자수를 놓은 점이 달랐

아시아인의 복장　BC 19세기 초 크눔호텝 3세의 고분벽화에는 이집트에 도착한 아시아계 여행자들이
밝은색의 옷을 입고 있는 모습이 등장한다. 요셉이 아버지에게 받은 옷이 아마 이와 비슷했을 것이다(창세기 37:3).

다. 일부 여자들은 숄을 걸쳤다(룻기 3:15). 허리띠는 남자들 것보다 더 화
려했고 부자들은 긴 비단 허리띠를 맸다. 여자들은 일할 때 튜닉의 끝단을
들어올려 주머니로 썼는데, 룻이 이삭을 주울 때 그렇게 했다(2:17-18). BC
8세기경에는 부유한 여자들이 화려하게 옷을 입었고 이사야는 그것을 규
탄했다(이사야 3:18-23).

옷 만들기

대부분의 옷은 양털, 염소털, 아마로 만들어졌다. 털을
빗고 실을 자아내어 손베틀로 천을 짰다. 아마섬유질
로 만든 아마의 경우도 같은 방식으로 실을 자아내 천
을 짰다. 그렇게 만든 천을 식물, 동물, 광물을 이용해 만든 염료로 염색했
다. 검은색, 파란색, 빨간색, 노란색, 초록색 모두 인기가 있었지만, 만드는
데 돈이 많이 들었던 자주색은 부자들만 사용했다. AD 2세기 초에 생산된
천을 분석한 결과, 세 가지 기본 염료만으로 서른네 가지 색깔의 실을 만들

었다는 사실이 밝혀졌다.

머리쓰개　이스라엘 지역은 햇볕이 매우 뜨거웠기 때문에 머리, 목, 눈 등을 머리쓰개로 보호해야 했다. 남자들은 네모 반듯한 천을 대각선으로 접고 양모를 땋은 끈으로 고정해 접힌 부위가 목을 가리게 했다. 남자들은 가끔 근사한 모직 술이 달린 모자를 썼는데, 특히 기도할 때 착용했다. 여자들은 베일로 머리와 어깨를 가렸고 가끔은 얼굴에도 드리웠다. 신약시대에도 대부분의 여자들은 공공장소에서 머리에 무언가를 썼다.

화장　여자들은 광물을 기름이나 나뭇진과 갈아서 만든 진한 아이섀도를 발랐는데, 햇빛으로부터 눈을 보호하고 멋을 내기 위해서였다. 립스틱도 있었고 고벨화(헤나나무)에서 추출한 빨간색 염료로 손톱과 발톱을 물들이기도 했다. 벵갈라(철단)는 볼연지로 쓰였다. 꽃, 씨앗, 허브, 열매에서 추출한 향수는 기름을 섞어 피부를 부드럽게 하거나 몸 냄새를 가리는 데 썼다. 수입 향수는 대단히 비쌌고 작은 옥합에 보관했다(마태복음 26:6-9).

머리와 수염　구약시대의 이스라엘 남자들은 머리를 길게 길렀다. 머리를 땋는 사람도 있었고 끝을 다듬는 사람도 있었다. 하지만 율법은 구레나룻은 건드리지 말라고 명했고(레위기 19:27) 정통파 유대인들은 지금도 이 관습을 지키고 있다. 대부분의 남자가 수염을 길렀는데, 깨끗이 면도한 이집트인과는 대조적인 모습이었다(창세기 41:14). 하지만 신약시대가 되면서 많은 남자들이 머리를 짧게 잘랐고 수염도 깎았다.

　여자들은 머리를 땋거나 곱슬곱슬하게 만들어 상아빗으로 관리했다. 여자들의 머리를 가리라는 바울의 지시(고린도전서 11:3-10)는 머리카락을 보이는 일이 성적인 도발로 여겨져 여자들이 공공장소에서

- 오른쪽 신발을 왼쪽 신발보다 먼저 신고 먼저 벗었다.
- 신발을 신는 것은 여행을 떠날 준비가 되었다는 뜻이었다(출애굽기 12:11).
- 전투가 끝난 후 적의 옷을 전리품으로 취했다.
- 물건을 파는 사람은 사는 사람에게 자신의 신발을 주었다(룻기 4:7).
- 로마 군인들은 처형당한 사람의 옷을 챙겼다(요한복음 19:23).
- 유행하는 옷은 당시에도 사람들을 유혹했다(여호수아 7:21).

신발　팔레스타인에서 흔히 신는 신발은 샌들이었지만 가난한 사람들은 맨발로 다녔다. 가장 단순한 샌들은 신발 바닥에 달린 가죽끈을 엄지와 검지 발가락 사이에 끼고 발목에 감아서 묶는 형태였다. 샌들 바닥은 나무나 말린 풀로 만들었는데 이집트에서는 파피루스로 만들었다. 부자들은 가죽 슬리퍼를 신었다. 집이나 성소에 들어갈 때는 항상 신발을 벗었다.

머리를 가리는 것이 당연시되던 배경에서 주어진 것이다. 그리스도인이 '자유'를 추구하느라 문화적 규범까지 던져 버리는 일은 받아들일 수 없다고 말한 것이다.

장신구

유대인은 특별한 날에 목걸이, 팔찌, 발찌, 반지(코걸이나 귀고리)를 모두 착용했다. 장신구는 금, 은, 기타 귀금속으로 만들어 보석이나 준보석을 끼웠다. 상아는 깎아서 머리빗이나 브로치를 만들었다. 성경은 장신구 착용을 나무라지 않았고 경우에 따라 적절하고 올바른 것으로 보았다(이사야 61:10 등). 그러나 과시용으로 장신구를 걸치는 일은 비판했다(이사야 3:16-23, 디모데전서 2:9-10).

고대 가나안의 장신구들

염려 대처법

사람이 얼마나 자주 염려하는지 아신 예수는 제자들에게 염려하지 말라고 하셨다. 음식과 의복 같은 일상적인 문제도 마찬가지였다(마태복음 6:28-33). 그들에게는 인생의 가장 작은 일까지 마음을 쓰시는 하늘 아버지가 계시기 때문이다. 바울은 그리스도인들에게 모든 염려하는 바를 가지고 하나님께 나아가 기도하고 평안을 찾으라고 권했다(빌립보서 4:6-7).

오늘날과 달리, 성경시대에는 마을, 소도시, 도시의 차이가 거의 없었다.
차이점이라면 크기가 아니라 방어시설에 있었다. 소도시와 도시에는 방어벽이 있었던 반면,
마을은 "성벽도 없고 성문도 없고 문빗장도 없"었다(에스겔 38:11).
그러나 크기에 상관없이, 모든 정착지는 공동체를 추구하는 인류의 갈망의 산물이었다.

46. 마을·소도시·도시

구약의 취락 구약 시대의 마을(village)은 시내나 샘 근처에 자리를 잡았는데 성벽이 없는 농촌 부락이었다. 여리고에서의 발굴로 BC 6000년에 일찌감치 이런 식의 정착이 이루어졌음이 드러났다. 소도시(town)는 BC 4000년경에 발달했는데, 유목민의 공격으로부터 급수원을 지키기 위해서는 많은 사람이 모여 살아야 한다는 필요성을 느끼기 시작하면서부터였다. 그러나 많은 사람들은 여전히 주변 마을에 흩어져 살면서 위협을 받을 때만 소도시로 대피했다. 소도시의 규모는 작았는데 주택은 150-200호 정도, 주민은 1,000명 정도였고 주변 마을들은 대가족 단위로 구성되었다. 마을과 소도시의 차이는 그리 크지 않았다. 따라서 베들레헴은 동네(소도시)라고 불리기도 하고 마을이라고 불리기도 했다(누가복음 2:4, 요한복음 7:42). 신약시대 이후 유대에서는 마을을 회당이 없는 곳으로 규정했다. BC 1000년부터 750년 사이에 이스라엘의 왕정 발달로 행정중심지들이 필요해지면서 도시(city)의 개수는 늘어났지만 개별 도시의 크기는 오히려 줄었다. 공공건물이 많이 필요해지면서 집 지을 공간이 상대적으로 부족해졌고 그로 인해 많은 사람들이 주변 마을로 이주했기 때문이다.

브엘세바 브엘세바에서의 발굴로 왕정시대의 구조물들이 드러났고 도성의 크기가 밝혀졌다.
사진은 방비를 위해 언덕(텔) 위에 소도시나 도시를 세웠음을 보여준다. 브엘세바는 이스라엘 남단에 있었고,
그래서 나라 전체를 뜻하는 "단에서 브엘세바까지"라는 표현이 생겨났다.

도시 생활

도시의 성벽 안에는 충분한 거리나 공간도 없이 집들이 다닥다닥 붙어 있어서 아주 비좁았다. 성벽의 흔한 형태는 '포곽'(casemate)이었는데, 돌벽 두 개를 나란히 세우고 돌무더기로 그 사이를 채워 충격을 흡수하게 했고 중간중간 공간을 확보해 창고나 생활공간으로 썼다. 여리고 성 라합의 집이 이와 같았을 것이다(여호수아 2:15). 주요 도시에는 성벽을 따라 요새화된 탑이 있어 그곳에서 적들을 향해 무기를 발사할 수 있었다. 배수시설이 없었고 쓰레기는 아무렇게 버리거나 그냥 쌓이게 내버려 두었기 때문에 종종 거리의 지면이 문지방보다 높아져 비가 오면 피해를 입기도 했다. 원래 집의 크기는 비슷했는데, BC 8세기에 부유한 중산층이 생겨나면서 도시의 괜찮은 지역에 큰 집을 지었다.

신약의 도시

그리스와 로마의 영향으로 보다 신중한 도시계획이 이루어졌고 질서정연한 도로, 명확히 구분되는 구역, 높은 건물, 급수시설과 하수시설 등이 만들어졌다.

헤롯 대왕은 사마리아(도시명을 세바스테로 바꾸었다)와 가이사라를 로마 양식으로 재건했다. 가이사랴에는 상점, 목욕탕, 극장이 늘어선 중심도로가 있었고 중심도로와 직각으로 교차하는 작은 도로들이 있었으며 15,000석 규모의 원형경기장도 있었다. 가이사랴는 300척의 배를 댈 수 있는 엄청난 항구를 가진 항구도시로 발전했고, 항구가 내려다보이는 곳에는 헤롯의 궁전이 있었다. 로마군의 수비대 본진이 그곳에 주둔했는데, 최초의 이방인 회심자인 고넬료가 그 백부장들 가운데 하나였다(사도행전 10장). 이 지역에서 나온 극장의 폐허에서 총독 본디오 빌라도의 이름이 적힌 비문이 발견되었다.

헤롯 안티파스는 세포리스를 수도로 건설했지만 갈릴리 바다('디베랴 바다'라고도 부른) 서안의 디베랴로 수도를 옮겼다. 17개의 온천이 있는 곳에 건설된 디베랴는 철저히 헬레니즘 양식으로 설계되었다. 예수가 먹보, 술꾼, 세리, 죄인들과 만나고(마태복음 11:19) 그런 자들과 어울린다는 바리새인들의 비판을 받으셨던 곳이 바로 이곳이었을 가능성이 높다.

공중에서 바라본
세포리스 유적지

예수와 세포리스

세포리스는 신약시대에 30,000명의 사람이 살았던 갈릴리의 수도로, 성경에 언급되어 있지는 않지만 나사렛 북쪽 6.5km 지점에 위치했다. 헤롯 안티파스가 시작한 대규모 건설 작업이 예수의 생애 내내 진행되었고, 예수의 아버지도 건축업—누가는 그를 테크톤(*tektōn*)이라 부르는데, 이 단어는 목수보다는 건축 기술자를 뜻한다—에 종사하고 있었기 때문에, 이들 부자가 요세푸스가 "갈릴리의 장신구"(『유대 고대사』 18:7)라 부른 이 도시의 건설사업에 참여했을 가능성이 높다. 도로는 격자 형태로 설계되었고 석회암으로 포장했으며 도로변에 다양한 크기의 주택과 대형 공공건물이 늘어서 있었다. 세포리스에는 열주가 늘어선 중심거리, 4,000석 규모의 원형경기장, 수도교를 거쳐 지하 저수지에서 물을 끌어온 대중목욕탕이 있었다. 세포리스가 유대 반란(AD 66-70)에 합류하지 않고 로마 편을 들었다는 사실은 이 도시의 철저한 친로마적 성향을 짐작하게 한다. 예수가 제자들에게 "산 위에 세워진 도시는 숨겨질 수 없다"(마태복음 5:14, 우리말성경)고 말씀하셨을 때 세포리스를 염두에 둔 것일 가능성이 높다. 전승에 따르면 예수의 어머니 마리아가 이곳 출신이다.

공동체 ▼

성경은 가인이 도시를 세운 것은 고립상태에서 벗어나려는 시도였다고 말한다(창세기 4:14-17). 사람들은 종종 도시를 부정적으로 보았고 하나님을 반대하는 곳(11:1-19), 멸망할 운명(요한계시록 18장)으로 여기곤 했다. 그러나 하나님은 도시를 버리지 않으셨다. 요한계시록을 보면 바벨론이 새로운 도시인 "새 예루살렘"(21:2)으로 대체되기 때문이다. 성경은 교회를 향해 그날이 올 때까지 다가올 공동체를 기대하며 바로 지금 그 공동체성을 표현하라고 격려한다(고린도전서 3:16; 12:12-31, 에베소서 2:11-22).

이스라엘 자손이 가나안에 도착했을 때, 수백 년 동안 그 땅에서 농사를 짓고 살던 민족이 있었다.
그리고 가축을 기르며 유목생활을 하던 그들도 자연스럽게 농부가 되었다.
거의 모든 사람이 이런저런 식으로 땅을 일구고 무언가를 길러 먹었기 때문에
성경에는 농사에 대한 내용이 많이 나온다.

47. 농사

한 해의 농사　　매년 가을 '이른 비'가 내려 햇볕에 말라 단단해진 땅이 파종에 적합하게 부드러워지면 농사철이 시작되었다.

바벨론 사람들은 파종기를 사용했지만, 가나안 농부들은 '흩뿌리기' 방식으로 파종을 했는데, 옷의 접힌 부분 안에 씨앗을 담고 걸어가면서 한 줌씩 흩뿌렸다. 그러다 보면 예수가 씨 뿌리는 자의 비유(마태복음 13:1-23)에서 말씀하신 대로, 일부는 버려지거나 새들이 먹어 버리기도 했다. 파종에 이어 쟁기질을 했는데, 싹이 틀 수 있도록 씨앗을 땅 깊숙이 넣어주는 일이었다(지면이 아주 단단할 때는 파종 전에 땅을 쟁기질하기도 했다). 1월부터 2월까지는 우기여서 이때 곡식이 자랐고 완두콩, 팥, 레몬, 오이 등도 심었다. 3월과 4월에는 '늦은 비'가 내려 곡식이 여물었다. 그 다음에 수확이 시작되었다. 4월과 5월에는 아마와 보리, 6월에는 밀을 수확했다. 줄기를 낫으로 잘라 짚단으로 묶은 후 타작을 위해 수레에 실어 '타작마당'(넓고 평평한 바위 지대나 점토로 덮인 땅)으로 날랐다. 그곳에서 막대기로 짚단을 두들기거나 동물 혹은 타작기를 이용해 이삭을 떨었다. 마지막 단계는 까부르기인데, 나무갈퀴로 짚을 찍어 공중에 던지면 가벼운 짚은 날아가고 무거운 알곡은 땅에 떨어졌다. 짚은 모아서 겨울철 동물 사

료로 썼고, 알곡은 키질을 하고 항아리나 웅덩이, 창고에 저장했다.

물 메소포타미아와 이집트에는 큰 강이 있어서 관개가 가능했다. 이집트에서는 한쪽 끝에 평형추가 달린 긴 기둥의 반대쪽 끝에 가죽 물통을 매달아 강물에 넣고 물을 채운 다음 기둥을 빙 돌려 밭에 물을 부었다. 밭은 낮은 진흙 벽으로 구획되었는데 종종 물의 흐름을 조절하기 위해 허물거나 다시 지어 올렸다. 이런 관개시설 덕분에 이집트는 풍성한 곡물수확으로 유명했고, 기근이 들면 사람들이 그곳으로 찾아갔다(창세기 42:1-5). 바벨론에는 관개시설망과 더불어 "바벨론의 여러 강"(시편 137:1, 개역개정)이라 불린 운하들이 있었고 덕분에 남부 메소포타미아에 경작 가능한 토지 면적이 크게 늘었다. 이런 운하 가운데 하나가 그발이었는데, 에스겔이 그 운하 변에서 환상을 보았다(에스겔 1:1).

그러나 모세가 경고한 대로(신명기 11:10-12), 가나안에서는 관개가 가능하지 않았다. 요단 강이 해수면 아래에 있었기 때문이다. 그래서 이스라엘 자손은 비를 내려 주시는 하나님께 온전히 의지해야 했다. 하지만 안타깝게도 그들은 하나님 대신 가나안의 풍요 종교에 매달렸다.

나무갈퀴와 타작기 타작마당에서 쇳조각이나 돌조각이 박힌 타작기를 황소가 끌고 곡식 위로 지나갔다.

포도 농사 포도는 팔레스타인의 중요한 3대 유실작물 중 하나였는데, 나머지 둘은 올리브와 무화과였다(110쪽). 모세가 가나안에 보낸 정탐꾼들이 발견한 대로(민수기 13:23) 그곳에는 포도나무가 아주 많았다. 대부분의 포도나무는 잘 가꾼 포도원(이사야 5:1-2, 마가복음 12:1)에서 자랐고, 포도원 주위는 야생동물의 접근을 막기 위해 담장이나 가시덤불 울타리를 둘렀으며 도둑이나 여우를 감시하기 위해 망루도 세웠다. 포도열매를 많이 거두기 위해 봄에 가지치

211

기를 했는데, 예수는 그것을 비유로 사용하기도 하셨다(요한복음 15:1-17).
포도는 8월과 9월에 수확을 했는데 얼마 후 내릴 비로 포도가 썩거나 망가
지지 않도록 재빨리 일해야 했다. 예수가 들려주신 포도원 일꾼의 비유(마
태복음 20:1-16)를 보면 농부들이 이 일을 얼마나 중요하게 여겼는지 알 수
있다. 수확한 포도는 바구니에 모아 일정한 장소에서 말리거나 포도주를
만들었다.

농사와 율법　　　유대율법에는 농사에 관한 많은 조항이 있었다.

　　　• 일하는 동물(신명기 22:10)이나 어려움에 처한 동물(22:1-4)
에게 관심을 기울여야 한다.
• 주인은 자신의 동물의 행동에 책임을 져야 한다(출애굽기 21:28-36).
• 가시덤불을 태우다 불이 번져 이웃의 작물에 해를 끼친 경우 손해배상의
　책임이 있다(22:6).
• 수확 시 밭의 가장자리에 남은 곡식은 가난한 사람들을 위해 남겨 두어야
　한다(신명기 24:19-22).
• 7년에 한 번씩(안식년) 땅을 묵히고(레위기 25:1-7, 18-22) 그 해에 자란 곡식
　은 가난한 사람들과 동물들이 먹도록 내버려 두어야 한다(출애굽기 23:10-
　11).

양과 염소   양과 염소는 한데 섞어 길렀고 모습도 상당히 유사했다. 하지만 농부는 둘의 차이점을 쉽사리 분간했는데, 예수도 양과 염소의 비유에서 이 점을 말씀하셨다(마태복음 25:31-46). 양은 양털을 얻기 위해, 염소는 젖을 얻기 위해 길렀는데 염소젖은 그냥 마시기도 하고 요구르트나 치즈를 만들기도 했다. 양은 잡아 고기를 먹었고 어린 양은 희생제물로 썼다. 목자의 기본 도구는 막대기(야생동물을 쫓을 때 쓰는 몽둥이)와 그보다 길고 한쪽 끝이 구부러진 지팡이(양을 이끌거나 구해 낼 때 쓴다), 그리고 야생동물의 공격이 있을 때 돌멩이를 던질 무릿매(사무엘상 17:34-37)였다. 양은 언덕에 풀어 놓고 길렀는데, 야곱이 경험한 대로(창세기 31:40-41) 목자의 생활은 힘들었다. 하지만 좋은 목자는 자신의 일에 진지하게 임했고 잃어버린 양을 찾아 나섰으며(누가복음 15:4-6), 양들을 위해 위험을 무릅썼다. 밤이면 돌담 위에 가시나무 가지를 씌워 만든 우리에 양들을 집어넣고 목자가 입구에 드러누워 문 역할을 했다(요한복음 10:7-10).

선한 목자 ▼

성경은 하나님을 자기 양을 돌보는 선한 목자로 그린다(창세기 48:15, 시편 23편, 이사야 40:11, 에스겔 34:7-31). 예수가 자신이 목자라고 말씀하셨을 때(요한복음 10:1-16) 그분도 그 주장에 담긴 의미를 잘 아셨을 것이다. 복음서는 예수의 주장이 단순한 말에 그치지 않고 삶으로 입증되었음을 보여주었다. 선한 목자이신 그분은 자기 양을 구하기 위해 목숨을 내어놓으셨다(10:11, 17-18). 초대교회는 선한 목자되신 예수의 이미지를 소중히 간직했다(히브리서 13:20, 베드로전서 5:4).

구약시대 이스라엘 사람들은 고기잡이에 대해 아는 바가 거의 없었다.
이 사실은 조그마한 물고기건 요나 이야기에 나오는 거대한 물고기건,
"물고기"를 뜻하는 히브리 단어가 하나뿐이라는 데 잘 드러나 있다.
그러나 신약시대에 이르러 고기잡이는 번성하는 사업이 되었고,
예수는 열두 제자의 절반을 어부들 중에서 뽑으셨다.

48. 고기잡이

구약시대의 고기잡이

이스라엘 자손은 주로 내륙에 사는 민족이었고, 그들에게 바다는 리워야단(리바이어던) 같은 포악한 괴물들이 가득한 무서운 곳이었다. 성경은 그들에게 바다를 주권자 하나님이 지배하시는 곳으로 보라고 촉구했다(욥기 41장 등). 그에 반해 페니키아인은 대해(지중해)에서 배를 타고 고기를 잡거나 무역을 하는 대단한 해양민족이었다. 그들의 주 항구는 두로에 있었고, 거기서 예루살렘으로 물고기를 보내 팔았다(느헤미야 13:16). 이집트인도 고기잡이를 좋아했고, 이집트를 빠져나온 이스라엘 백성의 회상을 통해 나일 강에 물고기가 엄청나게 많았다는 것을 짐작할 수 있다(민수기 11:5). 첫 번째 재앙에서 나일 강의 물고기들이 죽은 것은 그야말로 엄청난 재난이었을 것이다(출애굽기 7:21). 그들은 스포츠 삼아 물고기를 잡았고, 고기잡이를 나간 자리에서 그대로 잔치가 벌어지기도 했다.

신약시대의 고기잡이

신약시대에 이르러 팔레스타인에도 어업이 크게 발달했다. 팔레스타인 어업의 근거지였던 갈릴리 바다에는 틸라피아, 잉어, 정어리를 주종으로 해서 모두 열네 종

의 물고기가 있었다. 생선은 식단의 주요 품목으로 자리잡았다. 갈릴리에서 잡힌 생선은 예루살렘 어시장으로 보내졌고 거기서 만들어진 생선소스와 함께 로마와 스페인에까지 수출되었다. 갈릴리 경제에서 수산업이 차지하는 중요성은 당시 지명에서도 엿볼 수 있다. 벳새다는 "물고기의 집"이라는 뜻이고, 타리케아에(막달라)는 "절인 생선 마을"을 뜻한다. 벳새다에서 예수 당대의 가옥 유적이 많이 발굴되었는데 그중 일부에서 고기잡이 장비가 나왔다. 소금기가 너무 많은 사해에서는 고기잡이가 불가능했는데, 에스겔은 메시아 왕국에서 되살아날 사해를 보았다(에스겔 47:8-9).

어부의 생활　어부의 생활은 힘들었고 종종 호수에서 밤을 지새워야 했다(누가복음 5:5, 요한복음 21:3). 다음 날 뭍으로 돌아오면 물고기를 분류하고 다듬고 그물을 씻어 말리고 수리했다. 좋은 물고기는 바구니에 담아 시장으로 보냈는데 보통은 부패를 막기 위해 소금에 절였다. 그중 일부는 생선소스로 만들었다.

틸라피아(왼쪽) 갈릴리 바다에서 잡은 틸라피아. 흔히 사도 베드로의 물고기로 불렸다.

익투스(오른쪽) 물고기는 초기 그리스도인의 가장 흔한 상징 가운데 하나였고 그리스도인들이 서로를 알아보는 '비밀 신호'로 사용되었다. 물고기를 뜻하는 그리스어 익투스(ΙΧΘΥΣ)는 글자 하나하나가 한 단어를 가리키는 두문자다. "예수 그리스도, 하나님의 아들, 구주"(Ι ησους Χριστος Θεου Υιος Σωτηρ).

갈릴리 바다에서의 고기잡이는 위험했다. 느닷없는 폭풍이 자주 일었기 때문이다. 아르벨 협로 같은 가파른 골짜기 사이로 불어온 거센 바람이 "갑자기" 사나운 풍랑을 일으켰다(마태복음 8:24, 우리말성경).

어부들은 종종 팀을 이루어 배를 사서 동업자로 일했다. 베드로, 야고보, 요한이 그런 경우였다(누가복음 5:7, 10). 요한은 예수가 부활하신 후 베드로가 기적적으로 잡은 물고기 수가 153마리였다고 기록했는데(요한복음 21:1-14), 이것은 초대 교부들이 제시한 것처럼 그 숫자에 신비한 중요성이 있어서가 아니었다. 교부들은 당시 바다에 153 종류의 물고기가 있었을 것이라고 잘못 생각했고 그 숫자가 제자들이 나가서 '낚아야' 할 나라의 전체 수를 상징한다고 보았다. 실은 어부들이 평소 하던 대로 하루 일과를 마치고 물고기 수를 헤아린 것뿐이었다(그래야 잡은 물고기를 공평하게 나눌 수 있었으니까). 그런데 그날 잡은 물고기 수가 너무 많아서 그들은 그것을 잊을 수가 없었던 것이다.

고기 잡는 법　　성경에는 고기를 잡는 네 가지 방법이 나와 있다.

　　작살(욥기 41:7)　　이 방법은 종종 밤에 사용했는데, 뱃전에 등을 달아 놓고 물고기를 유인해 작살로 잡았다.

갈릴리 바다 북서쪽 연안에서 발견된 AD 1세기 배의 선체. 길이 8m, 폭 2.3m, 깊이 1.4m의 이 배는 1톤가량의 무게를 실어 나를 수 있었을 것이다. 잡은 물고기를 포함해 대여섯 명의 선원이나 비슷한 수의 승무원에 열 명의 승객이 탈 수 있었다. 노를 젓거나 외돛에 바람을 받아 나아갔을 것으로 추측된다. 어부 출신인 예수의 제자들이 고기잡이용으로 썼던 배나 예수가 종종 타셨던 배도 이와 같았을 것이다(마태복음 8:23, 9:1, 13:2, 14:13, 15:39).

낚싯줄과 바늘(마태복음 17:27)　　낚싯줄에 뼈나 쇠로 만든 바늘을 걸고 손으로 집어 물에 던졌다(오늘날과 같은 낚싯대는 없었다).

투망(4:18)　　투망은 가장자리에 추를 달아 잠기게 만든 자그마한 원형 그물이다. 어부는 해안가나 물에 들어가서 투망을 던졌다. 기습을 당한 물고기들이 물속에 잠긴 그물에 걸렸다. 어부는 투망과 물고기를 건져 해안이나 배로 끌고 갔다.

저인망(13:47-50)　　투망보다 더 큰 그물로, 큰 것은 길이가 450m에 이르렀다. 윗부분에는 물에 뜨는 물체가 달리고 바닥에는 추가 달린 그물을 배 두 척에 연결해 끌고 가거나, 호수에 배 한 척을 띄우고 해안에 있는 사람들이 그물의 한쪽 끝을 잡아끌고 갔다. 물고기가 걸리면 배로 끌어올리거나 육지 쪽으로 끌어당겼다(요한복음 21:11 등).

예수가 택하신 열두 제자 중 적어도 절반은 열심히 일하던 어부였다(마태복음 4:18, 21, 요한복음 21:2). 그들이 선택된 이유는 어쩌면 목표로 삼은 물고기를 반드시 잡는 불굴의 의지 때문이었는지도 모른다. 그들은 예수가 염두에 두신 일, 곧 적대적인 세상으로 들어가 "사람을 낚는 어부"(마가복음 1:17)가 되는 일을 맡기에 적합한 이들이 되었다. 신약성경은 바로 이 일이 그분을 따르는 자들이 오늘날에도 감당해야 할 과제임을 보여준다.

초기부터 인류는 창의적인 존재였다(창세기 4:21-22).
성경은 이러한 창조성의 근원을 인류가 창조주 하나님의 형상으로 만들어진 존재라는 사실,
그리고 창조성이 하나님의 영의 선물(출애굽기 31:3-5)이라는 사실에서 찾을 수 있다고 말한다.
개인이 천, 나무, 돌, 금속을 직접 다루던 것이 이스라엘의 경제가 발전하면서 전문화가 이루어졌고,
수공업자들이 도시에 모여들어 동업조합을 만들었다.

49. 수공품과 건축

토기

이스라엘의 토기는 주로 그릇, 잔, 항아리, 램프였는데 대체로 소박해서 예술작품과는 상대적으로 거리가 멀었다. 그러다 왕정시대 무렵 토기 제작이 하나의 산업이 되었고 토기장이들은 힘을 합쳐 자신들의 상표가 찍힌 물품을 대량생산했다. 왕을 위해 일하는 토기장이 동업조합도 있었다(역대상 4:23).

토기 제작과정은 먼저 인근의 적색점토를 떼어다가 비바람을 맞혀 부스러지게 하고 불순물이 빠지게 한다. 거기에 물을 부어 반죽해 진흙을 만들고 주의 깊게 공기를 뺀 후 거푸집이나 물레 등을 이용해 형태를 만들었다. 성경시대의 토기장이 물레는 대부분 수직으로 된 축에 설치한 두 개의 돌로 이루어졌는데, 아래쪽 돌을 구멍에 끼워 고정하고 토기장이가 발로 돌리면 위쪽의 돌도 돌아가면서 그 위에서 그릇을 빚었다. 그릇의 모양이 잡히면 필요에 따라 장식을 하고 가마에 넣어 구웠다.

가죽

가죽은 옷, 허리띠, 신발, 물병, 필기구 등 다양한 용도로 쓰였다. 우선 동물의 가죽을 벗기고 긁개로 지방과 털을 제거했다. 그 다음, 가죽을 햇볕에 말리고 연기에

가죽세공 도구 엔게디의 한
이스라엘 가죽공방에서 발견된
가죽세공 도구들.
바늘, 긁개, 송곳이 보인다.

그을리고 식물즙으로 처리하는 방식으로 무두질을 했다. 이렇게 가죽이
완성되면 원하는 모양으로 잘라 꿰맸다. 유대율법은 죽은 동물의 가죽을
다루는 무두장이가 '부정'하다고 규정했고, 그들은 유대인 사이에서 경멸
의 대상이 되어 종종 도시 바깥에서 일했다. 베드로가 욥바에서 시몬이라
는 무두장이 집에 머문 것을 보면(사도행전 9:43, 10:6) 그가 유대인으로서
가졌던 이전의 거리낌을 많이 벗어버린 것을 알 수 있다.

건축

초기 이스라엘 자손은 그들이 들어가 살 소박한 집 외
에는 건축에 별 관심이 없었다. BC 10세기, 다윗과 솔
로몬의 통치기간이 되어서야 페니키아의 석공과 목수
의 도움을 받아 전문적인 건축사업이 추진되었다(사무엘하 5:11-12, 열왕기
상 5:1-18). 그러한 대형 건축사업을 계획하고 총괄하는 일은 "능숙한 건축
가"(고린도전서 3:10, 공동번역)가 맡았는데, 그는 측량자(요한계시록 11:1)와
다림줄(아모스 7:7-8)을 이용한 측량 확인 등 건축의 모든 측면을 감독했다.
신약시대 이스라엘의 최대 건축사업은 헤롯 대왕의 새로운 성전이었다.
그가 죽은 지 오랜 시간이 지난 AD 62년에야 건축이 완성되었고 그로 인
해 18,000명의 사람이 갑자기 일자리를 잃었다. 헤롯 안티파스도 광범위
한 건축사업을 추진했기 때문에 당시에는 석공, 목수, 금속공 같은 숙련된
일꾼이 많이 필요했다.

보석

이스라엘 자손은 벽옥, 마노, 홍
옥수 등 준보석을 썼는데, 그것
들을 연마하고 가공해서 구슬을
만들거나 도안을 새겨 인장을 만
들었다. 대제사장의 가슴받이(흉
패)에는 열두 개의 준보석을 박았
는데, 각 보석은 이스라엘 열두
지파를 상징했다(출애굽기 28:15-
21).

목수　이스라엘 목수의 기술은 다양했다. 건축에 쓰이는 물건(문, 창, 계단, 지붕)부터 가구(긴 의자, 침대, 의자, 식탁), 주방기구(그릇, 숟가락, 상자), 농기구(쟁기, 멍에, 탈곡기, 수레)에 이르기까지 나무로 된 모든 것을 만들어 냈다. 페니키아 목수들은 자국의 뽕나무로 배를 만들었고, 백향목으로는 돛대를, 참나무로는 노를 만들었다. 두로 왕 히람은 전문 목수들을 보내 다윗 궁전과 솔로몬의 성전 짓는 일을 도왔다. 나무 조각은 전문가들이 맡았는데, 조각용으로 단단한 나무(흑단, 백단, 회양목)가 수입되었다. 이스라엘에서 나는 나무들(백향목,

상아 조각 성경에 "상아 궁"(열왕기상 22:39)으로 기록되어 있는 사마리아의 아합 왕 궁전 폐허에서 발견된 상아 스핑크스 조각(BC 9세기)

에베소의 폐허에서 나온 벽돌 오늘날 아이들이 가지고 노는 조립블록처럼 원형의 튀어나온 부분이 그 위에 쌓이는 벽돌의 아랫부분 구멍에 끼워져 단단하게 고정되었다.

잣나무, 참나무, 물푸레나무)은 일반적인 소목일에 쓰였고 뽕나무는 농기구를 만드는 데 쓰였다.

금속 세공

모세의 말대로(신명기 8:9) 가나안에는 철과 구리가 많이 났다. 구리 광석을 불 위에 올리거나 가죽풀무가 달린 소형 용광로에 넣어 녹여서 얻은 구리를 거푸집에 붓거나 굳힌 다음 상온에서 두들겨 원하는 모양을 만들어 냈다. BC 2000년경, 4퍼센트의 주석을 첨가하면 구리가 더 단단하고 강해진다는 사실이 밝혀졌고 이후 이 금속은 청동으로 알려지게 된다(하지만 구리와 청동에 해당하는 히브리어는 동일하다). 정교하게 세공된 솔로몬 성전의 많은 물건들이 청동으로 만들어졌다(열왕기상 7:38-47). 철의 생산방법은 블레셋 족속에게서 배웠는데, 처음에 그들은 철 제련기술을 공유하지 않으려 했다(사무엘상 13:19-22). 철은 생산이 어려웠기 때문에 널리 사용되기까지 시간이 걸렸다. 이사야는 대장장이를 "메질꾼"이라 불렀고, 금장색과 청동장색은 "망치로 고르게 하는 자"라고 불렀다(이사야 41:7, 개역개정). 이 기술자들은 납땜, 못접(리베팅), 주조를 활용해 쟁기날, 호미, 도끼, 끌, 단검과 장검 같은 일상적인 용도의 물건뿐 아니라 정교한 물품과 장신구도 만들었다.

기초 ▼

성경에는 건축 비유가 종종 등장한다. 예수는 지혜로운 건축자와 어리석은 건축자의 비유(마태복음 7:24-27)를 통해 견고한 기초 위에 인생을 세워 나가야 한다고 촉구하셨다. 예수는 그분의 말씀을 듣고 순종하는 것이 유일하고도 확실한 기초라고 말씀하셨다. 성경은 교회를 건물에 비유하면서(고린도전서 3:9, 16), 반석이자 모퉁잇돌이신 그리스도(베드로전서 2:4-8) 위에 교회를 세워 나가라고 촉구한다(고린도전서 3:10-17).

구약시대 이스라엘 사람들은 보통 자기 가족이 쓸 것만 생산해서 직접 만들 수 없는 것은 별로 없었다.
여행이 매우 어려웠기 때문에 무역이라고 해 봐야 일정 지역 내에서 이루어지는 것이 다였다.
하지만 시간이 흐르면서 성문 주변으로 시장이 발달하기 시작했다. 거기서 주변 농장의 농산물이 거래되었고
수공업자들이 수공품을 내다 팔았다. 무역의 범위도 점차 넓어졌고 거래되는 물건의 종류도 다양해졌다.
그러나 팔레스타인은 여러 무역로가 교차하는 지역적 장점을 잘 활용하지 못했다.

50. 무역과 상업

시장

시장은 상거래가 이루어지는 장소였을 뿐 아니라, 도시 활동의 중심지였다. 이곳에서 사람들을 만나고(마태복음 23:7) 숙소를 찾고(사사기 19:15-21) 일자리를 구하고(마태복음 20:3, 사도행전 17:5) 가르침을 받거나(느헤미야 8:1-3) 아이들이 놀았다(마태복음 11:16-17). 신약시대에 예루살렘에는 몇 개의 시장이 있었는데, 그중 하나인 성전 바깥뜰에 형성된 시장을 예수가 깨끗하게 하신 바 있다(21:12-13). 랍비들은 시장 감독관을 임명해 유대율법에 따라(레위기 19:35-36) 공정한 거래가 이루어지는지, 정확한 저울을 쓰는지 등을 확인하게 했다. 예언자들은 종종 시장에서 벌어지는 일들을 영적 생활의 척도로 보았다(느헤미야 10:31; 13:15-22, 아모스 8:5-6).

상인들

구약시대의 주요 무역중심지는 두로와 바벨론이었는데, 이곳의 상인들이 국제무역을 좌우하며 매우 부유해져서 주변국의 미움을 샀다(이사야 23장, 에스겔 27장). 유다나 이스라엘은 중요한 무역국이 아니었는데, 수도가 내륙과 산지에 위치해 주요 도로와 멀리 떨어져 있었고, 그나마 이루어지던 약간의 국제

사치품

기록에 따르면 신약시대 로마 치하에서 팔레스타인으로 아마포, 비단, 향신료, 향수, 보석, 유리그릇, 그리스 포도, 사과, 치즈 등 무려 118가지의 외국산 사치품이 수입되었다.

무역도 왕이 통제했던 것 같다(열왕기
상 20:34). 신약시대가 되면 로마가 세
계의 상업 중심지로 부상해서 대부분
의 거상은 로마인이었다. 하지만 유대
상인들도 로마와 알렉산드리아에 자리
를 잡았던 듯하다. 구약성경에서 두로
를 향해 선포된 저주, 곧 무역으로 생겨
난 물릴 줄 모르는 탐욕에 대한 저주가
요한계시록에서는 로마(은밀하게 바벨
론으로 표현된)를 향해 선포된다(18:11-
24).

브엘세바의 시장의 모습.
성경시대의 풍경도
그리 다르지 않았을 것이다.

이스라엘의 국제무역

무려 BC 5000년에 근동에서 국제무역이 이루어졌다는
증거가 있지만, 이스라엘에서 국제무
역이 본격적으로 이루어진 시기는 솔로몬 왕 때였다. 여기에는 무역로가
지나는 새로운 영토를 정복한 일, 이스라엘에서 새로 발전하는 산업들을
위한 원재료 수입의 필요성, 지위에 걸맞은 사치품을 원하는 왕의 욕구 등
(열왕기상 10장) 많은 상황이 복합적으로 작용했다. 육로로는 주석, 납, 은,
목재, 아마포, 보석, 향신료, 황금 같은 물건이 들어왔다. 바다로는 남쪽의
에시온게벨을 통해 황금, 은, 보석, 상아, 공작, 원숭이가 들어왔다. 이스라
엘은 수출도 하기 시작했는데, 에스겔은 두로와 거래하면서 이스라엘이
수출한 품목으로 "민닛에서 생산한 밀과 과자와 꿀과 기름과 유향"(에스겔
27:17)을 나열했다.

세금

로마의 지배에 대한 증오는 세금과 세금을 거두는 이
들에 대한 유대인들의 태도에서 분명하게 드러났다.
유대인은 로마가 부과하는 세금을 증오했지만 예수는
사람들에게 세금을 내라고 하셨고(마태복음 22:15-22), 변화를 이끌어 내는

아고라 로마의 포럼과 그리스의 아고라는 시장인 동시에 공공집회가 이루어지는 주요 장소이기도 했다. 헬레니즘 시대의 그리스인은 시장 주위로 열주랑(열주가 늘어선 회랑)을 세웠다. 이곳에서 종종 예비재판이 이루어졌고(사도행전 16:19) 철학적, 종교적 토론도 펼쳐졌다. 사진은 아테네에 있는 로마식 아고라 유적이다.

하나님 나라의 능력을 보여주고자 마태 같은 세리들을 제자로 받아 주시기까지 하셨다(9:9-13).

세리

토지세와 인두세는 유대 당국이 매년 걷었지만, 간접세는 '세금 농사'를 통해 거두어들였다. 즉 특정 지역에서 세금을 걷을 권리를 최고입찰인에게 선불을 받고 팔았다. 로마는 이런 식으로 세금을 먼저 받았고, '세금 농부'가 원래보다 상당히 부풀려진 액수를 부과해 두둑한 수익을 챙기는 일을 눈감아 주었다. 이론적으로는 요율에 규제가 있었지만, 재산가치를 판단하는 권한이 세리에게 주어지다 보니 엄청난 불의가 나타났고, 대부분의 사람에게 이것은 제도화된 강도질과 다를 바 없었다.

로마의 세금

- **토지세** 예상 수확량의 1퍼센트였다.

- **인두세** 이것을 위해 정기적인 인구조사가 필요했고(누가복음 2:1-5) 액수는 하루 품삯인 한 데나리온이었다.

- **관세** 여기에는 통행세와 항구, 성문에서 상품에 부과되던 세금도 포함된다. 이것이 특히 부담스러웠는데, 긴 여행 도중 상품에 세금이 여러 번 부과되었기 때문이다.

224

카라반 성경시대 내내, 상인들은 안전과 외로움의 문제를 해결하기 위해 카라반(caravans)—낙타와 나귀들의 수송단—을 이루어 함께 여행했다. 이스라엘이라는 좁은 통로는 여러 무역로의 주요 연결지점이었기 때문에 대상들은 이스라엘을 통과해 지나갔다. 요셉을 샀던 상인들도 "낙타에다 향품과 유향과 몰약을 싣고"(창세기 37:25) 이집트로 가던 이스마엘인이었다. 카라반은 상당히 규모가 컸고 (나귀가 300마리에 이르는 경우도 드물지 않았다) 종종 강도를 의식해 경호대가 동행하기도 했다. 일부 상인들은 매우 먼 거리를 여행했는데, 짐을 나르는 동물 중에 그렇게 오랜 여행을 버틸 수 있는 짐승은 낙타뿐이었다.

이 외에도 세리들은 로마의 협력자로 여겨졌기 때문에 유대인들로부터 심한 미움을 받았고(마태복음 18:17, 누가복음 18:11) 삭개오 같은 세리장은 더 큰 증오의 대상이었다. 하지만 예수는 그런 삭개오도 받아 주셨다(누가복음 19:1-10).

성경은 정직, 곧 말과 행동으로 진실을 전하는 일이 하나님의 핵심 성품이며 그분의 백성도 모든 일을 정직하게 해야 한다고 말한다. 율법은 부정직한 거래를 금했고 (신명기 25:13-16) 성경은 그런 일들을 줄곧 규탄했다(잠언 11:1, 에스겔 45:9-12). 성경은 정직하고 진실하게 말하기를 지속적으로 촉구하며 그러한 태도를 칭찬한다(마태복음 23:16-28, 에베소서 4:25-32).

성경의 위대한 이야기 가운데 일부는 여행에 관한 것이다.
아브라함은 하나님께 순종해 메소포타미아를 떠나 가나안으로 갔다.
이스라엘 자손은 하나님의 인도를 받아 시내 광야를 건너 약속의 땅으로 들어갔다.
예수는 팔레스타인 곳곳을 거닐며 하나님 나라를 전하셨다. 바울은 육지와 바다로 로마 제국을 누비며
복음을 전했다. 이 모두는 하나님의 백성이 감행한 믿음의 큰 행보였다.

51. 여행

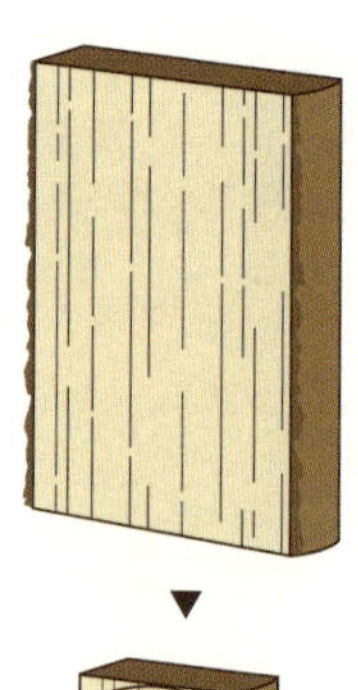

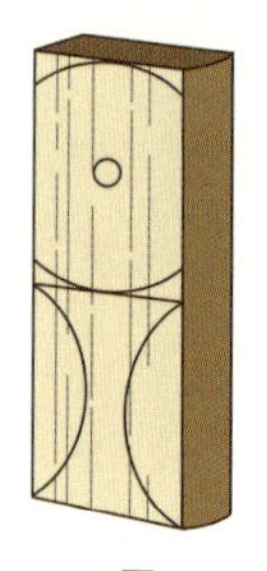

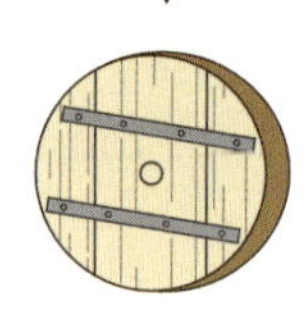

걷기 성경시대 대부분의 여행은 (장거리 여행을 포함해) 도보로 이루어졌는데, 여행자는 한 시간에 5km 정도를 갈 수 있었다. 짐을 실을 노새나 당나귀를 가진 이들도 간혹 있었다. 사복음서를 보면 예수도 어디든 걸어 다니셨고, 나귀가 필요할 때는 빌려야 했던 것으로 나온다. 이것으로 보아 그분이 가난하셨음을 알 수 있다. 바울의 여행도 대부분 도보로 이루어졌을 것이다(사도행전 20:13).

수레와 마차 구약시대에 바퀴 달린 운송수단은 많지 않았지만 메소포타미아에서는 BC 4000년경에 바퀴가 이미 쓰였다는 증거가 있다. 황소나 나귀가 끄는 수레는 곡물과 상품을 나르는 데 사용되었고(사무엘상 6:11) 가끔은 사람도 탔다(창세기 46:5). 하지만 마차는 부자나 군 지휘관의 전유물이었다(출애굽기 14:6-7, 사무엘하 15:1). 신약시대가 되면 곳곳에 로마의 도로가 놓여 경주용 경마차나 에티오피아 내시가 탔던 마차(사도행전 8:26-31) 등, 마차가 보다 널리 쓰이게 된다.

바퀴 만들기 목재의 결을 따라 넓은 판자로 켠 다음 반으로 잘라 한쪽 절반을 바퀴의 중심으로 삼고 나머지 절반은 두 개의 반원형으로 잘라 냈다. 그 다음 이 세 부분을 연결해 바퀴로 만들었다.

로마 인근의 아피아가도(Via Appia)
바울은 BC 194년에 건설된 이 길을 따라
감옥으로 끌려갔다. 로마의 도로는 3중으로
건설되었는데, 시멘트가 섞인 돌로 기초를 놓고
그 위에 자갈이나 잡석을 쌓은 후 판석들을 맞물리게
깔아 표면을 마무리했다. 도로 중앙을 약간 볼록하게
만들어 물이 배수구로 빠지게 했는데, 주요 도로의
폭은 6–8m였다. 필요한 경우에는 다리를 놓고
둑길을 쌓기도 하면서 도로가 최대한
곧게 뻗어가도록 만들었다.

도로

로마시대 이전까지 팔레스타인의 도로는 흙을 밟아서 다진 비포장로였다. 주요 도로는 두 개 뿐이었다. "해변길"(이사야 9:1)은 이집트의 멤피스에서 두로와 시돈까지 이어지는 해안을 따라가다 동쪽으로 돌아 시리아의 알레포에 이르렀는데, 알레포에서 메소포타미아와 소아시아를 잇는 도로와 만났다. "왕의 대로"(민수기 20:17)는 다마스쿠스에서 남쪽으로 내려가 요단 강 동쪽에 이르고 사해 남쪽에서 갈라져서 한 쪽은 이집트로, 다른 쪽은 홍해로 이어졌다. 이 두 도로는 남쪽의 여리고를 관통해 북쪽에서는 이스르엘 평원을 지나는 동서 도로들과 만났다.

로마가 이 지역을 점령하면서 팔레스타인은 80,000km의 대로와 320,000km의 2급 공도로 로마 제국 구석구석을 연결하는 도로망에 통합되었다. 이렇게 되자 물자와 제국전령의 이동, 그리고 더욱 중요하게는 군부대의 이동이 신속하고 용이해졌다. 이 탁월한 도로망은 기독교 메시지의 전파에도 상당한 도움이 되었다.

가버나움에 있는
로마의 이정표. 이정표는
1,000보마다 세워졌는데, 도로
시작점으로부터의 거리나
가장 가까운 도시까지의 거리를
새겼다.

여관　구약시대 팔레스타인에는 여관이 드물었지만, 로마인은 하루 여행길 정도의 거리마다 여관을 지었다. 주로 제국전령을 위한 숙소였지만 여행자들도 이용했고, 여관의 위치와 가능한 서비스가 나와 있는 도로 지도가 있었다. 평판이 나쁜 여관이 많았기 때문에 그리스도인들은 서로 묵을 곳을 제공해 주라는 권면을 받았다(로마서 12:13, 베드로전서 4:9). 한곳에 오랜 기간 머무는 여행자는 바울이 로마에서 그러했던 것처럼 셋집을 얻기도 했다(사도행전 28:30).

배와 항해　이스라엘은 바다를 무서워해 피했지만, 페니키아와 이집트는 모두 대단한 해양국가였다. 이집트인은 BC 3000년경부터 바다로 나갈 수 있는 배를 만들었는데, 처음에는 갈대로, 나중에는 나무로 만들었다. 페니키아의 배는 백향목 돛대, 참나무 노, 뽕나무 갑판, 이집트산 아마포 돛으로 세심하게 만들어졌다(에스겔 27:5-9). 이스라엘은 솔로몬 치하에서 바다로 나가 유일하게 성공을 거두었는데, 솔로몬은 아카바 만의 에시온게벨을 근거지로 하여 페니키아 선원들이 모는 상선단을 보유했다(역대하 9:21).

　　신약시대에 이르러 로마가 해적들을 소탕해 큰 배들이 지중해를 안전하게 다니게 되었다. 조선기술도 크게 발달해, 바울이 로마로 갈 때

이집트와 메소포타미아의 큰 강들은 자연적인 도로 역할도 했다. 이집트에서는 나일 강에 배를 띄워 하류로 내려갔고, 탁월풍이 불 때는 상류로 올라갔다. 사진은 신전에 새겨진 이집트 왕실 거룻배의 모습.

276명의 승객과 함께 탔던 것과 같은(사도행전 27:37) 대형 곡물선은 길이가 55m에 이르렀다. 배는 대체로 외돛대에 큰 돛을 하나 달았는데, 로마의 전함에는 노꾼도 있었다. 디아스포라 유대인들은 90일 안에 예루살렘에 들어갈 수 있는 거리에 살아야 했다. 매년 유월절에 그들을 예루살렘으로 나르는 특별한 배들이 마련되었는데, 종종 엄청나게 비싼 가격을 부르기도 했다.

항해는 언제나 날씨의 영향을 많이 받았다. 여름철에는 로마에서 알렉산드리아까지 열흘밖에 안 걸렸지만 겨울철에는 바람 때문에 그 기간이 두 달까지 늘어났다.

여행의 위험 여행은 힘들고 느렸으며 종종 위험이 뒤따랐다. 이스라엘 역사에는 "세상이 하도 어지러워서, 땅 위에 사는 모든 백성이 마음 놓고 평안히 나들이도 못하"던(역대하 15:5) 때도 있었다. 로마시대에도 도보 여행은 여전히 위험했는데, 선한 사마리아인 비유에서 이 사실을 엿볼 수 있다(누가복음 10:30). 바다로 여행하는 사람들도 위험과 마주쳤는데, 주로 해적(신약시대에는 로마 함대로 인해 상당히 줄었지만)과 날씨 때문이었다. 사도 바울은 네 번이나 난파를 당했다(고린도후서 11:25-26, 사도행전 27:13-44).

믿음의 걸음 ▼

성경시대에는 걷기가 주된 이동방법이었다. 성경에 걷기와 관련된 비유적 표현이 많다는 것을 봐도 잘 알 수 있다. 성경은 신자들이 "하나님과 동행한다"(함께 다니다, 함께 행하다, 창세기 5:22, 미가 6:8, 요한계시록 3:4)라고 표현하는데, 이것은 하나님과의 친밀한 관계를 그려주는 그림이다. 또한 성경은 신자들에게 새로운 방식으로 행하라고 촉구한다(골로새서 3:5-8, 요한일서 1:6-7). 이것은 그리스도인이 변화된 삶을 살아가도록 부름 받았음을 보여준다.

흔히 생각하는 것과 달리, 성경에는 돈에 대한 실질적인 조언이 많이 나온다.
성경은 적절히 다루면 돈이 큰 축복의 원천이 될 수 있음을 인정한다.
그러나 지혜롭게 다루지 못하면 덫이 될 수 있다.
돈이 아니라 "돈을 사랑하는 것이 모든 악의 뿌리"(디모데전서 6:10)라고 성경은 말한다.

52. 돈

화폐

처음에는 돈이 아니라 소멸성(보리, 밀, 대추야자) 혹은 비소멸성(금속, 목재, 동물) 물자를 가지고 원하는 물건과 교환했다. BC 3000년 무렵에는 귀금속—은, 구리, 금, 호박금(electrum, 금과 은의 합금)—도 구매에 사용되었다. 팔레스타인에서는 은이 가장 일반적인 귀금속이었고 무게를 달아 '세겔' 단위로 통용되었다(창세기 23:15-16, 예레미야 32:9). 보다 귀했던 금은 국제무역이나 공물에 사용했다(열왕기상 9:11-14, 열왕기하 18:14). 이 금속들의 무게 단위로 만든 다양한 가치의 주화(동전)들이 BC 7세기에 리디아에서 쓰이기 시작해 페니키아 상인들이 널리 퍼뜨렸다. 페르시아가 화폐를 통일하면서 주화의 사용은 더욱 늘어났고, 페르시아는 BC 400년경부터 유다 총독들이 '예후드'(유다)라고 새겨진 작은 은화를 발행하는 것을 허용했다. 마카베오 전쟁이 끝난 후, 유대인들은 다양한 도안과 함께 통치자의 이름을 히브리어와 그리스어로 새긴 지역 화폐를 만들었다.

　　신약시대에 팔레스타인에는 세 가지 다른 통화가 유통되고 있었다. 제국 화폐(로마 표준), 속주 화폐(그리스

동전

동전에는 주조 당시 유통 지역의 통치자 이름과 형상이 새겨진 경우가 많기 때문에 고고학자들이 유적 건축물의 연도를 파악하는 데 도움이 된다.

230

신약의 화폐 단위		
로마	그리스	유대
	렙돈(동화, 복수형은 렙타)	
고드란트(=2렙타)		
앗사리온(=4고드란트)		
데나리온(=16앗사리온)	드라크마(은화)	
	디드라크마(=2드라크마)	(반 세겔로 사용)
	스타테르(은화, =4드라크마)	세겔
아우레우스(금화, =25데나리온)		
100데나리온	므나	30세겔
240아우레우스	달란트(=60므나)	

구약의 화폐 단위

구약시대의 기본적인 유대통화는 세겔이었는데, 바벨론 유배가 끝나기 전까지는 세겔이 화폐 단위가 아니라 무게 단위였다. 다음의 무게 단위는 근사치인데, 성경시대에는 무게 단위가 모든 곳에서 표준화된 것이 아니었기 때문이다.

게라 = 0.6g
세겔 = 11.5g(50세겔 = 1므나)
므나 = 600g(60므나 = 1달란트)
달란트 = 30kg

표준), 그리고 지역(유대) 화폐였다.

환전 신약시대 팔레스타인에는 너무나 많은 통화가 유통되던 터라 환전상들이 필요할 수밖에 없었다. 특히 큰 절기 때는 해외에서 온 유대인들이 성전세를 지불해야 했는데, 환전상들이 이방인의 뜰까지 좌판을 이동해 가며 터무니없는 환율로 돈을 바꾸어 주었다. 예수는 그들을 강도라 꾸짖으시고 성전 뜰에서 내쫓으셨다(마태복음 21:12-13, 마가복음 11:15-17, 누가복음 19:45-46, 요한복음 2:13-16).

대금 대금(貸金)은 허용되었지만 유대율법은 이스라엘 동포에게 이자를 물리는 행위를 금지했다(출애굽기 22:25, 레위기 25:35-37, 신명기 23:19-20). BC 8세기경 대금이 대규모로 이루어졌을 때, 예언자들은 이 규정을 남용하는 이들에게 문제를 제기했다. 상업대출에 물리는 이자는 바벨론에서 허용되었지만 이스라엘에는 그와 같은 것이 없었고, 대출을 상인들의 사업확장에 도움이 된다고 보기보다는 어려운 이스라엘 동포를 돕는 사랑의 행위로 여겼다. 보통은 6개월 단위의 농업대출이 가장 흔했다. 율법은 담보를 규제했는데, 밤에는 담보로 받은 겉옷을 돌려주라고 요구했고(출애굽기 22:26-27) 맷돌을 담보물로 가져가는 일을 금지했다(신명기 24:6). 외국인에게는 이자를 물릴 수 있었지만, 예수는 그 배후에 놓인 마음의 태도를 지적하셨다(누가복

복음서에 나오는 주화

- 가난한 과부는 헌금으로 두 렙돈을 바쳤다(마가복음 12:42).
- 한 앗사리온으로는 참새 두 마리를 살 수 있었다(마태복음 10:29).
- 한 데나리온은 노동자의 하루 품삯이었다(20:9-10).
- 반 세겔(2드라크마)은 성전세로 바치는 금액이었다(17:24).

231

주화 제조업자의 작업실에서 나온 유물. 주화를 만드는 청동(아래). 주화가 달려 있는 주입용 깔때기(가운데). 주조된 직후의 주화(위). 작은 저울에서 나온 쟁반(왼쪽). 주화는 한 닢 한 닢 따로 만들어졌고 진품을 보증하기 위해 인장을 찍었다.

음 6:32-36). 하지만 수입을 얻기 위한 투자를 금하지는 않으셨다(19:23).

은행   구약시대 이스라엘에 은행이 있었는지는 확실하지 않다. 바벨론에는 BC 650년경에 은행이 생겼다. 보통 사람들은 아간이나(여호수아 7:21) 달란트 비유에 나오는 종이 그랬던 것처럼(마태복음 25:25) 돈이나 귀중품을 땅속에 감추었다. BC 2세기 무렵에는 성전 금고가 부자들의 은행으로 쓰였다. 일반 사료에 따르면 본디오 빌라도는 그 자금을 털어 수도교를 하나 지었다.

예수와 돈   복음서에서 예수가 기도보다 돈에 대해 더 많이 가르치셨다고 하면 많은 사람이 놀란다. 예수는 부 자체는 문제로 여기지 않으셨다. 이 점은 유대교 전승과 일치한다. 그분의 관심은 그 부를 어떻게 사용하는지, 그리고 부가 사람들에게

30%	20%	11%	10%	10%	5%	4%	10%
의복	식료품	절기 비용과 성전세	십일조	구제	불법적인 세금이나 뇌물	로마에 바치는 세금과 지방세	기타

◀ 신약시대 노동자 가족의 전형적인 지출 내역

어떠한 영향을 끼칠 수 있는지에 있었다. 그분은 가난한 사람들에게 너그럽게 주라고 권하심(마태복음 6:2-4)으로 전자를, 부가 하나님 나라에 들어가는 데 걸림돌이 될 수 있음을 상기시킴(누가복음 18:18-30)으로 후자의 문제를 다루셨다. 가족 내 재산분쟁에 심판자가 되어 달라고 요청한 사람에게 예수가 들려주신 어리석은 부자의 비유는(누가복음 12:13-21) 채울 수 없는 욕망의 어리석음을 잘 드러내 준다.

가난과 빚

성경은 가난이 어리석음이나 게으름의 결과일 수 있다는 점을 인정하지만(잠언 6:9-11) 더 많은 경우 다른 사람들의 탐욕이나 권력욕의 산물로 돌린다. 예언자들은 가난한 사람들을 "삼키고" "약탈하고" "망하게 하고" "짓밟고" "갈아 버리고" "억압하는" 지도자들과 사회를 규탄했다(이사야 3:13-15, 아모스 4:1, 8:4). 율법은 자선과 관대한 대출을 명하고 빚진 사람들에 대한 착취를 금하며(레위기 25:37-43, 신명기 24:6) 모든 빚을 7년마다 탕감해(신명기 15:1-3) 가난의 대물림을 방지함으로써 빚을 최소화하려 했다. 초대교회는 어려움에 처한 사람들을 돌보는 이러한 입장을 견지했고(사도행전 2:45, 4:32-35, 로마서 15:25-26, 고린도전서 16:1-4, 고린도후서 8:1-15, 야고보서 2:1-19), 가난한 자들을 기억하는 것이 사도 활동의 근본원리였다(갈라디아서 2:9-10).

관대함 ▾

성경은 하나님을 믿을 수 없을 만큼 관대한 분으로, 마치 만 달란트(한 달란트는 노동자의 15년 품삯)의 빚을 그냥 탕감해 주는 왕과 같다고 묘사한다(마태복음 18:23-27). 성경은 그러므로 하나님의 백성도 관대해야 한다고, 특히 어려운 사람들에게 관대함을 보이라고 촉구한다(25:31-46). 그러면서 "적게 심는 사람은 적게 거두고, 많이 심는 사람은 많이 거둔다"(고린도후서 9:6)는 사실을 상기시킨다.

53. 도량형

**메네, 메네,
데겔, 바르신**

포도주가 흥겹게 돌던 잔치 도중 바벨론의 벨사살 왕은 BC 586년에 예루살렘 성전을 파괴하고 가져온 그릇들을 가져오게 했다. 그때 갑자기 한 손이 나타나더니 벽에 이렇게 썼다. "메네, 메네, 데겔, 바르신." 다니엘만이 그 의미를 밝힐 수 있었는데(다니엘 5:26-28), 도량형과 말놀이를 근거로 한 설명이었다. 메네는 "헤아리다"는 뜻의 아람어로 벨사살 제국의 날이 이제 곧 끝난다는 의미이자 무게 단위 '므나'와 발음이 비슷했다. 데겔은 "무게를 달다"는 뜻의 아람어에서 나온 말인데, 왕을 저울에 달아보니 무게가 부족하다는 뜻이며 무게 단위 '세겔'로 만든 말놀이기도 했다. 바르신은 "나누다"는 뜻의 아람어이고 바벨론이 나뉘어 메대와 바사(페르시아) 사람에게 넘어간다는 뜻인데, '반 세겔'을 의미할 수도 있고 '페르시아인'을 가지고 만든 말놀이도 될 수 있다. 그래서 처음에는 이 메시지가 도량형 단위를 나열한 것—"한 므나, 한 므나, 한 세겔, 반 세겔"

페르시아 시대의
사자 모양 청동 저울추.
앗시리아 후기(BC 8–7세기)까지
거슬러 올라가는 양식이다.
대부분의 저울추는 한눈에
알아볼 수 있도록
무언가의 형상으로 새겨졌다.

렘브란트의
「벨사살의 연회」(1635)

—으로 보였지만 다니엘이 곧 진짜 의미를 제시했다. 그것은 하나님의 저울로 바벨론을 달아보니 그 시한이 다 찼다는 것이었다.

시간 측정　**날**　가장 분명한 시간 측정방식은 일출부터 일몰까지를 하루로 잡는 것이다. 그러나 성경시대에는 하루를 측정하는 세 가지 다른 방식이 있었다. 처음에는 해가 뜰 때 하루가 시작하는 것으로 보았고, 이후에는 달이 뜰 때 하루가 시작된다고 보았다. 그래서 창세기의 창조 기록처럼 "저녁이 되고 아침이 되는" 것이 하루였다. 저녁은 네 시간 단위의 '경'으로 삼등분했다. 로마인은 아침과 밤을 각각 세 시간 단위의 '경'으로 사등분했다.

달　이집트에서 이스라엘은 한 달이 30일로 이루어진 12개월에다 마지막

무게 단위		건량(乾量)	액량(液量)
구약성경	신약성경		
1게라=0.6g		호멜=220l	밧=22l
10게라=1베가(5.8g)		레텍=110l	힌=3.66-4l
2베가=1세겔(11.5g)	리트라=327g	에바=22l	갑=1.2l
1핌=2/3세겔(7.7g)	달란트=20-40kg	스아=7.3l	록=0.3l
50세겔=1므나(575g)		오멜=2.2l	
60므나=1달란트(34kg)		갑=1.2l	
		록=0.3l	

g: 그램 kg: 킬로그램 l: 리터

에 5일을 더하는 이집트 달력을 따랐을 것이다. 그러나 하나님이 시내 산에서 한 해의 첫째 달(니산월)을 봄으로 잡아 출애굽을 기념하라고 명령하시자 변화가 일어났다(출애굽기 12:2). 이후 그들의 달력은 서부 셈 족의 달력과 마찬가지로 12개의 태음월로 이루어졌는데(열왕기상 4:7), 매달은 해질녘, 곧 초승달이 처음 보일 때 시작되었다. 한 달을 29-30일로 보았기 때문에 태음년은 태양년보다 열하루가 짧았고, 그래서 가끔씩 13번째 달을 추가해 새해가 봄 전에 시작되지 않게 했다.

기(seasons)　이스라엘은 한 해의 일정한 때를 종종 달 이름이 아니라 시기로 표시했다. 그래서 '건기'(4-9월)와 '우기'(10-3월), '파종기'(11-12월), '수확기'(4-6월)라는 말을 썼다. '이른 비'는 9-10월에 내렸고 '늦은 비'는 3-4월에 내렸다.

통치자　신약성경은 때때로 이방인 통치자들을 언급하는 방식으로 어떤 사건이 벌어진 시기를 표시한다. 누가복음 3:1의 경우 세례 요한의 사역이 이루어진 시기는 "디베료(티베리우스) 황제가 왕위에 오른 지 열다섯째 해"(AD 27-28)로 표시될 뿐 아니라, 기타 여러 종교 지도자와 세속 통치자들이 다스린 시기로 나온다. 하지만 대부분의 경우 유대 종교력에 따라 시간을 표시했는데, 요한복음(2:13, 23, 5:1, 6:4, 7:2, 10:22)과 사도행전(2:1, 12:3, 18:21, 20:6, 16, 27:9)에서 특히 그렇다.

다른 척도　거리　성경에서는 거리를 화살이 미치는 거리(창세기 21:15-16), 하룻길(열왕기상 19:3-4), 삼일길(창세기 30:36) 등으로 표현했다. 안식일의 여행 거리(사도행전 1:12)는 경건한 유대인이 안식일에 걸을 수 있는 거리로 2,000규빗(약

236

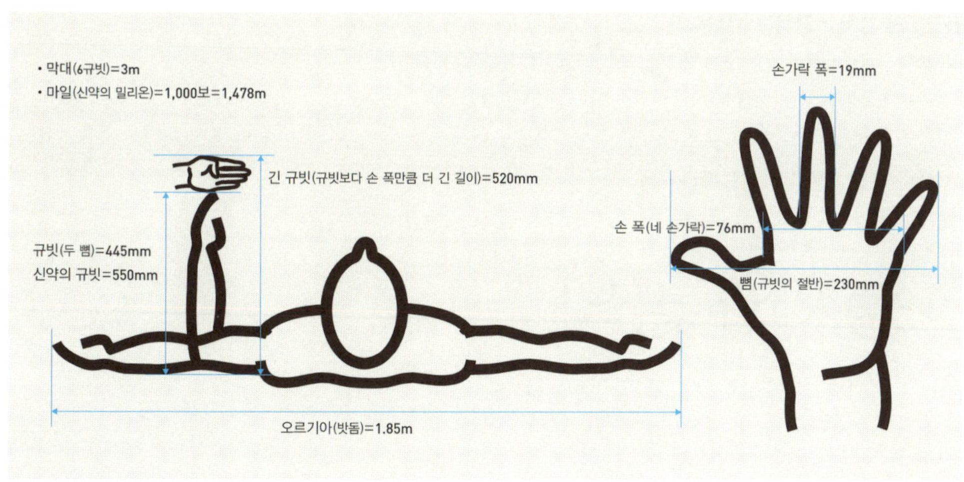

▲ 성경시대에 사용한 길이 단위

1km) 이내였다.

면적 면적은 다양한 방식으로 측정했다. "반나절 갈이 땅"(사무엘상 14:14)이라는 표현의 문자적인 의미는 "하루갈이 땅의 절반"이다. 하루갈이 땅(a yoke)은 멍에(yoke)를 멘 한 쌍의 소가 하루에 쟁기질할 수 있는 면적으로 (4,000m² 정도), 로마 단위는 유게룸(*jugerum*)이었다. 또 다른 면적 측정단위는 땅에 뿌릴 수 있는 씨앗의 양이었다(레위기 27:16). 그런가 하면 "길이가 얼마 너비가 얼마" 하는 식으로 나타내기도 했다(에스겔 40:47).

지름 원의 지름은 "한 가장자리에서 다른 가장자리에까지"(역대하 4:2, 공동번역)로 측정되었다.

한결같음 ▼

"나 여호와는 변하지 아니하나니"(말라기 3:6, 개역개정). 성경은 하나님의 성품이 변하지 않기 때문에 그분이 행하시는 모든 일이 온전히 신뢰할 수 있고 한결같다고 말한다. 이러한 일관성은 노아에게 약속하신 때와 계절의 일관성 같은 세상의 모습에도 반영되어 있다(창세기 8:22). 유대율법은 정확한 저울과 자를 가지고 정직하게 쓸 것을 요구했고, 하나님의 백성은 모든 일에 한결같고 믿음직한 모습을 유지해야 함을 매일 기억하고 살아야 했다.

성경에는 아브라함부터 예수까지 2,000년이 넘는 역사가 펼쳐진다.
그 사이 이스라엘의 통치체제는 필연적으로 큰 변화를 겪었는데,
다른 나라의 지배를 받을 때 그 변화가 특히 심했다.

54. 통치와 공의

**초기
이스라엘의
통치체제**

족장 통치　이스라엘 초기 조직의 중심에는 가족이 있었고 주된 권위자인 아버지, 곧 족장이 하나님 앞에서 직접적인 책임을 져야 했다. 아브라함, 이삭, 야곱이 모두 이러한 방식으로 족장 역할을 했다.

신정 통치　출애굽할 무렵 아브라함의 가족은 열두 개의 가문으로 커졌다. 하나님은 모세를 불러 그들의 지도자 및 그분의 대변인이 되게 하시고(출애굽기 3:11-22) 그의 권위를 확증해 주셨다(민수기 12:1-15, 16:1-50). 모세는 시내 산에서 받은 율법에 의거해 하나님의 백성을 이끌었고, 이스라엘은 시내 산에서 하나님을 왕으로 받아들여(출애굽기 19:3-8) 하나님의 지배를 받는 나라, 곧 신정국가가 되었다.

사사 통치　가나안 입성 초기 이스라엘 자손은 공통조상과 여호와신앙으로 느슨하게 이어진 지파들의 연맹체였다. 이 기간에 하나님은 성령의 기름부음을 받은 '사사'들을 주셨는데, 그들은 특정한 필요에 반응해 하나님이 일으키신 지도자들이었다(사사기 2:6-23). 하지만 그들의 권위는 제한적이었고 지역적이었다. 그러다 마침내 사무엘이 온 나라를 통합하기 시작했다.

요르단 거라사 성문 유적.
유대 장로들은 이와 같은 성문에
앉아 판결을 내렸다(룻기 4:1-12).
성문은 사람들에게
잘 보이는 곳이라
개방적인 결정이 가능했다.

왕정 통치　　이스라엘 자손은 블레셋 족속의 위협 때문에 왕을 요구하고 나섰는데, 사무엘은 이것이 신정 통치에 등을 돌린 처사라고 보았다(사무엘상 8장). 하나님은 거듭된 불순종 때문에 이스라엘의 초대 왕 사울을 폐위하셨지만(13:13-14), 다윗과 솔로몬 치하에서 왕국은 점차 강해졌다. 솔로몬이 지파 경계를 가로지르는 열두 개 행정구역으로 이스라엘을 분할해 중앙집권 통치를 펼치면서 지파 장로들의 힘은 약해졌다. 솔로몬의 왕권은 강해졌지만, 그로 인해 그가 죽은 후 나라가 둘로 쪼개졌다(열왕기상 12:1-19). 왕정은 이스라엘과 유다 모두에서 성공과 실패를 거듭하며 나라가 망할 때까지 이어졌다.

장로　　이스라엘 사회에는 오늘날과 같은 '정부 통제'가 없었다. 의사결정과 법 집행의 주체는 지역에 있는 '장로들', 곧 가족, 지파, 가문의 우두머리들이었다. 이들처럼 경험과 지혜를 인정받는 사람들은 적어도 출애굽 시기부터 존재했다(출애굽기 3:16). 가나안에서는 도시마다 장로들이 있었는데, 그들의 의무는 살인

범 체포(신명기 19:12)부터 부부갈등의 해결(22:13-19)까지 다양했다. 국익이 달린 문제가 생기면 열두 지파의 장로 전체가 모여 왕과 상의했다(사무엘하 5:1-3, 열왕기상 8:1, 열왕기하 23:1). 신약시대에는 대제사장과 서기관뿐 아니라 장로 대표까지 유대교 최고법정인 산헤드린에 참석했다(마가복음 15:1). 장로들은 유대인 교회와 이방인 교회 모두에서 주요 지도자의 역할을 했다. 사도행전 20장은 "장로들"(17절), "감독"(28절), "목자/목회자"(28절) 등 다양한 명칭으로 그들을 부른다. "감독"(그리스어 *episcopos*)이 보다 상위의 지도자("주교")를 지칭하는 용례는 후대에 생겨난 현상이다.

재판　　모세가 혼자서 모든 분쟁을 재판하느라 녹초가 되자, 그의 장인 이드로는 "능력과 덕을 함께 갖춘 사람"을 대리자로 임명해 일상적인 사건들을 재판하게 하라고 조언했다(출애굽기 18:17-23). 이 재판관 체계가 신명기에서 공식화되어 모든 성에 재판관을 세우게 되었다(신명기 16:18). 배심원 재판은 알려지지 않았지만 가끔 장로들이 재판에 참여했다. 재판관 한 명이 내리는 판결은 편파적일 수 있었으므로 율법은 공정함을 요구했고(레위기 19:15), 예언자들은 조금이라도 사법부패의 기미가 보이면 바로 문제를 제기하는 등 끊임없이 공의를 요구했다(열왕기상 21:1-28, 아모스 5:24). 당시에는 변호사가 없었기 때문에 대부분의 사람들은 자기변호를 해야 했다. 증인이 있어야 판정을 내릴 수 있었고, 재판의 공정성을 위해 위증은 엄중하게 처벌했다(신명기 19:15-21).

범죄와 형벌　　이스라엘에는 형사범죄와 민사범죄의 구분이 없었다. 모든 범죄는 개인이나 언약공동체에 해를 끼쳤고 이것을 바로잡는 길은 피해를 보상하는 것이었다(출애굽기 21:18-36). 일반적인 경우 피해를 입힌 그대로 보상하면 되었지만, 도둑은 훔친 물건에 대해 네다섯 배나 보상해야 했으니(22:1) 절도에 대한 강력한 억제책이었을 것이다. 강간이나 절도 같은 형사범죄의 경우에도 범죄자가 피해자에게 보상해야 했다. "눈은 눈으로, 이는 이로, 손은 손으로"(21:24) 갚게 하는 원칙은 범죄에 따라 처벌이 적절하게 이루어지고 지나치지 않도록 제한하는 의미가 있었다. 폭행에 대한 형벌이 정해져 있었고 주인이 노예를 폭행한 경우에도 벌을 피할 수 없었는데, 이것은 당시 법으로서는 독보적인 규정이었다. 살인은 가장 끔찍한 범죄였고, 극소수의 예외를 제외하고는 사형으로 벌했다. 하지만 유대율법은 살인과 과실치사를 구분했다(21:12-14).

로마의 통치

신약시대에 유대인은 로마의 지배를 받았다. 로마는 여러 속주를 각기 다른 방식으로 다스렸다. 치안이 확보된 곳에서는 매년 임명되는 프로콘술(지방총독)을 통해, 질서를 유지하기 위해 군부대가 주둔해야 하는 곳에서는 4-5년 임기로 임명되는 레가투스(부총독), 프로쿠라토르(행정장관), 그리고 빌라도 같은 프라이펙투스(총독)를 통해 다스렸다. 헤롯 대왕 같은 지방의 왕들은 로마에 복종하는 한 일정 지역을 다스리는 일이 허용되었다. 아테네나 에베소 같은 일부 도시는 자치가 허용되었는데("자유 도시"), 빌립보처럼 식민지이면서도 로마의 시민들과 동일한 권리를 누린 도시도 있었다. 몇몇 "거룩한 도시"는 도시 안에서 일어나는 문제를 어느 정도 알아서 처리할 수 있었다. 도시의 제반 문제를 산헤드린이 처리했던 예루살렘이 그런 경우였다.

로마 시민권은 유산으로 물려받거나, 돈을 주고 사거나, 선물로 받을 수 있었다. 바울은 조상에게 물려받은 로마 시민권을 종종 유용하게 사용했다. 황제에게 호소하여 꽉 막힌 법적 절차를 뚫는 경우도 있었다(사도행전 25:11).

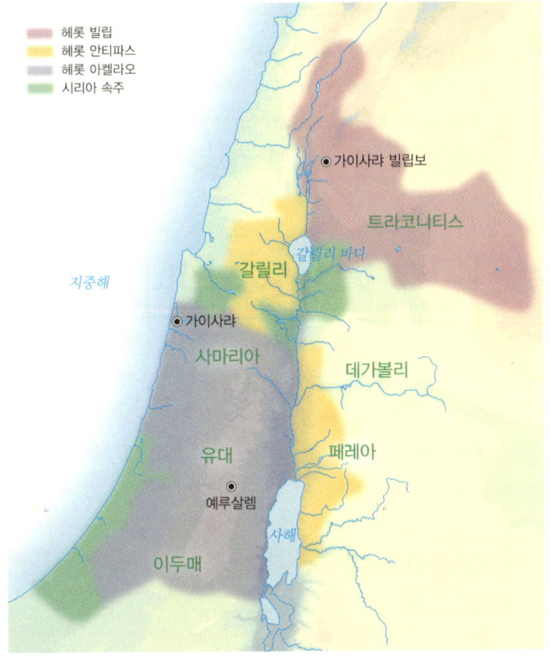

로마 치하에서 유대는 폼페이우스에게 정복당한 후 로마의 속주가 되었다. 로마는 헤롯 대왕을 그곳의 통치자로 임명했는데, 처음에는 총독으로(BC 47), 나중에는 왕으로 임명했다(BC 40). BC 4년에 그가 죽자 로마는 유대를 지도와 같이 그의 세 아들에게 나누어 주었다. 그러나 무능한 아켈라오가 물러나면서 그 자리를 로마 총독 빌라도가 대신했는데(AD 26-36), 통치가 강압적이고 서툴렀던 그는 예수의 십자가 처형을 명령한 장본인이다.

공의 ▼

"여호와께서 네게 원하시는 것은 공의에 맞게 행동하고 긍휼을 사랑하며 겸손히 네 하나님과 함께 행하는 것이다"(미가 6:8, 우리말성경). 성경은 하나님이 공의와 훌륭한 통치를 중요하게 보신다고 가르친다. 그리고 하나님이 바로 공의와 훌륭한 통치의 전형이시다. 권위를 가진 이들은 자신에게도 주인이 있음을 기억하고(에베소서 6:9) 공의와 긍휼과 친절로, 한마디로 하나님의 본을 따라 권위를 행사해야 한다.

글과 언어는 선악을 모두 전달할 수 있기 때문에 성경은 말을 주의해서 사용하라고 권한다.
하나님은 인간의 오만한 말 때문에 사람들을 흩으시고 언어를 혼란하게 하셨는데(창세기 11:3-9),
이 심판은 오순절에 와서 풀렸다(사도행전 2:1-12).

55. 문자와 언어

문자체계

최초의 문자체계는 그림으로 이루어졌는데, 그림은 강력한 전달력을 자랑한다(오늘날도 남자의 윤곽선 그림으로 '남자 화장실'을 표시하지 않는가). 정확성이 점점 더 많이 요구됨에 따라 그림들이 보다 추상적이 되면서 그림보다는 상징에 가까워졌다. BC 3100년경 수메르에서 설형문자(점토판에 새긴 쐐기모양 글자)가 발명되었고, 기호들의 추상성이 높아져 단어뿐 아니라 음절까지 나타낼 수 있게 되었다. 이로써 글이 보다 정확하게 말을 나타낼 수 있게 되었다. 아카드인은 설형문자를 채택해서 제국 전역으로 퍼뜨렸고, BC 2000년경에는 엘람 족속, 후르리인, 히타이트 족속이 모두 설형문자를 썼다.

한편 이집트에서는 다른 형태의 문자가 개발되었다. 히에로글리프(hieroglyph, 신성[神聖]문자)는 BC 3000년부터 쓰였던 그림언어(상형문자)였다. 처음에는 그 모양이 가리키는 대상을 표현했지만 서서히 소리를 표현하게 되었다. 히에로글리프는 히에라틱문자로 금세 바뀌었는데, 실용적인 필기체가 공식 부호가 되었다고 보

선(先)설형문자로 표기된 수메르의 계약서

면 된다. 히에라틱문자는 BC 7세기가 되면서 보다 간결해졌고 데모틱(민중)문자로 바뀌었다. AD 5세기까지 이 세 문자가 모두 사용되었다.

일반적으로 BC 1600년경 페니키아인이 현대 알파벳의 선구 문자체계를 발명했다고 본다. 문자 부호가 개별적인 모음과 자음을 나타내게 되자 많은 부호를 쓸 필요가 없어졌다. 하지만 최근 고고학자들은 BC 1900-1800년경의 문자로 추정되는, 보다 이전의 알파벳문자를 발견했다. 알파벳의 효율성 때문에 설형문자는 서서히 쇠퇴했다. 시리아와 팔레스타인에서는 설형문자가 알파벳 기반의 아람어로 대체되었으며, 아람어는 고대 근동의 공통어가 되었다. 아람어와 같은 알파벳을 썼던 이스라엘의 히브리어는 신구약 중간기에 서서히 아람어로 대체되었고, 이내 아람어가 유대인의 구어가 되었다. 그리스도 페니키아의 알파벳을 받아들였고 그들의 표기법을 왼쪽에서 오른쪽으로 표준화시켜 셈 족의 관행을 뒤집었다. 로마 역시 이 그리스 알파벳을 썼는데, 이때 몇 가지가 변경되면서 오늘날에도 쓰이고 있는 서유럽 문자가 되었다.

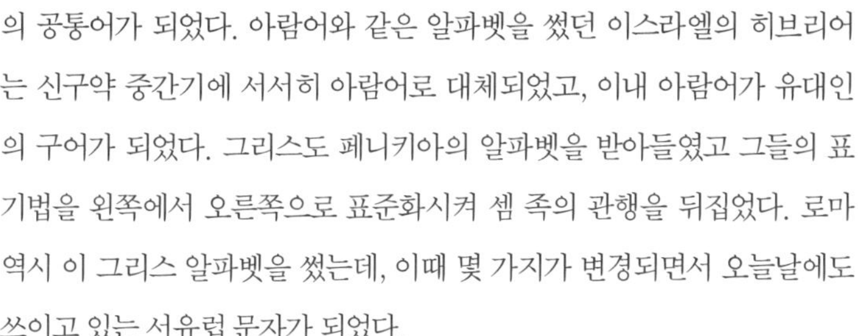

로제타석 1799년 나폴레옹의 이집트 원정 기간에 그의 군대가 발견했다. 로제타석에는 BC 196년 프톨레마이오스 5세를 기리는 비문이 새겨져 있는데 세 부분으로 나누어 히에로글리프, 데모틱문자, 그리스어로 같은 내용을 적어 놓았다. 여기 적힌 히에로글리프가 글자뿐 아니라 소리도 나타낸다는 것을 파악하고 그리스어와 비교한 끝에 비문을 해독한 사람은 J. F. 샹폴리옹(Champollion)이다. 히에로글리프는 AD 5세기에 사어가 된 이후 줄곧 베일에 가려져 있었다.

필기 재료 성경시대에는 다양한 필기 재료가 있었다.

돌 기념비를 만들어 위대한 행적을 기록할 때 썼다. 끌로 새기는 데 시간이 많이 들었기 때문에 때로는 석회를 바르고 철필로 새기기도 했다(신명기 27:1-8).

금속 장식물이나 기념물을 만드는 데 사용했다. 예루살렘에서 발견된 은 부적에는 민수기 6:24-27의 글귀가 새겨져 있다. 돌과 금속에 새긴 글자는 오래도록 지워지지 않았다(욥기 19:23-24).

나무 나무에 밀랍을 입혀 서판을 만들었다. 이렇게 하면 철필로 쓰고(이사야 30:8) 쉽게 문질러 지운 뒤 다시 쓸 수 있었다.

점토판 철필이나 갈대로 새겼다(에스겔 4:1). 구우면 돌처럼 단단해져서 많은 점토판이 지금까지 남아 있다.

오스트라카　도편(도자기 파편, 질그릇 조각)에다 철필로 새기거나 잉크로 글을 적었다. 메모나 짧은 편지에 사용되었다.

가죽　처리를 마친 가죽은 우피지(牛皮紙)나 양피지(羊皮紙)라 불렀다. 잉크로 글을 썼고, 성경을 기록한 이들이 선호한 재료다(예레미야 36:17-18).

파피루스　갈대 속을 얇게 갈라 가로세로로 어긋나게 놓고 눌러 만들었고, 여러 장을 이어 붙일 수 있었다. 고대에 만들어진 필기 재료 중 종이에 가장 가까운 것으로 표면이 질기고 부드러워 인기가 많았다.

잉크　숯, 물, 나뭇진을 섞어 만들었고, 빨간색이 필요한 경우에는 붉은 산화물을 더했다.

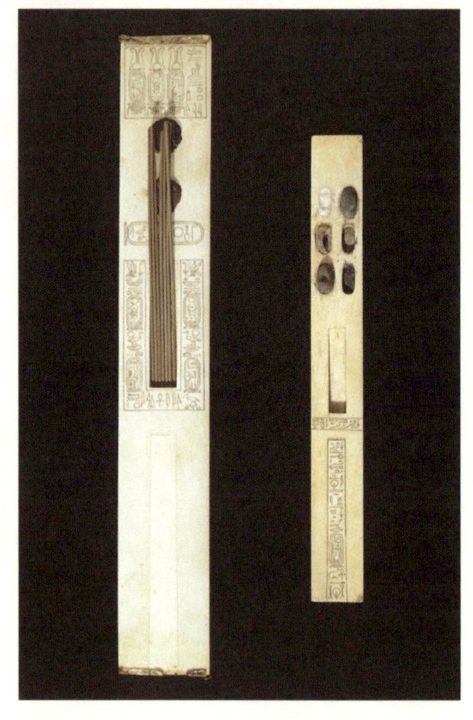

에스겔은 여러 환상을 보았는데 그중 하나에서 "허리에는 서기관의 필묵통"(에스겔 9:2, 공동번역)을 찬 사람을 보았다. "필묵통"을 뜻하는 단어는 사진에 나오는 것처럼 펜과 함께 검정색. 빨간색 잉크(물에 녹여 쓸 수 있게 말린 잉크 덩어리—옮긴이)를 각각 담을 홈이 파인 특정한 형태의 팔레트를 칭하는 이집트 단어에서 나왔다. 펜은 글자에 따라 붓이나 촉으로 쓸 수 있도록 골풀이나 갈대의 끝을 깎아 만들었다. 서기관은 펜을 날카롭게 깎을 수 있도록 칼을 지니고 다녔다(예레미야 36:23).

성경의 글쓰기　글쓰기는 성경 역사 초기부터 등장한다. 이집트에서 글쓰기 훈련을 받은 모세는 역사(출애굽기 17:14), 율법(24:4), 여행기록(민수기 33:2)을 썼다. 여호수아는 십계명(여호수아 8:32)과 율법(24:26)의 사본을 기록했다. 사무엘은 왕의 제도를 기록했다(사무엘상 10:25). 다윗은 편지를 썼고(사무엘하 11:14) 행정기록을 남겼다(역대하 35:4). 예언자들은 자신이 한 말을 기록했다(역대하 21:12, 이사야 8:1, 예레미야 30:2). 글쓰기 기술은 고대 세계에 널리 퍼져 있었기 때문에 이들이 성경에 나오는 그러한 기록을 남겼음을 의심할 이유는 없다. 그러므로 해당 저작들의 기록 시기를 후대로 돌릴 필요도 없다.

편지　그리스-로마 세계에서 편지는 일정한 형식을 갖추었고 신약의 서신서도 대체로 그 틀을 따랐다.

- 편지를 쓰는 사람과 수신자를 밝히는 도입
- 인사

AD 135년에 건축된 에베소 켈수스 도서관의 으리으리한 정면. 고대 세계에 흔했던 도서관은 역사, 문학, 종교, 과학 문헌을 보존했다. 세계 최초의 공공 대출 도서관은 BC 300년경 이집트의 알렉산드리아에 만들어졌는데 60만 개의 두루마리를 갖추었다.

- 수신자를 향한 감사인사

- 본론

- 안부와 작별인사

편지를 쓰고 나면 내용을 보호하기 위해 편지 두루마리를 봉했다(이사야 29:11, 다니엘 12:4, 요한계시록 5:1-2).

의사전달 ▼

성경은 하나님이 존재하실 뿐 아니라 사람들에게 자신의 뜻을 전달하신다고 말한다. 모든 것을 존재하게 만든 것이 그분의 말씀이었고(창세기 1:3) 구약성경 내내 다양한 방식으로 사람들에게 말씀하셨다. 하나님의 궁극적인 의사전달은 "말씀"(요한복음 1:1, 14)이신 그분의 아들 예수를 통해 이루어졌다. 예수는 자신이 "진리"라고 주장하셨고, 성경은 그러한 분을 따르는 자들 또한 모든 말을 진실하게 해야 한다고 촉구한다(마태복음 5:37, 야고보서 3:1-12, 베드로전서 3:9-12).

고대의 보통 사람들에게는 '자유 시간'이 거의 없었다.
그들은 생존을 위해 오랜 시간을 일해야 했다. 하지만 어떤 식으로든 오락 활동을 할 시간을 만들어 냈다.
유대인의 여가 활동은 특히 안식일과 큰 절기를 중심으로 이루어졌다.
유대인은 일주일에 한 번 종교 모임에 참석했을 뿐 아니라 노동을 쉬며 기력을 회복하고,
하나님이 창조 후 '안식'하셨음을 기억하며 그분이 하신 일을 누렸다(출애굽기 20:8-11).

56. 여가와 스포츠

아이들의 놀이 성경시대에는 아이들을 위한 놀이 공간이 따로 없었다. 아이들은 시장(마태복음 11:16)이나 길거리(스가랴 8:5)에서 놀았다. 숨바꼭질, 사방치기, 장님치기 같은 놀이들이 인기가 있었고 결혼식 놀이와 장례식 놀이(마태복음 11:17) 같은 역할놀이도 즐겨 했다. 고대 근동의 소녀들은 인형을 가지고 놀았지만 이스라엘 소녀들은 달랐다. 십계명에서 하늘이나 땅의 어떤 것으로도 형상을 만들지 말라고 명했기 때문이다(출애굽기 20:4). 그러나 호루라기, 딸랑이, 팽이와 굴렁쇠는 흔한 장난감이었다.

이집트에서 나온
바퀴 달린 채색 나무 말 장난감

공놀이와 맞히기 놀이 배트나 라켓은 없었지만 공으로 하는 놀이는 인기가 있었다. 가죽공으로 던지고 받거나 저글링을 했다. 구슬치기도 즐겨 했는데, 세 개의 아치형 구멍이 난 작은 담 사이로 구슬을 굴려서 반대쪽의 장애물을 쓰

러뜨리는 놀이다. 맞히기 놀이도 인기가 있었는데, 멀리서 돌을 던져 구멍 속으로 집어넣기, 무릿매나 활과 화살로 표적 맞히기 등이 있었다. 다윗 왕의 무릿매 실력을 보건대 목동 시절에 무릿매 연습을 아주 많이 했던 것 같다(사무엘상 17:34-37).

보드게임과 주사위 놀이 체커는 점토, 흑단, 상아로 된 말과 놀이판을 가지고 했는데, 일부 놀이판에는 뒤쪽에 말을 보관하는 자리가 있었다. 체스는 BC 2000년경 바벨론에서 시작되었고 이외에도 루도(주사위 놀이의 일종), 만칼라, 솔리테르(일인용 카드놀이), 그리고 '왕의 놀이'로 불리던 게임이 있었다. 예수가 재판을 받으셨던 곳으로 추정되는, 예루살렘의 안토니아 요새 바닥 판석에 '왕의 놀이'가 새겨진 것이 발견되었다. 고고학자들은 그것이 새겨진 시기를 AD 2세기경으로 추정했는데, 그것을 보면 예수가 재판받으시던 즈음에 군인들이 어떤 놀이를 즐겼을지 짐작할 수 있다.

기타 소일거리 기타 유대인의 여가 활동은 모두 모여 노래하고 춤추고 이야기하던 절기 기간에 집중되었다. 이야기 경연 대회도 있었고, 삼손이 즐겼던 것과 같은(사사기 14:12-14) 수수께끼나 문제 내기도 있었다. 음악과 춤은 오락이나 성전예배 모두에서 중요한 역할을 했다. 히브리 단어 '길'(*gil*)은 춤추고 기뻐하는 것 모두를 뜻하는데, 이 둘이 유대인의 사고에서 긴밀하게 이어져 있음을 알 수 있다. 초막절에는 특히 즐거운 춤이 빠지지 않았고, 부림절에는 "즐기며 잔치를 베풀고 그날을 축일로 삼아 서로 선물을 나누었"다(에스더 9:19, 우리말성경).

예수와 여가　　예수는 사역에 전념하실 때도 여가 활동을 마다하지 않으셨고, 저녁만찬(누가복음 5:29-31)이나 혼인잔치(요한복음 2:1-11)에 참여하고 아이들과 함께 시간을 보내셨다(마태복음 19:13-15). 그분에게 여가는 분주한 생활에서 물러나 기도하고 묵상할 시간을 갖는 일이기도 했고, 제자들이 잠시 쉴 수 있게(마가복음 6:31) 그들을 데리고 외딴 곳으로 가는 일이기도 했다. 그러나 한편으로는 자기만족만을 초래하는 방종을 경계하라고 가르치셨다. 어리석은 부자의 비유(누가복음 12:13-21)에 나오는 부자는 "먹고 마시고 즐겨라"(12:19)는 태도로 살다가 하나님께 이런 말씀을 듣게 된다. "어리석은 사람아, 오늘밤에 네 영혼을 네게서 도로 찾을 것이다. 그러면 네가 장만한 것들이 누구의 것이 되겠느냐?"(12:20)

운동경기　　그리스인들은 전차경주뿐 아니라 달리기, 멀리뛰기, 권투, 레슬링, 원반던지기, 투창 등 운동경기를 좋아해서 4년마다 올림픽을 열었다. 바울은 그리스 지역에 보낸 많은 편지에서 그리스의 운동경기들을 언급했다(고린도전서 9:24-27, 빌립보서 3:12-14, 디모데후서 2:5). 하지만 유대인들은 그러한 경기들을 대단히 불쾌하게 여겼다. 운동선수들이 발가벗고 경기를 했고 경기 자체에 종교적 의미도 있었기 때문이다. 하지만 헤롯 대왕은 유대에 그런 경기들을 거침없이 도입했고 황제를 기념해 5년마다 대회를 열었다. 그는 예루살렘에 체육관(김나지움), 종합경기장, 전차경기장(히퍼드롬)을 건설했고, 예루살렘 외곽에 원형극장을 지은 뒤 전 세계에서 검투사들을 초대해 그곳에서 싸우게 했다.

레슬링 성경시대에는 레슬링이 인기가 좋았는데 이스라엘도 예외는 아니었다. 야곱이 하늘의 방문자와 레슬링을 하는 구약의 이야기에 나온 '넓적다리와 정강이'(hip and thigh)라는 표현은 레슬링의 특정한 기술을 가리키는 전문용어였다. 그리스에는 레슬링과 권투를 결합한 격투기 판크라티온(종합레슬링)이 있었는데 물어뜯기와 눈 찌르기를 제외한 모든 형태의 공격을 허용했다. BC 648년에 처음 올림픽에 도입된 판크라티온은 궁극의 격투기로 여겨졌고 알렉산드로스 대왕의 군대가 인도로 전파해 이후 인도 무술의 원조가 되었다. 레슬링 선수들의 모습을 보여주는 이 벽화는 베니하산에 있는, 고대 이집트 중왕국의 지방호족 노마르코스 바게트 3세의 무덤에 있다.

검투 시합

보통은 부자들이 소유한 노예나 범죄자들이 검투사가 되어 대중의 오락을 위해 훈련을 받았다. 시합장에는 피비린내가 진동했고 경기가 끝나면 한두 명의 검투사만 살아남아 금이 든 자루나 자유를 상으로 받았다. 검투사에는 여러 종류가 있었는데, 칼과 방패로 싸우는 이들이 있는가 하면 그물과 삼지창으로 싸우는 이들도 있었다. 혼자 싸우기도 하고 팀을 이루어 싸우기도 했다. 야생동물과 벌이는 싸움이 특히 인기가 있었다. 네로 황제(AD 54-68)와 도미티아누스 황제(AD 81-96)의 끔찍한 박해 기간에 많은 그리스도인들이 로마의 콜로세움에서 검투사와 야생동물 앞에 서야 했다.

전도서는 많은 사람이 부와 성공 같은 것을 추구하며 인생의 많은 시간을 보내느라 정작 일해서 얻은 것을 누릴 시간이 없다고 말한다(4:8). 인생을 충분히 누리며(2:24, 3:11-13, 22, 5:18-19, 8:15, 9:7-10, 11:9) 하나님이 주신 선물로 받으라고(3:13, 5:19, 9:7) 권한다. 즐거움은 우리가 기피해야 할 대상이 아니기 때문이다. 그러나 즐거움만 추구하다가 중요한 것을 잊어서도 안될 일이다.

성경시대에는 질병이 만연했기 때문에, 사람들은 건강을 인생의 큰 복으로 여겼다.
그래서 구약은 질병의 치료보다는 건강의 유지에 초점을 맞추었다.
반면 예수는 상당부분 치료 사역을 중심으로 일하셨다.
그러나 그것은 치료를 위한 치료가 아니라 하나님 나라가 도래했음을 보여주며
마지막 날의 변화를 미리 맛보여주는 일이었다.

57. 건강과 치료

건강 유지　　이스라엘 자손이 광야에서 쓴 물을 발견했을 때 하나님은 그 물을 깨끗하게 해주셨고, 그들 역시 하나님께 순종하면 그렇게 바꾸어 주겠다고 약속하셨다. "내가 이집트 사람에게 내린 어떤 질병도 너희에게는 내리지 않을 것이다. 나는 주 곧 너희를 치료하는 하나님이다"(출애굽기 15:26). 이것은 결코 병들지 않을 것이라는 절대적인 약속은 아니다. 경건한 사람도 때로는 병이 들기 때문이다(열왕기하 20:1, 디모데후서 4:20). 그보다는 지혜로운 삶의 규칙(먹어도 안전한 것 같은)과 탁월한 공중보건체계(질병 격리 같은)를 제시하는 하나님의 율법에 순종할 때 건강한 사회가 만들어질 것이라는 일종의 보장이다.

질병　　높은 기온, 더러운 물, 빈약한 식사 때문에 이질, 콜레라, 장티푸스, 각기병 같은 질병이 흔했다. 그 외에 자주 발생했던 질병을 소개한다.

눈병　눈을 감염시키는 먼지나 파리 때문에 생겼고 부분실명이나 완전실명으로 이어질 수 있었다. 눈먼 사람과 듣지 못하는 사람은 율법이 특별히

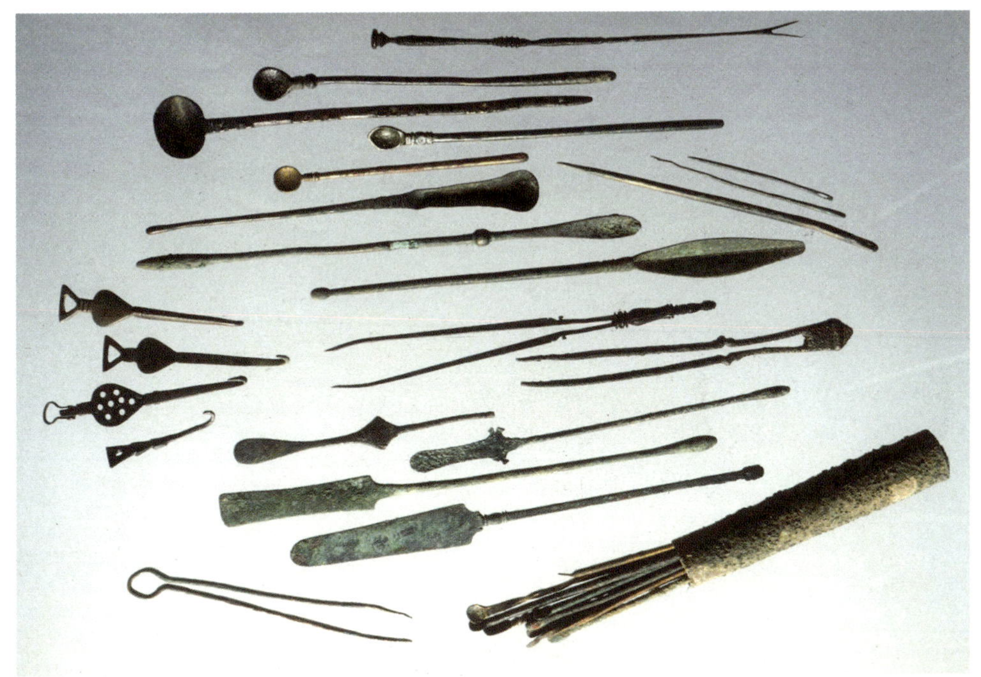

로마시대 의사의 도구

배려하는 대상이었는데(레위기 19:14) 당시에 그러한 사람들이 많았다는 의미일 것이다.

귀먹음, 벙어리　예수는 종종 이런 사람들을 만나 치료해 주셨다(마가복음 7:32-37 등). 이사야는 이 치유의 일이 메시아 사역의 일부가 될 것이라고 예언한 바 있다(이사야 29:18, 35:5-6).

피부병　여기에는 나병도 포함된다. 제사장은 환자를 진찰해 나병(격리가 필요한)인지 아니면 다른 피부병인지 확인해야 했다(레위기 13장).

기생충　장에 문제를 일으켰다. 길면 40cm까지 자라는 회충은 장을 막아 장폐색을 일으킬 수 있는데, 헤롯 아그립바가 사망한 원인이 이것일 가능성이 있다(사도행전 12:23). 고기를 제대로 익혀 먹지 않던 습관 때문에 촌충도 흔했고, 더러운 식수나 발의 갈라진 틈을 통해 다른 기생충에 감염되기도 했다.

중풍　중풍에는 많은 원인이 있었지만 일부는 소아마비로 인한 결과였을 것이다. 예수는 많은 중풍병자들을 치료하셨다(마태복음 4:24, 9:1-8, 12:9-13 등).

치료용 스파로 유명했던 히에라폴리스(오늘날 터키의 파묵칼레)의 온천과 석회층.
요한계시록은 이곳 온천을 염두에 두고 인근의 라오디게아 교회를 향해 뜨겁지도 차갑지도 않다고 비판했다(3:15–16). 히에라폴리스에서 끌어온 뜨거운 물이 도시에 도착할 때쯤이면 미지근해지고 침전물도 많이 생겼으며, 산에서 끌어온 찬물 역시 미지근해졌기 때문이다.

의사

의사의 수는 많지 않았고 기술도 제한적이었으며, '치료법'이라는 것이 상당부분 효과가 없는 미신적인 요법이거나(역대하 16:12) 환자의 상태를 오히려 악화시켰다(마가복음 5:26). 그리스인은 의료 지식과 기술을 향상시켰고 히포크라테스(BC 460-370년경)는 의사를 위한 규칙을 제시했는데, 그중 상당수는 (환자의 기밀유지 원칙을 포함해) 오늘날에도 여전히 지켜지고 있다. 그는 질병의 원인이 초자연적인 힘이라는 믿음을 거부하고 물리적인 원인들을 찾았다. 성경은 종종 의사를 그리 좋게 그리지 않는데, 그것은 아마도 치유를 위해서는 무엇보다 하나님을 신뢰해야 한다고 믿었기 때문일 것이다. 욥은 자신을 위로하러 나선 자들을 "돌팔이 의사"(욥기 13:4)라 불렀고, 부인성 질환을 앓았던 한 여성은 가진 돈을 의사에게 모두 썼지만 소용이 없었다(누가복음 8:43). 하지만 랍비문헌들을 보면 신구약 중간기에 의술에 대한 존경이 커진 것을 알 수 있다. 제2정경의 '집회서'에는 하나님이 의사

치과 치료

이집트인과 페니키아인은 나무나 상아로 의치를 만들었다. 하지만 제대로 치과 기술을 발전시킨 것은 그리스인이었다. 대부분의 고대인들이 치통을 해결하기 위해 쓴 방법은 망치로 이를 빼거나 감염된 잇몸을 칼로 도려내는 것뿐이었다.

들에게 의술을 주시고 "그들을 통해 치료하시고 고통을 제거하신다"라는 대목이 등장한다. 그리고 누가는 "사랑을 받는 의사"(골로새서 4:14, 개역개정)였다.

치료법

고대 수메르인은 약효가 있는 식물들을 많이 발견했는데, 버드나무 껍질과 잎을 해열제로 쓰고 피마자기름을 변비약으로 쓸 수 있음을 알아냈다. 이집트인도 질병 치료를 위해 동물성, 식물성 약품을 개발했다. 그들은 이 원시 약제의 효과를 높이기 위해 주문을 덧붙였고 아마도 이 때문에 이스라엘이 그런 약을 멀리하게 되었을 것이다. 이스라엘에도 많은 민간요법이 있었다. 길르앗의 유향(예레미야 8:22), 무화과 고약(이사야 38:21) 같은 유명한 약과 오일, 진통제로 쓰였던 몰약(마가복음 15:23) 등이었다. 그러나 일부 치료법은 레아가 (남편과의 하룻밤을 걸고) 라헬과 거래를 했던 합환채 뿌리(창세기 30:14-16)처럼 그야말로 터무니없었다.

신약시대의 의사들은 대부분 그리스–로마의 치료의 신 아스클레피오스를 숭배했다. 아스클레피오스의 상징인 지팡이를 휘감은 뱀은 지금도 의술의 공통적인 상징물이다. 아스클레피오스에게 바친 신전이 많았는데, 그곳은 건강온천이자 의료학교이며 치유의 성지이기도 했다. 어떤 사람들은 아스클레피오스 신전에서 꿈을 꾸면 제사장의 해석을 거쳐 병이 낫는다고 믿고 그곳에서 잠을 자기도 했다.

질병과 죄

이스라엘 백성은 건강을 하나님의 축복의 표시로 보았기 때문에, 자연스럽게 질병을 하나님의 진노의 표시라고 생각하게 되었다(사무엘상 5:9, 시편 38:1-4). 성경은 하나님이 질병을 심판이나 징계의 방편으로 보내시는 경우가 있다고 말하지만(출애굽기 12:29-30, 민수기 12:1-15, 사무엘상 5:9, 열왕기하 19:35, 사도행전 12:23, 고린도전서 11:27-32), 그렇다고 해서 모든 질병이 죄의 결과라는 뜻은 아니다. 누군가 질병이 죄의 결과가 아니냐고 묻자, 예수는 그렇지 않다고 분명히 말씀하셨다(요한복음 9:1-3). 하지만 사람은 별개의 '조각들'(몸, 혼, 정신, 영)의 합이 아니라 육체적-심리적-영적 존재이기 때문에, 죄가 건강에 영향을 끼칠 수 있음 또한 인정하셨다. 어느 중풍병자의 경우 예수는 먼저 그의 죄를 처리하신 후에 그의 질병을 고치셨다(마가복음 2:1-12).

온전함 ▼

성경은 사람들이 하나님의 '샬롬'(평화)을 알 수 있다고 말한다. 샬롬은 싸움이 없는 상태에 그치지 않고, 존재의 모든 차원에서 건강, 번영, 안전, 우정, 구원을 누리는 상태를 말하는데, 오로지 하나님만이 주실 수 있다. 예수가 한 여인에게 "안심하고 가거라. 그리고 이 병에서 벗어나서 건강하여라"(마가복음 5:34)고 말씀하신 것은 단순한 작별 인사가 아니다. 예수는 친히 샬롬을 주신 것이었다. 그것은 자기 백성이 평화와 생명을 누리게 하는 하나님의 선물이다.

사람들이 노예가 되는 데는 여러 경로가 있었다.

전쟁에서 정복을 당한 이들, 해적에게 잡혀 팔린 이들, 가난 때문에 노예로 전락한 이들,
노예의 자식으로 태어난 이들. 이스라엘에도 노예제가 존재했지만 본질은 전혀 달랐다.
그리고 놀랍게도 초대교회 지도자들은 우리가 갈망해야 할 노예상태가 있다고 기록했다.
바로 하나님의 노예가 되는 것이다.

58. 노예제도

**이스라엘의
노예제도**

이스라엘에는 두 가지 유형의 노예가 있었다. 가장 흔
했던 첫 번째는 '경제적 노예'였다. 빚을 갚지 못한 채
무자는 자신을 노예로 팔 수밖에 없었는데(열왕기하
4:1), 기한이 정해진 일종의 계약노동이었다. 이들의 노동에는 시한이 있
었다. 율법은 7년에 한 번씩 이렇게 노예가 된 사람들을 풀어주되 필요한
것을 넉넉히 공급해 주고 빚은 갚은 것으로 여길 것을 요구했다(출애굽기
21:2-4, 신명기 15:12-15). 그런가 하면 주인의 집에 영영 머물기 원하는 사
람을 위한 규정도 있었다(출애굽기 21:5-6, 신명기 15:16-17). 당대의 많은 이
방 관습들과 달리(사무엘상 30:13), 이스라엘 백성은 노예를 잘 보살펴야 했
고 여자와 아이들을 특히 보호해야 했다(출애굽기 21:6-11). 주인이 노예를
학대할 경우 그 노예는 자유를 얻었다(21:26-27).

두 번째 유형은 '외국인 노예'였는데, 이스라엘은 전쟁포로를 죽이지
않고 노예로 삼았다. 외국인은 노예로 살 수 있었고(레위기 25:44-46) 이 경
우 노예상태는 종신토록 이어졌다. 하지만 도망노예에게는 도피처를 제공
해야 했는데(신명기 23:15-16) 이것은 당시로서 상당히 예외적인 일이었다.
이스라엘 주변국들은 대부분 도망노예의 인도를 보장하는 조약을 맺었고

이집트 제18왕조의 한 무덤에서 나온 이 벽화는 진흙과 짚으로 벽돌을 만드는 장면을 보여준다.
바로 이 왕조 치하에서 이스라엘 자손은 노예로 전락했다(출애굽기 1:8-14). 성경은 하나님이 그들의 부르짖음을 들으시고
그들을 구해 내셨다고 말한다(3:7-10). 이스라엘 자손은 하나님이 한때 노예였던 그들을 해방시켜 주셨음을 기억하고 올바로 살아야 한다는
말씀을 반복해서 들었다. 십계명도 이러한 말씀과 함께 시작된다(출애굽기 20:2, 신명기 5:6).

그들을 숨겨 주는 일을 사형에 처할 중죄로 규정하고 있었기 때문이다. 이
스라엘은 이 조약에 참여할 수 없었는데, 그들도 한때는 노예였음을 기억
하기 위해서였을 것이다.

고대국가의 노예제도　많은 고대문명이 노예제를 허용했고 노예제 관련 법률의 기록이 수메르, 누지, 바벨론, 앗시리아에서 발견되었다. 예를 들어, 함무라비 법전은 채무로 인한 노예상태를 3년으로 제한했지만 불성실한 소작인이나 씀씀이가 헤픈 아내도 채

무노예로 삼을 수 있도록 허용했다. 막중한 책임을 맡는 노예도 많았는데, 이집트에 팔려간 요셉의 이야기를 통해 그 사례를 확인할 수 있다(창세기 39:1-6).

로마의 노예제도 로마 제국에는 노예가 흔했고, 신약시대에는 로마와 이탈리아 주민의 85-90퍼센트가 노예거나 노예의 후손이었던 것으로 추정된다. 노예는 주인의 소유물로서 주인의 처분에 완전히 맡겨져 있었고, 가장이 노예를 처형해도 처벌을 받지 않았다. 그러나 기술이 있거나 교육을 받은 노예는 주인의 재산을 관리하기도 했고 주인과 함께 종교의식에 참가하거나 결혼해 별도의 집에서 사는 일까지 허용되었다. 하지만 도망노예는 가혹한 처벌을 받았으며 보통은 죽임을 당했다.

노예는 거의 모든 직업군에서 볼 수 있었는데 농사, 가사, 교육, 비서 등의 일을 했다. 광산과 채석장 노예가 일도 가장 고되고 수명도 짧았다. 사도 요한은 유형지 밧모 섬의 채석장에 유배되어 그러한 노예생활을 했음이 거의 분명하다(요한계시록 1:9).

자유 때로는 노예가 부업으로 돈을 벌어 자유를 사기도 했다. 그러나 이방 세계에서 한번 노예는 죽을 때까지 노예였으므로, '해방'의 방편이 필요했다. 우선 노예와 주인이 함께 신전으로 가서 주인이 노예를 신에게 팔았다. 제사장은 노예가 신전에 미리 예탁한 돈을 주인에게 지급해 그가 또 다른 노예를 살 수 있게 했고 자신의 몫으로 1퍼센트를 챙겼다. 이때 노예가 지불한 돈을 루트런(*lutron*, "몸값")이라 불렀는데, 예수께서 사람들을 죄에서 해방시키려고 지불하신 대가를 가리킬 때 바로 이 단어를 썼다(마가복음 10:45, 디모데전서 2:6).

고대 수메르에서 도망노예에게 낙인찍은 설형문자 쇠도장

바울과 노예제도

바울은 빌레몬에게 보낸 짧은 편지에서 그의 노예 오네시모를 다시 받아 주라고 촉구했다. 주인에게서 달아났던 오네시모는 로마법에 따라 사형에 처해질 수도 있었다. 오네시모는 주인을 떠난 사이에 그리스도인이 되었고 바울에게 실질적인 도움을 주었다. 그러자 바울과 빌레몬에게 딜레마가 생겼다. 유대율법대로라면 바울은 오네시모에게 피난처를 제공해야 했고(신명기 23:15-16), 로마법을 따르자면 그를 주인에게 돌려보내야 했기 때문이다. 주인인 빌레몬은 오네시모에 대한 절대적인 권리를 갖고 있었지만, 그리스도인으로서 배운 용서의 가르침을 실천해야 했다. 그래서 바울은 예수가 빌레몬에게 새 출발의 기회를 주신 것처럼, 빌레몬도 오네시모에게 기회를 주라고 호소했다. 이것은 당대의 다른 어떤 문서에서도 볼 수 없는 획기적인 요청이었다. 그는 관대한 처분 정도가 아니라 자유를 요청한 것이다.

바울은 노예들에게 가능하면 자유를 얻으라고 권했고(고린도전서 7:21) "사람을 유괴하는"(디모데전서 1:9-11) 노예 무역은 기독교와 양립할 수 없다고 말했지만, 노예제 같은 견고한 사회구조가 하룻밤 사이에 바뀔 수 없다는 것을 알고 있었다. 하지만 그는 노예제도의 기초를 확실히 허물었다. 노예의 법적 지위를 바꾸지는 못했지만 기독교 공동체에서 노예들이 대우받는 방식은 분명하게 바꾸었다. 그 방법은 기독교 신앙을 노예와 주인 모두에게 적용하고(에베소서 6:5-9, 골로새서 3:22-25) "유대 사람도 그리스 사람도 없으며, 종도 자유인도 없으며, 남자와 여자가 없습니다. 여러분 모두가 그리스도 예수 안에서 하나"(갈라디아서 3:28)라는 사실을 기억하게 하는 것이었다.

누구든지 도망노예를 찾은 사람은 바로 주인에게 돌려주라는 내용이 적힌 로마의 노예표식

영적 노예 ▼

예수는 "죄를 짓는 사람은 다 죄의 종이다"(요한복음 8:34)라고 하셨고, 베드로는 "누구든지 진 사람은 이긴 사람의 종"(베드로후서 2:19)이라고 했다. 그러나 성경은 예수가 십자가에서 치르신 값을 통해 영적 노예상태에서 벗어나 하나님의 종, 더 나아가 하나님의 자녀가 될 수 있다고 말한다(로마서 6:15-8:17). 예수는 "아들이 너희를 자유롭게 하면, 너희는 참으로 자유롭게 될 것이다"(요한복음 8:36)라고 약속하셨다.

칼과 보습
고대 세계에서 전쟁은 삶의 일부였지만,
이스라엘에게 전쟁의 목적은 약속의 땅 정착이라는 단 하나로 제한되었다.
하지만 다른 민족도 그 땅을 원했기 때문에 이스라엘은 당대의 가장 잔인한 군대들과 상대해야 했다.
예언자들이 칼을 두드려 보습(쟁기날)을 만들 날을 고대한 것은 어찌 보면 당연한 일이었다(미가 4:3).

59. 전쟁

**이스라엘의
전쟁**
주변 제국들과 달리, 이스라엘에게는 군국주의적 목표가 없었다. 이스라엘이 군대를 모으는 유일한 목적은 하나님이 아브라함에게 약속하신 땅을 차지하고 유지하는 것에 있었다. 하나님이 그 땅을 아브라함 당대에 주실 수 없었던 이유는 이미 말씀하셨다. "아모리 사람들의 죄가 아직 벌을 받을 만큼 이르지는 않았기 때문이다"(창세기 15:16). 이 말은 그들을 제거하는 것 외에 다른 해결책이 없다고 생각할 만큼 그들의 죄가 끔찍한 수준(아동인신제사 같은)에 이를 것이라는 뜻이었다. 그래서 여호수아는 이스라엘을 이끌고 '거룩한 전쟁'에 돌입했다. 그들은 그 전쟁을 영토를 얻기 위한 싸움으로만이 아니라 종교적 행위로 인식했다. 군사적 관점에서 볼 때 놀라운 점은, 그들이 훈련받은 군인이 아니라 유목민이었다는 사실이다. 그래서 그들은 여리고 전투와 아이 전투의 대조적인 상황이 잘 보여주는 것처럼(여호수아 6-8장), 하나님께 순종해야만 성공할 수 있다는 것을 배워야 했다.

사사시대에 승리의 횟수가 눈에 띄게 줄어들자 이스라엘은 "모든 이방 나라들처럼, 우리에게 왕을 세워 주셔서, 왕이 우리를 다스리게"(사무엘상 8:5) 해달라고 요청했다. 사울은 이스라엘 최초의 상비군을 세우지만 그

의 지도력은 신통치 않았고, 실제로 전문 군대를 조직해 지파별로 돌아가 며 병력을 차출하고 훈련된 군대가 상시 대기하게 한 장본인은 다윗이었 다. 솔로몬은 군대를 더욱 발전시켜 기병과 1,400대의 전차를 추가했고 하나님이 약속하신 이스라엘의 지경을 확보했다. 하지만 이후의 역사는 쇠퇴의 이야기다. 처음에는 북이스라엘이, 그 다음에는 남유다가 하나님 을 믿지 못하고 등을 돌렸고, 하나님은 그들이 앗시리아와 바벨론의 맹공 격을 받게 하셨다. 이후 유배에서 돌아와서도 이스라엘은 다시는 제대로 된 군대를 갖추지 못했다.

고대의 전쟁 최초의 무기는 나무 몽둥이와 돌 몽둥이였고 군인들은 대개 맨발로 싸웠다. 후기 청동기시대(BC 1550-1200) 에 가서야 이 지역에서 전차가 광범위하게 사용되면서 전쟁에 속도가 붙고 타격력이 커졌다. 철기시대(BC 1200-1000)에는 보다 우월한 무기가 도입되어 중무장 보병부대가 엄청난 규모로 일어났고, 전 투는 전선이 유지되는 동안에만 (가끔은 몇 시간만) 이어졌다. 중장보병은 전신무장에 대규모 밀집대형을 갖추고 움직인 반면, 경보병은 무장이 거 의, 또는 전혀 없이 속도와 기술에만 의지했다. 알렉산드로스 대왕의 군대 처럼 강한 군대들은 경보병과 중장보병의 협공을 적절히 활용했고 잘 훈 련된 직업군인을 핵심병력으로 갖추었다.

공성전 공성전은 고대 전쟁의 중요한 전략이었다. 공격군은 도성을 에워싸 음식과 물의 공급을 차단했다.
때로는 이러한 무력시위만으로도 포위된 도시가 항복했는데, 산헤립은 예루살렘을 포위하면서
이런 일이 일어나기를 바랐다(열왕기하 18:17-19:36). 공성전 기간 동안 도성 사람들이 굶주림을 견디지 못하고 항복하거나 전염병이 돌아
큰 피해를 겪기도 했다. 공성전이 시작되면 공격용 사다리와 공성망치 등을 써서 성벽 아래로 굴을 파거나
성벽까지 토산을 쌓았다(에스겔 26:7-9). 사진은 AD 73년 로마군이 마사다 요새를 점령하기 위해 쌓은 거대한 공성 토산이다.

군인들은 종종 종교적 기물을 전장에 가져갔는데, 이스라엘이 블레
셋과의 전투를 벌이며 언약궤를 가져간 것도 이러한 배경에서였다. 하지
만 하나님은 그들의 미신적 관습을 인정하지 않으시고 언약궤를 빼앗기도
록 내버려 두셨다(사무엘상 4:1-11).

전쟁이 끝나면 적진의 남자는 모두 죽이거나 불구로 만들거나 노예
로 삼았고, 여자와 아이들은 본국으로 끌고 갔다. 성벽과 주요 건물은 무
너뜨렸으며(열왕기하 25:8-10) 닥치는 대로 약탈했다.

용사들의 대결　다윗과 골리앗 이야기(사무엘상 17장)는 '용사들의 대결' 사례로, 최고의 용사들이 죽을 때까지 싸워서 전체 전투의 결과를 결정하는 방식이었다. 용사가 이기는 쪽이 전투의 승자가 되었다. 이것은 용사들의 싸움에서 그치지 않고 신들의 싸움으로 여겨졌는데, 다윗도 그렇게 이해했다(17:45-47).

로마의 군대　로마 제국군을 창설한 사람은 아우구스투스(BC 63-AD 14)였는데, AD 1세기 내내 큰 변화 없이 유지되었다. 로마군단은 로마시민 중에서만 신병을 뽑았고 제국의 확장과 안정에 핵심역할을 했다. 신약시대에는 28개 군단으로 이루어진 15-17만 명가량의 군인이 있었고, 이 가운데 두 개 군단이 팔레스타인에 상시 주둔했다. 그들의 무기로는 캐터펄트(창을 쏘는 무기), 발리스타(무거운 돌을 쏘는 무기), 오나거(가벼운 돌을 쏘는 무기), 공성탑 등이 있었다. 군인들은 상체갑옷과 투구를 착용하고 단검, 장검, 창을 소지했다. 방패는 두 가지 유형이 있었는데, 근접 전투용인 둥근 소형방패와, 방호물로 쓸 수 있고 나란히 붙이면 간이 벽이나 천장을 만들 수 있는 볼록한 대형방패가 있었다. 바울은 자신을 지키던 로마 군인의 장비를 보고 악에 맞선 전투에서 그리스도인이 갖추어야 할 갑옷에 대해 썼다(에베소서 6:13-17).

평화주의 ▼

폭력이 난무하는 세상에서 예수는 온갖 형태로 표현되는 폭력과의 단절을 선언하셨다. 이스라엘의 적을 정복할 군사적 메시아에 대한 대중의 기대를 거부하셨고, 예기치 못한 친절과 용서로 원수를 이기라고 제자들에게 말씀하셨다(마태복음 5:38-41). 또한 예언자들이 갈망하던 보습은 칼이 아닌 십자가를 통해 얻게 될 것이라고 말씀하셨다(16:21-28).

6

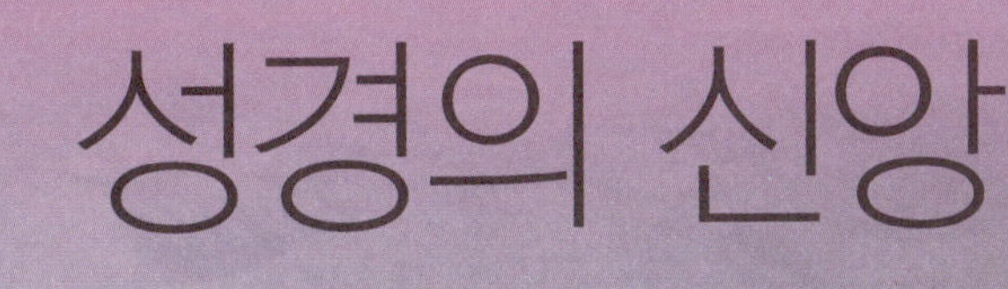

성경의 신앙

"어리석은 사람은 마음속으로 '하나님이 없다' 하는구나"(시편 14:1).
성경은 하나님의 존재를 증명하려 들지 않는다.
성경의 세계관에 따르면 하나님의 존재는 어리석은 자를 제외한 모든 이에게 분명하기 때문이다.
대신 성경은 하나님이 어떤 분인지, 하나님을 어떻게 알 수 있는지,
하나님에 대한 지식이 삶을 어떻게 바꾸어 놓는지를 보여준다.

60. 하나님

한분 하나님　성경은 첫 장부터 철저한 일신론을 견지한다. "태초에 하나님이!" 하나의 신이나 신들도 아닌 "하나님"이다.

한분 하나님에 대한 믿음은 이스라엘 신앙의 핵심이며, 그들의 신앙고백이 된 모세의 말에도 잘 드러나 있다. "이스라엘은 들으십시오. 주님은 우리의 하나님이시요, 주님은 오직 한분뿐이십니다"(신명기 6:4). 성경은 이 고백에 비추어 이스라엘에게 촉구한다. "당신들은 마음을 다하고 뜻을 다하고 힘을 다하여, 주 당신들의 하나님을 사랑하십시오"(6:5). 그들에게는 예비로 남겨 둔 다른 신이 없기 때문이다.

하지만 이스라엘의 이 일신론이 가끔 흔들려 여호와신앙과 다른 신들에 대한 신앙이 뒤섞이기도 했다(사사기 2:10-15). 예언자들은 이런 행태에 끊임없이 문제를 제기하며 혼합주의는 문제의 해결책이 아니라 원인이라고 선언했다(열왕기상 18:16-18, 열왕기하 17:7-20).

하나님의 본성　성경이 하나님에 대해 말하는 몇 가지 핵심적인 특징은 다음과 같다.

영원한　하나님은 시작도 끝도 없다. 그분은 홀로 "계

모세의 산 모세가 십계명을 받은 시내 산이라고 전해지는 예벨 무사(*Jebel Musa*, "모세의 산"이라는 뜻의 아랍어).
이곳에서 하나님은 자신을 계시하셨다. "주, 나 주는 자비롭고 은혜로우며, 노하기를 더디하고, 한결같은 사랑과 진실이 풍성한 하나님이다.
수천 대에 이르기까지, 한결같은 사랑을 베풀며, 악과 허물과 죄를 용서하는 하나님이다"(출애굽기 34:6–7).
이 계시는 성경의 일관된 주제가 되었다(시편 86:15; 103:7–18, 요엘 2:13).

시며" 시간이나 상황에 적응하실 필요가 없다. 그분은 "영원하신 하나님"
이다(창세기 21:33, 신명기 33:27).

초월적인 하나님은 피조세계 바깥에 계시므로(열왕기상 8:27) 친히 자
신을 드러내시지 않는 한 그 안에서 하나님을 발견할 수 없다(마태복음
11:25).

창조주 하나님은 무(無)로부터 모든 것을 만드신 분이다(히브리서 11:3).
피조세계 위에 계시며, 피조세계와 혼동해서는 안된다.

영 하나님은 보이지 않고 비물질적인 분이므로(디모데전서 1:17, 6:15-16)
우리의 차원으로 뚫고 들어오시지 않는 한 그분의 모습을 볼 수 없다(요한
복음 1:18).

어디에나 계시는 하나님은 동시에 모든 곳에 계실 수 있으므로(편재) 그분
을 피해 숨을 곳이란 없다(시편 139:1-16, 예레미야 23:23-24).

성경에 등장하는 하나님의 중요한 이름들	
이름	**의미**
엘로힘 하나님	초월적인 창조주 하나님(창세기 1:1-2)
엘 엘리온 지극히 높으신 하나님	신으로 숭배받는 그 어떤 존재보다 뛰어나신 분(14:19-20)
엘 로이 보시는 하나님	자기 백성을 살피시는 분(16:13)
엘 샤다이 전능하신 하나님	무적의 능력을 지닌 분(17:1)
여호와 이레 공급하시는 하나님	사람들에게 필요한 것을 공급하시는 능력의 존재(22:14)
엘 엘로헤 이스라엘 이스라엘의 하나님	이스라엘을 돌보시는 분(33:20)
여호와, 야훼 주	관계를 맺으시는 하나님(출애굽기 3:14-15)
아도나이 주	만물의 주인(여호수아 3:11)
살아 계신 하나님	매년 죽었다가 다시 살아난다고 알려진 가나안의 풍요의 신이나 우상들과는 근본적으로 다른 분(신명기 5:26)

모든 것을 아시는 하나님은 사실적인 지식(욥기 37:16)부터 도덕적(히브리서 4:13), 인격적(시편 139편), 역사적(이사야 46:10) 지식에 이르기까지 모든 지식을(전지) 가지고 계신다.

모든 것을 하실 수 있는 그분은 "전능한 하나님"(창세기 17:1)이시기에 불가능한 것이 없다(욥기 42:2, 예레미야 32:27). "주 여호와"(성경에 거의 300번 나오는)이시기 때문에 모든 것을 합력하여 선을 이루신다(로마서 8:28).

변하지 않는 그분의 존재(시편 102:26-27), 본성(말라기 3:6), 진리(이사야 40:6-8), 뜻(민수기 23:19)은 변하지 않는다. 그분은 의지할 만하며 신실하시다(디모데후서 2:13, 히브리서 10:23).

거룩한 하나님은 우리와 다르고 구별된 분("거룩"의 의미)이지만 그것은 자신을 보호하기 위한 특성이 아니다. 그분의 거룩함은 사람들을 거룩한 삶으로 부르고(레위기 11:45) 그들을 거룩하게 만든다(20:8).

하나님 묘사하기 하나님은 너무나 신비롭고 사람과 달라서 성경은 신인동형론(anthropomorphism, 하나님에게 인간의 특성을 부여)을 사용해 그분을 묘사한다. 이것 외에는 달리 방법이 없어서가 아니라 하나님이 하나의 '힘'이 아닌 인격적인 분이라는 성경

266

이집트의 신들 BC 889–886년경 만들어진 이집트 신 이시스, 오시리스, 호루스의 작은 황금조각상. 신을 형상으로 나타내는 것은 당시 흔한 일이었지만 십계명은 그 일을 금했다(출애굽기 20:1–4, 신명기 5:6–10). 하나님을 일개의 형상으로 의미 있게 나타내는 일이 애초에 불가능했고 자칫 우상숭배로 이어질 수 있었기 때문이다. 그러나 신약시대에도 우상숭배는 여전히 흔했고 초대 그리스도인들은 이것을 극복해 나가야 했다(고린도전서 8장, 고린도후서 6:14–17, 갈라디아서 5:19–21, 요한일서 5:21).

의 가르침을 강조하기 위해서다. 하나님이 인격적 존재가 아니라면 그분과 관계를 맺는 것은 불가능할 것이다. 그래서 하나님에 대한 많은 묘사들 안에는 긴밀한 관계성이 나타나 있다. 사랑을 베푸는 부모, 헌신적인 남편, 보살피는 어머니와 아버지. 하나님에 대한 가장 일관된 묘사는 '아버지'인데, 예수가 하나님을 즐겨 아버지라 부르신 것을 보면(사복음서에 168번 나온다), 이것이 단순한 비유가 아니라 하나님에 관한 근본적 진리를 표현한 것임을 알 수 있다.

계시

성경은 하나님이 너무나 크고 신비로우셔서 우리 스스로는 그분을 결코 찾을 수 없다고 주장한다. 그리고 또한 하나님은 사랑이 많으셔서 직접 사람을 찾아 오시고 자신을 계시하신다고 말한다. 성경은 사람들이 그 계시와 조우한 일의 기록이고, 그 자체로 하나님이 누구시며 어떤 분이신지를 보여주는 계시이며, 그 계시를 직접 경험해 보라고 부르는 초대장이다.

언약(계약)은 성경을 떠받치는 주요 개념 가운데 하나다.
오늘날에는 법이나 경제의 영역으로 밀려난 단어가 되어 버렸지만,
성경시대에 언약은 흔했고 이것이 양자 간의 결속력 있는 계약을 뜻한다는 것을 누구나 알았다.
성경은 하나님이 사람들과 어떤 관계를 맺기 원하시는지를 이 개념을 가지고 표현하셨다고 말한다.

61. 언약

고대 세계의 언약

둘 이상의 당사자가 그들의 관계에 합당한 권리와 책임을 다하겠다는 약속인 언약은 고대 근동지방에 광범위하게 나타난 문화였다. 언약을 맺고 지키는 일은 매우 중요한 문제였고, 언약을 어겼다가는 죽을 수도 있었다. 이것은 창세기 15장에서 하나님이 아브라함과 언약을 맺으시는 장면에 반영되어 있는데, 언약을 맺을 때는 먼저 여러 동물을 반으로 쪼개 양쪽에 펼쳐 놓았다. 그 다음 두 언약자가 쪼개진 동물 사이로 지나갔는데, 그것은 "내가 이 언약을 어기면 이 일이 나에게 벌어지기를 바란다"라는 의미였다("언약을 맺다"를 뜻하는 히브리어 표현인 "언약을 자르다"가 바로 이러한 관습을 가리키고 있다). 그런데 아브라함과의 언약에서 도드라진 점은 하나님(연기 나는 화로와 불붙은 횃불로 상징된) 홀로 쪼개진 동물들 사이를 지나가셨고 아브라함은 그 광경을 지켜보고 서 있었다는 사실이다. 이것은 아브라함에게는 하나님이 홀로 주도하시는 이 언약에 기여할 능력이 전혀 없다는 점을 분명히 보여준다. 고대 세계에는 세 가지 유형의 언약이 있었다.

하사언약 충실한 섬김을 대가로 선물이나 토지를 무조건적으로 하사. 하사받은 사람의 후손들이 계속해서 충성을 다할 경우 보통 하사물은 영구

구약의 언약들				
언약	성경구절	유형	특징	외적 표시
노아	창세기 9:8-17	하사	세상이 다시는 홍수로 멸망하지 않을 것이라는 무조건적인 약속	무지개
아브라함	창세기 15:1-21	하사	아브라함의 믿음을 보신 하나님이 그를 조건 없이 '의롭게' 만드시고 그의 후손에게 가나안을 약속하심	할례
	창세기 17장	하사	이미 맺은 언약의 확증으로 가나안을 다시 한번 약속하심. 하지만 언약을 지켜야 한다는 다짐을 받으심(17:9-10)	
모세	출애굽기 19-24장	주종	하나님이 이스라엘을 "제사장 나라와 거룩한 민족"(19:6)으로 입양하시고 그들의 하나님이 되시며 약속의 땅으로 데려가겠다고 맹세하심. 그러나 그들이 율법을 지키고 그분의 백성답게 살아야 한다는 조건을 제시하심	율법
비느하스	민수기 25:10-13	하사	아론의 손자 비느하스에게 주신 약속. 그의 후손이 영원히 이스라엘의 제사장이 될 것이라는 내용	영원한 제사장직
다윗	사무엘하 7:5-16	하사	다윗의 후손을 영원히 이스라엘의 통치자로 세우시겠다는 조건 없는 약속	다윗의 후손 (예수 안에서 성취됨)

히 그들의 소유가 되었다(사무엘상 27:5-6, 에스더 8:1).

동등언약 대등한 존재끼리 상호 우정과 지원을 보장하는 언약(창세기 31:44-54, 열왕기상 5:12).

주종언약 왕은 절대주권을 주장하며 봉신의 충성과 절대의존을 요구하고 대신 봉신을 보호해 준다(여호수아 9:6-15, 에스겔 17:11-18).

고대 세계에서 언약은 흔했지만, 하나님이 이스라엘과 맺으신 언약은 독특했다. 모두가 하나님의 은혜로운 선물이자 계시였기 때문이다. 이러한 패턴은 세겜의 언약 갱신(여호수아 24장)에 잘 나타난다. 신명기 전체에서도 비슷한 패턴을 볼 수 있는데, 신명기는 이스라엘이 가나안에 들어가기 전 하나님과의 언약을 새롭게 하는 내용을 담고 있다. 모세는 회상(1-4장)으로 시작해 시내 산을 떠난 이후 38년의 역사를 회고한다. 뒤이어 언약의 요구조건(5-26장)이 나오는데, 핵심에 해당하는 십계명이 먼저 등장하고(5:1-22) 약속의 땅에서의 삶을 규정하는 종교적, 사회적, 법적 조항이 구체적으로 폭넓게 제시된다(12-26장). 언약 갱신에 앞서 모세가 불순종에 대한 저주와 순종에 따르는 축복을 요약하고 언약을 비준하면서 신명기는 끝이 난다(27-30장).

언약의 공식

고대 세계의 언약에는 표준 형식이 있었다.

- **전문**(前文) 언약의 주요 당사자들을 요약
- **서론** 언약 시점까지 그들을 이끌어 온 역사
- **조항** 양자가 지켜야 할 언약의 요구사항
- **증인** 언약을 보증함
- **맹세** 언약을 확증함
- **축복과 저주** 언약을 지키고 어기는 데 따르는 결과
- **보존과 갱신의 규정** 언약이 유지되게 하는 조처
- **비준** 언약을 체결하고 조인함

예루살렘 상공에 나타난 무지개　성경에 따르면, 하나님은 노아와 맺으신 언약의 증표로 무지개를 드리우셔서
인류가 다시는 홍수로 멸망하는 일이 없을 것이라고 약속하셨다(창세기 6–9장). 성경의 모든 핵심 언약에는 모종의 외적 증표가 있었다.

약속된 새 언약　안타깝게도, 언약을 지키고자 하는 이스라엘의 의지는
갈수록 약해졌다. 예언자들은 그들을 향해 하나님께
돌아오라고 거듭 촉구했고 그렇게 하지 않으면 심판이
닥칠 것이라고 경고했다. 그러나 하락세는 계속되었다. 예레미야는 이 언
약이 너무나 무참히 깨어져 더 이상 회복의 가능성이 없다고 예언했다. 희
망은 새로운 언약으로 대체되는 것뿐이었다. 그는 하나님이 돌판이 아니
라 사람의 마음에 새긴 "새 언약"(예레미야 31:31-34)을 세우실 것을 예언했
다. 에스겔도 이 새 언약을 예언했는데, 그것이 하나님의 영이 하시는 일
이라고 보았다(에스겔 36:25-27).

　　새 언약의 테마는 신약성경에 힘 있게 등장하는데, 새 언약을 새로운

것으로 보는 동시에 하나님이 아브라함과 맺으신 언약과 이어지는 것으로 이해한다(사도행전 3:24-25, 갈라디아서 3:15-20). 예수의 피로 인쳐진(마태복음 26:27-28) 이 언약은 죄 용서의 길을 열었고(히브리서 8:7-12, 로마서 11:26-27) 사람과 하나님, 사람과 사람을 이어 준다(에베소서 2:11-22, 히브리서 12:22-24).

신약 ▼

그리스도인들은 이스라엘의 역사가 담긴 히브리어 성경에 이스라엘의 메시아와 교회 이야기를 더해 성경을 확장하고 이야기의 첫 부분을 '옛 언약', 둘째 부분을 '새 언약'이라 불렀다. 신약성경의 "새 언약"(*kainē diathēkē*, 누가복음 22:20, 고린도후서 3:6, 히브리서 9:15)이라는 용어는 예레미야 31:31을 번역한 『70인역』에서 따온 것인데, 이 구절은 언약을 하나님과의 관계로 본다. 새 언약은 더 나아가 하나님과의 관계가 담긴 이야기책을 나타내는 표현이 되었다.

이스라엘이 출애굽한 이후, 하나님은 그들을 이끌어 시내 산으로 데려가시고
"거룩한 민족"(출애굽기 19:6)으로 세우신 후 그들과 언약을 맺으셨다(24:1-8). 여느 나라와 마찬가지로,
이제 그들에게도 삶의 기준으로 삼을 법이 필요했다. 그러나 하나님은 그들에게 계명을 주시기에 앞서
"나는 너희를 이집트 땅 종살이하던 집에서 이끌어 낸 주 너희의 하나님이다"(20:2)라고 말씀하심으로,
율법이 하나님에게 이르게 하는 규율이 아니라 이미 구원받은 사람들에게 주시는 선물이라는 것을 강조하셨다.

62. 율법

십계명   십계명(출애굽기 20:1-17, 신명기 5:6-21)은 하나님이 이스라엘에게 주신 율법의 핵심이었다. 하지만 "십계명"이라는 용어는 정확하지 않다. 히브리어로는 "열 가지 말씀"(예를 들어 출애굽기 34:28, 신명기 4:13)이라는 뜻이기 때문이다. 이 말씀에는 번호가 매겨져 있지 않기 때문에, 다양한 기독교 전통에 따라 여러 방식으로 나열되기도 한다.

하나님은 온 나라가 듣는 가운데 친히 음성으로 십계명을 들려주셨고(출애굽기 19:16-20:19), 그 후 돌판에 기록하셨는데 성경에는 "하나님의 손가락으로 새기신"(31:18, 32:16, 34:1, 우리말성경)이라고 되어 있다. 십계명은 언약의 패턴을 따른다. 먼저 언약의 종주자("나는 주 너희의 하나님이다")가 그들의 역사를 이야기하고("나는 너희를 이집트 땅 종살이하던 집에서 이끌어 내었다") 그 다음 예속의 의무("너희는 내 앞에서 다른 신들을 섬기지 못한다")를 말한다. 출애굽기와 신명기의 십계명은 약간 차이가 있는데, 예를 들어 신명기 5:21은 탐내지 말아야 할 물건에 '토지'를 덧붙인다. 하지만 이것은 이후의 세대가 그 언약을 이어받을 수 있게 하는 통상적인 '언약 갱신'의 관습을 따른 것이다. 시내 산에서 하나님과 언약을 맺었던 성인들

십계명 렘브란트의
「십계명 돌판을 깨뜨리는 모세」
(1659). 모세는 흔히 이 그림에
나오는 것처럼 십계명이
다섯 계명씩 적힌 두 돌판을
든 모습으로 그려진다.
하지만 두 돌판은 동일한
열 계명이 적힌 두 개의
원본이었을 것이다.
흔히 언약의 두 당사자가 원본을
한 부씩 보관하지만, 이 언약은
전적으로 하나님이 하시는
일이기 때문에 두 원본 모두
성막 안 언약궤 속에 넣어
보관했다.

은 광야에서 모두 죽었기 때문에(민수기 14:26-35) 다음 세대와의 언약 갱
신 작업이 필요했다. 약속의 땅에 들어가는 일이 임박한 새로운 상황에 맞
추어 언약의 내용을 조정하는 것은 적절한 일이었다.

십계명과 율법　성경은 십계명과 나머지 율법을 구분한다. "모세는 백
성들에게 가서 여호와의 모든 말씀과 율법을 전했"는
데(출애굽기 24:3), 여기서 "말씀"은 십계명을, "율법"은
출애굽기 21:1-23:19에서 요약하고 출애굽기 나머지 부분과 레위기, 신명
기에서 풀어낸 "언약의 책"(출애굽기 24:7)을 가리킨다. 이와 같은 구분을
신명기에서도 볼 수 있는데, 십계명의 내용을 기록한 후(신명기 5:6-21) 이

렇게 논평한다. "이는 여호와께서……선포하신 명령이며 더 이상 어떤 것
도 덧붙이지 않으셨다"(5:22). 이어서 이 명령을 더 풀어낸 내용이 나오
는데, 이러한 구절로 시작된다. "이것은 너희 하나
님 여호와께서 내게 지시해 너희에게 가르치라
고 하신 그 명령과 규례와 법도니 너희가 요단
강을 건너가 차지할 그 땅에서 너희가 지켜야 할
것이다"(6:1, 이상 우리말성경). 십계명은 모든 사
람에게 주시는(돌에 적었다는 사실도 이 부분을 강조
한다) 하나님의 "말씀"이지만 추가적인 율법은
약속의 땅에서 살아갈 이스라엘 백성에게 주시
는 것이었음을 암시하는 대목이다. 이 율법 중에
는 결의법(決疑法, "만일…라면…하라")인 것도 있
고 절대법(필연적)인 것도 있다. 하지만 모든 율
법은 하나님의 거룩, 선함, 공의를 반영하는 것이
었다.

율법과 예수　　　예수는 율법에 순종하라고
　　　　　　　　　가르치셨고(누가복음 10:25-
　　　　　　　　　28 등) 친히 본을 보이셨다(마
태복음 17:24-27 등). 그분은 율법을 없애러 온 것
이 아니라 완성하러 왔다고, "천지가 없어지기 전에
는 율법은 일점일획도 없어지지 않고, 다 이루어질 것이다"(5:18)라고
말씀하셨다. 이 말씀은 예수가 하나님의 율법을 그 세부내용까지 존중하
신다는 것을 보여주지만, 율법의 불완전성 또한 드러낸다. 예수는 율법을
"완성하러"(문자적으로 "완전하게 하러") 오셨다고 말씀하셨기 때문이다. 그
분은 "서기관과 바리새인의 의보다 더 나은"(5:20) 의를 요구하셨는데, 불
가능에 가까운 그들의 꼼꼼한 율법준수를 생각할 때 그분이 다른 종류의
의를 염두에 두셨다는 것을 알 수 있다. 그것은 오직 예수의 죽음으로만
만들어 낼 수 있는 의였다. 예수는 사람들에게 하나님이 주신 율법의 핵심
을 끊임없이 알려 주셨다(5:21-48).

우르남무 법전　현존하는 가장
오래된 법전으로, 점토원통에
설형문자(쐐기문자)로 기록되었다.
BC 2100-2050년경으로 추정

율법과 교회　복음이 퍼져 나감에 따라, 그리스도인이 되려면 먼저 유대인이 되어야 하는가 하는 문제가 제기되었다(사도행전 15:1). 그러나 사도행전은 그런 사고방식이 서서히 허물어지는 모습을 보여준다. 먼저 반(半)유대인인 사마리아인들이 회심했고(8:4-17), 육체적으로 결코 유대인이 될 수 없는 에티오피아 내시가(8:26-40), 그 다음으로 로마인들이(10:1-48), 그 다음에는 더 넓은 세계의 이방인들(13:1-3)이 회심했다. 이방인 그리스도인에게 할례가 불필요하다는 점은 합의가 되었지만, 하나님 및 유대인 그리스도인과의 관계를 위해서 그들이 따라야 할 네 가지 요구조건이 정해졌다. 우상에게 바친 음식과 음행을 멀리 하며, 정결하지 않은 고기를 피하고 피를 마시지 말라는 것이었다(15:20-21).

바울은 경건한 바리새인 출신이었지만 이방인도 율법을 지켜야 한다는 주장에 한결같이 반대했고, 베드로가 이 부분에서 흔들리자 그를 꾸짖기도 했다(갈라디아서 2:11-14). 바울은 '유대주의자'—회심한 이방인은 할례를 받고 율법을 지켜야 한다고 주장했던 그리스도인들—에게 끊임없이 괴롭힘을 당하면서도 꿋꿋하게 처음의 생각을 고수해 나갔다. 갈라디아서에 이러한 그의 입장이 잘 드러나 있다.

율법주의　▼

예수는 바리새인의 율법주의, 곧 하나님의 호의는 율법의 시시콜콜한 내용까지 모두 순종하는 데 달려 있다는 믿음에 문제를 제기하셨다. 공의와 자비 같은 기본적인 것은 무시하면서 자그마한 허브의 십일조까지 꼼꼼하게 바치고(마태복음 23:23) 율법의 문자는 지키지만 그 정신은 놓쳐 버리는 실태를 폭로하셨다. 율법은 사람을 유일한 구원자이신 그리스도에게 이끌기 위해 존재하는데(갈라디아서 3:10-14, 23-25), 율법주의는 이 같은 율법의 취지를 단단히 오해하는 것이라고 신약성경은 말한다. 종교적 율법주의는 오늘날에도 인간의 전통이 하나님의 마음이나 사람들의 필요보다 우선시될 때 번번이 등장한다.

유대인의 종교적 관습은 처음의 소박하고 실용적이던 데서
점차 엄격하고 복합적인 신앙의 필수요소로 발전했다. 예수는 이러한 변화에 자주 문제를 제기하셨는데,
그 양상이 꼭 나빠서가 아니라 시한이 다 되었기 때문이다.
그분은 그것들이 더 이상 하나님의 백성을 나타내는 핵심적 특징이 아니라고 주장하셨다.
그 특징은 이제 의식(儀式)이 아니라 한 인격, 곧 예수를 중심으로 다시 구성되고 있었다.

63. 유대인의 식별표지

음식 규정 노아는 "살아 움직이는 모든 것"(창세기 9:3)을 먹어도 된다는 허락을 받았지만, 몇 세기 후에 모세에게 주어진 율법은 정결한(허가된) 동물과 부정한(금지된) 동물의 목록을 제시하고 그 수를 제한했다. 그 목록(레위기 11:1-47, 신명기 14:3-21)은 "짐승 가운데서 굽이 갈라진 쪽발이면서 새김질도 하는 짐승"(레위기 11:3)의 고기를 허용했고, 양, 소, 사슴이 포함되었다. 물고기는 "지느러미와 비늘"(11:9)이 있는 것은 허용되었으며, 새는 맹금류나 썩은 고기를 먹는 것이 아니면 허용되었다. 이러한 율법의 배후에는 건강상의 이유도 있었지만, 주된 이유는 "거룩"(11:44-45)이었다. 이스라엘을 하나님께 속한 존재로 구별하기 위해서였다. 다른 어떤 나라에도 이런 식의 포괄적인 음식 규제는 없었다. 유대인들은 지금도 여전히 이 음식규정을 따른다.

초대교회는 그리스도인이 이 규정을 계속 지켜야 하는가 하는 문제에 직면했다. 베드로는 강렬한 환상을 보고 나서야 그렇지 않다는 것을 확신할 수 있었고(사도행전 10:1-11:18), 바울도 이 규정이 기독교 신앙과 상관없다는 점을 강조했다(로마서 14:1-15:13).

이스라엘에서는 돼지가
대표적인 부정한 동물로
여겨졌다.

성경과 돼지 돼지는 유대교의 '부정한' 동물 중에서도 가장 악명을
떨쳤다. BC 168년 안티오코스 4세(에피파네스)는 헬레
니즘화 정책에 유대인들이 저항하고 나서자 분개했다.
그는 할례와 제사를 금지했고 돼지고기를 먹도록 강요하며 성전에서 돼지
를 희생제물로 바침으로써 자신의 의향을 분명히 드러냈다. 예수 당시에
도 돼지는 부정함의 대표였는데, 탕자의 비유(누가복음 15:11-19)를 보아도
짐작할 수 있다. 그 비유에서 탕자는 돼지 치는 신세로 전락하는데, 예수
의 이야기를 듣던 종교 지도자들에게는 그야말로 최고의 치욕이었다.

돼지를 그토록 부정하게 여기게 된 데는 돼지가 상징하는 문화적, 종
교적 의미도 작용했을 것이다. 이집트에서 돼지는 세트 신의 신성한 동물
이었고 희생제사에 사용되었다. 그런가 하면 메소포타미아에서는 지하 신
들에게 바치는 제물로 쓰였고 그리스와 로마에서도 그렇게 쓰였다. 그러
므로 돼지고기 식용금지 조항은 당시 이스라엘이 귀신이나 죽은 자들에게
바치는 희생제사와 관련을 맺지 못하게 하려는 시도였을 수 있다.

정결규례 구약에는 몸의 청결이 하나님의 모습(거룩)과 어떤 식
으로든 연관되어 있다는 확신이 나타나 있고 이 확신
은 율법에 반영되어 있다. 정결규례가 최초로 언급된

사례는 이스라엘이 시내 산에서 하나님을 만나기 전 "옷을 빨아 입고"(출애굽기 19:10)라고 기록된 대목인데, 하나님과 그들 사이의 거리를 떠올리게 한다. 정결규례는 율법에서 다양한 방식으로 표현되었다.

- 제사장들이 손과 발을 씻음(출애굽기 30:17-21)
- 희생제물 일부를 씻고(레위기 1:9, 13) 피가 튄 제사장 옷을 빨아야 함(6:27)
- 시체와 접촉한 후 씻음(레위기 11:24-25, 17:15, 민수기 19:11-13)
- 나병환자가 나았을 때 씻음(레위기 14:1-9)
- 신체 유출물이 나온 후 씻음(레위기 15장)

이러한 율법에는 위생상의 목적도 있었지만 더 깊은 의미는 의식(儀式)상의 정결, 곧 죄를 씻어야 함을 상징하는 것이었다. 안타깝게도, 이스라엘은 이 씻는 행위의 수행 자체에 본질적인 가치가 있는 것처럼 이것에 상징성 이상의 의미를 부여했다. 정결규례는 그 자체로 가치를 띠게 되었고 많은 사람에게 퍼져 나갔다. 예를 들어, 제사장들은 임무를 수행하기에 앞서 물로 씻어야 했는데(출애굽기 40:12), 예수 시대에는 이런 의식적인 손 씻기가 모든 경건한 사람들 사이에서 흔한 일이 되어 아침에 일어나서 가장 먼저, 그리고 매끼 식전에 손을 씻었다. 율법이 이것을 요구하지 않았지만, "장로들의 전통"(마가복음 7:5)이 율법을 지키기 위한 많은 규정을 만들어 낸 것이다. 예수는 이런 규칙을 지키지 않으셨기 때문에 종교 지도자들과 마찰을 빚었고 그들이 "하나님의 계명은 버리고 사람의 전통만 붙들고 있"다고(7:8, 우리말성경) 나무라셨으며, 사람의 뱃속으로 들어가는 것이 아니라 그 마음에서 나오는 것이 사람을 더럽힌다고 강조하셨다(7:1-23).

예수와 율법　　　예수는 종종 1세기 유대교가 애지중지하던 여러 식별 표지에 문제를 제기하시고 하나님의 백성의 참된 특징은 정결규례(마가복음 7:1-8), 안식일 준수(2:23-28), 금식(2:18-22) 같은 외적인 것이 아니라고 강조하셨다. 하나님이 중요하게 보시는 것은 마음이다(7:14-23). 신약성경은 예수가 십자가에서 죽으심으로 율법이 요구하는 바를 모두 성취하셨다고 끊임없이 주장한다. 그래서

메주자 메주자(mezuzah)는 나무나 금속으로 된 상자로, 유대인 가정의 현관 기둥에 부착되어 있다. 신명기 6:4-9과 11:13-21이 새겨진 양피지가 상자 안에 들어 있는데, 상자를 손으로 만지거나 입을 맞춘다. 유대인 역사가 요세푸스(AD 37-100년경)는 당대에도 이 관습이 잘 지켜졌다고 말했다. 신약시대 이후에는 메주자에 악령을 쫓아내는 힘이 있다고 믿기도 했다.

그리스도인은 더 이상 율법에 매이지 않는다(에베소서 2:15, 골로새서 2:14, 히브리서 10:1-14).

할례

하나님은 아브라함 당시 이미 존재하던 할례의 관습을 취하셔서 아브라함 및 그의 후손들과 맺으시는 언약의 증표로 사용하셨다(창세기 17:9-14). 남자아이는 태어난 지 8일 만에 할례를 받았고(17:12) 이후 율법에서도 그렇게 규정했는데(레위기 12:3), 이스마엘의 후손(아랍인)은 조상 이스마엘처럼 열세 살에 할례를 받았다(창세기 17:24-25). 할례는 민족적 정체성을 나타내는 대표적인 표시가 되었고, 이스라엘 백성이 되기 원하는 이방사람도 할례를 받아야 했다(34:8-17). 이 의식은 초대교회에까지 번졌다가 제지를 당했다(사도행전 15:5-21).

성경은 마음, 곧 우리를 우리 되게 하는—성격, 정신, 의지, 정서, 감정—존재의 핵심과 그 중요성을 끊임없이 부각시킨다. 구약의 예언자들과(사무엘상 15:22 등) 예수도(마가복음 7:1-23 등) 외적인 율법 준수보다 마음이 우선이라고 강조했다. 사무엘이 말한 대로 "사람은 겉모양을 보지만, 나 여호와는 마음을 본다"(사무엘상 16:7, 쉬운성경).

64. 절기와 성일

안식일 안식일의 기원은 십계명(출애굽기 20:8-11)이 아니라 창조 이야기다. 창조 이야기에서 하나님은 "이렛날에는 하시던 모든 일에서 손을 떼고 쉬셨다.……하나님은 그 날을 복되게 하시고 거룩하게 하셨다"(창세기 2:2-3). "쉬셨다"는 말은 안식일(sabbath)에 해당하는 히브리어 어원에서 나왔으니, 건강한 생활을 위해 하나님이 주신 주기, 곧 6일 동안 일하고 하루를 쉬는 주기가 만들어진 것을 알 수 있다. 금요일 저녁 일몰 직전에 시작해서 토요일 저녁 일몰 직후에 끝나는 안식일은 사람들이 쉬면서 원기를 회복할 수 있도록 모든 일상적인 일을 멈추는, 구별된 날이었다. 당시 다른 모든 나라는 연례절기를 지켰는데 이스라엘만 매주 안식일을 지켰다.

하지만 신약시대에 이르러 안식일 준수가 부담스러운 일이 되어 버렸다. 무엇이 일이고 무엇이 일이 아닌지를 정의하는 끝없는 규칙들이 생겨났기 때문이다. 종교 지도자들은 심지어 예수가 안식일에 사람들을 치유하는 것조차 반대했다. 그러나 예수는 "안식일이 사람을 위하여 생긴 것이지, 사람이 안식일을 위하여 생긴 것이 아니"라고 지적하셨다(마가복음 2:27).

유대 종교력   **유월절**(아빕월 14일)   유월절에는 가족이 모두 모여 식사하면서 하나님이 이집트에서 노예살이하던 이스라엘을 구원해 내신 일을 회상했다. 오늘날에도 유대인들이 먹는 다양한 유월절 음식은 출애굽 이야기의 여러 측면을 보여준다. 과일 페이스트는 벽돌을 만들 때 썼던 진흙을 상징한다. 소금물은 선조들의 눈물을, 완숙 계란은 그들의 고난을, 쓴 나물은 쓰라린 노예생활을, 양 정강이뼈는 제물로 쓰인 어린 양을, 누룩 없는 빵은 그들의 황급한 탈출을, 파슬리는 새로운 희망의 징조를 뜻한다(출애굽기 12:1-30, 레위기 23:5, 민수기 9:1-14, 신명기 16:1-8)

무교절(아빕월 15–21일)   유월절과 이후 한 주 내내 무교병(누룩 없는 빵)을 먹어 파라오가 마침내 이스라엘 자손이 이집트를 떠나는 것을 허락했을 때 서둘러 준비했던 상황을 기억했다(출애굽기 12:15-20, 13:3-10, 23:15, 레위기 23:6-8, 민수기 28:17-25, 신명기 16:9-12).

초실절(맥추절, 아빕월 16일)   이 절기에는 하나님의 공급하심을 인정하는 의미로 밭에서 거둔 첫 번째 보릿단을 제사장에게 바쳤고, 제사장은 그것을 하나님 앞에서 흔들고 번제와 소제로 바쳤다(레위기 23:9-14).

오순절(시완월 6일)   밀 수확을 기념하는 이 절기에는 밀가루로 만든 빵 두 덩이를 흔들어 제물로 바쳐야 했다. 이날은 유월절 후 50일째에 해당해 오순절(五旬節, *Pentecost*, "50번째"를 뜻하는 그리스어)이라는 이름이 붙었다. 신약시대에는 이날 하나님이 모세에게 율법을 주신 일을 함께 기념했다(출애굽기 23:16, 레위기 23:15-22, 민수기 28:26-31, 신명기 16:9-12).

나팔절(신년절, 티슈리월 1일)   원래 한 달에 한 번 나팔을 불어 그 달의 시작을 알렸는데(달력이 없던 시절에는 중요한 절차였다), 나팔절에는 많은 나팔을 불어 농사의 끝과 새해의 시작을 알리고 하루를 쉬면서 절기로 기념했다. 이날을 '로쉬 하샤나'로 부르게 된 것은 후대에 가서였다(레위기 23:23-25, 민수기 29:1-6).

속죄일(티슈리월 10일)   이 엄숙한 날, 온 나라가 금식하고 제물을 바쳐 각자의 죄를 속죄했다. 흰색 아마포 옷을 입은 대제사장이 자신의 죄와 제사장들의 죄를 위해 황소 한 마리를 제물로 바친 후 그 피를 가지고 지성소로 들어갔는데, 성막과 성전에서 가장 거룩한 그곳에서 (대제사장도 이날만 여기 들어올 수 있었다) 언약궤 위에 피를 뿌렸다. 이제 그는 염소 한 마리를 백성들의 죄를 위한 희생제물로 바쳐 그 피를 지성소에 뿌리고 일부는 제단 뿔에 발라 성소를 정결하게 했다. 그 다음 '속죄 염소'로 알려진 두 번째 염소의 머리에 손을 얹고 이스라엘의 죄를 고백한 후 그들의 죄를 없애 버렸다는 표시로 염소를 광야로 내보냈다(레위기 16:1-34, 23:26-32, 민수기 29:7-11).

초막절(티슈리월 15-21일) 수확의 절정을 기념해 일주일간 지키는 이 절기에 백성들은 초막(장막)에서 지내면서 약속의 땅으로 가던 조상들의 여정과 하나님의 넉넉한 공급하심을 기억했다. 초막절은 '성회의 날'로 마무리되었다. 신약시대의 초막절은 아주 인기 있는 절기였다(출애굽기 23:16, 레위기 23:33-43, 민수기 29:12-40, 신명기 16:13-15).

성회의 날(티슈리월 22일) 성회로 모여 일을 쉬고 제사를 바쳐 농사력 절기의 끝을 알리는 날이었다(레위기 23:36, 민수기 29:35-38).

하누카(기슬르월 25일) 후대 유대교에서 나온 이 절기는 봉헌절, 또는 빛의 축제라고도 부른다. BC 164년 유다 마카베오의 성전 재봉헌을 기념했다(77쪽).

부림절(아달월 14-15일) 이 절기는 페르시아에서 유대인을 전멸시키려는 하만의 시도를 막아 낸 일을 기념했다(에스더 9:18-32). 에스더 이야기를 읽고 이야기의 주요인물로 분장한 후 선물을 주고받았다.

그리스도인과 절기

기독교는 일부 유대교 절기를 받아들였다. 매주 있는 안식일을 이어받되 토요일에서 일요일로 요일을 바꾸어("주간의 첫날", 사도행전 20:7) 예수의 부활을 기념했는데, 예수의 부활이 사람들에게 참된 '안식'을 준다고 믿었기 때문이다. 유월절은 그리스도인에게 새로운 의미로 다가왔다. 이날 그리스도인들은 이스라엘을 이집트에서 구해 낸 것보다 더 큰 구원을 이루신 그리스도의 죽음을 기억했다. 오순절은 하나님이 성령을 주셔

랍비가 쇼파르를 불어 나팔절(로쉬 하샤나)의 시작을 알리고 있다. 숫양의 뿔로 만든 이 나팔은 하나님이 아브라함에게 아들 이삭을 대신할 숫양을 희생제물로 공급하시며 주셨던 약속을 상기시킨다(창세기 22:1-19).

282

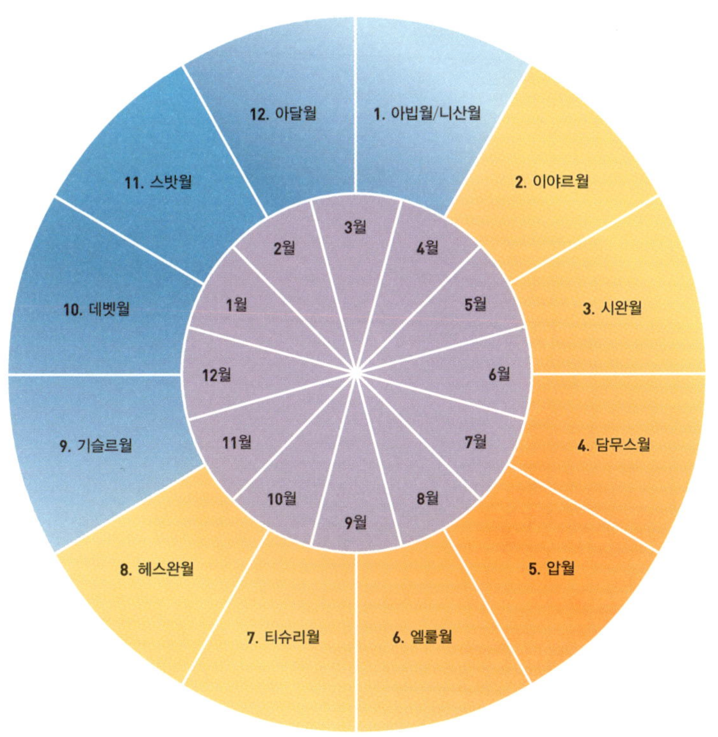

서 낙심에 빠진 제자들을 능력받은 교회로 변화시킨 날이 되었다(2:1-47).
이외의 다른 유대교 절기나 축제를 지키는 것은 개인이 자유롭게 선택할
문제로 보았다(골로새서 2:16-23, 로마서 14:5-23).

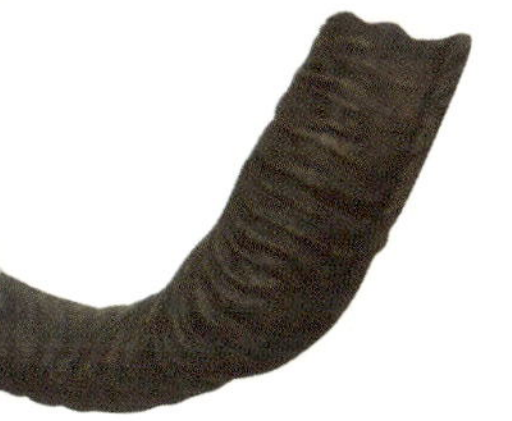

기념 ▾

절기와 성일은 하나님의 백
성이 과거를 잊지 않고 현재
에 감사하며 미래에도 하나
님을 신뢰하도록 붙들어 주
는 정기적인 계기를 제공했
다. 그리스도인에게 가장 핵
심적인 기념행사는 성만찬
(주의 만찬)인데, 이때 빵과 포
도주를 나누며 그리스도께서
십자가에서 치르신 희생과
다시 오겠다는 그분의 약속
을 기억한다.

성경시대 동안 예배의 표현방식은 달라졌지만 그 핵심은 변함이 없다.
우리를 만드신 하나님께 영광을 돌리고 그분이 주신 복에 기쁨으로 반응하는 것이다.
하지만 사람의 예배를 받지 못하면 하나님이 불안해 하신다거나, 무언가 부족함을 느껴서
하나님이 사람의 예배를 '필요로 한다'는 암시는 성경에 전혀 없다. 예배는 하나님께 아무것도 보태지 못하지만,
예배하는 사람에게 많은 것을 준다. 자신이 하나님에게 온전히 의지하는 존재임을 상기시켜 주는 것이다.

65. 예배

예배의 장소

성경 역사 초기에는 정해진 예배장소가 따로 없었다. 아담과 하와는 에덴동산에서 하나님의 임재를 누렸고, 족장들은 광야 어디서나 하나님을 예배했으며, 모세는 불붙은 가시덤불 앞과 산꼭대기에서 하나님을 예배했다. 기억할 만한 영적 경험을 했을 때는 돌이나 제단을 세우기도 했다. 나중에 가서야 특정한 장소들이 특별한 중요성을 띠게 되었는데, 성막을 세운 실로나 성전을 건축한 예루살렘이 그러했다. 하지만 안타깝게도 그 성소들은 하나님을 가리키는 본연의 임무를 수행하지 못하고 그 자체가 믿음의 대상이 되어 버렸고, 예언자들도 그 사실을 성토했다(예레미야 7:1-15). 그리스도인들은 예수가 말씀하신 대로, 참된 예배가 특정한 장소에 달려 있지 않음을 재발견했다. 바울은 그것을 이렇게 표현했다. "온 세상과 그 안의 모든 것을 창조하신……하나님께서는 하늘과 땅의 주인이시며 사람이

베두인 족 음악가가
외줄 현악기 라바바를
연주하고 있다.

손으로 지은 신전들 안에 살지 않으십니다"(사도행전 17:24, 우리말성경).

예배의 표현　　　성경에는 예배를 표현하는 다양한 방식이 등장한다.

- 기도(사도행전 2:42, 요한계시록 8:3)
- 찬양(역대하 5:13-14, 에베소서 5:19)
- 음악(사무엘하 6:5, 역대상 6:31-32)
- 춤(출애굽기 15:20, 누가복음 15:25)
- 침묵(시편 4:3-4, 요한계시록 8:1)
- 희생제사(창세기 46:1, 열왕기상 8:62-64)
- 빵을 나눔(사도행전 20:7, 고린도전서 10:16-17; 11:23-24)
- 금식(느헤미야 1:4, 마태복음 6:16-18)

시스트룸　이집트에서 나온 타악기(BC 12-10세기)

예배 악기　　　성경에 악기가 처음 등장하는 대목은 창세기 4:21로, 유발이 "하프와 피리를 연주하는 사람들의 조상"(우리말성경)이라고 나와 있다. 고대의 악기 유물은 거의 남아 있지 않지만, 시편은 다양한 악기들이 쓰였음을 증언하며, 다윗 왕은 4,000명의 레위인을 성전 음악가로 임명했다(역대상 23:5). 성경에 나오는 악기를 몇 가지 소개한다.

현악기　8-10줄로 된 킨노르(*kinnor*, 수금)와 10-20줄로 된 나벨(*navel*, 하프).

타악기　탬버린(테에 가죽을 씌워서 만듦), 심벌즈(부딪쳐서 소리를 내는 한 쌍의 금속 접시), 시스트룸(*sistrum*, 금속 막대에 원반들을 끼워 흔들면 딸랑딸랑하는 소리가 남).

관악기　할릴(*halil*, 나무나 뼈로 만든 피리), 케렌(*qeren*, 나무나 금속으로 만든 호른), 하소스라(*hazozra*, 곧은 금속나팔), 쇼파르(*shofar*, 숫양의 뿔).

시편　　　시편은 성경의 찬양집이다. 히브리어로는 테힐림(*Tehillim*, "찬가")인데, 시편이 원래 기도문이 아니라 노래라는 사실을 강조한다. 시편에 해당하는 영어 표현

Psalms는 그리스어 프살모스(*Psalmos*, "악기에 맞추어 부르는 노래")에서 나왔다. 다윗 왕은 73편의 시편을 지었고, 나머지 시편들은 모세 시대(시편 90편)부터 바벨론 유배에서 돌아온 이후(137편 등)까지 천여 년에 걸쳐 기록되었다. 하나님이 역사에 개입하신 일을 기억하며 경배를 표현하는 집단적인 시편도 있고, 하나님에 대한 사랑, 죄로 인한 슬픔, 어려움 중의 몸부림, 심지어 다른 이들을 향한 분노를 표현하는 개인적인 시편도 있다. '성전에 올라가는 노래'처럼(120-134편) 일부는 예루살렘으로 올라가는 길에 순례자들이 부르는 노래였고, 할렐(*Hallel*, "찬양") 시편은(113-118편) 절기 때 불렀다. 성전은 매일 시편으로 찬양하는 레위인 성가대와 아침저녁으로 드리는 희생제사, 각종 행렬과 모임의 소리로 가득했을 것이다.

신약의 예배 최초의 그리스도인들은 예루살렘 성전에서 계속 예배를 드리면서도 가정 모임으로 보완했는데(사도행전 2:47), 가정 모임에는 네 가지 요소가 있었다. 사도의 가르침, 교제, 빵을 나눔, 기도(2:42). 다른 지역의 유대인 그리스도인들도 처음에는 그 지역에 있는 회당에 참석했다. 그들의 예배형식(성경 읽기, 기도, 설교)은 이후 기독교 예배의 본이 되었다. 이방인 회심자들은 성령의 인도를 받아 많은 이들이 자발적으로 참여하는, 보다 자유로운 형식의 예배를 드렸고(고린도전서 14:26-40) 여기서도 주의 만찬이 예배의 중심요소였다(11:17-34).

신앙고백과 찬송 신약의 교회가 믿었던 기독교 신앙의 몇몇 확정된 진리는 신약 문서들에 기록되었고 신앙고백(신앙의 진술)으로 암송하거나 찬송으로 만들어 불렀다. 그중 몇 가지를 소개한다.

- 예수는 주!(고린도전서 12:3, 빌립보서 2:11)
- 주님도 하나요, 믿음도 하나요, 세례도 하나요, 하나님도 한분이시다. 그분은 만유의 아버지이시며, 만유 위에 계시고, 만유를 통하여 일하시고, 만유 안에 계신다(에베소서 4:5-6).

빵과 포도주를 나누다　예수는 처형 전날 밤 제자들과 함께 유월절 식사를 하셨다. 그분은 빵과 포도주를 나누면서 전통적인 형식을 바꾸셨고 유월절 식사에 이제까지와는 전혀 다른 의미를 부여하셨으며 자신을 이스라엘 이야기의 중심에 두셨다. 이스라엘이 간절히 기다려 왔던 새로운 출애굽이 이제 자신을 통해 시작되려 하고 있으며, 약속된 새 언약으로 죄의 용서가 일어날 것이라고 말씀하신 것이다(마태복음 26:28). 초대교회는 빵과 포도주 나눔을 예배의 중심에 놓았다(사도행전 2:42; 20:7, 고린도전서 11:23-34). 오늘날의 그리스도인들은 "이것을 행하여 나[예수]를 기억"함으로(누가복음 22:19) 같은 일을 하고 있다.

- 하나님은 한분이시고 하나님과 사람 사이의 중보자도 한분이시니, 곧 사람이신 그리스도 예수시다. 그분은 모든 사람을 위해 자신을 대속물로 내어 주셨다(디모데전서 2:5-6).

- 그는 육신으로 나타나시고, 성령으로 의로움을 인정받으셨다. 천사들에게 보이시고, 만국에 전파되셨다. 세상이 그를 믿었고, 그는 영광 가운데서 들려 올라가셨다(디모데전서 3:16).

가장 온전한 신앙고백과 찬송은 빌립보서 2:5-11에 나오는데, 그리스도의 성육신과 낮아지심과 높아지심을 노래한다.

찬양　▼

성경은 찬양이 하나님에 대한 인간의 합당한 반응이라고 말한다. 감사의 표현으로도, 하나님의 하나님 되심에 영광을 돌리는 표현으로도 그렇다. 성경에는 찬양으로 불가능한 상황이 뒤집힌 사례들이 있다. 여호수아가 여리고에서 거둔 승리(여호수아 6:20), 여호사밧이 모압과 암몬을 무찌른 일(역대하 20:15-30), 바울과 실라가 갇혀 있던 감옥 벽이 무너져 내린 일(사도행전 16:25-34) 등이다.

성경에 나오는 기도는 종교적인 문구를 되풀이하는 행위가 아니라
하나님과 관계를 맺고 그분과 대화하는 일이다.
사람들은 기도가 변화를 가져온다고 믿었고 그것을 현실로 경험했다. 그래서 성경에는
기도하는 사람들의 모습이 무수히 등장하고 기도의 내용도 수십 개나 나오는데, 짧은 것도 있고 긴 것도 있다.
그 모든 기도에는 우리가 하나님께 말씀드리면 하나님이 들으시고 응답하신다는 확신이 공통적으로 담겨 있다.

66. 기도

구약의 기도 구약의 기도는 개인적인 어려움에 처한 이들의 기도부
터 국가적인 어려움에서 예언자나 왕이 드린 기도까지
다양하다. 하지만 어려움을 해결하기 위한 기도만 있
는 것은 아니었다. 감사와 경배의 기도, 하나님의 역사하심을 회상하는 기
도도 많았다. 마음에서 우러난 기도와 정해진 시기에 드리는 공식적인 기
도문도 기록되어 있는데, 그중 상당수는 시편에서 볼 수 있다. 하나님께
원수의 이를 부러뜨려 달라고 요청하기도 하는 시편의 일부 기도를 처음
읽을 때는 충격적일 수 있다. 그러나 그러한 기도는 사람이 느낀 바를 적
고 있을 뿐, 하나님의 감정을 기록한 것이 아니다. 성경 안에 그와 같은 기
도가 들어 있는 이유는 우리가 하나님 앞에서 정직하게 기도할 수 있으며
하나님은 우리의 가장 어두운 생각조차도 능히 감당하실 만큼 크신 존재
임을 보여주려는 것이다.

바벨론 유배 기간에 유대인들이 매일 드린 기도는 새로운 중요성을
띠게 되었다. 더 이상 성전에서 예배할 수 없는 상황이었기 때문이다. 신
약시대에는 매일 세 번 정해진 기도시간이 있었는데, 제삼시(오전 9시), 저
녁 희생제사를 바치는 제구시(오후 3시), 그리고 일몰 때였다.

한 유대인 남자가 특징적인 파란색 줄무늬에 술이 달린 기도숄인 탈리스(*tallith*)를 걸치고 기도하고 있다.
하나님은 이스라엘에게 옷자락 끝에 술을 달아 그들이 하나님의 백성임을 기억하라고 하셨다(민수기 15:38–39).
하지만 예수 당시의 바리새인들은 경건을 과시하기 위해 엄청나게 긴 술을 달고 다니다 예수의 꾸지람을 들었다(마태복음 23:5).
사진 속의 남자는 왼손과 이마에 경문인 테필린(*tefillin*)을 달아맸다. 성경구절이 담긴 이 검은 상자를 달아맨 것은 하나님의 명령을 기억하고
"그것을 손에 매어 표로 삼고. 이마에 붙여 기호로 삼"으라는 명령(신명기 6:8)을 문자적으로 따른 결과였다.

기도의 자세　　성경은 다양한 기도의 자세를 기록하고 있는데, '올바른' 자세가 따로 있는 것이 아니라는 의미로 이해할 수 있다. 기도의 자세를 몇 가지 소개하면 다음과 같다.

- 앉기(느헤미야 1:4, 누가복음 10:13)

- 서기(열왕기상 8:22, 마가복음 11:25)

- 무릎 꿇기(에스라 9:5, 사도행전 9:40)

- 절하기(출애굽기 34:8-9, 마태복음 2:11)

- 엎드리기(여호수아 5:13-14, 누가복음 17:15-16)

- 손들기(출애굽기 17:10-16, 디모데전서 2:8)

기도와 금식　　금식은 일정 기간 음식의 섭취를 일부 또는 전부 중단하고 온전히 하나님께 집중하면서 기도로 하나님을 찾는 일이다. 금식은 "겸손하게 자신을 하나님께 드리는 것"(금식에 해당하는 히브리어의 실제 의미)이며, 먹는 일을 비롯한 그 어떤 것도 하나님을 찾는 것보다 중요하지 않다는 고백이다.

　　성경에서 금식은 자발적으로 이루어졌는데, 유일하게 금식을 명하는 절기가 속죄일이다(레위기 16:29-31). 그러나 바벨론 유배 이후 다른 의무적 금식이 생겨났다. 이스라엘 사람들은 넷째 달(예루살렘 성벽의 무너짐을 탄식하며), 다섯째 달(성전 파괴를 탄식하며), 일곱째 달(유다 총독의 암살을 기념하며), 열째 달(예루살렘의 포위를 탄식하며)에 금식해야 했다.

　　예수 시대에 이르러 유대교는 주 2회 행하는 금식을 경건한 사람의 의무사항으로 만들었고(누가복음 18:12), 금식은 경건의 외적 표시가 되었다. 그렇지만 예수도 금식하셨고(마태복음 4:1-2) 그분을 따르는 자들도 금식을 하되 하나님을 의식하며 하기를 바라셨다(6:16-18). 초대교회도 금식을 계속했다(사도행전 13:2-3, 14:23).

　　성경은 몇 가지 유형의 금식을 언급한다.

- 통상적인 금식: 물은 마시고 음식섭취만 중단(누가복음 4:1-2). 보통은 일출부터 일몰까지(사사기 20:26), 또는 24시간 동안(레위기 23:26-32) 이어졌다.
- 부분적인 금식: 일정 기간 동안 특정 음식만 먹지 않음(다니엘 1:8-20)
- 완전 금식: 비상 상황을 맞아 음식과 물을 모두 끊음(에스더 4:15-16)
- 특별 금식: 아주 중요한 시기에만 등장하는 40일간의 금식. 예를 들어 예수가 사탄의 유혹을 받으셨을 때(마태복음 4:1-11), 모세가 십계명을 받았을 때(출애굽기 34:28) 등이다.

예수와 기도　　예수의 생애에서 기도는 매우 중요했다. 하늘 아버지께 말씀드릴 시간을 내기 위해서라면 아침 일찍 일어나거나(마가복음 1:35), 밤늦게까지 깨어 있거나(14:32-42), 혼자만의 시간을 갖는(6:45-46) 등 필요한 조치를 아끼지 않으셨다. 예수에게 기도는 하늘 아버지와 나누는 소박한 대화였기 때문에 특별한 장

기도와 초대교회

기도는 처음부터 초대교회의 근간이었고 중요한 시점마다 빠짐없이 등장한다(사도행전 1:14, 24-26, 2:42, 3:1, 4:23-31, 6:1-6). 바울은 분명 바리새인이라는 배경에 충실한 기도의 사람이었지만 예수와 맺은 새로운 관계는 그의 기도에 새로운 생명력을 불어넣어 주었다. 그의 편지에는 몇 편의 멋진 기도가 들어 있다(에베소서 1:15-23; 3:14-21, 빌립보서 1:3-11, 골로새서 1:9-12).

소도, 특별한 의식도, 특별한 언어도 필요하지 않았다. 그분은 단순하게 기도하되(마태복음 6:5-8) 믿음으로 기도하고(7:7-11) 포기하지 말라고(누가복음 18:1-8) 사람들을 격려하셨다. 예수는 여봐란듯이 과시하며 기도하는 종교인에게는 하나님이 전혀 관심이 없으시지만 그분의 자비 앞에 겸손하게 자신을 내어놓는 사람은 너그럽게 대하신다고 말씀하셨다(18:9-14). 단순하고 친밀한 기도에 대한 예수의 가르침은 그분이 알려 주신 기도인 주기도문에 잘 요약되어 있다.

아버지 하나님 ▼

예수의 기도의 핵심은 하나님이 우리가 구하기 전에 이미 우리에게 필요한 것을 아시며(마태복음 6:5-8), 신뢰할 수 있는(7:9-11), 사랑 많은 하늘 아버지라는 확신이다. 하나님의 아버지 되심은 비유적 표현이 아니다. 그분은 아버지 같은 분이 아니라 아버지라고 성경은 말한다. 사랑과 공급하심, 은혜와 든든한 보호라는 관점에서 아버지시다. 예수는 하나님을 아버지로 확신할 때 기도에 대한 확신도 커진다고 말씀하셨다.

67. 초자연적인 사건

기적

구약에서 기적은 상대적으로 드물었고 보통 어두운 시대에 나타났다. 이스라엘이 이집트에 노예로 잡혀 있을 때 열 가지 재앙이 일어나 파라오와 그의 신들을 위협했다. 엘리야와 엘리사는 사악한 바알숭배 세력에 맞섰다. 그에 반해, 신약에서는 예수의 오심과 더불어 기적이 봇물처럼 터졌다. 마가복음의 삼분의 일은 예수의 기적을 다룬다. 그러나 그분의 기적은 추종자를 끌어모으기 위한 것도, 단지 연민의 표현도 아니었다. 예수는 기적을 하나님 나라의 실증으로, 하나님이 다스리실 때 삶이 어떻게 변화되는지를 보여 주는 사건으로 보셨다.

**죽은 자가
살아나다**

성경이 보여주는 가장 큰 초자연적 사건은 죽은 사람을 살려 내는 것인데, 구약과 신약에 모두 등장해(열왕기상 17:17-24, 열왕기하 4:8-37, 마가복음 5:21-42, 요한복음 11:1-44) 죽음이 삶의 끝이 아니라는 성경의 확신을 강조한다. 나사로가 되살아난 사건이 사실인 것은 이 사건에 자극을 받은 예수의 반대자들이 예수를 제거하려고 나선 데서 알 수 있다(요한복음 11:45-57).

브라질 리우데자네이루에 있는
세계에서 가장 큰 그리스도상

성경의 중심이 되는 사건은 예수의 부활이다. 그분은 이생으로 다시 소생한 정도가 아니라 하나님의 능력에 힘입어 장래에 임할 그분의 나라에서 살기에 적합한 모습으로 변화되셨다. 성경은 오늘날의 사고방식에 정면으로 도전하며 "그리스도께서 살아나지 않으셨다면, 우리의 선포도 헛되고, 여러분의 믿음도 헛될 것"이라고 분명하게 밝힌다(고린도전서 15:14).

꿈과 환상   성경시대에는 많은 사람이 하나님께서 꿈을 통해 말씀하실 수 있다는 사실을 믿었다. 꿈은 구약에 주로 나오지만(창세기 28:12-22; 31:10-13; 37:5-11; 41:1-40, 열왕기상 3:5-15, 다니엘 2:1-45) 신약에도 나오고 특별히 예수의 탄생을 둘러싸고 많이 등장한다. 꿈을 통해 요셉은 마리아의 잉태와 관련된 설명을 들었고

(마태복음 1:20), 동방박사들은 헤롯에게로 돌아가지 말라는 경고를 받았으며(2:12), 요셉은 가족과 함께 갈 곳을 지시받았다(2:13, 22). 환상은 꿈과 비슷하지만 환상을 받는 사람이 깨어 있을 때 일어나는 것이라는 점이 다르다(창세기 15:1-21, 사무엘상 3:1-18, 이사야 1:1, 사도행전 9:10-16; 10:9-16). 베드로는 오순절에 청중 앞에서 새로운 날의 꿈과 환상은 하나님의 영이 부어진 결과라고 말했다(사도행전 2:17).

천사

예술작품에서는 천사가 대체로 날개 달린 존재로 그려지지만, 성경에서 천사는 인간의 모습에 훨씬 가까웠고 때로는 사람으로 오인받기도 했던 영적 존재다. 천사는 날개가 없는데, 높은 지위의 천사들인 그룹(케루빔, 에스겔 10:3-5)과 스랍(세라핌, 이사야 6:2)만 날개가 있다. '천사'라는 단어는 '사자'(使者)를 뜻하는데, 하나님의 메시지를 전하는 것이 그들의 역할이기 때문이다(누가복음 1:26-38 등). 천사는 하나님의 축복(창세기 24:40), 개입(22:9-12), 도움(다니엘 6:22), 보호(시편 91:11), 지시(사도행전 8:26), 심판(창세기 19:1-29)도 전했다. 예수는 고대 세계에서 그리 존중받지 못하던 아이들에게도 수호천사가 있다고 말씀하셨다(마태복음 18:10).

천사는 중요한 존재였지만 숭배의 대상은 아니었다. 하나님의 초월성 때문에 중재자를 통해서만이 그분을 섬길 수 있다는 영지주의 비슷한 사교(邪教)의 영향을 받아 천사숭배가 골로새 교회에 슬그머니 들어왔을 때, 바울은 재빨리 그것을 바로잡았다(골로새서 2:18).

사탄

성경의 세 구절이 사탄의 기원에 대한 모종의 단서를 제공한다. 에스겔은 두로 왕의 멸망을 예언하면서(에스겔 28장) 두로 왕과 그의 교만을 묘사하다가(1-10절), 그의 행동 배후에 있는 자, 에덴동산에 있던 자, "수호의 그룹"(14절)이었고 모든 길에 "완전"(15절)했지만 교만 때문에 "하나님의 산에서" 쫓겨난(16절) 자를 소개한다. 이사야 또한 앗시리아 왕에 대해 예언하면서 그의 배후에

앗시리아와 바벨론의 악령 파주주. 파주주의 형상을 새긴 부적을 지니고 있으면 다른 악령들로부터 보호를 받는다고 믿었다.

서 활동하는 "샛별"(라틴어 『불가타역』에서는 "루시퍼")을 보았고, 하나님과 같아지려던 교만 때문에 그자가 쫓겨나게 된 일을 적었다(이사야 14:12-15). 요한은 "커다란 붉은 용"이 하늘에서 쫓겨나면서 천사 삼분의 일을 데리고 가는 환상을 보았다(요한계시록 12:1-6). 초기부터 많은 그리스도인들은 이 구절들을 사탄의 타락으로 이해했고, 한때 최고위 천사 중 하나였지만 교만해져서 하나님과 같아지고 싶어 하다가 하늘에서 쫓겨난 자를 묘사한 것으로 보았다.

구약에는 사탄이 거의 등장하지 않고 별다른 관심을 끌지도 못했다. 예수가 이 땅에 오신 것이 그의 활동을 촉발한 듯 보인다. 예수는 하나님의 말씀으로 그를 제압하셨고(마태복음 4:1-11), 바울은 하나님이 공급하시는 영적 갑옷으로 그와 맞서라고 촉구했다(에베소서 6:10-18).

귀신

성경은 귀신(악령)을 타락한 천사로 암시하는 듯하다. 하지만 요한은 사탄이 "별들"(천사들)의 삼분의 일만 데려가는 것을 보았으니, 타락하지 않은 천사가 훨씬 많다는 뜻이 된다. 귀신은 강한 힘을 갖고 있지만 하나님에게 종속된 존재이며, 사탄조차도 욥을 시험하기에 앞서 하나님의 허락을 받아야 했다(욥 1:6-12). 이것은 당시의 세계관과 크게 달랐는데, 바벨론 사람들은 귀신이 언제든 사람들을 덮치려고 호시탐탐 기회를 노린다고 믿었다. 예수의 축사(逐邪) 사역에서 볼 수 있듯이 일부 귀신들은 지상에서 사악한 일을 벌이지만 또 다른 귀신들은 어두움(영적 구덩이)에 갇혀 있다(베드로후서 2:4, 유다서 1:6). 그러나 그들 모두의 운명은 확실한 패배로 끝나도록 이미 정해져 있다(요한계시록 12:7-12).

금지된 관행

성경은 초자연계에 대해 열려 있지만, 그 세계와 접촉하는 일부 방식은 위험하며 하나님께서 금하신다고 말한다(신명기 18:9-13). 이런 주술적 관행 몇 가지를 꼽아 보면 다음과 같다.

- **마법** 주문, 주술, 저주 등을 통해 신들을 조종하려는 시도
- **점** 동물의 간(肝)을 살피거나 새 떼의 특이한 비행 같은 것을 관찰해 신들의 뜻을 찾아내려는 시도
- **점성술** 별이 신과 연결되어 있다고 보고, 별의 움직임을 통해 신의 인도를 받으려는 시도
- **강신술** 죽은 자나 영계와 접촉하려는 시도

주되심 ▼

예수가 행하신 초자연적 기적은 인간의 삶의 물리적 측면(질병의 치유에서 나타난)과 영적 측면(귀신을 쫓아내심에서 드러난)을 모두 주관하시는 그분의 주되심, 절대적인 최고 권위를 증명해 준다. 기독교의 중심되는 믿음은 예수를 주로 인정하고 그분이 삶의 모든 부분을 다스리도록 맡김으로써 최고의 삶을 누릴 수 있다는 것이다.

솔로몬 왕은 성전을 봉헌할 때 이렇게 기도했다.

"그러나 하나님께서 정말 땅에 사시겠습니까? 하늘 아니라 하늘의 하늘이라도 주를 다 모실 수 없는데 하물며 제가 만든 이 성전은 어떻겠습니까!"(열왕기상 8:27, 우리말성경)

그는 사람이 하나님을 예배하는 데 집이 필요하지 않음을, 그가 지은 훌륭한 성전도 필요 없음을 깨달았다. 언제 어디서나 하나님을 찾고 예배할 수 있기 때문이다.

68. 예배장소

하나님을 만난 장소
초기 이스라엘 족장들에게는 특별한 예배장소가 따로 없었다. 족장들은 어디서나 하나님을 예배할 수 있다고 믿었기 때문이다. 아브라함이 살던 마므레의 큼직한 상수리나무(창세기 13:18, 18:1), 베델에서 야곱이 베고 잔 돌이 있던 곳(28:10-22) 같은 특정 장소들이 하나님의 개입이나 계시와 연관되면서 '거룩'하다고 여겨졌지만, 하나님이 하신 일을 떠올려 주는 기념물의 역할을 했을 뿐 하나님을 '모시는' 장소는 아니었다.

회당
회당은 바벨론 유배 시기에 생겼다. 예루살렘은 멀고 성전은 파괴된 상태에서 유대인들에게는 신앙을 유지할 새로운 구심점이 필요했다. 회당(*synagogue*, "모임"을 뜻하는 그리스어)은 그 필요를 채워 주었다. 처음에 유대인들은 단지 함께 모였을 뿐인데 종종 야외에서 모이기도 했다. 회당 안에는 사방에 좌석이 있었고, 하나 있는 문은 예루살

언약궤 이스라엘의 가장 거룩한 인공물은 언약궤였다(출애굽기 25:10-22). 금박을 입힌 1.2×0.6×0.6m 크기의 아카시아나무 상자로, 십계명(출애굽기 40:20, 신명기 10:5), 만나 항아리, 아론의 싹 난 지팡이(히브리서 9:4)가 들어 있었는데, 각각 하나님의 말씀, 공급하심, 능력을 상징했다. 옮길 때 레위인이 들고 나를 수 있도록 언약궤 모서리에 달린 고리에 장대가 끼워져 있었다. 언약궤의 덮개인 '속죄소'에는 날개를 쭉 뻗은 황금 그룹 둘이 하나님의 함께하시고 보호하심을 상징했다.

성막

성막(tabernacle)은 이스라엘 전체가 드리는 공동예배의 첫 번째 구심점이었다. 가로세로 4.5×13.7m, 높이 4.5m 크기로 이스라엘 진영 한복판에 세운 성막은 하나님이 그들 중에 '거하심'(tabernacle)을 상징했고, 시내 산에서 약속의 땅까지 여행하는 동안 예배와 제사의 중심이 되었다.

❶ **바깥뜰**   45.7×22.8m. 높은 세마포 휘장을 둘러 경계를 확보했다.

❷ **청동 제단**   가로세로 2.2m, 높이 1.3m. 매일 아침저녁 제물을 바칠 때 사용되었다.

❸ **놋대야**   제사장들이 제사를 드리기 전에 몸을 씻는 용도로 사용되었다.

❹ **성소**   성소에는 황금 촛대와 황금 분향단, 열두 덩이의 빵을 올리는 황금 상이 있었다.

❺ **지성소**   언약궤를 보관하는 지성소와 성소 사이는 휘장으로 가로막았다. 매년 속죄일에 대제사장만이 들어갈 수 있었다.

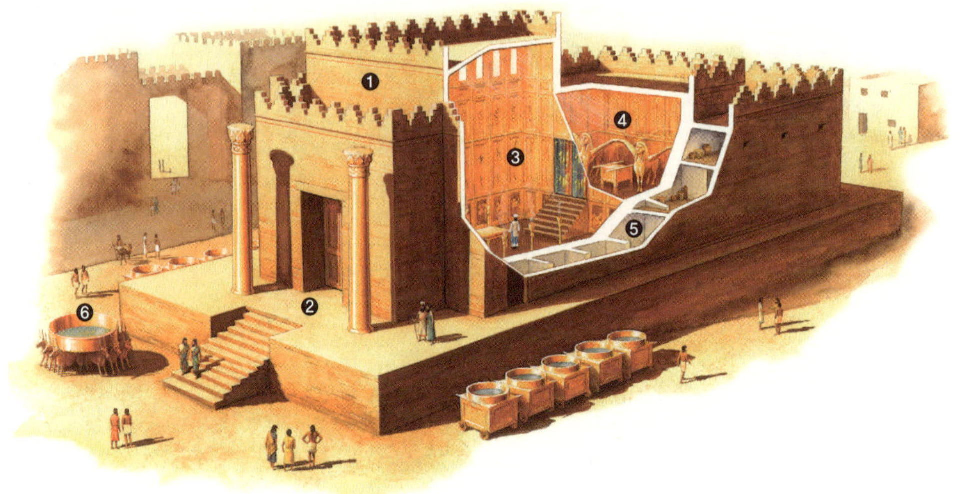

솔로몬 성전

솔로몬 성전은 이스라엘이 건축한 첫 예배장소였다. 완공까지 7년이 걸렸고 페니키아(두로) 장인들을 고용했기 때문에 가나안 신전의 양식을 따랐다. 양쪽에 하나씩 기둥 두 개로 구성된 대형 현관을 지나 안으로 들어가면 성소가 나왔고 그 너머 지성소에 언약궤가 있었다. 성소는 촛불과 높은 창으로 들어오는 햇빛으로 어느 정도 밝았지만 지성소는 완전히 어두웠다. BC 960년에 세워진 이 성전은 BC 586년에 무너졌다. 바벨론은 공성전 끝에 예루살렘을 파괴하고 보물들을 약탈했다. 언약궤의 행방에 관한 소문이 자자한데. 아마도 바벨론 사람들이 전리품으로 본국에 가져가 불에 녹였을 것이다. 제2성전은 유배에서 돌아온 후에 재건되었는데, 첫 번째 성전보다 훨씬 작은 규모였기 때문에 본래의 으리으리한 성전을 기억하는 사람들은 그 모습을 보고 슬피 울었다(에스라 3:8-13).

❶ **성전** 가로세로 9.1×27.4m, 높이 13.71m로, 지면보다 높게 올린 바닥 위에 세웠다. 제사장들만 들어갈 수 있었고 일반인은 바깥뜰에 모였다.

❷ **현관** 4.5×9.1m 크기에 양쪽으로 커다란 기둥이 하나씩 서 있었다.

❸ **성소** 조각한 백향목 널판을 벽에 댔고 금 등잔대 열 개. 금 분향단 하나. 거룩한 빵을 놓을 황금 상 하나가 있었다.

❹ **지성소** 금으로 벽을 덮었고 언약궤를 놓았다.

❺ **창고** 성전을 빙 둘러 3층으로 된 창고들이 있었다.

❻ **놋대야**(바다) 제사장들이 씻을 때 썼고 열두 마리 놋쇠 황소가 대야를 떠받쳤다.

렘 쪽으로 내는 경우가 많았다.

회당은 희생제물—유대인은 성전에서만 제사를 드릴 수 있다고 믿었다—을 바치는 장소가 아니라 성경을 읽고 설교를 듣고 기도하는 곳이었다. 회당은 유배 기간 유대인이 자신들의 정체성을 지키는 데 다른 무엇보다 큰 역할을 했다.

초대교회의 예배장소 유대인 그리스도인들은 처음에는 회당에서 모임을 계속했고, 예루살렘의 그리스도인들은 성전 뜰에서 모였다(사도행전 2:46). 그러나 기독교 신앙의 관계적 성격상 가장 흔한 모임장소는 집이었다(2:46). 개인의 집에 모여 식사를 같이

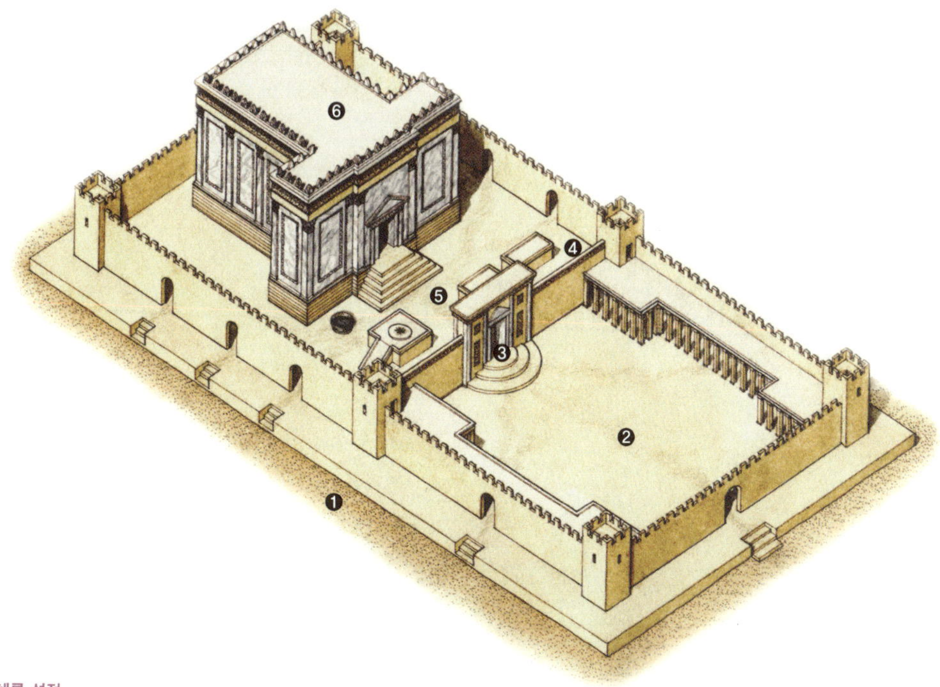

헤롯 성전

헤롯 대왕의 많은 건축사업 중 가장 규모가 큰 것이 성전 재건이었다. BC 20년에 시작해 그가 죽은 지 한참 지난 AD 64년에도 완공이 되지 않았던 성전 건축은, 헤롯이 백성들의 마음을 얻고 로마에 좋은 인상을 주려고 벌인 일이었지만 둘 다 이루지 못했다. 백성은 에돔 족속인 그를 미워했고 로마는 유대 반란을 제압하며 AD 70년에 성전을 파괴했다. 오늘날 그 현장에는 이슬람 사원인 모스크가 서 있는데. 유대인과 무슬림 사이에서 분쟁의 원인이 되고 있다. 성전에 쓰였던 거대한 돌들만 '통곡의 벽'(서쪽 벽) 으로 알려진 곳에 일부 남아 있다.

❶ **이방인의 뜰**　이방인은 여기까지만 들어갈 수 있었다. 예수는 이곳에서 장사하던 상인과 환전상들 을 쫓아내셨다. 그들 때문에 이방인들이 기도를 드릴 수 없었기 때문이다(마태복음 21:12-17, 요한복음 2:13-17).

❷ **여인의 뜰**　이곳에 13개의 나팔 모양 헌금함이 놓여 있어 헌금을 넣게 되어 있었다.

❸ **니카노르 문**　여인의 뜰에서 15계단을 올라가면 있었다.

❹ **이스라엘의 뜰**　유대인 남자만 들어가 제물을 드렸는데. 낮은 장벽으로 제사장의 뜰과 분리되었다.

❺ **제사장의 뜰**　제물을 잡는 장소와 제단. 제사장이 손을 씻기 위한 놋대야가 있었다.

❻ **성전 성역**　성소가 있고 두꺼운 휘장 뒤로 지성소가 있었다.

하고 진실한 교제를 나누면서 예배도 드렸다. 이방인 선교에서도 집은 중 요한 역할을 했다(16:15, 18:26, 21:16). AD 312년 콘스탄티누스 황제가 회 심하고 다음 해 기독교를 합법화한 후에야 그리스도인들은 예배를 드릴 건물을 따로 마련하기 시작했다.

교회　▼

우리는 "교회"라는 단어를 건 물을 뜻하는 용어로 종종 사 용하지만, 신약성경은 그러 한 의미로 쓰지 않았다. 초대 그리스도인들에게 교회(그리 스어 *ekklesia*)는 장소가 아니 라 사람들을 뜻했다. 그리스 어 구약번역본 『70인역』에서 는 '집회'를 뜻했다. 초대 그 리스도인들은 족장시대 신앙 의 핵심으로 돌아오고 있었 는데, 그것은 하나님은 어디 서나 예배할 수 있고 성역은 불필요하다는 확신이었다.

거의 모든 고대문명이 신을 달래거나 신들의 호의를 얻고자 희생제사를 바쳤다.
그러나 이스라엘은 제사를 다르게 보았다. 제사는 그들이 하나님께 무엇인가를 바치는 일이 아니라
하나님이 그들에게 주시는 선물이었다(레위기 17:11).
아담과 하와는 처음에 그들의 죄를 숨기려고 했지만(창세기 3:7-11) 사람들은 제사 제도에 힘입어
죄를 직시할 수 있었다. 그것은 하나님과의 관계를 새롭게 하는 데 있어 꼭 필요한 전제조건이었다.

69. 희생제사와 제사장

희생제사의 과정

이스라엘의 희생제사에는 세 가지 핵심 요소가 있었다.

죄인 동물의 머리에 손을 얹고 자신이 죄인이며 죽어 마땅하다는 사실을 인정하면서 자기 대신 이 동물을 받아 달라고 하나님께 간청했다. 제사장이 아니라 죄인이 직접 동물을 죽였는데(레위기 1:3-5) 나중에는 달라졌다. 아마도 유배 이후의 일일 것이다.

희생제물 제물은 언제나 동물이었다. 율법이 인신제사를 금지했기 때문이다(레위기 20:1-5). 하지만 안타깝게도 일부 왕은 이방 관습에 영향을 받아 율법의 금지명령을 무시했다(열왕기하 21:1-6 등). 제물은 흠이 없고 값비싼 수컷이어야 했다. 이것은 죄를 처리하는 일이 값싸게 해결할 수 있는 일이 아니라는 것과 하나님께는 최고의 것만이 합당하다는 사실을 보여준다.

제사장 죄인이 동물을 직접 잡았지만 본인이 그 제물을 가지고 제사를 드릴 수는 없었다. 제사는 제사장의 임무였고, 이것은 죄를 지은 인간과 거룩하신 하나님 사이에 중재자가 필요함을 잘 보여준다. 죄인이 동물을 잡으면 제사장이 그릇에 그 피를 받아 죄인 대신 제단으로 가져갔다(레위기 1:5).

제사장과 레위인

제사장의 기원은 모세의 형 아론과 그의 네 아들로 거슬러 올라가는데, 그들의 후손만이 대를 이어 제사장이 될 수 있었다. 임무의 거룩함을 반영하듯, 하나님은 그들의 복장과 직무를 상세하게 규정하셨다. 그들의 업무에는 제사를 드리는 일 외에도, 하나님의 율법을 가르치고 재판관과 공중보건 조사관으로 활동하고 우림과 둠밈으로 하나님의 뜻을 구하는 것 등이 포함되었다.

레위인은 금송아지 사건에서 보여준 열심의 결과로 제사장을 돕는 임무를 맡게 되었다(출애굽기 32:25-29). 그들의 임무는 레위의 세 아들과 그 후손별로 나누어졌다. 게르손 자손은 성막의 휘장, 막, 줄을, 고핫 자손은 언약궤와 기타 기물 등 성막의 내용물을, 므라리 자손은 성막을 둘러싼 외부 구조물을 책임졌다(민수기 3:21-37).

<table>
<tr><td colspan="4" align="center">구약의 제사</td></tr>
<tr><td>이름</td><td>성경구절</td><td>제물</td><td>목적</td></tr>
<tr><td>번제</td><td>레위기
1장, 6:8–13,
8:18–21, 16:24</td><td>황소, 숫양, 집비둘기나
산비둘기</td><td>실수로 지은 죄를 속하기 위한 제사. 모든 이스라엘 사람을 위해 아침저녁으로 드렸다(출애굽기 29:38–42). 감사와 헌신을 표현하기 위해 개인적으로 바치기도 했다.</td></tr>
<tr><td>소제
(곡식제사)</td><td>레위기
2장, 6:14–23
민수기 28:12–13</td><td>밀가루, 기름, 향.
빵으로 구워 바칠 수도
있었다.</td><td>피 없는 유일한 제사. 번제, 화목제, 속죄제와 함께 드리며 하나님의 선하심과 공급하심을 인정했다.</td></tr>
<tr><td>화목제</td><td>레위기
3장, 7:11–34</td><td>소나 양이나 염소</td><td>하나님과 다른 사람들과의 관계를 회복하기 위해 드렸다. 바치는 자가 제물의 일부를 먹을 수 있는 유일한 제사</td></tr>
<tr><td>속죄제</td><td>레위기
4:1–5:13,
6:24–30,
8:14–17,
16:3–22
민수기 15:22–29</td><td>황소(제사장), 숫염소(지도자), 암염소나 어린 양(이스라엘 백성), 산비둘기나 집비둘기(가난한 사람), 고운 밀가루(극빈자)</td><td>실수로 지은 죄를 속하는 제사(고의로 짓는 죄를 처리하는 규정은 없다. 민수기 15:30–31). 배상이 불가능할 때 바쳤다. 앞의 세 제사는 자발적으로 드렸지만, 속죄제는 의무사항이었다.</td></tr>
<tr><td>속건제</td><td>레위기
5:14–6:7, 7:1–6</td><td>숫양이나 어린 양</td><td>배상이 가능한 상황에서 요구가 있을 때 바쳤다. 훔친 물건은 20퍼센트의 값을 더해 돌려주어야 했다.</td></tr>
</table>

제사장의 복장

❶ **대제사장** 청색 천으로 만든 옷을 입었고, 옷단에 방울 여러 개를 달아 대제사장이 성막에 들어감을 알렸다.

❷ **에봇** 금색, 청색, 자색, 주홍색 실로 만들었다. 열두 지파의 이름이 새겨진 마노 둘을 에봇 끈에 매달았는데, 대제사장이 이스라엘 전체를 대신해 하나님께 나아감을 상징했다.

❸ **가슴받이** 금사슬로 옷에 달았는데 각 지파를 나타내는 열두 보석이 박혀 있고 우림과 둠밈을 넣는 주머니가 있었다.

❹ **두건** "여호와께 성결"이라는 글귀가 새겨진 순금 패가 달려 있었다.

❺ **제사장** 일반 제사장의 복장은 아마포 옷, 허리띠, 관으로 비교적 소박했다.

**기독교와
희생제사**

유대교에서 희생제사가 차지했던 역할을 생각하면, 예수가 구약의 제사를 완전히 성취하고 대체하셨음을 초기 그리스도인들이 그렇게 빨리 믿었다는 사실이 무척 놀랍다. 그들은 예수가 희생제사의 세 요소를 완성하셨다고 주장했다. 친히 죄인을 대신하셨고 자신을 희생제물로 드리셨으며 제사장의 역할까지 하셨다는 것이다. 특히 유대교 배경의 그리스도인들을 위해 기록된 히브리서는 이 주제를 깊이 다루었는데, 구약의 희생제사는 "그림자"(10:1)일 뿐이며, 그것이 가리키는 실체는 홀로 죄를 사하고, 하나님께 가는 길을 열고, 다른 모든 희생제사를 쓸모없게 만든 그리스도의 희생적 죽음이라는 결론을 내렸다.

아뉴스 데이(*Agnus Dei*, "하나님의 어린양"을 뜻하는 라틴어) 조각. 기독교는 처음부터 예수를 희생양으로 묘사했다. 중세시대에 어린양은 깃발 달린 붉은 십자가를 어깨에 걸친 모습으로 등장했는데, 이는 인간의 죄를 대속하기 위해 흘린 예수의 피를 나타낸 것이다.

대속 ▾

대속(代贖, atonement)은 "덮다"는 뜻의 히브리어 어원에서 나왔다. 성경은 우리의 죄가 덮이거나 처리되어야만 거룩하신 하나님께 나아갈 수 있다고 말한다. 신약성경은 예수가 구약 희생제사의 모든 측면을 완성하셨다고 가르친다. 하나님의 아들이신 그분이 친히 자신을 완벽한 대속제물로 내놓으셨기에 백성의 죄를 "대신 갚으실" 수 있게 되었다는 것이다(히브리서 2:17, 로마서 3:23-25).

이스라엘의 하나님은 이교의 신들과 달리 "말씀하시는 하나님"이라는 확신이 성경 전체에 깔려 있다.
성경은 우상이 "입이 있어도 말을 못하고, 눈이 있어도 볼 수 없고,
귀가 있어도 듣지 못"한다고(시편 135:16-17) 조롱한다.
그러나 이스라엘의 하나님은 말씀하시는 하나님이셨으며, 예언자들을 통해 그분의 메시지가 주어졌다.

70. 예언과 예언자

**예언이란
무엇인가**

예언은 하나님의 메시지를 전하는 일이다. 하지만 예언자들이 하나님의 확성기에 불과했다거나, 하나님이 그들의 개성과 생각을 무시하고 그들을 "사로잡으셨다"는 말은 아니다. 예언자마다 구사하는 언어와 말투가 전혀 다르다는 것만 보아도 알 수 있는 사실이다(엘리야 같은 시골 사람의 투박한 말투와 이사야의 세련된 궁정언어를 비교해 보라). 베드로는 예언을 이렇게 설명했다. "예언은 언제든지 사람의 뜻에서 나온 것이 아니라, 사람들이 성령에 이끌려서 하나님께로부터 오는 말씀을 받아서 한 것입니다"(베드로후서 1:21). 이 구절의 "이끌려서"라는 표현은 배의 돛이 바람을 받는 모습을 나타낼 때 쓰였다. 베드로는 예언자들이 "믿음의 돛을 올려서" 하나님의 영의 바람을 받았고, 그 바람은 그들의 생각을 하나님이 이끄시는 방향으로 정확히 인도하면서도 각자의 접근방식이나 개성을 눌러 버리지 않았다고 말한 것이다. 이 점을 이해하면 예언자의 유형이 다양한 이유와, 이스라엘에서 예언자가 참된 예언을 할 때 무아지경에서 나오는 이교의 예언과 달리 맨 정신을 유지하는 이유를 알 수 있다. 바울도 신약시대 그리스도인들에게 이 부분을 설명했다(고린도전서 14:29-33).

갈멜 산 여기서 엘리야는 바알 예언자들과 영적 대결을 벌여 승리한 후 그들을 처치했고 다시금 땅에 비가 내리게 했다(열왕기상 18:16-46).

예언자들의 메시지 구약시대의 예언은 대언(forthtelling, 하나님의 진리를 선포)과 예언(foretelling, 하나님의 계획을 선포)이라는 두 가지 측면이 있었고, 예언자들의 메시지에는 세 가지 요점이 있었다.

하나님 하나님은 유일한 창조주, 구원자, 역사의 주인, 언약 체결자, 보호자, 공급자다. 그렇기 때문에 예언자들은 이스라엘의 배교와 우상숭배, 배은망덕, 불신을 규탄했다.

이스라엘 이들은 뭇 민족에게 하나님을 드러내기 위해 다른 방식으로 살도록 부름 받았다. 예언자들은 이 부르심에 입각해 이스라엘의 사회적, 법적 불의를 규탄했다.

땅 땅은 하나님의 것이다. 이스라엘은 그분을 대신해 땅을 맡아 관리하고 있을 뿐이다. 그래서 예언자들은 토지의 오남용, 부자들의 이익을 대변하는 정치와 경제, 무조건 복 받을 권리만을 내세우는 이스라엘의 오만을 규탄했다.

한마디로, 개인과 국가의 모든 측면이 예언자들의 사역 대상이었다.

이스라엘	유다	바벨론 유배	귀환 후	불확실
엘리야 BC 975-848	미가 BC 750-686	예레미야(이집트) BC 585-이후	학개 BC 520	요엘 BC 835-515?
엘리사 BC 848-797	이사야(예루살렘) BC 740-682	에스겔 BC 593-571	스가랴 BC 520-480	
요나 BC 785-775	나훔 BC 663-612	다니엘 BC 605-530	말라기 BC 440-430	
아모스 BC 760-750	스바냐 BC 640-609	이사야(바벨론) BC 7세기 중엽		
호세아 BC 750-715	예레미야 BC 626-585	(일부 학자들은 이사야 40장부터 어조가 달라진다는 이유를 들어 40장 이후는 이사야의 제자 중 한 사람—"바벨론의 이사야"—이 썼다고 생각한다. 이 생각은 한 사람이 장기간에 걸쳐 예언을 했을 리 없다는 가정에 근거하고 있다. 하지만 문체의 일관성을 보면 이사야서가 단일 저자의 저작임을 알 수 있다.)		
	하박국 BC 605			
	오바댜 BC 605?			

▲ 예언자의 메시지를 이해하려면 그들이 활동했던 시대의 역사적 배경을 잘 알아야 한다. 예언자들은 대체로 위의 도표에 실려 있는 시기와 지역에서 활동했다.

하지만 구약 정경에 기록된 말라기의 예언(BC 440년경)을 끝으로 신구약 중간기에는 예언의 목소리를 들을 수 없었다. 하나님의 백성이 듣기를 그치자 하나님도 말씀을 그치셨다. 수백 년이 지나 세례 요한과 예수의 등장으로 새로운 메시아 시대가 시작되었다. 예언이 다시 터져 나왔다(누가복음 1:67-79, 2:28-38, 3:1-20).

신약의 예언　　신약시대의 예언은 크게 달라졌다. 이스라엘은 더 이상 신정국가가 아니었고 예언자들이 국가 전체를 상대로 활동을 펼치는 모습도 사라져 갔다. 그러나 요엘은 언젠가 하나님의 영이 특별한 사람뿐 아니라 모든 사람에게 주어질 것이며, 그때는 놀라운 결과가 뒤따를 것이라고 예언했다. "너희의 아들딸은 예언을 하고, 노인들은 꿈을 꾸고, 젊은이들은 환상을 볼 것이다"(요엘 2:28, 오순절에 베드로가 이 구절을 인용한 대목은 사도행전 2:17). 예언을 은사로 받는 이들이 많아졌고—바울이 "여러분은 모두 한 사람씩 한 사람씩 예언을 할 수 있습니다"(고린도전서 14:31)라고 말할 정도로—그 목적도 다양해져 "덕을 끼치고, 위로하고, 격려하는"(14:3) 데까지 이르렀다.

예언의 전달

대부분의 예언은 연설의 방식으로 전달되었지만, 비유(사무엘하 12:1-14), 노래(이사야 5장), 편지(예레미야 29:1-23), 드라마(에스겔 4-5장), 상징적 행위(예레미야가 밭을 산 것, 예레미야 32장) 등으로 전해지기도 했다.

제사장이 되기를 바랐던 에스겔은 갑자기 바벨론으로 끌려가는 신세가 되었고, 그곳에서 경험한 놀라운 환상을 통해 예언자로 부름을 받았다(에스겔 1:1–3:15). 주로 심판을 예언했지만, 마른 뼈가 살아나는 환상을 통해 하나님이 마른 뼈처럼 되었던 유다를 재건하실 것을 깨달으며 미래에 대한 소망도 제시했다(37:1–14). 그림은 터키이슬람박물관에 있는 「선지자 에스겔」(16세기)의 일부다.

거짓 예언자들 예언자의 영향력은 매우 컸기 때문에 사람들이 거짓 예언자들에게 이끌려 길을 잃을 우려도 컸다. "그들은 너희에게 헛된 희망을 가르[치고]……여호와의 입에서 나온 것이 아니라 자기 자신의 마음에서 나온 환상을 말"하는(예레미야 23:16, 우리말성경) 자들이기 때문이다. 모세는 신명기 18장에서 예언의 세 유형과 각 예언을 대하는 방법을 다음과 같이 정리했다.

참된 예언(18-19절)은 하나님의 말씀을 전하는 것이 특징이고 그러한 예언은 받아들여야 한다. 거짓 예언(20절)은 다른 신의 이름으로 주제넘은 연설이나 말을 하는 것이 특징이며 거짓 예언자는 돌로 쳐 죽여야 한다. 틀린 예언(21-22절)은 예언자가 하나님의 말씀을 받았다고 생각하지만 사실은 그렇지 않아서 예언이 실현되지 않는 것이 특징이다. 이들은 돌로 쳐 죽일 것까지는 없으며 겁내지 말고 그저 무시하면 된다.

신약성경 역시 예언을 시험하는 것이 중요함을 분명히 밝히며(고린도전서 14:29), 예언의 진실성을 결정하는 것은 전달방식이 아니라 그 내용임을 강조했다(12:1-3).

하나님의 음성 ▼

구약시대에는 특별한 사람만 하나님의 말씀을 들었지만, 요엘은 평범한 신자도 다양한 방식으로 하나님의 음성을 듣게 되는 것이 메시아 때의 특징이 될 것이라고 말했다(요엘 2:28). 요한계시록의 거듭된 촉구―"귀가 있는 사람은, 성령이 교회들에 하시는 말씀을 들어라"―에는 시간을 내어 귀를 기울이는 사람은 하나님의 영이 말씀하시는 것을 들을 수 있다는 신약성경의 확신이 담겨 있다.

BC 2세기 말 팔레스타인에는 종교적, 정치적 분파가 여럿 일어났다.
예수와 그분이 전한 급진적인 하나님 나라의 메시지를 반대하고 나선 것은
세속 정부가 아니라 바로 이들이었다.
이들은 그 나라가 오는 방식에 대한 예수의 말씀을 싫어했고, 결국 공모하여 예수를 제거했다.

71. 집단과 분파

바리새파 바리새파는 신약시대 최대의 종교집단이었지만 그들의 수는 6,000명 정도에 불과했다. 그 이름("분리주의자들"을 뜻하는 듯)은 원래 요한 히르카누스(BC 135-104) 통치기간에 산헤드린에서 쫓겨나면서 폄하하는 조로 불린 데서 유래했지만, 나중에는 의식(儀式)상의 부정함에서 자신을 분리하는 사람들이라는 긍정적인 의미를 얻게 되었다. 바리새인을 규정하는 기준은 직업이 아니라 (대부분은 중산층 상인이었다) 생활방식이었다. 그들은 하나님의 율법에 철저히 순종하는 것이 모든 유대인의 의무라 믿고 직접 본을 보이는 방식으로 사람들을 이끌었는데, 랍비들이 율법에서 찾아낸 613가지의 계명뿐 아니라 이전 세대가 그 율법을 당대의 삶에 적용하면서 추가해 나간 수많은 구전전통까지 지켰다. 이러한 전통을 "장로들의 전통"(마가복음 7:3-5), 혹은 할라카(*Halakah*, "걸음"을 뜻하는 히브리어)라고 부른다.

외형에만 관심을 갖는 위선자들로 종종 놀림감이 되지만, 그들의 목적은 순수함과 순종 그 자체가 아니었다. 그들은 그것이 이스라엘의 정체성을 유지하는 데 필수적이고, 그렇게 하며 길을 준비할 때 하나님이 자기 백성을 해방시키러 오실 것이라고 보았다. 그래서 그들은 할례, 십일조,

하시딤

하시딤("경건한 자들")은 조직화된 분파가 아니라, 유대인의 생활방식과 문화를 헬레니즘화하려는 알렉산드로스 대왕과 그의 후계자들의 시도에 저항했던 경건하고 신실한 유대인들이었다. 이들은 율법을 철저하게 지켰다. 이들 중 일부가 BC 2세기에 마카베오 가문의 무장항쟁에 합류했고, 바로 그 무리에서 바리새파와 에세네파가 생겨났다.

사해 쿰란 근처의 동굴들.
이곳에서 에세네 공동체가
필사한 사해문서가
발견되었다.

안식일, 의식상의 씻기, 정결한 음식, 절기 준수 등의 식별표지를 크게 강
조했다. 예수는 이 모든 부분에서 그들과 충돌하셨는데, 하나님이 원하시
는 것은 자신의 백성이 부정한 세상과 분리되는 것이 아니라 그 세상을 변
화시키는 것이라고 말씀하셨다.

에세네파　　에세네파는 바리새파보다 훨씬 수가 적고 배타적인 분파였다. 그들이 볼 때 바리새파는 "쉬운 해석을 주는 자들"이었다. 하시딤과 마찬가지로 동포 유대인들이 하나님의 율법을 제대로 지키지 않는 것에 충격을 받고, 헬레니즘화에 대한 저항운동에서 시작되었다. 에세네파 중에는 일반 사람들 사이에서 사는 이들도 있었지만 대부분은 대안적인 수도공동체를 세웠다. 쿰란에도 그러한 공동체가 있었는데, 그들은 형제애를 나누고 율법을 엄격하게 지키면서 그들만의 이상에 따라 금욕적으로 살아갔다. 그리고 고립된 광야에서 하나님이 행동에 나서 이 시대를 끝내실 날을 기다렸다. 그들의 생각은 상당부분 세례 요한이나 예수와 유사했다. 하지만 에세네파가 장래에 나타날 하나님의 개입을 기다린 반면, 요한과 예수는 이제 예수와 더불어 하나님의 개입이 시작되었다고 선언했다.

사두개파　　사두개파의 이름은 솔로몬의 대제사장 사독에서 유래한 듯 보이는데, 바리새파보다 수는 적었지만 영향력은 훨씬 컸다. 그들은 성전을 장악한 대제사장들과 귀족 가문이었기 때문이다. 요세푸스는 그들이 "부자들만 설득하고 대중의 추종을 받지는 못했다. 그러나 바리새파는 대중의 지지를 받았다"라고 썼다. 그들은 바리새파와 달리 토라(성경의 처음 다섯 책)만을 하나님의 말씀으로 인정했고, 죽은 자의 부활처럼 그 안에 나오지 않는 교리는 배척했다(마가복음 12:18-27). 그리고 엄격한 정결은 모든 사람이 아니라 제사장에게만 적용되는 의무라고 생각했다.

　　로마는 그들의 기득권을 지지했고 그들 역시 로마를 지지했다. 그래서 그들은 이 절묘한 정치적 균형을 뒤흔든 예수를 두려워했다. 자칫하다간 자신들의 영향력을 잃게 될 판이었기 때문이다. 그들은 신학적인 부분에서도 예수와 생각이 달랐는데, 특히 성전에 대한 태도가 그러했다(마태복음 26:59-61). 사두개파는 바리새파와 공통점이 거의 없었지만 예수를 반대하는 일에는 힘을 합쳤다. 결국 예수의 처형을 이끌어 낸 장본인도 사두개파 사람인 대제사장 가야바였다(요한복음 18:14).

마사다 성채

열심당

에세네파와 달리, 열심당은 하나님이 행동하실 때까지 기다릴 수 없었다. 그들은 하나님을 돕기 원했다. 갈릴리 사람 유다가 AD 6년에 세운 열심당은 이스라엘에 하나님 외에는 왕이 없다고 믿으며 로마의 지배에 완강하게 저항한 게릴라 투사들이었다. 기도보다 단검을 선호했던 그들은 하나님 나라를 실현하기 위해 싸웠고 몇 번의 봉기를 일으켰는데, 마지막 봉기로 인해 결국 AD 70년에 예루살렘이 파괴되었다. 예수의 제자였던 시몬도 열심당원이었다 (마가복음 3:17-18). 예수는 비폭력 저항을 옹호하셨고 열심당의 혁명관에 정면으로 반대하셨다. 위 사진은 사해 근처 유대 광야에 있는 마사다 성채다. 헤롯은 BC 36년 이곳에 요새와 궁전을 지었다. 예루살렘이 무너진 후, 한 무리의 열심당이 이곳으로 물러나 최후의 저항을 펼쳤다. 로마군은 거대한 공성 토산을 쌓아올려 요새를 점령했는데, 마침내 그들이 성벽을 뚫고 들어갔을 때는 이미 900명이 넘는 남녀와 아이들이 자결한 뒤였다.

여러 집단의 기득권과 기대 사항이 서로 충돌하는 상황에서, 예수는 하나님이 모든 사람을 받아 주시는 분이라고 말씀하셨고(마태복음 22:8-10) 다양한 사람들을 그분 가까이 불러 모으심으로 이러한 자세를 친히 보여주셨다. 그분은 로마에 협력하는 세리 마태도, 열심당원 시몬까지도 품으셨다. 예수를 따르는 사람의 근본 자세는 "그리스도께서……여러분을 받아들이신 것과 같이" 기꺼이 "서로 받아들이"겠다는 마음가짐이다(로마서 15:7).

예루살렘은 다윗의 왕도가 된 이후 이스라엘의 역사에서 줄곧 핵심 위치를 차지했다.
이스라엘은 이곳을 하나님에게 특별한 장소이자(시편 99:1-2, 132:13-14)
그분의 지상 통치의 중심으로(2:6-9, 110:1-2) 여겼다.
그러나 예루살렘의 복은 저절로 임하지 않았다.
이스라엘이 불경건한 삶을 버리기를 거부하자, 하나님은 그들이 사랑하던 이 도성을 버리셨다.

^{72.} 예루살렘

역사

예루살렘은 멜기세덱의 도시 살렘으로 성경에 처음 등장한다(창세기 14:18). BC 1000년경 다윗이 모두의 예상을 뒤엎고 여부스 족의 근거지였던 이곳을 점령해 통일된 왕국의 수도로 삼았을 때부터(사무엘하 5:6-9) 중요한 장소가 되었다. 다윗은 이곳에 궁전을 짓고 성벽을 강화하고 언약궤를 성안으로 들여와 예배의 중심지로 삼았다(6:1-19). 솔로몬은 2,000명가량 살던 5헥타르의 작은 도성을 북쪽으로 13헥타르까지 확장했고 아버지 다윗이 성전 건축용으로 구입해 놓은 땅에 성전을 지었다. 히스기야와 므낫세 같은 후대의 왕들이 도성의 서쪽을 개발했고, BC 7-6세기 사이에 메소포타미아 제국들의 위협이 커져감에 따라 수시로 도성의 방비를 강화했다. 히스기야는 앗시리아의 포위공격을 예상하고 기혼 샘에서 실로암 못으로 가는 수로를 뚫어 물 공급원을 확보했다(열왕기하 20:20). 이 무렵 예루살렘의 크기는 50헥타르, 인구는 25,000명 정도까지 이르렀다.

예루살렘은 BC 586년 바벨론에 의해 파괴되었다. 이후 바벨론 유배에서 돌아온 느헤미야의 주도로 성벽이 재건되었고 이후 마카베오 가문이 서쪽의 성벽을 강화했다. 하지만 도성의 광범위한 재개발을 추진한 사람

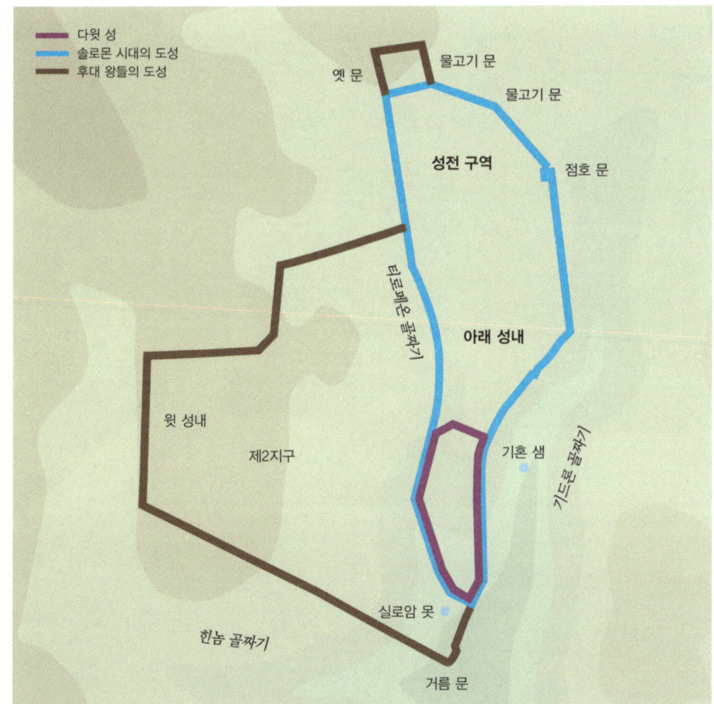

◀ 구약시대의 예루살렘

거룩한 도성

예루살렘은 하나님이 거하신다고 믿은 거룩한 성전이 있는 곳이기 때문에 "거룩한 도성"(성경에서 이 표현은 역사적인 예루살렘에 대해 몇 번밖에 쓰이지 않는다)이라고 알려지게 되었다. "거룩한 산"(시편 2:6, 다니엘 9:16, 요엘 3:17)이나 "주의 산"(이사야 2:2-3, 미가 4:1-2)으로 부르기도 했는데, 고대도시 예루살렘의 중심부인 시온 산을 가리킨 표현이다. 단지—이 경우가 훨씬 흔하다—"시온"(시편 9:11-14, 48:9-14 등)이라고 부르기도 했다.

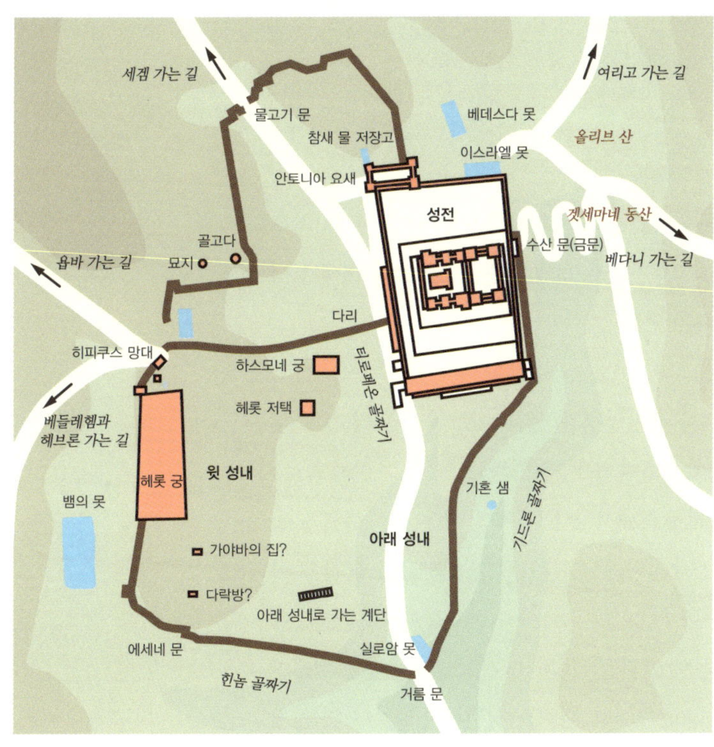

◀ 신약시대의 예루살렘

예루살렘 동쪽에서 바라본 AD 1세기 예루살렘의 모형. 도성에서 가장 두드러진 건물은 도성 전체의 오분의 일을 차지하는 성전이다. 성전 오른편으로 마르쿠스 안토니우스(BC 82–BC 30)를 기념해 이름 지은 안토니아 요새가 우뚝 솟아 있었는데, 그곳에 600명의 로마군 수비대가 주둔했다. 도성 서쪽에는 부유층의 저택과 헤롯 궁이 있었고, 아래쪽으로 가난한 사람들의 가옥이 좁은 거리에 다닥다닥 붙어 있었다. 예수 당시 예루살렘의 인구는 30,000명 정도 되었는데, 큰 절기가 되면 사람들이 다섯 배는 늘었다.

은 **헤롯 대왕**이다. 그는 예루살렘을 로마식의 거대한 도시로 바꾸어 놓았다. 당시 도성에서 가장 두드러진 건물은 93헥타르 규모로 커진 전체 도성의 오분의 일에 해당하는 성전이었다.

파괴 성경시대에 예루살렘과 성전은 두 번 파괴되었다. 첫 번째는 BC 586년 바벨론에 의해서였고, 두 번째는 AD 70년 로마에 의해서였다. 하지만 성경은 두 사건 모두를 하나님의 심판으로 본다. 예언자들은 유다도 회개하지 않으면 북쪽 이스라엘에 닥쳤던 운명을 똑같이 경험할 것이라고 한결같이 경고했다. 예루살렘에는 성전이 있기 때문에 안전할 것이라는 사람들의 주장을 예레미야는 한마디로 일축했다(예레미야 7:1-8). 예수는 성전을 이전보다 더 영광

통곡의 벽 현재 남아 있는 성전의 유적은 서쪽 벽, 또는 통곡의 벽이라고 알려진 거대한 석회암 블록들뿐인데, 헤롯 대왕이 성전 축대로 쌓았다가 남은 벽이다. 경건한 유대인들이 가장 거룩한 기도처소로 여기는 곳으로, 기도문이 적힌 종잇조각이 벽 틈새에 많이 꽂혀 있다. 하나같이 가장자리를 깔끔하게 정으로 다듬은 이 돌들은 무게가 2톤에서 8톤 정도 나가는데, 길이가 13m인 돌 하나는 무려 570톤이나 된다. 예수의 제자들도 주목할 만한 이 건축기술에 감탄했다(마가복음 13:1).

스럽게 재건한다 해도 그것을 보전할 수는 없을 것이라고 말씀하시며 돌 하나도 돌 위에 남지 않을 것을 예언하셨다(마가복음 13:1-2). 로마군은 성전을 짓밟고 그 안에 로마 군기를 세워 더럽히고("흉측한 파괴자의 우상을 그곳에 세울 것이다"라는 다니엘 11:31의 예언이 성취됨) 불을 질렀다. 이제 성전은 그 효용을 다했고 하나님의 뜻을 이루기에 적합하지 않았다.

예루살렘과 기독교

초기 그리스도인들은 언제나 예루살렘의 가난한 형제자매들에게 동정을 베풀었지만(로마서 15:25-27, 고린도전서 16:1-3), 예루살렘이 "거룩한 도성"으로서 담당하던 역할은 끝났으며 옛 노예상태의 상징일 뿐 새로운 자유의 상징이 아니라는 점을 이해했다(갈라디아서 4:24-31). 종말에 성전이 재건될 것이라는 오늘날 일부 그리스도인들의 생각은 신약성경에서 아무 근거를 찾을 수 없다. 오히려 하나님이 거룩한 장소를 구별해 두시던 시절은 끝났다고 강조한다. 다음 구절은 예루살렘에 대한 초대교회의 태도를 요약해 주는 듯하다. "예수께서도 자기의 피로 백성을 거룩하게 하시려고 성문 밖에서 고난을 받으셨습니다. 그러하므로 우리도 진영 밖으로 나가 그에게로 나아가서, 그가 겪으신 치욕을 짊어집시다. 사실, 우리에게는 이 땅 위에 영원한 도시가 없고, 우리는 장차 올 도시를 찾고 있습니다"(히브리서 13:12-14).

새 예루살렘 ▼

요한이 종말에 대한 환상에서 마지막으로 본 것 가운데 하나가 "거룩한 도성 새 예루살렘이, 남편을 위하여 단장한 신부와 같이 차리고, 하나님께로부터 하늘에서 내려오는" 광경이었다(요한계시록 21:2). 이것은 신자들이 하나님과 함께 살게 될 영원한 집에 대한 성경의 마지막 보증에 해당한다. 그곳에는 "다시는 죽음이 없고, 슬픔도 울부짖음도 고통도 없을 것이다. 이전 것들이 다 사라져 버렸기 때문이다"(21:4). 그곳은 하늘이 아니라 새로워진 땅에 있는 집이다. 아름다운 정원(에덴동산)에서 시작된 성경의 이야기는 아름다운 도시에서 끝이 난다.

73. 인생의 큰 질문들

왜 선한 사람이 고통을 받는가

아주 오래된 이 질문이 욥기의 바탕을 이룬다. 욥의 이야기는 이렇게 묻는다. 하나님이 존재한다면, 그리고 하나님이 의로우시다면, 왜 선한 사람이 고통을 받는가? 욥은 선하고 경건한 사람이었지만 가족과 건강, 재산을 모두 잃어버렸다. 그는 그 이유를 알고 싶어 했다. 그의 세 친구는 큰 고통은 큰 죄의 결과가 분명하다는 전통적인 대답을 내놓았다. 그러나 욥은 그렇지 않다는 것을 알고 있었고 친구들의 대답에 만족하지 못했다. 이 점에 있어서는 예수도 마찬가지였다(누가복음 13:1-5, 요한복음 9:1-3). 그러자 욥의 친구들은 그를 가리켜 자기정당화를 일삼고 하나님의 정의에 의문을 제기한다고 꾸짖었다. 그러나 그들의 하나님관(觀)은 냉혹하기 짝이 없었고 전혀 도움이 되지 않았다.

전통적인 유대교의 이 '신정론'(하나님은 악이나 화를 좋은 목적을 위한 수단으로 인정하고 있으므로 하나님은 바르고 의로운 것이라는 변호)은 욥의 근본 문제—그의 육체적, 정서적 고통—를 다루지 못했다. 욥은 결국 자신의 상황에 대한 답을 얻었는데, 신학적이거나 철학적인 논증을 통해서가 아니라 하나님이 새롭게 알려 주신 그분의 임재와 능력과 정의를 통해서였

욥 이야기의 한 주요 측면은 욥이 아닌 독자들에게만 계시되었다. 하나님과 사람에게는 원수가 있는데
"고소하는 자"를 뜻하는 "사탄"이라는 사실이다(욥기 1:8-2:10, 창세기 3장, 스가랴 3:1-2, 마태복음 4:1-11, 요한계시록 12:1-17 참조).
그러나 욥의 이야기는 또한 사탄의 활동—윌리엄 블레이크의 작품 「사탄이 욥을 악성 종기로 치다」에 나타난 것과 같은—에도 불구하고,
궁극적으로 사탄의 계획대로 되지 않고 하나님 백성의 억울함이 풀릴 것임을 보여준다.

고 그는 그 사실에 깊이 만족했다(욥기 42:4-6).

**왜 악이
존재하는가**
유대교에는 이 문제에 대한 두 가지 사고방식이 존재
한다. 하나는 하나님이 모든 것을 창조하셨으며 악도
하나님의 책임이 분명하다는 것이다. 하지만 어떻게
선하신 하나님이 악을 만드실 수 있단 말인가? 욥에게 이것은 신비로 남았
다. 다른 하나는 하나님이 그분의 백성을 징계하는 도구로 나쁜 일을 사용
하신다는 것이다(사무엘하 7:14, 이사야 10:1-19, 히브리서 12:4-13). 그러나
구약 말기에 이르러 이원론적 견해가 생겨났고, 하나님과 사탄이라는 경
쟁하는(동등하지는 않지만) 두 세력이 활동하고 있다고 보기 시작했다. 신
약성경은 이 입장을 받아들여 예수가 사탄(마태복음 4:1-11 등)과 귀신들(마

가복음 1:23-28, 34 등)을 이기는 모습을 보여준다. 또 사탄이 "암흑의 권세"(골로새서 1:13)를 다스린다고 보지만, 사탄은 언젠가 반드시 패망할 것이며(요한계시록 20장) 그리스도를 따르는 이들에게 그와 맞서 싸우라고 촉구한다(에베소서 6:10-18).

선을 행하는 것에 유익이 있는가

잠언은 너무나 분명하게 "그렇다"고 대답한다. 잠언은 선을 행하면 언제나 선을 경험하게 된다고 굳게 믿는다. 짧은 금언을 모아 하나님의 지혜로운 삶의 길을 요약하고 그 길을 따르지 않을 때 어떤 일이 벌어지는지를 보여주는 잠언은 가족, 결혼, 집, 노동, 가난, 정의, 태도 등 삶의 모든 측면을 다루는데, 강렬한 이미지와 극적인 대조를 통해 선에는 언제나 보상이 따른다는 메시지를 전달한다.

인생은 무의미한가

인생은 불공평하고, 일은 부질없으며, 쾌락은 결코 만족을 주지 못한다. 그렇다면 이것들이 무슨 소용이 있단 말인가? 이것이 전도서의 비관론적 시각인 듯하다. 그러나 그 안에 담긴 진리는 깊다. "전도자"(the Teacher, 1:1)는 인생을 회고하는 노인이다. 그는 전도서를 쓰면서 인생은 신비라는 결론을 내렸다. 가장 큰 신비는 바쁘게 다니며 열심히 일하고도 인생에서 의미를 발견하지 못하는 사람이라고 말한다. 게다가 그들 모두는 결국 죽는다! 여기에 우리가 붙잡아야 할 무엇이 있는가? 그렇다. 인생은 "한 번의 호흡"(전도서에서 35번 사용된 "헛되다"는 표현의 히브리어가 갖는 문자적 의미)에 불과하니 사는 동안에 최선을 다해야 하며, 우리의 인간적 한계를 인정하고 하나님만이 인생에 참 의미를 주시는 분임을 깨달아야 한다는 것이다.

불의는 어떠한가

오늘날처럼 성경시대에도 엄청난 불의가 있었고, 많은 사람들이 혼란스러워하며 하나님께 부르짖어 호소했다(출애굽기 2:23, 욥기 19:7, 이사야 40:27, 예레미야 12:1, 하박국 1:2-4). 불의가 일어나는 이유는 하나님이 불의를 원하시거나 불의에 무관심하셔서가 아니라 악한 사람들이 탐욕스럽게 재산과 권력을 추구하기 때문이다. 성경은 하나님이 그분의 본성에 어긋나는 불의를 미워하신다고 분명히 밝히고 있다. 십계명은 공동체 안에서 그분의 정의가 실현되는 방식을 보여준다. 물론 성경은 하나님이 불의를 일순간에 제거하실 수 있다고 말한다. 하지만 그렇게 하면 모든 사람이 죽을 것인데, 누구나 불의를 저지르고 서로 눈감아 주기 때문이다. 그래서 하나님은 얼마 동안 기다리시며 예언자들을 통해 불의를 규탄하시고(열왕기상 21:1-29, 예레미야 22:13) 자신의 백성에게 세상을 향해 다른 삶의 방식을 보여주라고 촉구하신다(마태복음 5-7장 등). 성경은 언젠가 심판의 날이 이를 것이라고, 그 날이 오면 모든 불의한 행동에 대해 문책을 받게 될 것이라고 경고한다(로마서 2:5-11, 베드로후서 2:4-12, 요한계시록 20:11-15).

왜 박해가 있는가 신구약 모두에서 하나님의 백성은 박해를 당했다. 하나님을 거부하는 자들이 그분에 대한 반감을 하나님의 백성에게 쏟아낸 것이다(에스더 3:1-15, 사도행전 12:1-4). 그러한 상황에서 하나님의 백성은 "왜"라고 묻지 않을 수 없었다. 로마의 박해 시기에 기록된 요한계시록은 역사의 막후 장면을 살짝 보여줌으로써 그 질문에 대답한다. 죽 이어지는 "일곱들"—일곱 교회에 보내는 편지(1:1-3:22), 떼어내면 역사의 두루마리를 펼치게 해줄 일곱 봉인(4:1-8:1), 경고의 일곱 나팔(8:2-11:19), 일곱 전투의 환상(12:1-15:4), 심판의 일곱 대접(15:5-16:21), 바벨론 멸망의 일곱 환상(17:1-19:10), 승리와 최후 심판의 일곱 환상(19:1-21:4)—을 통해 교회는 예수가 다시 오실 것이며 박해에도 불구하고 그분에 대한 믿음을 지키는 모든 사람에게 궁극적인 승리가 보장되어 있음을 다시금 확인하게 된다.

주를 경외함 ▼

성경은 하나님이 노하시지 않을까 두려워하지 말고 궁금한 것이 있으면 그분께 나아가 직접 여쭈어 보라고 격려한다. 그러면서도 건전하게 주를 경외하는 마음을 기르라고 말한다. 하나님을 겁내라는 말이 아니라 그분을 바로 알고 합당한 존경심으로 그에 맞게 살아가라는 것이다. 그래야만 인생의 진정한 목적을 발견할 수 있기 때문이다.

기독교는 종교가 아니라 관계다. 예수 그리스도를 통해 하나님과 누리는 관계다.

기독교의 핵심은 예수를 따르는 것인데(마태복음 4:19),

그분은 사람들을 하나님 아버지께로 인도하신다. 기독교의 모든 것이 예수에게 초점을 맞추고 있다.

신약성경은 그분의 오심, 생애, 교훈, 죽음, 부활, 다시 오심을 가르치면서

그분을 알게 되면 모든 것이 달라진다고 말한다.

74. 기독교 신앙

기독교의 구별된 믿음   기독교는 구약성경에 뿌리를 두고 있고 구약의 믿음을 공유하지만 동시에 근본적으로 다르기도 하다. 유대인들은 하나님 나라를 기다리고 있었는데, 예수는 그 나라의 왕인 자신이 왔으니 그 나라가 이미 임했다고 말씀하셨다. 기독교가 예수에 대해 가르치는 주요 내용을 소개한다.

성육신   성육신(incarnation, 라틴어 *in carne*["몸으로"]에서 나온 표현)은 예수가 단순한 예언자나 성인이 아니라, 인간의 몸을 입고 오신 하나님이라는 가르침이다. 그분은 하나님의 영원한 아들로서 영원토록 아버지와 함께 계셨고(요한복음 1:1-14, 빌립보서 2:5-11, 골로새서 1:15-20, 요한일서 1:1-3) 모든 면에서 하나님이셨다.

십자가   예수가 십자가에 못 박힌 것은 모든 사람을 위한 희생제물(로마서 3:25, 5:6-7)이자 대속물(로마서 3:24, 에베소서 1:7)로 자신을 내어놓으신 일이었는데, 이것은 우리에 대한 하나님의 "무죄 판결"을 받아내고(로마서 3:21-26, 5:1-2, 8:1-2) 하나님 및 다른 이들과 화해시키기 위함이었다(로마서 5:9-11, 에베소서 2:14-22).

부활   그리스도의 부활에 대한 믿음은 죄 용서의 확신과 미래의 소망으로

이어진다(고린도전서 15:12-58). 부활은 예수의 희생을 하나님이 인정하셨다는 표시이며, 부활 없이는 기독교의 메시지도 없다(15:17).

승천 예수는 부활하신 후 하늘 아버지께로 돌아가셨는데(누가복음 24:50-52, 사도행전 1:1-11) 세상에 오시기 전과는 달리 인성을 가지고 돌아가셨다. 예수를 따르던 자들은 예수의 승천을 보고 그분이 이제 하늘 높은 곳에서 다스리시며 원수들을 정복하셨다고 확신하게 되었다(사도행전 2:32-33; 5:30-31, 에베소서 4:7-10, 히브리서 4:14, 베드로전서 3:22).

성령 승천하신 후, 예수는 제자들에게 그분의 영을 보내셨다(사도행전 2:1-13). 성령은 교회를 시작하는 데 필요한 일회적인 선물이 아니라 모든 믿는 자가 지속적으로 경험할 대상이었다(4:31, 8:14-16, 9:17-19, 10:44-48). 바울에게는 성령 안에 있는 삶이 바로 기독교였고, 다른 모든 것은 그보다 못한 것이었다.

삼위일체 그리스도인은 한분 하나님을 믿고 성부, 성자, 성령이 모두 한분 하나님이라고 믿는다. 이것이 삼위일체 신앙이다. 초기 그리스도인들은 부활한 예수를 만나면서 자신들이 하나님을 대면하고 있다는 것을 깨닫게 되었다. 또 성령을 경험하면서 그가 바로 하나님이셨던 예수의 영임을 알게 되었다. 하지만 그들은 세 신들이 아닌 한분 하나님의 존재를 굳게 믿었고 이렇게 해서 삼위일체 신앙이 탄생했다. 그리고 이 삼위일체 교리를 통해 한분 하나님으로 존재하시면서도 관계적인 그분의 본질을 설명하고자 했다.

기독교의 구별된 의식 기독교를 대표하는 두 가지 의식(儀式)이 있는데, 모두 성례(sacraments, "맹세"를 뜻하는 라틴어 *sacramentum*에서 나온)라 불리며 내면의 영적 은사를 외적으로 드러내 준다.

세례 구약에서는 할례가 하나님과의 관계를 나타내는 외적 표시였고, 신약에서는 세례가 그 역할을 했다. 예수도 친히 세례를 받으셨고(마태복음 3:13-17, 마가복음 1:9-11, 누가복음 3:21-22, 요한복음 1:29-34) 복음을 받아들이는 이들에게 세례를 주라고 제자들에게 명하셨다(마태복음 28:19). 오늘날 세례식의 형식은 매우 다양하다. 일부 교회는 예수를 따르기로 의식적

세례장으로 쓰였던 로마시대 대형 욕조. 프랑스 메스의 생스테판성당에 있다. 이곳에서 침수세례를 베풀었다는 것을 알 수 있다.

으로 결단한 사람에게만 세례를 주며 성경에는 유아세례의 사례가 없다고 말한다. 반면 사도 이후의 전통에 근거를 두고 유아세례를 주는 교회들은 그것을 구약의 할례와 유사한 것으로 본다.

주의 만찬 초대교회는 빵과 포도주 나눔을 예배의 중심에 두어 예수가 제자들과 함께하신 최후의 만찬을 기념했다(사도행전 2:42; 20:7, 고린도전서 11:23-34). 대부분의 그리스도인이 지금도 이 의식을 지키는데, 그 명칭은 다양하고(주의 만찬, 성찬, 빵 나눔, 미사) 비공식적인 방식부터 대단히 의식을 갖춘 형식까지 다양한 방법으로 지킨다. 주의 만찬은 지금도 여전히 예배의 중심요소지만 행하는 횟수는 교회마다 다양하다. 주의 만찬을 전혀 지키지 않는 이들(구세군의 경우)도 있다.

다른 성례 일부 그리스도인, 특히 고교회 전통(형식과 의식을 크게 강조하는)에 속한 그리스도인들은 세례와 성찬 외에 견진성사, 고해성사, 혼인성사, 신품성사, 병자성사의 다섯 성사도 받아들인다. 대부분의 개신교 교파

는 이 의식들이 하나님의 은총을 전달한다고 믿지 않고 명칭도 '정례의식'
(ordinances)이라고 구별해 부른다.

그리스도인의
구별된 삶
기독교의 핵심은 규율 목록을 따르는 것이 아니라 예수를 통해 하나님과 관계를 맺는 것이다. 그 관계는 온전히 하나님의 은혜에 근거하기 때문에(에베소서 2:8) 관계를 시작하는 데 필요한 어떤 조건도 없다. 그러나 그 관계에는 결과가 따른다. 그리스도인은 예수를 알고서도 이전과 똑같을 수는 없다고 믿는 사람이다. 그렇기 때문에 신약성경은 삶의 모습을 통해 예수가 일으키신 변화를 드러내라고 촉구한다(고린도후서 5:14-15, 에베소서 4:1-6:9).

교회

신약성경에서 교회는 건물이나 교파가 아니라 하나님의 사람들이다. 교회를 뜻하는 그리스어 에클레시아(문자적인 의미는 "불러낸 자들")는 원래 정치적인 용어("민회")였는데, 이후 예수가 이 세상에서 "불러내어" 그분의 새로운 백성이 된 이들을 가리키는 표현이 되었다.

자유 ▼

기독교의 핵심은 자유다. 규율을 지켜야만 하나님과 올바른 관계를 맺을 수 있다는 생각으로부터, 그리고 하나님의 호의를 바라면서 규율을 지키는 일로부터의 자유다. 율법을 지키거나 의식을 준수해 하나님의 호의를 얻으려 하는 것은 예수가 우리를 위해 십자가에서 죽으심으로 확보하신 자유를 저버리고 노예상태로 돌아가는 일이라고 바울은 강조했다(갈라디아서 5:1). 참된 자유의 핵심은 의무감이나 다른 사람의 압박에 휘둘려 살지 않고 성령의 인도를 받는 것이다. 해야 하기 때문이 아니라 할 수 있기 때문에 올바른 일을 하는 것이다.

사람은 처음부터 죽음을 피하고 싶어 했다(창세기 4:14).
하지만 죽음은 모든 사람의 확실한 운명이다(시편 89:48, 전도서 8:8).
성경은 이것이 생물학적 필연성이자 영적 결과라고 말한다.
"죄의 삯"(로마서 6:23)인 죽음을 누구도 피할 수 없다는 것이다(5:12-21).
하지만 성경은 예수 그리스도의 죽음과 부활에 근거한 미래의 소망을 이야기한다.

75. 죽음 그리고 그 너머

죽음의 원인　매장지들을 조사해 본 결과 고대 이스라엘 사람들의 주된 사망원인은 전염병으로 드러났는데, 여행자들이 지나는 무역 교차로라는 지리적 위치가 전염병 확산을 부채질했다. 기대수명도 짧았다. 시편 저자는 평균수명을 일흔에서 여든 정도로 낙관적으로 잡았지만(시편 90:10) 인구의 절반은 마흔이 되기도 전에 죽었다. 보통 사람이 마흔을 넘기면 장수한 셈이었고 그래서 나이 많은 이들은 사람들의 주목을 받았다.

매장　이스라엘의 관습은 시신을 가족묘에 안치하는 것이었다. 사라, 아브라함, 이삭, 리브가, 레아, 야곱은 모두 막벨라 굴에 묻혔다(창세기 23:19, 25:9, 49:31, 50:13). 하지만 가난한 사람들은 마을 바깥의 작은 무덤에 묻혔고(열왕기하 23:6, 예레미야 26:23) 그 무덤은 회칠한 돌로 표시해 사람들이 그것을 만져 부정해지지 않도록 경고했다. 뜨거운 기온 때문에 매장은 하루 안에 이루어졌다. 나사로의 시신은 나흘째에 이미 부패하고 있었을 것이다. 예수가 그의 무덤 입구를 막은 돌을 치우라고 하셨을 때 나사로의 누이 마르다가 안된다고 말했던 이유다(요한복음 11:39). 관은 쓰이지 않았고, 시신을 삼베로 싸서 상여에 싣고 매장지로 날랐다(사무엘하 3:31 등). 시신을 만진 사람은 7일 동안 의식상 부정하게 여겨졌다(민수기 19:11-22). 극단적인 상황(사무엘상 31:12-13)이 아니면 화장은 이루어지지 않았고, 후대의 랍비문헌에서는 화장을 규탄했다.

구약의 죽음관 대부분의 고대 근동 민족은 사후에 지하세계로 간다고 믿었다. 구약성경은 이곳을 "스올"(또는 그리스어로 하데스)이라고 불렀는데, "어둡고 캄캄한 땅……흑암처럼 캄캄하고, 죽음의 그늘이 드리워져서 아무런 질서도 없[는 땅]"이며(욥기 10:21-22) 한번 가면 다시는 돌아올 수 없다고(사무엘하 12:23) 생각했다. 처음에는 의인과 악인이 똑같이 스올에 간다고 생각했지만 차츰 악인들이 가는 곳으로(형벌 개념은 덧붙지 않았다) 여기게 되었다. 반면 죽은 후 의인에게 벌어지는 일은 분명치 않았고, 그저 소망이 희미하게 모습을 드러내는 정도였다. "하나님은 내 영혼을 무덤에서 건지실 것입니다. 이는 그분

AD 1세기 헤브론 근처의 무덤. 입구가 굴리는 돌로 막혀 있다. 암석을 파내어 몇 개의 묘실을 확보하고 그 안의 땅을 파서 시신 둘 곳으로 삼았다. 시신은 씻기고 향료를 바르고 삼베로 싸서 첫 번째 묘실에 두었다. 돌을 굴려 입구를 차단해 도둑이나 사체를 노리는 동물들의 침입을 막았다. 이스라엘의 건조한 기후에서는 길면 2년 정도 걸려 시신이 부패했는데, 그 이후 뼈를 수습해 석관(ossuary)이라 불리는 돌함에 두었다. 아리마대 사람 요셉이 자신의 무덤을 예수의 매장지로 내놓았을 때(마가복음 15:42-47), 그도 적절한 순서에 따라 예수의 뼈를 수습하고 다시 묻을 생각이었을 것이다.

이 나를 붙드시기 때문입니다"(시편 49:15, 쉬운성경). "내 구속자가 살아 계시고 그분이 결국에는 이 땅 위에 서실 것을 나는 알고 있다네. 내 살갗이 다 썩은 뒤에라도 내가 육신을 입고서 하나님을 뵐 걸세. 내가 그분을 뵐 것이요, 내 두 눈으로 그를 뵐 걸세"(욥기 19:25-27, 우리말성경). 하지만 이러한 깨달음은 매우 드물었다. 그래서 사람들은 아들을 낳는 일을 매우 중요하게 여겼다. 아들을 통해서만이 자신의 이름과 가문이 계속 이어진다고 보았기 때문이다.

미래에 대한 소망
이스라엘은 구약시대 후기로 가서야 죽음 이후의 삶을 생각하기 시작하는데, 예언자들이 간간이 드러내는 소망에 그것이 반영되어 있다(이사야 26:19, 에스겔 37:11-13, 다니엘 12:2). 신구약 중간기의 유대문헌을 보면 내세에 대한 생각이 발전하고 있는 것을 알 수 있는데, 그것에 대한 입장은 크게 양분되어 있었다. 사두개파는 부활 개념을 거부했지만 바리새파는 인정해 서로 갈등이 일었다(마태복음 22:23-32, 사도행전 23:6-9). 일부는 스올이 두 구역으로 이루어져 있다고 보기 시작했다. 한쪽은 의인들을 위한 구역(아브라함의 품)이고 다른 구역(하데스)에서는 악인들이 심판을 기다린다는 것인데, 부자와 거지 나사로의 비유에 이 개념이 암시되어 있다(누가복음 16:19-31).

그러나 예수는 미래에 대한 분명한 소망을 선포하셨다(마태복음 25장, 요한복음 14:1-3). 예수를 따르는 자들은 그분의 죽음, 부활, 승천을 보며 죽음에 대한 두려움을 버렸고(히브리서 2:14-15) 미래의 삶이 실재함을 확신했다(고린도전서 15:50-57, 빌립보서 3:7-14, 데살로니가전서 4:13-18). 박해와 순교에 직면한 교회들을 위해 쓴 요한계시록의 마지막 장면에는 악이 패배하고, 고통이 사라지고, 죽음이 멸망하고, 하나님의 임재 앞에서 영원히 사는 영광스러운 미래에 대한 소망이 펼쳐진다(20:7-22:6).

로마의 통치기간에 만들어진 유대 석관

애도 BC 14세기 이집트의 고분벽화에 나오는 곡하는 여인들. 곡하는 전문가들(모두 여자였다)은 고대 내내 흔했고 애도를 표현하는 방식도 다양했다. 옷을 찢고, 베옷을 입고, 머리에 티끌이나 재를 덮어쓰고, 금식하고, 가슴을 치며 곡을 했다(창세기 37:34, 사무엘하 3:31, 느헤미야 9:1, 누가복음 23:48). 애도 기간은 통상 일주일이었지만(창세기 50:10, 사무엘상 31:13), 특별한 인물의 경우에는 더 길어지기도 했다(신명기 34:8 등).

죽음 이후

신약성경은 죽음이 "떠나감"(누가복음 9:31, 빌립보서 1:23, 디모데후서 4:6-8, 베드로후서 1:13-15)에 불과하고, 신자들은 이 땅을 떠난 즉시 하나님의 임재 안에 들어간다고 말한다. 예수는 함께 십자가에 못 박혔던 죄수에게 "너는 오늘 나와 함께 낙원에 있을 것이다"(누가복음 23:43)라고 약속하셨다. 어떠한 지연도, 연옥도, 영혼의 잠도, 환생도 없다. 신약성경은 죽음 이후에 신자들이 "그리스도와 함께" 있게 될 것이며 "그것이 훨씬 더 좋은 일"(빌립보서 1:23, 개역개정)이라고 확언한다.

소망 ▼

소망은 기독교의 핵심이며, 이는 예수의 부활에 근거하고 있다. 그의 부활을 믿는 제자들의 절대적인 확신은 신앙의 든든한 기반이 되었고, 현재의 어려움에 맞설 힘과 미래에 대한 소망을 주었다. 인생에서 어떠한 일이 벌어지더라도 그 일이 신자들에게 궁극적으로 유익하도록 하나님이 일하고 계시며, 죽음을 비롯한 그 어떤 것도 하나님으로부터 그들을 떼어놓을 수 없다(로마서 8:28-39).

7

성경의 중심, 예수

사복음서는 예수의 생애를 기록한 부분이다. 그러나 사복음서를 단순한 전기로 보면 요점을 놓치고 만다.
너무나 많은 내용이 빠져 있기 때문이다. 예수는 어떻게 생겼는가? 어떤 교육을 받았는가?
서른 살까지 무슨 일이 있었는가? 등 오늘날의 전기에서 기대할 만한 내용이 모두 빠져 있다.
이뿐 아니라 생애의 마지막 한 주에 관심이 치우쳐 있다(마가복음의 삼분의 일, 요한복음의 절반).
저자들의 목적은 그저 이야기를 들려주는 것이 아니었다. 그들은 "좋은 소식"을 나누고자 했던 것이다.

76. 복음서

**복음서는
무엇인가**

신약성경 첫 네 권의 책을 '복음서'라고 말한다. 복음
(Gospel, 그리스어로 *euangelion*)은 "좋은 소식"이라는
뜻이다. 지금은 종교적인 단어가 되었지만 원래는 그
렇지 않았다. 황제가 전할 소식이 있어 제국 전역으로 사자들을 보내면,
그들은 광장에서 "유앙겔리온! 유앙겔리온!"이라고 외쳤고 사람들은 무슨
내용인지 들으려고 달려왔다. 복음서 저자들은 바로 이 단어를 써서 자신
들이 하는 일을 나타내려고 했으니, 좋은 소식을 선포하는 것이 바로 그들
의 핵심이었다.

　이전에는 '유앙겔리온'이라고 불린 책이 한 권도 없었다. 복음서 저
자들이 예수에 대해 쓰고 싶었던 내용을 담아낼 문학 장르 자체가 없었다.
플루타르코스의 『알렉산드로스 전기』 같은 비오이(*bioi*, "생애"), 크세노폰
의 『페르시아 원정기』 같은 프락세이스(*praxeis*, "행적"), 크세노폰의 『소크
라테스 회상』 같은 아폼네모뉴마타(*apomnemoneumata*, "회고록") 등은 하
나같이 미진할 터였다. 그들이 쓰고자 했던 것은 역사, 전기, 회고록, 금언
집인 동시에 그 이상의 책이었기 때문이다. 그래서 그들은 완전히 새로운
문학 장르, '유앙겔리온'을 만들어 냈다. 예수에 대한 당당하고도 열정 넘

라틴어 사복음서 채색필사본 『켈즈의 서』(AD 800년경)에 실린 삽화에는 켈트의 수도사들이 생각한 각 복음서의 강조점이 잘 나타나 있다.
상단 왼쪽에서 시계방향으로 예수의 모습을 다음과 같이 그리고 있다. 예수의 인성을 나타내는 인간(마태복음),
예수의 왕권을 나타내는 사자(마가복음), 성령의 기름부음을 나타내는 독수리(요한복음), 예수의 희생을 나타내는 황소(누가복음).

사복음서의 주요 특징			
	마태복음	마가복음	누가복음	요한복음
저자	열두 제자 중 한 사람	더 넓은 제자 집단 가운데 한 사람. 로마에서 베드로의 조수로 있었다.	의사. 바울의 여행 동반자. 신약성경의 유일한 비유대인 저자	열두 제자 중 한 사람
기록 시기	AD 60년대 중반	AD 50년대 후반	AD 59–61년경	AD 85년경
독자	유대 그리스도인	이방인(비유대인)	이방인(비유대인)	유대인과 이방인
문체	여러 덩어리로 모은 가르침	활동 중심의 빠른 진행. 소박한 언어. 갑작스러운 마무리	충분한 조사에 기반한 정확한 세부내용	대단히 선택적인 긴 가르침과 논의
예수에 대한 관점	• 이스라엘의 소망을 성취하는 메시아 • 하나님의 아들 • 위대한 스승 • 모세보다 크신 분	• 우리를 위해 고난당하시는 '인자' • 악을 이기신 하나님의 아들 • 약속된 메시아 • 스승(랍비)	• 메시아 • 성령의 사람 • 다윗 왕의 약속된 후손 • 모든 사람을 위한 분	• 선재(先在)하신 '말씀' • 인간이 되신 하나님 • 아버지의 유일하신 아들 • 메시아
탄생 이야기	있음	없음	있음	우주적 시작
요점	• 더 나은 율법 • 바리새파 비난 • 하늘나라 • 제자도 • 이스라엘에 대한 심판	• 하나님 나라의 임재 • 예수의 능력 • 제자로의 부름 • 유대인의 기대와 다른 메시아이신 예수 • 예수 죽음의 필연성	• 멸시받고 소외된 자들에 대한 사랑 • 성령 • 치유 • 기도 • 하나님의 새로운 공동체	• 예수의 정체를 드러내는 일곱 '표적'과 '설교' • 일곱 번의 "나는……이다" 말씀 • 예수와 하나님의 관계 • 성경에서 가장 잘 알려진 일부 구절들 포함
특징	예수가 구약성경을 어떻게 성취하셨는지 이해할 수 있다.	예수에 대한 배움의 출발점이 된다.	약한 자들을 향한 예수의 연민을 이해할 수 있다.	예수에 대해 보다 깊이 생각할 수 있다.

치는 "좋은 소식"이 여기 있으니 귀를 기울이라는 뜻이었을 것이다. 그러나 어떤 일이 좋은 소식이 되려면 우선 사실이어야 하므로, 그들은 실제로 벌어진 일을 정확하게 보여주는 데도 신경을 썼다.

왜 네 권인가 오늘날 다양한 언론매체가 여러 사건을 다양한 관점에서 보도하듯, 사복음서의 경우도 각각 나름의 '시각'을 갖고 있다. 마태, 마가, 누가복음은 자료의 내용과 순서가 비슷해 학자들이 '공관(共觀)복음'이라 부른다. 하지만 요한복음은 상당히 다른 접근방식을 취하면서 예수의 일곱 기적과 일곱 가르침을 간추렸다(유대인의 사고방식에서 일곱은 완전수였다). 그 외에도 더 많은 기적과 가르침이 있었지만(요한복음 20:30-31) 복음의 의미에 더욱 집중하기 위해서였다. 초기의 많은 교회 지도자들은 네 편의 복음서가 이상적인 수라고 생각했다. 당시에 숫자 4는 총체성과 보편성을 상징했기 때문이다. AD 160년 타티아누스는 사복음서를 한 권—『디아테사론』(*Diatesseron*)—으로 편집하려 했지만 각 복음서의 독특한 시각 때문에 그것이 불가능함을 알게 되었다.

복음서를 신뢰할 수 있는가

사복음서가 나름의 '시각'을 갖고 있다는 것은 분명하지만(요한복음 20:30-31 등), 그렇다고 해서 사복음서의 신뢰성에 문제가 생기는 것은 아니다. 예를 들어, 누가는 목격자들의 증언을 면밀하게 살피고 충실한 조사를 거쳐 복음서를 썼음을 강조했다(누가복음 1:1-4). 그가 기록한 내용 가운데 확인 가능한 대목은 사소한 지리적, 정치적 세부내용까지 정확한 것으로 드러났다. 사해문서 등 최근에 발견된 AD 1세기 유대교 랍비문헌에 비추어 볼 때 사복음서에 묘사된 예수의 모습은 당시 유대인들의 생활이나 생각, 믿음에 대해 밝혀진 내용과 정확하게 일치한다. 그러므로 사복음서의 기록은 열렬함이 깃들어 있으면서도 신빙성이 높으며 현대의 역사적 예수 연구에 든든한 토대가 된다고 굳게 확신할 수 있다.

사복음서의 내용이 서로 모순된 것처럼 보이는 몇몇 대목이 있는데, 아마 오늘날 설교자나 정치가가 여러 곳에서 유사한 연설과 예화를 사용하는 것처럼 예수가 서로 다른 상황에서 전한 유사한 가르침을 복음서 저자들이 제각기 기록했기 때문일 것이다.

증언 ▼

예수는 마지막 말씀에서 제자들이 성령에 힘입어 "내 증인이 될" 것임을 약속하셨다(사도행전 1:8, 요한복음 15:26-27). 제자들이 그분에 대해 알게 된 내용을 증언하게 될 것이라는 의미인데, 복음서가 바로 그 증언의 기록이다. 그들과 같은 예수의 증인들은 많은 사람을 위해 순교에 이르게 될 것이다(사도행전 7장, 요한계시록 6:9). "증인"을 뜻하는 그리스어 마르투스(*martys*)에서 순교자를 뜻하는 영어 단어 martyr가 나왔다. 즉, 죽을 때까지 증언을 한 사람이라는 뜻이다. 지금도 그리스도인들은 자신이 경험한 예수를 증언하는 자리로 부름 받고 있다.

여러 세대에 걸친 준비가 끝났다. 구약의 이야기는 바로 그 준비의 과정이었다.
마침내 오래도록 기다렸던 메시아가 오실 때가 되었다. 그런데 그분은 예상보다 훨씬 더 위대한 분이었다.
"기한이 찼을 때에, 하나님께서는 자기 아들을 보내"셨기 때문이다(갈라디아서 4:4).
신약성경은 하나님의 남은 계획을 이루기 위해서는 그분이 친히 오시는 것 외에
그 어떤 일도 충분하지 않다고 말한다.

77. 그리스도의 오심

메시아의 도래 구약의 역사가 펼쳐지면서 하나님이 언젠가 그분의
"메시아"—히브리어로 마시아흐(*mašiah*, "기름부음 받은
자"), 그리스어로는 크리스토스(*Christos*)—를 보내실
것이라는 믿음이 커져 갔다. 이 호칭은 이스라엘에서 하나님의 일을 맡을
제사장과 왕에게 기름을 붓던 관습에서 나왔다. 이스라엘에는 "기름부음
받은 자"가 많았지만 궁극적인 "기름부음 받은 자", 곧 하나님이 자기 백성
을 해방시키기 위해 기름부은 메시아에 대한 기대는 점점 더 커졌다. 마가
는 예수가 바로 그들이 그토록 기다린 메시아라는 선언으로 복음서를 시
작한다. "하나님의 아들 예수 그리스도[메시아]의 복음의 시작은 이러하다"
(마가복음 1:1). 여기, 사람들이 기대했던 바와 전혀 다른 차원의 메시아, 바
로 하나님 자신이신 메시아가 오셨다.

천사의 방문 AD 1세기 사람들은 어수룩하지 않았다. 그들은 어떻
게 해야 임신이 되는지 우리 못지않게 잘 알고 있었다.
천사 가브리엘이 하나님의 보냄을 받고 마리아에게 나
타나 그녀가 잉태하여 하나님의 아들을 낳을 것이라고 말하자(그리스도인

들은 이것을 '수태고지'라 부른다), 그녀는 "처녀인 제게 어떻게 이런 일이 있겠습니까?"(누가복음 1:34, 우리말성경)라고 대답했다. 같은 이유로 약혼자 요셉은 마리아와 파혼하기로 마음먹었다(마태복음 1:18-19). 요셉은 꿈속에서 천사의 방문을 받고서야 마리아의 말이 진실이고 그녀의 아이가 남자를 통해서가 아니라 성령으로 잉태되었으며 오랫동안 기다려 온 "구주"라는 사실을 믿을 수 있었다(1:20-21). 마리아에게조차도 이것이 참으로 하나님이 하시는 일이라는 표적이 필요했는데, 오래도록 아기를 갖지 못했던 친척 엘리사벳이 천사의 말대로 임신했다는 소식이 그 표적이 되었다(누가복음 1:36-45).

동정녀 출생

많은 이들이 동정녀의 출생—인간의 개입 없이 이루어진 마리아의 예수 잉태와 출생—이 불가능하다고 무시하며 예수의 '특별함'을 말하기 위한 문학적 장치에 불

마리아의 찬가

마리아는 임신한 엘리사벳을 방문한 자리에서 찬양을 부르기 시작했는데(누가복음 1:46-55), 그리스도인들은 라틴어로 번역된 가사의 첫 구절을 따서 이 노래를 '마그니피카트'(Magnificat)라고 부르며 지금도 예배에서 많이 사용한다. 마리아는 4세기경부터 많은 그리스도인들에게 중요한 존재가 되었는데, 예수의 참된 인성을 잊지 말자는 것이 그 취지였다. 사람들은 마리아가 낳은 이가 참으로 하나님이라는 점을 강조하고자 그녀를 "하나님의 어머니"라 부르기 시작했다. 이러한 경향을 탐탁하지 않게 여긴 신학자들도 있었지만 이 호칭은 계속되었고 마리아는 점점 더 중요한 존재가 되어 갔다.

야콥 요르단스의
「목동들의 경배」(1617).
초대교회는 동정녀 탄생이
이사야의 예언을 성취한
일이라고 보았다. "보라, 처녀가
잉태하여 아들을 낳을 것이요
그의 이름은 임마누엘이라
하리라 하셨으니 이를 번역한즉
하나님이 우리와 함께 계시다
함이라"(마태복음 1:23, 개역개정).

과하다고 보지만, 동정녀 출생을 빼놓고는 예수가 누구며 왜 이 세상에 오
셨는지를 설명할 수 없다는 것이 기독교의 전통적인 입장이다. 하나님은
동정녀 출생을 통해 인류의 역사를 완전히 새롭게 쓰셨다. 하나님의 영에
의해 마리아의 몸에 창조된 전혀 새롭고 완전한 인간인 예수를 통해 그 일
을 시작하셨다. 이 죄 없는 상태 때문에 예수는 본인이 아니라(그분은 죄가
없었으므로) 다른 사람들의 죗값을 치를 수 있었다. 예수의 동정녀 탄생 없
이는 우리의 죄 용서도 없다.

후대 교회에서는 마리아의 '평생동정'(그녀가 평생 처녀로 지냈다)에 대한 믿음이 생겨났지만, 신약성경에는 그러한 주장이 없고 "요셉이……아들을 낳을 때까지는 아내와 잠자리를 같이하지 않았다"(마태복음 1:25)고만 나와 있다.

삼위일체의 도식

'삼위일체의 방패'라는 이 도식은 12세기에 나왔다. '하나님'을 중심으로 왼쪽부터 시계방향으로 '성부', '성자', '성령'을 나타낸다. 삼위일체에 대한 도식은 이 외에도 여럿 제안되었는데, 그중 하나가 정육면체 도식이다. 정육면체는 동등한 세 개의 차원으로 이루어지지만 하나의 정육면체다. 1차원, 2차원, 3차원이 모두 있어야 하나의 정육면체가 가능한 것처럼 한분 하나님은 동시에 성부, 성자, 성령으로서만 존재하실 수 있다. 이것이 그분의 심오한 본성이다.

삼위일체

하나님이 어떻게 한분(구약의 근본 진리)이면서 셋일 수 있는가? 이 삼위일체의 신비는 신약성경에 공식적으로 제시되지는 않았지만, 교회 지도자들은 성부, 성자, 성령이 모두 하나님이라는 신약성경의 가르침을 토대로 삼위일체를 받아들였다. 삼위일체(Trinity, 라틴어 *Trinitas*)에 대한 최초의 기록은 AD 180년경에 나타나지만, 합의된 최종 교리는 AD 325년 니케아 공의회에서 공식적으로 만들어졌다.

성육신

예수는 단지 선한 사람이었을 뿐 아니라 온전하고 참된 인성을 가지고 이 세상에 오신 하나님이다. 바로 이 믿음이 기독교의 핵심이다. 그리스도인은 이것을 가리켜 '성육신'(the incarnation, "몸으로"를 뜻하는 라틴어 *in carne*에서 나옴)이라 부른다. 예수는 언제나처럼 영원한 존재시지만 이제 다른 형태로 존재하신다는 의미다. 신약성경은 예수가 바로 영원하신 하나님이라고 선언한다. 요한복음의 시작에 이것이 분명하게 나타나 있다. 요한복음은 공관복음처럼 예수의 탄생 이야기로 시작하지 않고, 예수가 누구신지를 우주적 차원에서 알려 준다. "태초에 '말씀'이 계셨다. 그 '말씀'은 하나님과 함께 계셨다. 그 '말씀'은 하나님이셨다"(요한복음 1:1). 여기서 요한이 예수를 누구라고 생각했는지는 너무나 분명하다. 그러나 그는 이어서 "그 말씀은 육신이 되어 우리 가운데 사셨다"고 말한다(1:14). 다름 아닌 바로 이 하나님이 인간 예수가 되었다고 말하는 것이다.

겸손 ▼

성경은 예수에 대해 이렇게 말한다. "그분은 본래 하나님의 본체셨으나 하나님과 동등됨을 기득권으로 여기지 않으시고 오히려 자신을 비워 종의 형체를 가져 사람의 모양이 되셨습니다. 그리고 그분은 자신을 낮춰 죽기까지 순종하셨으니, 곧 십자가에 달려 죽으신 것입니다"(빌립보서 2:6-8, 우리말성경). 이 겸손은 또한 모든 그리스도인이 따라야 할 본이다(2:5).

크리스마스 사건은 세계에서 가장 널리 알려진 이야기로
매년 수없이 많은 성탄 연극으로 재연되고 있지만, 가장 이해되지 못한 이야기이기도 하다.
그리스도인은 그 단순함 배후에 엄청나고도 중요한 진리가 놓여 있다고 믿는다.
그 아기가 다름 아닌 하나님이라는 사실 말이다.

78. 예수의 출생과 유년기

예수의 출생　전승에 따르면 예수의 출생 장소는 마구간이다. "여관에는 그들이 들어갈 방이 없었기 때문이다"(누가복음 2:7). 여기 쓰인 "여관"이라는 단어는 사실 손님방 (22:11)을 의미한다. 진짜 여관을 말할 때는 다른 단어를 사용한다(10:34). 보통은 집집마다 손님방이 있었는데, 인구조사 때문에 먼 친척들까지 모두 돌아온 상황이라 요셉과 마리아가 도착했을 무렵에는 남는 방이 없었을 것이다. 평소 3일이면 충분한 길이었지만, 임신한 마리아 때문에 그들은 평상시보다 훨씬 늦게 도착했다. 출산을 위해 따뜻한 자기들만의 공간이 필요했던 그들은 하는 수 없이 창고와 마구간으로 쓰이던, 집에 붙은 동굴로 들어갔다.

왜 베들레헴이었나　부모가 살던 곳은 나사렛이었지만 예수의 출생지는 예루살렘에서 남쪽으로 10km 떨어진 베들레헴이었다. 로마의 시리아 총독 구레뇨가 지시한 호적령이 일차 원인이었다. 호적령의 목적은 세금 책정이었고, 모든 사람이 고향으로 돌아가야 했다(누가복음 2:1-4). 그러나 성경에 따르면 이 일은 하나님의 계획에 따른 것이었다. 예언자 미가는 메시아가 태어나게 될 장소가 베들레헴이라고 예언한 바 있기 때문이다(미가 5:2-4, 요한복음 7:41-42). 흔히 이와 같은 문제에서는 남자가 가족을 대표했지만, 시리아 속주에서는 여자들에게도 과세를 했기 때문에 마리아도 남편과 동행해야 했다. 요셉의 입장에서는 아내의 임신을 두고 여러 소문이 난무할 것이 분명한 나사렛에 아내를 남겨 두는 것보다는 함께 가는 쪽이 마음 놓였을 것이다.

구유 "마리아가 첫 아들을 낳아서, 포대기에 싸서 구유에 눕혀 두었다"(누가복음 2:7). 사진과 같이 돌로 만든 구유(여물통)는 지푸라기를 깔면 훌륭한 유아용 침대가 되었을 것이다. 예수가 태어난 후 부모는 아기의 몸을 씻기고, 피부를 튼튼하게 하기 위해 소금으로 아기를 문지르고, 뼈가 곧고 강해지리라는 믿음으로 천으로 감쌌을 것이다.

출생 시기

예수의 출생 시점을 정확히 알 수는 없지만 AD 0년도, 12월 25일도 아니다. 정확한 연도는 BC 6년에서 3년 사이인데, BC 5년일 가능성이 높다. 그때는 구레뇨가 1차 호적령을 내린 시기이자 고대 중국의 기록과 현대 천문학으로 확인된('베들레헴의 별'은 행성들이 일렬로 늘어선 것이라고 생각하는 이들도 있지만) 혜성 출현 시점이다. 우리가 사용하는 현재의 서력은 AD 525년에 디오니시우스 엑시구스라는 수도사가 계산을 잘못해 나온 결과다.

틀린 것은 연도뿐이 아니다. 날짜도 틀렸다. 예수는 아마 양의 분만기인 4월에 태어났을 텐데, 그때라면 날이 웬만큼 따뜻해서 "목자들이 밤에 들에서 지내며 그들의 양 떼를 지[킬]" 수 있었을 것이다(누가복음 2:8). 이것은 3월 9일에서 4월 6일까지 혜성이 나타났다고 기록한 중국 문헌과도 일치한다. 12월 25일이라는 날짜는 4세기가 되어서야 서방교회가 받아들여 이교적인 솔 인빅투스("무적의 태양") 축제를 대체했다. 동방정교회는 그레고리력을 따라 1월 7일에 성탄절을 지킨다.

베들레헴 예수탄생교회의 제단 아래 있는 별 장식. 14개의 꼭짓점이 있는 별이 예수의 탄생 지점을 표시한다고 알려져 있다.

**동방에서 온
방문자들**

전통적으로는 아기 예수의 마지막 방문자들이 왕이라고 보지만 실은 아라비아의 '박사'(Magi)였다. 바벨론과 페르시아는 천문학과 점성술의 중심지였고, 그곳에서 박사는 사제, 점성술사, 왕의 고문으로 일했다. 바벨론에서 다니엘은 모든 지혜자(박사)의 어른으로 임명을 받았는데(다니엘 2:48), 어쩌면 박사들은 그에게서 하나님이 보내실 메시아에 대해 들었을지도 모른다. 그들은 예수의 미래를 상징하는 선물을 가져왔다. 왕권을 상징하는 가장 귀한 금속인 황금, 제사장 역할을 상징하며 예배에서 태우는 유향, 그리고 모든 사람을 위한 그분의 죽음을 상징하는 몰약(방부제)이었다.

박사가 몇 명이나 왔는지(전통적으로 세 명이라고 생각한 근거는 선물의 개수가 세 개라는 사실뿐이다) 그리고 언제 왔는지는 모른다. 아마 출생한 지 몇 주 지나서였을 것이다. 당시 가족이 "집"(마태복음 2:11) 안에 있었던 것으로 보아, 손님방에 머물던 친척들이 떠난 후 그곳으로 자리를 옮겼을 것이라고 추정해 볼 수 있다. 헤롯이 두 살 아래 남자아이들을 모두 죽이라고 명한 것을 보면(2:16-18), 일을 확실히 할 요량으로 연령대를 여유 있게 잡았다고 감안하더라도 출생 이후 상당한 시간이 경과했음을 알 수 있다.

베들레헴에서 나사렛으로

헤롯의 유아학살에 관한 천사의 경고를 받은 예수 가족은 이집트로 피신했다(마태복음 2:13-15). 이집트에는 바벨론 유배 이래로 여러 유대인 정착촌이 있었다. 그곳에서 그들은 헤롯이 죽는 BC 4년까지 머물렀는데, 마태는 이것을 이스라엘이 약속의 땅으로 돌아가기 전 이집트에서 지내며 겪은 일과 비교한다(2:15). 유대와 사마리아에서는 잔인한 통치자 아켈라오가 헤롯의 왕위를 계승했다. 꿈에서 이 일에 대해 경고를 받은 요셉은 가족을 데리고 갈릴리로 돌아가 다시 나사렛에 정착했다(2:19-23).

침묵의 세월

예수의 어린 시절은 알려진 바가 거의 없다. 열두 살 때 예루살렘을 방문한 일(누가복음 2:41-52)과 "목수"(마가복음 6:3)—이것에 해당하는 그리스어는 "건축가"를 뜻한다—훈련을 받았다는 사실 정도인데, 예수가 종종 건축 비유를 드신 이유를 알 수 있는 대목이다. 아버지 요셉의 이름이 다시 나오지 않는 것으로 보아 예수의 십대 시절에 죽었을 가능성이 높고, 그렇게 보면 장남인 예수가 서른 살이 될 때까지 집에 머무신 이유를 짐작할 수 있다. 가장으로서 책임을 다한 것이다. 동생들이 충분히 장성한 후에야(마태복음 12:47, 13:55) 그분은 집을 떠나 사역을 시작하셨다.

구주 ▼

"예수"라는 이름은 "주께서 구원하신다"라는 뜻이다. 유대인은 구원이 필요한 것은 자신들이 아닌 다른 민족들이라 믿었지만, 천사는 이렇게 말했다. "그가 자기 백성을 그들의 죄에서 구원하실 것이다"(마태복음 1:21). 예수는 이스라엘을 포함한 온 세상의 구주로 오셨다(누가복음 2:10-11). 그분의 구원은 국적이나 종교전통이 아니라 오직 그분을 믿는 믿음에 근거해 인격적으로 경험해야 하는 것이다.

예수는 서른 살 무렵 나사렛을 떠나 공적 사역을 시작하셨고(누가복음 3:23)
사역 기간은 3년에 불과했다. 광야에서의 준비 기간을 거친 후 갈릴리로 돌아가셨는데,
그분의 메시지를 받아들이는 이들도 있었고 거부하는 이들도 있었다.
이런 상반된 반응은 향후 3년 동안 펼쳐질 일들의 예고편과도 같았다.

79. 공생애의 시작

길을 예비하라   고대에는 왕이 어떤 지역을 방문하기에 앞서 사자를
파송해 사람들에게 준비하라고 외치게 했는데, 이사야
는 메시아가 오시기 전에 그러한 사자가 먼저 올 것이
라고 예언했다. 그 사자가 바로 세례 요한이었다(마가복음 1:1-4). 요한은
"죄 용서를 위한 회개의 세례"(마가복음 1:4, 우리말성경)를 선포했고 삶의 변
화를 촉구했다(누가복음 3:7-18). 회개를 촉구한 예언자는 많았지만 요한의
메시지는 달랐다. 놀랍게도 그는 유대인에게 회개의 표시로 세례로 받으
라고 말했다. 이방인 회심자들에게만 요구했던 세례를 받으라는 말은 유
대인도 외부자라는 의미였다. 많은 사람들이 요한의 말을 듣고 세례를 받
았지만, 종교 지도자들은 그의 요구를 불쾌하게 여겼다(마태복음 3:7-10, 누
가복음 3:7-9). 결국 그는 헤롯 안티파스에 의해 투옥되어 목 베임을 당했다
(마태복음 14:1-12).

**광야에서의
시험**   예수는 세례를 받으신 후 성령에게 이끌려 광야로 들
어가셨는데, 거기서 40일 동안 기도하고 금식하신 후
에 사탄의 시험을 받으셨다(마태복음 4:1-11, 마가복음

세례 요한이 말씀을 전했던 유대 광야. 광야는 이스라엘의 역사에서 중요한 역할을 했고,
예언자들은 메시아가 광야에서 오실 것이라고 말한 바 있다(이사야 40:3-5 등). 요한이 이곳에서 말씀을 전하고(마태복음 3:5)
엘리야를 연상케 하는 금욕적인 생활을 시작하자(마가복음 1:6) 곧 엄청난 군중이 모여들었다. 당연한 일이었다.
메시아가 오시기 전에 엘리야가 다시 등장할 것이라는 예언이 주어져 있었기 때문이다(말라기 4:5-6).

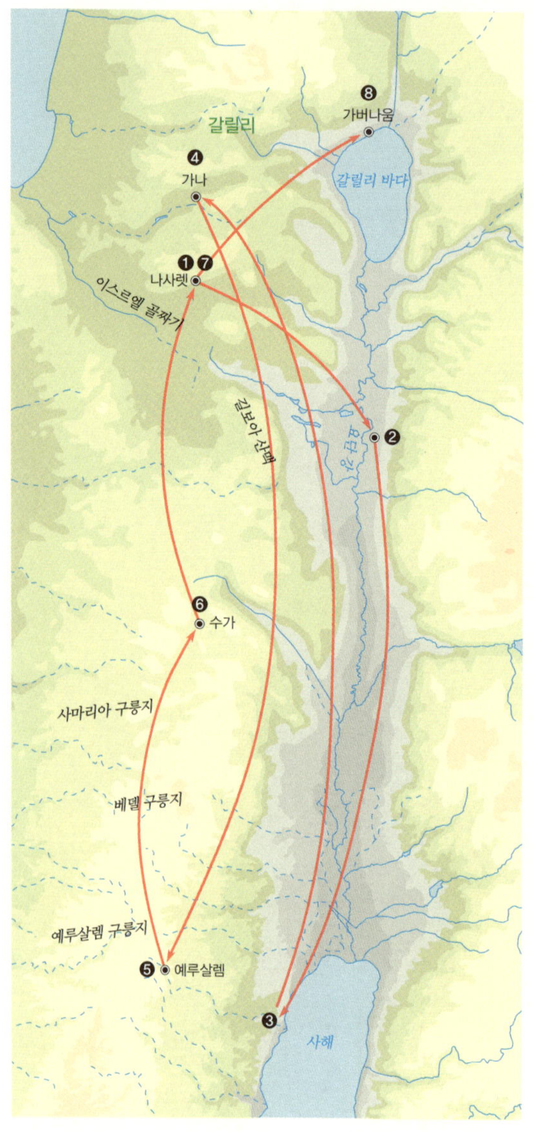

1:12-13, 누가복음 4:1-13). 여러 세기 전, 이스라엘은 하나님에게 이끌려 시내 광야를 다니며 많은 시험에 직면했고 하나같이 실패했다. 그러나 이제 새 이스라엘을 대표하는 분이 나타나셨고, 많은 시험을 당했으나 승리하셨다. 예수는 사탄의 시험을 이겨 내시며 아래와 같이 굳게 다짐하셨다.

• 하나님의 말씀을 의지할 것이다. 예수는 하나님의 말씀(출처는 모두 이스라

엘의 광야 시절을 다룬 책인 신명기)을 인용하심으로 스스로 그 권위를 얼마
나 높이 평가하는지를 보여주셨다.

* 기적을 행함으로 추종자를 끌어모으고 무력으로 하나님 나라를 세우는 세
상적 형태의 메시아를 추구하지 않고, 겸손하게 하나님을 의지하는 길을
갈 것이다.

초기의 사역

어느 안식일, 예수는 나사렛의 회당에서 성경을 읽고 설교해 달라는 요청을 받으셨다. 그분은 메시아가 하나님의 자유의 새 시대를 펼칠 것이라는 이사야의 예언을 읽으셨는데(이사야 61:1-2), 청중 모두 동의할 수 있는 내용이었다. 그러나 그분이 "오늘 이 말씀이 너희가 듣는 자리에서 이루어졌다"(누가복음 4:21, 우리말성경)고 덧붙이시자 분위기가 달라지기 시작했고, 구약의 여러 이야기를 인용해 이방인에게도 구원의 소망이 있다고 말씀하는 대목에서 청중은 더 이상 참지 못했다. 그들은 그분을 회당에서 몰아내고 절벽에서 떨어뜨리려 했지만 예수는 기적적으로 그 자리를 빠져나와 나사렛을 떠나셨고 다시는 그곳으로 돌아가지 않으셨다.

그 후 예수는 갈릴리 해변의 소도시 가버나움("나훔의 마을")으로 가셨다. 남북을 잇는 주요 도로가 근처에 있고 가울라니티스(현재의 골란 고원)와도 가깝게 붙어 있어 상업 활동이 상당히 활발한 지역이었다. 가버나움은 조용하면서도 꽤 영향력 있는 도시여서 사역의 근거지로 삼기에 좋았다. 예수는 이곳을 고향으로 여기고 이따금씩 이곳으로 돌아오셨다.

제자들

예수는 처음 한동안 홀로 가르침과 치유를 베푸신 이후 열두 제자를 부르셨다. 그래서 그들이 단박에 모든 것을 버리고 그분을 따를 수 있었을 것이다. 제자의 수가 이스라엘 지파의 수와 같은 열둘이라는 것은 우연의 일치가 아니었다. 예수는 12라는 숫자를 통해 자신이 하나님의 백성, 새 이스라엘을 재결성하고 있음을 보이셨다. 예수를 따르는 무리는 이 외에도 많았는데(누가복음 10:1), 여자들도 있었다(문제가 되지는 않았지만 당시로서는 상당히 드문 일이었다). 여자들 중 일부는 예수를 재정적으로 지원했다(8:2-3).

열두 제자

예수가 뽑아 사도(apostles, "보냄을 받은 자")로 세우신 자들은 그야말로 가지각색이었다(마가복음 3:13-19).

* **시몬 베드로** 가버나움 출신의 성질 급한 어부
* **안드레** 어부. 베드로의 형제
* **야고보** 가버나움 출신 어부
* **요한** 어부. 야고보의 형제
* **빌립** 벳새다 출신. 그리스 혈통일 가능성이 있다.
* **바돌로매** 나다나엘이라고도 불렸다.
* **마태** 세리
* **도마** 부활을 의심한 일로 유명하다.
* **야고보** 알패오의 아들. 알려진 바가 거의 없다.
* **다대오** 유다로도 불렸다.
* **열심당원 시몬** 민족주의적 자유투사 출신
* **가룟 유다** 제자 그룹의 회계 담당자. 예수를 배신한다.

제자삼기 ▼

예수는 하나님의 사명에 친히 참여하셨을 뿐 아니라 제자삼기를 통해 다른 이들도 그 사명으로 이끌었다. 그들을 훈련시켜 마음과 태도와 시각의 변화를 이끌어 내시고 결실 있는 삶을 살게 하셨다. 예수는 제자삼기를 참으로 중요하게 여겼고 승천을 앞두고 마지막으로 내린 명령에서도 이 부분에 초점을 맞추셨다(마태복음 28:18-20). 그렇다면 오늘날 그리스도인의 삶에서도 제자삼기는 핵심이 되어야 할 것이다.

그리스 철학자 소크라테스, 플라톤, 아리스토텔레스 모두 40년이 넘게 가르쳤지만,
예수는 단지 3년만 가르치셨다. 하지만 그분이 세상에 끼친 영향력은 이들의 경우보다 훨씬 크다고 할 수 있다.
그리스도인은 그 비결이 그분의 가르침을 통해 사람들이 희망을 얻었기 때문이라고 믿는다.
그것은 더 많은 지식을 얻거나 더 힘껏 노력해서가 아니라
하나님을 아버지로 아는 일을 통해 모든 것이 달라질 수 있다는 희망이었다.

80. 예수의 가르침

하나님 예수는 철저하게 정통적이면서도 더없이 급진적인 시각으로 하나님을 바라보았고 서기관과 바리새인이 그린 엄격한 하나님의 모습을 모든 사람을 사랑하시는 은혜와 용서의 아버지로 바꾸셨다. 서기관과 바리새인도 아버지 되시는 하나님을 인정하기는 했지만, 그것은 오로지 그들처럼 율법을 지켜서 사랑받을 자격이 있는 사람에게만 해당하는 것이라고 생각했다. 그러나 예수는 하나님의 사랑이 훨씬 멀리 뻗어나가 자격 없는 이들까지도 아우른다고 가르치셨다. 탕자의 비유(누가복음 15:11-32)와 포도원 일꾼의 비유(마태복음 20:1-16)에 이러한 교훈이 담겨 있다.

예수가 하나님을 부를 때 즐겨 쓰신 용어는 "아버지"로 사복음서에 168번 나온다. 그분을 적대시하는 사람들이 볼 때 그것은 격의 없는 표현 정도가 아니라 신성모독에 가까웠다(요한복음 5:18). 그러나 예수는 이 친밀함에서 더욱 나아가 하나님을 부를 때 "아빠"를 뜻하는 아람어 "아바"(마가복음 14:36)라 하셨고 제자들에게도 하나님이 하늘 아버지라고 가르치셨다(마태복음 6:9). 이 가르침은 너무나 강렬해서 기독교가 유대 지역을 넘어 그리스어권으로 들어갈 때 이 단어("아바")도 함께 전해졌다(로마서 8:15, 갈

라디아서 4:6).

하나님 나라　예수의 가르침은 상당부분 하나님 나라—마태는 "하늘 나라"라고 부르는데, 유대인을 위해 복음서를 썼기 때문에 그들의 예민함을 배려해 하나님의 이름을 쓰지 않은 것이다—에 초점을 맞추었다. 유대인도 이 나라를 믿었지만 그들은 종말이 되어야 하나님의 나라가 임할 것이라고 믿었다. 그러나 예수는 그 나라가 지금 바로 여기 있다고 말씀하셨다. 하나님 나라는 "가까이 왔다"(마가복음 1:15), "너희 안에 있다"(누가복음 17:21), "힘 있게 성장하고 있다"(마태복음 11:12, 쉬운성경), "너희에게 왔다"(12:28). 하지만 하나님 나라는 숨겨져 있기도 하다. 마치 발견되길 기다리며 밭에 감추어진, 모든 것을 다 주고라도 얻을 만한 값진 보물과 같다(13:44). 또한 이 나라는 시작은 작지만 믿을 수 없을 만한 크기로 자라날 운명을 가지고 있다. 약간의 누룩이 밀가루 한 덩이 전체에 고루 퍼지듯(누가복음 13:21), 언젠가 그 나라는 모든 것에 스며들 것이다.

　　예수는 이 나라—"나라"를 뜻하는 그리스어 바실레이아(*basileia*)의 뜻을 살리면 "하나님의 통치"—가 모든 것을 바꾼다고 가르치셨고 그 사실을 실제로 보여주셨다. 마가는 복음서를 시작하면서 그 왕의 통치가 악한 귀신(1:21-28), 질병(1:29-34), 부정함(1:40-45), 죄(2:1-12), 사회적 배척(2:13-17), 종교전통과 규칙(2:18-3:5) 등 삶의 모든 영역에 어떠한 영향을 끼치는지를 보여주는 이야기를 연이어 제시한다. 하나님이 다스리실 때 모든 것이 달라진다.

사랑과 용서　예수는 가장 큰 계명이 무엇이냐는 질문에 훌륭한 유대인답게 이렇게 대답하셨다. "첫째는 이것이다. '이스라엘아, 들어라. 우리 하나님이신 주님은 오직 한분이신 주님이시다. 네 마음을 다하고, 네 목숨을 다하고, 네 뜻을 다하고, 네 힘을 다하여, 너의 하나님이신 주님을 사랑하여라'"(마가복음 12:29-30). 그리고 곧바로 이렇게 덧붙이셨다. "둘째는 이것이다. '네 이웃을 네 몸 같이 사랑하여라.' 이 계명보다 더 큰 계명은 없다"(12:31). 가장 중요한 한 가지

산상설교(마태복음 5:1-7:29, 누가복음 6:17-49)의 장소로 알려진 이곳에 4세기부터 순례자들이 찾아왔다.
산상설교라는 표현을 처음 쓴 사람은 아우구스티누스(AD 354-430)다. 예수는 산상설교를 통해 유대율법에 대한 전통적 종교 해석에
문제를 제기하고 하나님 나라 윤리의 개요를 제시했다. 사진을 보면 설교 장소를 두고 마태는 "산에 올라가"라고 말하고
누가는 "평지에서"라고 말한 이유를 이해할 수 있다. 누가의 평지는 마태가 말한 산 위의 평지였다.
아래 건물은 프란체스코 수도회가 세운 팔복교회다.

계명이 무엇이냐는 질문에 이 두 가지를 제시하심으로 예수는 하나님 사

랑과 이웃 사랑을 떼려야 뗄 수 없는 관계로 이어 놓으셨다. 이웃을 사랑

하지 않고는 하나님을 사랑할 수 없다고 말씀하신 것이다.

　　예수는 진정한 사랑은 친구만이 아니라 원수도 용서할 수 있어야 한

다고 가르치셨다(마태복음 5:43-48, 누가복음 6:27-36). 용서하지 않는 것은 잘못이다. 그것 자체로 배은망덕한 처사(하나님은 우리를 거듭 용서하시지 않는가)일 뿐 아니라 용서하지 않으면 우리가 그것이 만들어 내는 감옥 안에 갇혀 버리기 때문이다. 용서할 줄 모르는 종의 비유가 그것을 잘 보여준다(마태복음 18:21-35).

제자도 예수는 그분을 따르는 사람들을 가르치기만 한 것이 아니라 제자로 훈련시켰다. 당시에는 제자훈련(도제교육, 멘토링)이 흔했다. 누군가의 기술을 배우고 싶으면 그의 제자가 되어, 처음에는 그저 듣고 보는 식으로 배우다가 조금씩 따라 하기 시작했고 그렇게 시간을 들여 해당 기술이나 지식을 완전히 전수받았다. 보통은 도제들이 스승을 찾아간 반면, 예수는 도제들을 직접 뽑으셨다. 그분은 잘했을 때 격려하고(마태복음 16:13-20), 잘못했을 때 교정하고(16:21-28), 실패했을 때 돕고(17:14-21), 복음을 전하며 병을 고치는 실습을 보내는(누가복음 9:1-6, 10) 방식으로 제자훈련을 시키셨다. 훈련의 영역은 종교적인 것뿐 아니라 성격(마태복음 5:1-12), 행동(6:1-4), 두려움(6:25-34), 인간관계(18:15-35), 태도(마가복음 10:35-45), 돈(누가복음 16:10-12) 등 삶의 모든 측면을 아울렀다.

가르침의 방식 **생각을 자극** 예수는 당대의 다른 스승들과 달리 제자들이 기계적으로 암기하는 대신 스스로 생각하기를 바랐다. 그래서 많은 질문을 하고, 기존의 사고방식에 도전하고, 수수께끼를 내고, 비유를 드셨다. 진리를 새롭게 제시하고 제자들이 생각하도록 이끌 만한 도구라면 무엇이든 가리지 않으셨다.

누구나 이해할 수 있는 말 예수는 최고 수준의 학술토론에 참여하는가 하면, 일상생활에서 취한 비유와 이야기를 가지고 보통 사람들을 매료시키기도 했다.

권위 그분의 가르침은 대부분의 다른 교사들처럼 말로만 이루어진 것이 아니라 생활과 행동으로 뒷받침되었다.

구약성경 ▼

예수는 구약성경을 하나님의 말씀으로 보고 진지하게 받아들이셨다. 사복음서에서 그분은 구약성경을 최소한 40번 인용하셨고 인유한 경우도 70번이나 되는데, 종종 구약말씀을 문제해결의 최종 권위로 제시하셨다. 그분은 구약을 비판하신 적이 없다. 종교 지도자들의 구약해석을 비판하셨을 뿐이다. "율법이나 예언자들의 말……폐하러 온 것이 아니라, 완성하러 왔다"(마태복음 5:17)고 하셨는데, "그 온전한 의미를 드러내러" 오셨다는 의미다. 그러므로 예수의 가르침과 구약의 내용이 다른 것처럼 틈을 벌리려는 시도는 근거 없는 처사다.

예수가 전한 메시지의 핵심은 하나님 나라였다.
그분이 행한 기적은 하나님 나라의 실증이었고 비유는 해설이었다.
그분은 일상생활에서 가져온 단순한 이야기로 열린 마음과 믿음을 가진 모든 사람에게 하나님 나라와
그 작동방식에 대한 심오하고 영원한 진리를 드러내셨다. 하지만 이미 다 안다고 생각하는 이들에게
그 이야기는 오히려 진리를 가리는 역할을 했다. 예수는 바로 그것이 하나님 나라의 신비라고 말씀하셨다.

81. 예수의 비유

이야기의 힘 현대 서구 교육은 그리스 철학에 뿌리를 둔 터라 대체로 원리, 개념, 이론으로 이루어졌다. 그러나 세계의 많은 지역에서는 이야기를 들려주는 방식으로 지식을 전달했고, 이는 유대인도 마찬가지였다. 구약의 많은 부분은 이야기다. 하나님은 이스라엘의 이야기를 통해 영원한 진리를 계시하시는데, 이스라엘의 이야기는 또한 많은 사람들의 이야기로 이루어져 있다. 그러므로 예수가 이야기를 활용한 것은 유대인들이 오랫동안 실천해 온 진리의 전달방식을 이용하신 것이었다. 그분의 가르침은 삼분의 일이 의미가 담긴 이야기, 곧 비유다. 비유에는 대체로 한 가지 핵심 요점이 있는데, 이야기 속의 숨겨진 의미만을 찾다 보면 그 요점을 놓치게 된다. 비유는 농담과 같은 것이어서, 설명하려 들면 오히려 그 본질이 죽어 버린다.

하나님 나라의 비유 예수의 비유는 대부분 하나님 나라가 무엇이며 어떻게 작동하는지 알려 준다. 마태는 그의 복음서 13장에 하나님 나라에 대한 비유를 모아 두었는데, 각 비유는 "천국은 마치……와 같다"는 말로 시작된다. 온갖 방해를 이기며 자라는

예수의 유명한 비유들	마태복음	마가복음	누가복음
지혜로운 건축자와 어리석은 건축자	7:24-27		6:47-49
선한 사마리아인			10:25-37
어리석은 부자			12:13-21
씨 뿌리는 사람	13:1-23	4:1-20	8:4-15
겨자씨	13:31-32	4:30-32	13:18-19
잃어버린 양	18:12-14		15:3-7
탕자			15:11-32
부자와 나사로			16:19-31
용서할 줄 모르는 종	18:23-35		
혼인잔치	22:1-14		
열 처녀	25:1-13		
달란트	25:14-30		19:11-27
양과 염소	25:31-46		

씨앗(1-23절), 마지막에 가라지와 알곡을 가려낼 추수(24-30, 36-43절), 가장 큰 나무로 자라나는 작은 겨자씨(31-32절), 반죽 전체를 부풀게 하는 누룩(33절), 모든 것을 팔아서라도 살 가치가 있는 보물(44-46절), 많은 물고기를 잡아 끌어올려 놓고 추려내는 그물(47-50절). 이 비유들은 한결같이 하나님 나라가 이 세상에서 작게 시작되지만 결국에는 승리할 것이라고 말한다. 이 외에 용서(마태복음 18:21-35), 기도(누가복음 18:1-8), 자기 의(18:9-14), 돈의 위험(12:13-21), 하나님의 참모습(15:11-32) 등 다양한 주제를 다루는 비유들이 있다.

종말의 비유　　마태는 종말에 대한 비유도 모아 놓았다.

• 신실한 종과 신실하지 않은 종(24:45-51): 신실하게 살면서 맡은 일을 충성되게 감당하라는 촉구.

• 신랑을 맞으러 나간 열 처녀(25:1-13): 예수의 재림에 늘 대비하고 있으라

선한 사마리아인 비유(누가복음 10:25-37)의 배경인 예루살렘에서 유대 광야를 통해 여리고로 가는 길이다.
이 비유에서 유대인 여행자는 강도를 만나 거의 죽은 상태로 버려졌다. 유대의 종교 지도자들은 그를 모른 체하고 지나갔지만
멸시받던 사마리아인이 그를 도왔다. 많은 이들이 이 비유의 시시콜콜한 내용 하나하나에 의미를 부여하면서 지나친 분석을 시도했는데
문맥을 보면 요점은 분명하다. 율법학자가 예수에게 "내 이웃이 누구입니까?"라고 물었다. 사마리아인을 혐오하던 그들에게 주어진
비유의 대답은 단순하면서도 충격적이었다. 나를 필요로 하는 사람. 그리고 나를 도와주는 사람이 이웃이다. 물론. 이 비유가
선한 유대인이 악한 사마리아인을 돕는 설정이었다면 훨씬 받아들일 만했으리라. 그러나 예수는 그런 식으로 비유를 바꿀 생각이 없으셨다.

는 촉구.

• 달란트(25:14-30): 언젠가 하나님이 결산을 요구하신다는 것을 명심하고

  하나님께 받은 것을 지혜롭게 사용하라는 촉구.

• 양과 염소(25:31-46): 최후의 심판을 염두에 두고 어려운 이들을 보살피며

  살라는 촉구.

요한복음의 이미지

요한복음에는 비유가 없다. 통상적인 의미의 비유는 하나도 보이지 않는다. 그렇지만 이미지가, 특히 구약에서 가져온 이미지가 가득하다. 포도나무가 대표적인 사례다. 이스라엘에는 포도원이 많았는데, 이것은 오래전 이스라엘의 정탐꾼들이 그 땅을 살피면서 발견한 사실이기도 하다(민수기 13:17-24). 포도나무와 포도원이 이스라엘의 상징이 되고 하나님을 그 주인으로 보게 된 것은 어찌 보면 당연한 일이었다(이사야 5:1-4). 예수는 이 상징을 빌어 자신이 하나님의 새 포도밭, "참 포도나무"(요한복음 15:1)이며, 자신에게 붙어 있을 때에만 가지는 목숨을 부지하고 열매를 맺을 수 있다고 선언하셨다(15:2-8).

포도나무 외에 또 다른 주요 이미지들이 있다. 빛은 구약에서 종종 하나님의 임재와 선함을 상징했지만 예수는 자신이 이스라엘뿐 아니라 모든 세상의 빛이라고 선언하셨다(8:12). 물은 활력을 주고 깨끗하게 하는 하나님의 능력을 나타내는 중요한 이미지였고 하나님의 영을 상징했는데, 예수는 자신이 그 생명수의 공급자라고 선언하셨다(7:37-38).

"나는 참 포도나무요, 내 아버지는 농부이시다.……나는 포도나무요, 너희는 가지이다"(요한복음 15:1, 5).

비밀 ▼

성경의 용례에서 "비밀"(mystery)은 하나님만 아시는 것을 계시한 내용을 말한다. 다니엘이 느부갓네살의 꿈을 해석할 수 있게 된 일(다니엘 2:19-23, 27-28, 47), 사람들이 그리스도 안에 있는 하나님의 계획을 깨닫게 된 일(에베소서 1:8-10, 3:1-12) 등이 이와 같은 경우다. 예수는 비유로 가르치는 것은 하나님 나라의 신비를 드러내는 동시에 가리기 위해서라고 말씀하셨다(마태복음 13:10-17). 겸손하고 믿음이 있는 자들은 그 내용을 이해할 것이지만, 이해한다고 생각했던 자들은 여전히 눈먼 채로 남아 있을 것이었다.

기적은 예수의 사역에서 중요한 부분이었다.

사복음서에는 구체적으로 소개된 기적이 35가지 등장하며 기적에 대한 일반적인 언급도 많이 나온다.

예수가 기적을 행하신 것은 추종자를 끌어모으기 위해서가 아니었다.

사람들을 불쌍히 여기셨지만 그것도 주된 이유는 아니다. 그분에게 기적은 하나님 나라의 시연이었다.

"하나님을 네 삶에 모시면 이렇게 된다. 이렇게 달라진다!"

82. 예수의 기적

치유

예수가 치유 사역을 하신다는 소문이 퍼지자 많은 사람이 몰려들었다(마가복음 1:33-34, 3:9-10, 6:55-56 등).

이 기적에서 놀라운 점은 예수가 어떤 병을 고치셨는지보다 누구의 병을 고치셨는지에 있다. 종교 지도자들이 볼 때 그분은 엉뚱한 사람들을 고쳤다. 나병환자, 쫓겨난 자, 부정한 자, 유대인이 아닌 자. 한마디로 치유를 받을 자격이 없는 사람들이었다. 그러나 이것이 바로 예수의 의도였다. 그분의 치유 사역은 하나님이 모든 사람에게 은혜로운 분이며 하나님 나라가 어떻게 움직이는지를 보여주는 시연이었다.

눈먼 사람, 귀먹은 사람

예수의 치유 사역을 보면 눈먼 사람이 보고 귀먹은 사람이 듣는 기적이 상당수를 차지하는데, 유대인에게 이것은 대단히 의미심장한 일이었다. 이사야가 이것을 메시아 사역의 중요한 특징으로 예언한 바 있기 때문이다(이사야 29:18, 35:5-6). 예수는 자신이 진짜 메시아인지 의심하는 세례 요한에게 다음과 같은 말을 전하게 하셨다. "눈먼 사람이 보고, 다리 저는 사람이 걸으며, 나병환자가 깨끗하게 되며, 듣지 못하는 사람이 들으며, 죽은 사람이 살아나

예수의 첫 번째 기적　정결예식에 쓰이는 물항아리들이 예수의 첫 번째 기적에 매우 중요한 도구였다.
그분은 혼인잔치에서 그 안에 든 물을 포도주로 바꾸셨다(요한복음 2:1-11). 혼인잔치는 마을 사람을 모두 초대해 일주일간 이어지는데,
당혹스럽게도 잔치 중간에 포도주가 떨어졌다. 이때 예수가 물을 포도주로 바꾸어 문제를 해결하셨다. 그러나 포도주 때문에 항아리는
정결예식에 쓸 수 없는 '부정한' 물건이 되었고, 요한은 이것을 '표적'—더 깊은 진리를 가리키는 화살표—으로 보았다.
유대교는 이 물항아리들처럼 통째로 쓸모없게 되었고 이제 다른 것으로 대신해야 했다.
유대교를 대신한 분이 바로 하나님 나라의 '새 포도주'를 가져오신 분 예수였다. 그분이 바로 그 자리에서 사람들과 함께 계셨다.

며, 가난한 사람이 복음을 듣는다"(마태복음 11:5).

**자연을
지배하는 힘**　　예수의 기적이 질병의 치유에 한정되었다면 이해하기
가 좀 더 쉬웠을지 모른다. 치유는 심리적인 영향이나
의료기술의 결과로 나타날 수도 있으니 말이다. 하지
만 일부 기적은 어떠한 원리로도 설명할 수 없는, 자연을 뜻대로 부리는 일
이었다. 이러한 기적을 네 가지 유형으로 나눌 수 있다.

- 자연을 통제(폭풍을 잠잠하게 하다)

- 자연을 늘림(5,000명을 먹이다)

- 자연을 다스림(물 위를 걷다)

• 자연을 정복함(죽은 자를 일으키다)

물론 위와 같은 사건은 불가능하다. 그러나 그 **불가능함**이 핵심이다. 합리적 설명을 찾으려는 시도는 그 기적들의 요점을 놓치는 것이다. 누구도 그런 일을 할 수는 없다. 그러나 하나님이라면 얘기가 달라진다. 태초에 자연을 창조하셨고 그것의 섬김을 받는 하나님이라면 말이다.

죽음을 이기는 능력　예수는 인류 최후의 원수인 죽음을 정복하심으로 궁극의 능력을 보여주셨다. 이 기적이 적어도 세 번 이상 있었다.

나인 성 과부의 아들(누가복음 7:11-17)　예수는 하나뿐인 아들이 죽어 부양해 줄 이 없는 막막한 신세가 된 과부를 불쌍히 여기셨다. 뚜껑 없는 관에 누워 있던 그녀의 아들에게 일어나라고 말씀하시자 그가 일어나 앉았다. 사람들은 놀라워하며 말했다. "위대한 예언자가 우리 가운데 나타나셨다!"(16절) 그들은 아마도 엘리야의 기적을 떠올렸을 것이다(열왕기상 17:8-24). 그들은 "하나님께서 자기 백성을 돌봐 주셨다"(16절, 우리말성경)라는 고백을 할 수밖에 없었다.

야이로의 딸(마태복음 9:18-26)　예수가 회당장 야이로를 따라 그의 집으로 가는 길에 어려움에 처한 여인을 만나 잠시 지체하셨는데, 집에 도착해 보니 야이로의 딸은 이미 죽어 있었다. 예수가 곡하는 사람들에게 아이가 죽은 것이 아니라 잔다고 말하자 그들은 비웃었다. 아이는 분명 숨을 거두었기 때문이다. 그러나 예수는 그들을 모두 내보내고 아이에게 일어나라고 말씀하셨다. 마가는 예수가 말씀하신 아람어 달리다굼("소녀야 일어나거라!")을 그대로 기록했는데, 이 사건이 제자들의 기억에 얼마나 깊게 새겨졌는지 알 수 있는 대목이다.

나사로(요한복음 11:1-44)　예수가 도착하셨을 때는 나사로가 죽은 지 이미 나흘이 지난 시점이었다(17절). 친히 "부활이요 생명"(25절)이라고 선언하신 예수는 무덤 입구를 막은 돌을 치우게 하신 후 나사로를 부르셨다. 나사로는 살아나서 걸어 나왔다. 그 모습에 모두들 얼마나 충격을 받았던지 예수가 사람들에게 나사로를 감싸고 있던 천을 풀어주라고 따로 일러주셔

예수는 사람들에게 그들이 경험한 기적을 비밀로 하라고 말씀하셨다(마가복음 1:43-44). 그분은 기적과 힘으로 이스라엘을 해방시킬 메시아로 오해받기를 바라지 않으셨다. 그분의 사명은 그와 달랐기 때문이다. 하지만 사람들이 모두 그 말씀을 따른 것은 아니었다(1:45).

가버나움 부근에 위치한 타브가의 비잔틴 양식 모자이크. 사복음서가 모두 기록하고 있는 유일한 기적인
5,000명을 먹이신 일(마태복음 14:13-21, 마가복음 6:30-44, 누가복음 9:10-17, 요한복음 6:1-15)을 새겨 놓았다. 요한복음만이 유일하게
빵 다섯 덩이와 물고기 두 마리가 어린 소년이 내놓은 것이었음을 밝히고 있는데(6:9), 아이의 점심식사였으니 양이 얼마 되지 않았을 것이다.
그러나 예수는 그것으로 엄청난 수의 군중을 먹이셨다. 여자와 아이 외에 남자 어른만 5,000명이었고(마태복음 14:21) 남은 조각을 모으니
열두 바구니가 가득 찼다. 열둘은 이스라엘 지파의 수임과 동시에 예수가 하나님의 모든 백성을 만족시킬 능력이 있음을 상징한다.

야 했을 정도였다(44절).

이 세 사람 모두 언젠가는 다시 죽게 될 터였다. 그러나 살아 있는 동안 그들은 예수가 부활하셨다는 사실과 모든 믿는 자가 부활할 미래에 대한 강력한 표적이 되었다.

믿음과 기적

기적과 믿음은 연결되어 있지만, 다음을 숙지하는 것이 중요하다.

- 기적이 늘 믿음에 의해 나타나는 것은 아니다. 사람들은 믿음이 작을 때도 있었고(요한복음 5:6-7) 클 때도 있었다(마태복음 9:21). 사람의 믿음이 아니라 하나님이 치유하신다.
- 기적이 언제나 믿음을 일으키는 것은 아니다. 열 명의 나병환자가 예수에게 치유를 받았지만 한 명만 돌아와 감사를 표현했다(누가복음 17:11-19).

표적 ▼

예수를 적대시하는 자들은 끊임없이 "표적"을 요구했는데(마태복음 12:38-40, 마가복음 8:10-12, 누가복음 11:16), 그분의 신분을 입증해 줄 으리으리한 사건을 일으켜 보라는 것이었다. 예수는 그것을 한결같이 거부하셨다. 그런 증거는 참된 믿음을 일으킬 수 없다고 보셨기 때문이다. 하지만 요한복음에 나오는 표적(2:11 등)은 이와 다르게 쓰였다. 예수의 기적을 묘사하기는 했지만, 능력 자체가 아니라 예수가 정말 누구신지를 보여주는 기적의 취지를 강조한 것이다.

사람들 중에는 예수의 윤리와 그에 따른 생활방식, 가치들을 흠모하면서도
종교적 메시지는 거부한 이들이 많았다. 하지만 예수는 자신의 가르침(윤리)과 자신을 분리할 수 없다고
말씀하셨다. 먼저 그분을 따르지 않고는 그분의 윤리를 따를 수 없다.
예수는 "이 체계를 따르라"가 아니라 "나를 따르라"(마가복음 1:17)고 말씀하셨다.
그분을 따를 때 참된 윤리적 생활이 시작된다. 선은 선한 존재가 될 때만 행할 수 있는 것이지 그 반대가 아니다.

83. 예수의 윤리와 생활방식

체계가 아닌 원리

많은 위대한 교사들이 일관성 있는 윤리체계를 만들어 냈다. 랍비들이 바로 그랬는데, 유대율법을 생활 전반에 적용해 수많은 삶의 규칙을 만들었다. 그러나 예수는 다르셨다. 그분은 '체계'를 세우지 않으셨고 두 가지 단순한 '원리'만을 제시하셨다.

- 전 존재를 바쳐 하나님을 사랑하라.
- 이웃을 자기 자신처럼 사랑하라.

예수는 이 두 원리가 하나님이 원하시는 모든 것을 성취한다고 말씀하셨다(마태복음 22:36-40). 또 체계와 규칙이 사람의 존재와 행동을 바꾸지 못한다고 보았는데, 당대의 바리새인들을 보면 과연 그렇다는 것을 알 수 있다. 예수는 "행동을 바꾸는 것은 마음의 변화다"라고 강조하셨다.

예수의 윤리적 가르침

예수는 윤리 문제에 관해 많은 내용을 가르치셨는데 그중 마태복음에 실려 있는 몇 가지 사례를 소개한다.

- 가치관(5:3-11)
- 분노(5:21-22)
- 용서(5:23-26)
- 복수(5:38-42)
- 원수(5:43-48)
- 결혼(5:31-32, 19:1-12)
- 성(5:27-30)
- 어린이(18:1-6)
- 말(5:33-37)
- 구제(6:2-4)
- 물질주의(6:19-33)
- 남을 판단하는 것(7:1-5)
- 가난한 이들을 보살핌(19:21)
- 사회적 책임(22:15-21)

예수가 산상설교를 행한 장소로
알려진 자리에 프란체스코
수도회가 세운 팔복교회.
AD 4세기의 교회 유적 위에
건축되었다. 교회의 팔각형은
팔복을 상징한다.

황금률 많은 종교와 철학이 황금률을 가르쳤다. "남이 네게 하지 않았으면 하는 일을 남에게 하지 말라." 그러나 예수는 이것을 뒤집어 적극적인 명령으로 만드셨다. "남에게 대접을 받고자 하는 대로 너희도 남을 대접하라"(마태복음 7:12, 누가복음 6:31). 그분의 윤리는 반응적이 아니라 주도적이었다.

팔복 예수는 그 유명한 산상설교를 '지복'(至福) 또는 '팔복'으로 여시는데(마태복음 5:3-12), 각각은 "복되도다!"—오늘날의 용어로 풀면 "축하한다!"—는 말로 시작된다. 그러나 복을 받는 사람의 상황을 보면 축하할 내용과는 거리가 멀다. 예수가 전통적인 윤리적, 사회적 가치관을 뒤집어엎으셨기 때문이다. 그 바탕에는 하나님 나라가 세상 속으로 뚫고 들어와 그동안 복을 받지 못했던 사

람들이 예수를 믿고 하나님의 축복을 경험하게 될 것이라는 확신이 놓여
있다.

윤리의 동기 어떤 이들은 예수가 장래의 보상과 형벌을 가르치셨다
는 이유로 그분의 윤리를 시원찮게 여겼다. 보상을 바
라거나 형벌이 두려워서 선을 행하는 것은 최고의 동
기로 보이지 않기 때문이다. 그러나 예수는 대가를 바라지 않고 선을 행하
는 것이 최고의 윤리적 동기라고 생각하셨고(누가복음 14:12-14), 하나님의
뜻을 행했음을 알고 그로 인해 언젠가 칭찬받을 줄 아는 것이 충분한 보상
이라고 말씀하셨다(마태복음 25:23). 그런가 하면 그분은 하나님이 올바른
행동을 보상하시고(6:4) 나쁜 행동과 이기적인 행동을 벌하신다(25:41)는
말씀도 하셨다. 또 만사가 그 결과에 따라 심판을 받을 것이라고 말씀하셨
다. "좋은 나무는 좋은 열매를 맺고, 나쁜 나무는 나쁜 열매를 맺[는다]"
(7:17). 좋은 나무는 보존되겠지만 나쁜 나무는 그렇지 못할 것이다(7:18-
19). 사람들의 경우도 이와 다르지 않다. 이러한 원리를 알고도 제대로 행
하지 않는다면 그것은 분명 가장 비윤리적인 처사일 것이다.

단순한 삶 예수는 '물질'에 매이지 않고 하나님께 온전히 의지하
며 단순하게 사셨다. 이동수단이 없어서 필요할 때는
나귀를 빌리셨고(마태복음 21:1-5) "머리 둘 곳이 없"으
셨으며(누가복음 9:58) 환대를 거절하지 않으셨다. 일정한 수입이 없어 친
구들의 지원을 받으셨고(8:1-3) 때로는 필요한 것을 기적으로 공급받으셨
다(마태복음 17:27). 그분은 믿음으로 채워진 단순한 삶을 가치 있게 보셨
다. 반면에, 물질주의의 위험을 강하게 경고하셨다(마태복음 6:24, 누가복음
8:14; 12:13-21; 16:13-14). 그분을 따르고자 했던 사람들 중에는 돈을 사랑
한다는 지적을 받고 돌아선 이도 있다(누가복음 18:18-30). 예수는 가난 자
체를 추켜올리는 금욕주의자는 아니었다. 그분은 인생을 즐길 줄 아셨다.
식사 초대에 응하셨고 혼인잔치에 참여해 흥도 내셨다. 그러나 그런 것들
은 그분이 목표로 하는 일이 아니었고 있어도 그만 없어도 그만인 것이었
다. 이런저런 것들을 많이 누려서가 아니라 하나님 안에서 깊이 만족하셨

보살핌과 교육

그리스도인들은 언제나 교육 현
장과 어려운 이들을 돕는 일의
최전선에 있었다. 이로 인해 그
들을 견제하는 무신론자들의 반
감도 많이 샀다. 알바니아계 로
마가톨릭 수녀인 마더 테레사
(1910~1997)는 '사랑의 선교수녀
회'를 설립해 인도 콜카타의 거
리에서 45년간 가난한 자, 병자,
고아, 죽어가는 자를 보살폈다.

에세네 수도공동체의 터전이던 쿰란의 유적지. 예수는 그들과 같은 생활을 거부하셨는데, 타락한 세상으로부터 물러나기보다는 그러한 세상에 참여하기를 원하셨다. 그리고 자신을 따르는 자들이 세상을 변화시킬 것을 믿고 이렇게 말씀하셨다. "너희는 세상의 소금이다……너희는 세상의 빛이다"(마태복음 5:13-14). 그들은 소금처럼 짠맛을 내고 부패를 막으며, 빛처럼 모든 것을 있는 그대로 드러내어 앞에 놓인 하나님의 길을 보여주어야 했다.

구제 ▼

예수는 가난한 자들을 구제하라고 말씀하셨고(마태복음 6:2-4; 19:21, 누가복음 12:33; 14:13-14, 요한복음 13:29) 초대 교회는 이 일을 아주 중요하게 여겼다(사도행전 2:45; 4:34-35; 9:36; 24:17, 갈라디아서 2:10). 예수는 가난한 사람을 도울 능력이 있으면서도 돕지 않은 이들을 꾸짖으시며, 어려움에 처한 이들을 어떻게 보살폈는지가 모든 사람이 직면할 최후의 심판에서 중요한 요소가 될 것이라고 말씀하셨다(마태복음 25:31-46).

기 때문이다.

자기부인　　예수는 자기부인의 가치를 아셨지만 그 자체를 목적으로 여기지 않으셨다. 예수에게 자기부인은 욕망의 지배를 받지 않고 욕망을 다스리는 일이요(마태복음 5:29-30) 때로는 더 좋은 것에 자신을 바치기 위해 정당한 욕구를 자제하는 일이었다(누가복음 4:1-13). 예수를 따르는 자들도 그분을 본받아 궁극적인 자기부인을 각오해야 했다. "누구든지 나를 따라오려거든, 자기를 부인하고, 제 십자가를 지고, 나를 따라 오너라"(마태복음 16:24).

예수는 사역 초기에 "자기와 함께 있게 하시고"자(마가복음 3:14) 열두 제자를 부르셨는데, 처음부터 그분을 중심으로 새로운 민족, 새로운 이스라엘을 세울 뜻이었다는 것을 짐작하게 한다. 예수가 세우신 제자 공동체는 열두 명의 전혀 다른 사람이 하나님의 변화의 능력을 힘입어 함께 살아가는 모습을 통해 하나님 나라가 어떠한 것인지에 대한 본을 보였다.

84. 예수의 새로운 공동체

옛 이스라엘과 새 이스라엘

이스라엘 역사의 처음부터 하나님의 계획은—개인을 구원하는 것에서 그치지 않고—공동체를 건설하는 것이었다(창세기 12:1-3). 예수는 자신이 그 계획을 완성하기 위해서뿐 아니라 그것에 새로운 면을 더하러 오셨다고 말씀하셨다. 예수 당대에는 종말이 오기 전에 이스라엘의 열두 지파가 다시 한번 재결합할 것이라는 기대가 있었다. 예수가 열두 제자를 부르신 것은 이 기대를 의식하면서 그분을 중심으로 이스라엘을 다시 세우고 계심을 의도적으로 선언한 일이었다. 그분이 새 이스라엘, "참 포도나무"(요한복음 15:1)였고 그분을 따르는 자들은 새 이스라엘의 일부가 될 수 있었다. 이 공동체야말로 하나님의 백성을 온전히 구현한 것이었다. 이 공동체는 남자, 여자, 노인, 어린이, 쫓겨난 자, 나병환자, 창녀, 세리, 유대인, 사마리아인, 비유대인 모두에게 열려 있었다. 어떠한 종교적 기준을 충족시킬 필요도, 충성의 증표를 내밀 필요도 없었다. 예수를 따르고 그분의 방식으로 행하는 법을 배우겠다는 의지만 있으면 족했다.

예수의 부활 이후, 그분을 따르는 자들은 이것이 의미하는 바를 점차 깨달았고 "유대 사람도 그리스 사람도 없으며, 종도 자유인도 없으며, 남자

공동체의 이미지

예수는 가족(마가복음 3:34-35), 혼인잔치의 손님(2:19), 형제(마태복음 23:8), 도성(5:14), 작은 무리(누가복음 12:32) 등 다양한 이미지를 사용해 새로운 공동체를 묘사하셨다.

함께 먹다 음식을 나누기 위해 초대받는 것은 우정과 존경의 표시였기 때문에. 식탁을 공유한 누군가의 배신은
끔찍한 일이었다(누가복음 22:21-22). 일반적으로 민족적 배경이 다른 사람들을 위해 식탁이 구분되었고(창세기 43:32),
신분에 따라 자리가 배정되었다(누가복음 14:8-10). 그러나 예수는 이러한 모든 문화적 원칙을 깨고,
배경이나 지위에 상관없이 누구와도 기꺼이 식탁의 우정을 나누셨다(마가복음 2:15 등).
그렇게 함으로써 하나님 나라의 새로운 공동체의 중심에 자리잡고 있는 용납을 본보기로 보여주신 것이다.

와 여자가 없습니다. 여러분 모두가 그리스도 예수 안에서 하나"(갈라디아
서 3:28)임을 알게 되었다. '새 이스라엘'은 옛 이스라엘이 갖춰야 했던 모
습, 곧 하나님을 왕으로 모시는 삶이 어떤 것인지 보여주는 백성이, 그리고
그것을 다른 이들과 공유하기를 간절히 원하는 이들이 되어 가고 있었다.

**새로운
공동체의 특징** 이 공동체의 특징은 유대교의 경우처럼 할례나 안식일
준수 같은 외적 증표가 아니라, 서로를 대하는 모습과
공동체 바깥의 사람들을 대하는 태도와 행동일 것이
다. 그중 몇 가지를 소개한다.

- 하나님을 아버지로 알고 기도하며 의지함(마태복음 6:5-13)

- 하나님을 신뢰(6:25-34)

- 겸손(18:1-4)

- 용서(18:21-35)

- 용납(누가복음 5:27-32)

- 원수에 대한 사랑(6:32-36)

- 다른 사람에 대한 구제(12:33)

- 서로를 섬김(요한복음 13:12-17)

- 서로에 대한 사랑(13:34-35)

모두를 용납함 예수는 주로 유대인 가운데서 사역하셨지만 당시 종교 지도자들이 '외부자'로 본 사람들까지 받아 주신 것은 분명하다. 혼인잔치 비유에서 예수는 하나님이 모든 사람을 기꺼이 환영하시는 분이라고 말씀하셨는데, 종교 지도자들이 '죄인'(그들의 높은 기준에 맞게 살지 못하는 이들)으로 낙인찍은 이들과 비판을 감수하고 즐겁게 식사를 같이하신 일은 그러한 하나님을 본받는 구체적인 실천이었다(누가복음 5:29-32 등). 예수는 전통적으로 멸시받던 사마리아인을 스스럼없이 대하셨고, 그들은 마음을 열고 그분의 메시지를 받아들였다(요한복음 4:1-42). 예수는 이방인까지도 환영하고 치유해 주셨는데, 로마인 백부장의 종(마태복음 8:5-13)과 시로페니키아 여인의 딸(마가복음 7:24-30)의 경우가 그러했다. 이 모든 일은 종말에 "많은 사람이 동과 서에서 와서, 하늘나라에서 아브라함과 이삭과 야곱과 함께 잔치 자리에 앉을 것"(마태복음 8:11)을 보여주는 모형이었다.

예수는 교회를 계획했는가 "교회"(그리스어로 에클레시아)라는 단어는 복음서에 단 두 번밖에 나오지 않는데 그마저도 모두 마태복음이다. 첫 번째 구절(16:18)에서 예수는 그분의 교회를 베드로라는 반석 위에 세우겠다고 약속하신다. 두 번째 구절(18:17)에서는 분쟁을 해결하는 법을 가르치시는데, 우선은 상대방과 직접 상대하거나 필요한 경우 다른 사람의 도움을 빌어 보고, 그래도 여의치 않으면 그 문제를 교회로 가져가라고 말씀하신다. "교회"라는 말이 이 정도밖에 나오지 않는 것을 근거로 교회에 대한 예수의 말씀은 예수가 정말 가르치신 것이 아니라 후에 마태가 첨가한 것이라고 주장한 이들도 있다. 하지만 "교회"

물고기 모자이크　AD 3세기 초의 것으로 추정되는. 보존상태가 좋은 이 모자이크는 이스라엘 북부 므깃도의 한 감옥 마당에서 2005년에 발견되었다. 물고기(초기 그리스도인의 상징) 두 마리 모자이크와 함께 이 건물을 "주 예수 그리스도의 기억"에 바친다는 문구와 가이아누스라는 로마인 장교가 건축비를 댔다는 문구가 그리스어로 새겨져 있다. 이곳은 지금까지 발견된 것 중 가장 오래된 교회 건물이다.

라는 단어가 사복음서에 흔하지는 않더라도 그 개념은 분명히 나와 있다. 예수 메시지의 핵심인 하나님 나라는 공동체 없이는 불가능하다. 왕권의 행사는 한 사람이 아니라 한 백성을 대상으로 한다. 구약 내내 하나님의 관심사는 개인의 구원이 아닌 한 백성을 세우는 일이었다. 예수가 이 근본 진리를 갑자기 내팽개치셨다고 생각하기는 어렵다. 하나님 나라가 그분의 가르침의 핵심이기에 더욱 그러하다.

교제 ▾

교제, 곧 마음과 삶을 터놓고 나누는 일은 예수가 제자들과 세우신 새로운 공동체의 중심에 있었다. 예수가 승천하신 후, 제자들은 계속해서 함께 모였고(사도행전 1:14) 오순절 이후에는 사도들의 가르침을 받고, 교제하고, 빵을 떼고, 기도하는 일에 전념했다(2:42). 예수가 그들과 함께 하시던 일을 계속하면서 공동체로 서로 교제하며 살아간 것이다.

하나님 나라를 이 땅에 세우러 오신 예수가, 그를 두려워할 법한 지상 나라의 대표들이 아니라
하나님 나라의 수호자를 자처했던 종교 지도자들과 충돌했다는 사실은 매우 놀랍다.
그들은 그 나라가 자신들의 믿음과 전혀 다른 방식으로 온다는 예수의 가르침을 받아들이지 못했고,
따라서 충돌을 피할 수 없었다.

85. 충돌과 갈등

**종교
지도자들과의
충돌**

예수는 종교 지도자들과 자주 충돌하셨다.

서기관은 바벨론 유배 기간에 중요한 존재로 부상했다. 폐허가 된 성전에서 수백 km 떨어진 곳에서는 제사장이 더 이상 필요하지 않았다. 반면, 율법은 훨씬 더 중요해졌다. 서기관들은 유대인이 처한 새로운 상황에 맞춰 율법을 해석하기 시작했고, 신약시대에 이르면서 그 해석이 율법 못지않게 중요해졌다. 예수는 인생의 중요한 문제들은 외면한 채 지엽적인 내용에만 집착하는 모습을 지적하시며 그들의 율법 해석을 거부하셨고(마태복음 15:1-20), 그러한 태도는 종교 지도자들과의 충돌로 이어졌다.

바리새인은 하나님의 율법을 철저하게 지키는 일이 모든 유대인의 의무라고 생각하고 솔선수범했다. 랍비들이 찾아낸 율법의 613개 계명뿐 아니라 그것을 중심으로 만들어진 온갖 구술전통까지 지켰다. 예수는 그런 전통과 충돌하셨는데, 그들이 핵심적인 식별표지(정결규례, 금식, 십일조, 안식일 준수, 부정한 것이나 부정한 사람을 피하는 것 등)로 여긴 것들이 특히 문제가 되었다. 예수는 그들의 의식과 전통이 오히려 율법을 주신 하나님의 취지를 훼손한다고 거부하셨고(마태복음 5:21-48), 그들의 위선을 꾸짖

예루살렘　1:50의 축척으로 만든 AD 1세기 예루살렘 모형.
성전(오른쪽 상단)이 도성 전체의 경관을 주도하고 있다. 성전은 그 물리적 크기가 보여주다시피 다수의 백성이 아니라
소수의 권력층과 제사장 가문의 이익을 위해 운영되면서 백성들의 삶을 영적으로도 장악했다.

으시며(23:1-39) 바리새인이 '죄인'으로 낙인찍은 자들과 어울리셨다(마태
복음 9:10-13, 누가복음 15:1-7).

　　사두개인은 대제사장직과 성전체제를 틀어쥐고 있었다. 예수가 기
존 정치질서를 흔들어 자신들의 영향력이 약해질까 봐 두려워했다. 죽은
자의 부활(마가복음 12:18-27)과 성전에 대한 입장(마태복음 26:59-61)에 있
어서도 그분의 신학적 견해에 동의하지 못했다. 신학적, 정치적으로 바리
새인과 공통점이 거의 없었지만 이 두 집단은 힘을 합쳐 예수를 반대했다.
예수의 처형을 요구한 장본인도 사두개파 대제사장인 가야바였다(요한복
음 18:14).

성전을 둘러싼　　유대인이 아닌 이두매 사람 헤롯이 유대의 왕으로서
갈등　　　　　　정통성을 확보하고자 성전 재건축을 결정했을 때 유대
　　　　　　　　　인들의 반응은 둘로 나뉘었다. 성전은 유대인 생활의
핵심적인 상징이었기 때문이다. 사두개파는 성전 재건을 찬성했지만 그
외의 다른 무리들은 강하게 반대했다.

헤롯 대왕

재위 BC 40-4

위대한 건축가, 잔혹한 통치자, 예수 출생 시에 통치(마태복음 2:1-19)

헤롯 아켈라오

BC 4-AD 6

유대, 이두매, 사마리아의 분봉왕

예수 가족이 이집트에서 돌아왔을 당시의 통치자(마태복음 2:19-23)

잔인하고 무능한 통치자로, 로마 총독으로 교체됨

헤롯 안티파스

BC 4-AD 39

갈릴리와 베레아의 분봉왕

세례 요한을 처형(마태복음 14:1-12)

예수를 죽이려 했음(누가복음 13:31-32)

예수의 재판에 관여(누가복음 23:6-12)

헤롯 빌립

BC 4-AD 34

드라고닛의 분봉왕

가이사랴 빌립보와 벳새다 재건

신하들이 대체로 좋아했음

아리스토볼루스

성경에 나오지 않음

헤롯 아그립바 1세

AD 37-44

유대의 왕

야고보를 죽이고 베드로를 투옥시킴. 천사에게 죽음(사도행전 12:1-23)

헤롯 아그립바 2세

AD 44-100

유대의 왕

바울이 그 앞에서 자신을 변호함(사도행전 25:13-26:32)

에세네파는 성전을 집권 엘리트 세력의 근거지로 보았고, 하나님의 율법이 제대로 해석되지 않는 부정한 곳이요 회복된 성전에 대한 에스겔의 환상(에스겔 40-48장)과 일치하지 않는 결함이 있다고 생각했다. 바리새파는 성전에 결정적인 중요성이 있다고 보지 않았다. 성전 방문으로 얻는 복은 토라를 연구함으로써도 얻을 수 있다고 믿었기 때문이다. 일반 백성은 성전이 자신들을 억압하는 모든 세력을 대표한다고 보았다. 예수도 성전을 반대하셨다. 그러나 그 이유는 전혀 달랐다. 그분은 성전이 이스라엘의 잘못된 모습의 총체적 상징으로서 그 효용을 다했고 시한이 모두 차 파괴될 일만 남았다고 보셨다(마가복음 13:1-2, 14:58). 성전은 죄 용서를 받을 수 있는 '장소'인데, 예수가 바로 새 성전이었다.

정치 지도자들과의 충돌

예수와 정치 권력자들 사이에 별다른 충돌이 없었다는 사실에 놀라는 이들도 꽤 있을 것이다. 그분이 갈릴리에 계실 때 세간의 이목을 끌지 않았기 때문일 수도 있고, 로마에 반대하러 온 것이 아님을 분명히 밝히셨기 때문일 수도 있다. 정치는 그분의 관심사가 아니었다. 그분의 관심은 오로지 하나님 나라에 있었다.

헤롯 왕은 예수의 소식을 듣고 호기심(누가복음 9:7-9)과 적대감(13:31)을 동시에 보였고 기적을 구경하고 싶어 했다(23:8). 그는 예수가 돌아가시기 바로 전날에 한 번 그분을 만났는데(23:6-12) 여러 질문을 했지만 한 마디도 대답을 듣지 못했다. 헤롯당은 헤롯의 유대 통치가 회복되기를 바랐기 때문에 로마의 직접 지배를 강화할 명분을 제공하는 사람은 누구든 싫어했다. 그들은 황제에게 세금을 내는 문제 등으로 여러 번 예수를 곤란하게 만들려 했다(마태복음 22:15-22). 로마는 예수를 위험인물로 여기지 않았다. 사복음서에 나오는 로마인의 모습은 그리 부정적이지 않다. 한 백부장은 믿음이 좋다고 예수의 칭찬을 받았고(누가복음 7:1-10) 또 다른 백부장은 십자가에 달린 예수를 높이 평가했다(마태복음 27:54, 누가복음 23:47). 빌라도가 예수의 처형을 승인하기는 했지만 사복음서는 그 일이 주로 종교 지도자들의 책임이라는 것을 보여주고 있고 베드로 역시 그 사실을 오순절에 담대하게 선포했다(사도행전 2:14-23).

가족과의 갈등

예수는 때로 뜻밖의 사람들과 갈등을 겪으셨는데 그중에는 가족도 있었다. 동생들은 그분을 믿지 않았고(요한복음 7:1-5) 집으로 데려갈 목적으로 가버나움까지 찾아오기도 했다(마가복음 3:31-32). 베드로도 스승과 한 차례 부딪혔는데, 통찰력 있는 말을 했다는 칭찬을 받은 직후에 그분이 선택하신 죽음의 길을 바꾸려고 하다가 사탄이라는 소리를 들었다(마태복음 16:22-23).

갈등 ▼

예수는 여러 사람들과 갈등을 겪었지만, 일부러 갈등을 일으킨 적은 없고 그분을 따르는 자들에게도 최대한 갈등을 피하라고 가르치셨다. 평화를 이루는 사람들이 복이 있고(마태복음 5:9) 갈등을 일으키는 것보다 고소를 당하거나 군인의 짐을 강제로 지고 가는 것(5:40-41)이 더 낫다고 하셨다. 그러나 희생을 감수하더라도 물러서서는 안되는 부분이 있다는 것도 아셨다(16:24-28). 개인 사이의 갈등이 발생하는 상황에 대해 직접 갈등해결의 본을 보여주기도 하셨다(18:15-17).

하나님이 누구신지 보여준 3년, 사랑과 기적과 놀라운 가르침을 베푸신 3년은
분주한 마지막 한 주로 갑작스럽게 절정에 이르렀다.
예수가 종교 지도자들에게 사사건건 반대하자 그들은 그분을 제거하기로 공모했다.
성주간(聖週間)이라 불리는 이 마지막 주, 예수는 흔들리지 않고 목표를 향해 한 발 한 발 다가가셨다.

86. 예수의 마지막 일주일

예루살렘 입성　　순례자들이 몰려들 때면 예루살렘에는 언제나 열광적인 분위기가 넘쳤지만, 예수가 예루살렘으로 들어가시던 날에는 더욱 그러했다. 그분은 자신이 사람들의 기대와 전혀 다른 메시아임을 분명히 보여주시고자 말(전쟁의 동물) 대신 나귀(평화의 동물)를 타셨는데, 이것은 장차 이스라엘의 왕이 어떻게 오실지를 설명한 스가랴의 예언(스가랴 9:9)을 성취한 일이기도 했다. 군중은 종려나무 가지를 흔들고 겉옷을 도로에 깔면서 "주의 이름으로 오시는" 이를 환영하고 "호산나"("구원하소서!")를 외쳐댔다. 그러나 그분은 성전을 한번 둘러보시고는 바로 베다니로 돌아가셨다(마가복음 11:1-11).

성전을 깨끗하게 하다　　월요일에 예수는 성전에서 상인들을 내쫓으시고 환전상들의 상을 엎으시며 그들이 기도의 집을 강도의 소굴로 바꿔 놓았다고 말씀하셨다(마태복음 21:12-17, 마가복음 11:15-19, 누가복음 19:45-46). 그 구역은 성전에서 이방인이 기도할 수 있는 유일한 장소였기 때문에 예수가 이방인들에게 마음을 쓰셨다는 것도 분명하지만, 성전의 목적과 시한이 다 되었음을 선언한 것이기도 하다.

요한은 이 성전 정화 사건을 예수의 사역 서두에 제시한다(요한복음 2:12-22). 어떤 이들은 하나님의 심판이 메시아 사역 전체를 관통하는 메시지임을 강조하기 위해 예수의 사역 말기에 일어난 이 사건을 의도적으로 앞에 배치했다고 본다. 하지만 공관복음과 요한복음에 각각 기록된 이 사건에는 여러 가지 차이점이 있어서 별개의 두 사건을 적어 놓은 것으로 보기도 한다. 기득권을 가진 자들이 부정관행을 은근슬쩍 되살리는 일은 어렵지 않았으니, 3년 만에 구태가 되살아나 예수가 다시 성전을 깨끗이 하셔야 했다고 보아도 큰 무리는 없을 듯하다.

최후의 만찬　　니산월 14일 목요일, 제사장들은 오후 내내 유월절 어린양을 잡았다. 유월절은 다음 날 지키게 되어 있었지만, 그때가 되면 매인 몸이 될 줄 아신 예수는 전날인 목요일 밤에 유월절을 지키셨다. 미리 준비된 다락방에서(마태복음 26:17-19, 마가복음 14:12-16, 누가복음 22:7-13) 제자들의 발을 씻기고(요한복음 13:1-17) 그들과 함께 유월절을 지키셨다.

유월절은 유대인의 핵심 절기였는데, 하나님이 이집트에서 노예로 있던 이스라엘을 구해 내신 일을 돌아보고 기념할 뿐 아니라 이제는 로마로부터 다시 한번 이스라엘을 구해 내실 것을 고대하는 시간이었다. 하지만 예수는 유월절에 새로운 의미를 부여하실 참이었다. 처음에는 모든 순서가 옛 전통을 따르는 듯했다. 그런데 빵과 포도주를 앞에 놓으신 예수가 예식의 말을 바꾸어 자신의 몸과 피를 이스라엘 이야기의 중심에 놓고 그것을 통해 이스라엘이 고대하던 새로운 출애굽이 있을 것이라고 말씀하셨다. 그리고 새 언약에 대해 덧붙이셨다. 그분은 자신이 하나님과 사람들 사이에 새 언약을 세우셔서 죄 용서를 가져다줄 존재라고 말씀하셨다(마태복음 26:28).

그리고는 제자들에게 "이것을 행하여 나를 기억하여라"(누가복음 22:19)고 말씀하셨는데, 이것이 처음에는 식사의 형태로 지켜지다가 얼마 후부터 기독교 예배의 핵심 요소로 자리를 잡게 된다. 오늘날까지도 그리스도인은 빵과 포도주를 나누며 예수의 죽음을 기억하는데, 이 의식의 이름은 주의 만찬, 빵을 뗌, 성만찬, 미사 등 다양하다.

예수의 마지막 일주일

❶ 금요일: 베다니 도착 예수는 작은 마을 베다니에 도착해 친구 나사로, 마리아, 마르다와 함께 머무
셨다. 마리아는 값비싼 향유를 그분의 발에 부었는데, 예수는 본인의 장례를 예비한 행위로 보셨지
만 가룟 유다는 낭비라며 분개했다(요한복음 12:1-8).

❷ 토요일: 휴식 복음서에는 아무 기록이 없지만 아마 베다니에서 마지막 안식일을 보내며 휴식을 취
하셨을 것이다.

❸ 일요일: 승리의 입성 예수는 인근 벳바게에서 나귀를 빌려 타고 예루살렘으로 들어가셨는데, 군
중이 예수를 왕이라 부르며 환영했다(마태복음 21:1-11, 마가복음 11:1-11, 누가복음 19:28-44, 요한복음
12:12-16). 그러나 예수는 예루살렘의 비극적인 운명을 알고 슬퍼하며 우셨다(누가복음 19:41-44).

❹ 월요일: 성전을 깨끗하게 하다 예수는 베다니에서 들어오시는 길에 열매 없는 무화과나무를 저주
하셨다(마가복음 11:12-14). 또, 성전의 바깥뜰이 장사꾼과 환전상으로 가득한 것을 보시고 분개해 그
들을 내쫓으시고 상을 엎으셨다(마태복음 21:12-17, 마가복음 11:15-19, 누가복음 19:45-46).

❺-❻ 화요일과 수요일: 가르침 예수는 성전으로 돌아와 그분의 말씀에 귀 기울이는 모든 사람을 가
르치셨다. 하지만 종교 지도자들은 그분에게 도전했다(마태복음 21:23-23:39, 마가복음 11:27-12:44, 누
가복음 20:1-21:4). 그분은 올리브 산(감람 산)으로 가셔서 예루살렘의 멸망과 자신의 재림에 대해 말
씀하셨다(마태복음 24:1-25:46, 마가복음 13:1-37, 누가복음 21:5-39).

❼ 목요일: 최후의 만찬과 겟세마네 예수는 제자들의 발을 씻겨 주신 후 하루 먼저 유월절을 지키셨
다. 다음 날에는 살아 있지 못할 줄 아셨던 것이다. 배신을 결심한 유다는 자리를 떠났고 나머지는
겟세마네로 향했는데, 거기서 예수는 베드로가 자신을 부인할 것을 예언하셨고, 밤새 기도하며 체포
될 때를 기다리셨다(마태복음 26:31-56, 마가복음 14:27-52, 누가복음 22:31-53, 요한복음 18:1-14).

올리브 산에서 바라본 예루살렘 전경. 예수도 잡히시던 날 밤 이곳에서 예루살렘을 바라보셨다.

유다의 배반 유다는 베다니의 향유 사건으로 분개한 이후 며칠 동안 적당한 순간을 찾았고(마태복음 26:14-16, 마가복음 10:2, 누가복음 22:1-6) 예수는 그의 의도를 아셨다(마태복음 26:20-25, 마가복음 14:17-21, 누가복음 22:22-23, 요한복음 13:18-30). 그가 예수를 배반한 정확한 이유는 알기 어렵다. 예수가 로마에 저항할 수밖에 없도록 몰아간 것이라고 추정하는 사람도 있지만, 복음서가 제시하는 단서는 그가 돈 때문에 그렇게 했다는 것뿐이다(마태복음 26:8-9, 14-16). 그렇다고 많은 돈을 받은 것도 아니었다. 은전 서른 닢은 노예의 몸값으로 넉 달치 급료에 불과했기 때문이다. 나중에 그는 양심의 가책을 느끼고 그 돈을 돌려주려 했지만 종교 지도자들은 자신들과는 상관없으니 알아서 하라고 말했고, 유다는 그 자리를 나와 자살했다(마태복음 27:1-5).

하나님께 순종한다는 것은 우리가 원하는 일이 아니라 하나님이 원하시는 일을 하는 것을 말한다. 예수는 겟세마네에서 궁극적인 순종의 본을 보이셨는데, 달아나지 않고 붙잡히기를 기다리며 힘을 달라고 기도하셨고, 자신의 기분이나 소원을 아뢰기보다는 아버지의 뜻에 따르기로 새롭게 마음을 다잡으셨다(마태복음 26:36-46, 마가복음 14:32-42, 누가복음 22:39-46). 그리스도인은 그분의 본을 따라 하나님께 복종하고(야고보서 4:6-7) 서로에게 복종해야 한다(에베소서 5:21).

기득권 세력이 그 마지막 주에 예수를 처치하기로 공모한 터라 그분의 죽음은 불가피한 일이었다.
하지만 그 불가피성은 처음부터 존재한 것이었다.
예수가 주장한 대로, 그것은 인간의 죄를 해결하기 위한 유일한 길이자 하나님의 계획이었기 때문이다.
하나님이 친히 "많은 사람들을 구원하기 위해 치를 몸값으로
자기 생명을 내어 [줄]"(마가복음 10:45, 우리말성경) 순간이 온 것이다.

87. 예수의 죽음과 부활

죽음 예수의 처형 방식은 십자가형이었는데, 머리 위에 붙인 죄패에는 종교 지도자들의 반대가 있었음에도 아람어, 라틴어, 그리스어로 "이는 유대인의 왕이라"고 적었다. 가장 비참한 시간이었던 이때, 예수는 하나님도 자신을 버렸다고 느끼셨다(마태복음 27:46). 세 시간 동안 어둠이 땅을 덮은 후(누가복음 23:44-45) 그분이 마침내 외치셨다. "다 이루었다!"(요한복음 19:30). 그리고 나서 하늘 아버지께 자신을 맡기며 숨을 거두셨다(누가복음 23:46). 군인들이 종교 지도자들의 요청에 따라 안식일이 되기 전에 예수를 죽이려고 가 보니 이미 숨이 끊어져 있었다. 정말 죽은 것인지 확인하고자 옆구리에 창을 찔러 넣었더니 피와 물이 쏟아져 나왔다(요한복음 19:31-37). 아마 심장이 파열되었기 때문일 것이다. 메시아로 자처했던 사람이 그렇게 죽었다.

십자가형 로마는 사람들에게 두려움을 심어 주기 위해 십자가형이라는 잔혹한 처형 방법을 사용했다. 십자가형을 선고받은 사람은 채찍질을 당한 후에 처형장까지 가로대를 짊어지고 갔다. 그러고 나서 그의 옷을 벗기고 양 손목에 못질을 해 가

안토니오 치세리의
「이 사람을 보라」(1871)

로대에 고정시킨 후 가로대를 들어 올려 기둥에 달아매었다. 다리를 밀어 올리고 수직기둥에다 발목을 못질해 양팔이 몸무게를 지탱하게 했다. 매달린 이는 몸이 가로막(횡격막)에 부담을 주면서 천천히 죽게 된다. 죄수들은 며칠씩 의식이 있기도 했는데, 때로는 군인들이 다리를 부러뜨려 고통을 단축시켜 주기도 했다. 다리로 몸을 위로 올려 숨을 쉴 수 없게 된 사형수는 금세 죽었다. 시체는 새들의 먹이로 내버려 두었다. 십자가형은 로마인과 유대인 모두에게 수치스러웠다. 최악의 범죄자에게만 집행되는 처형이었고, 유대인의 경우에는 누구든지 나무에 달린 자는 하나님의 저주를 받았다는 율법의 말씀이 있기 때문이었다(신명기 21:23). 예수는 모두가 경멸하는 방법으로 죽음을 당하신 것이다.

부활

네 복음서 모두, 안식일에 할 수 없이 쉰 여인들이 일요일에 예수의 무덤을 찾았을 때 무덤이 비어 있었다고 기록한다(마태복음 28:1-10, 마가복음 16:1-8, 누가복음

부활을 기념하다

부활절은 그리스도인들이 예수의 부활을 기념하는 한 해의 가장 큰 절기가 되었다. 그러나 그들은 매주 한 번씩 부활을 축하하기도 했다. 아주 초기부터 그리스도인들은 공동예배의 날을 "매주 첫째 날", 곧 일요일(사도행전 20:7, 고린도전서 16:2)로 옮겼다. 유서 깊은 안식일(토요일) 전통을 버린 것을 보면 그들에게 부활이 얼마나 중요했는지 잘 알 수 있다. 이후 대부분의 기독교회가 이 관습을 따랐다.

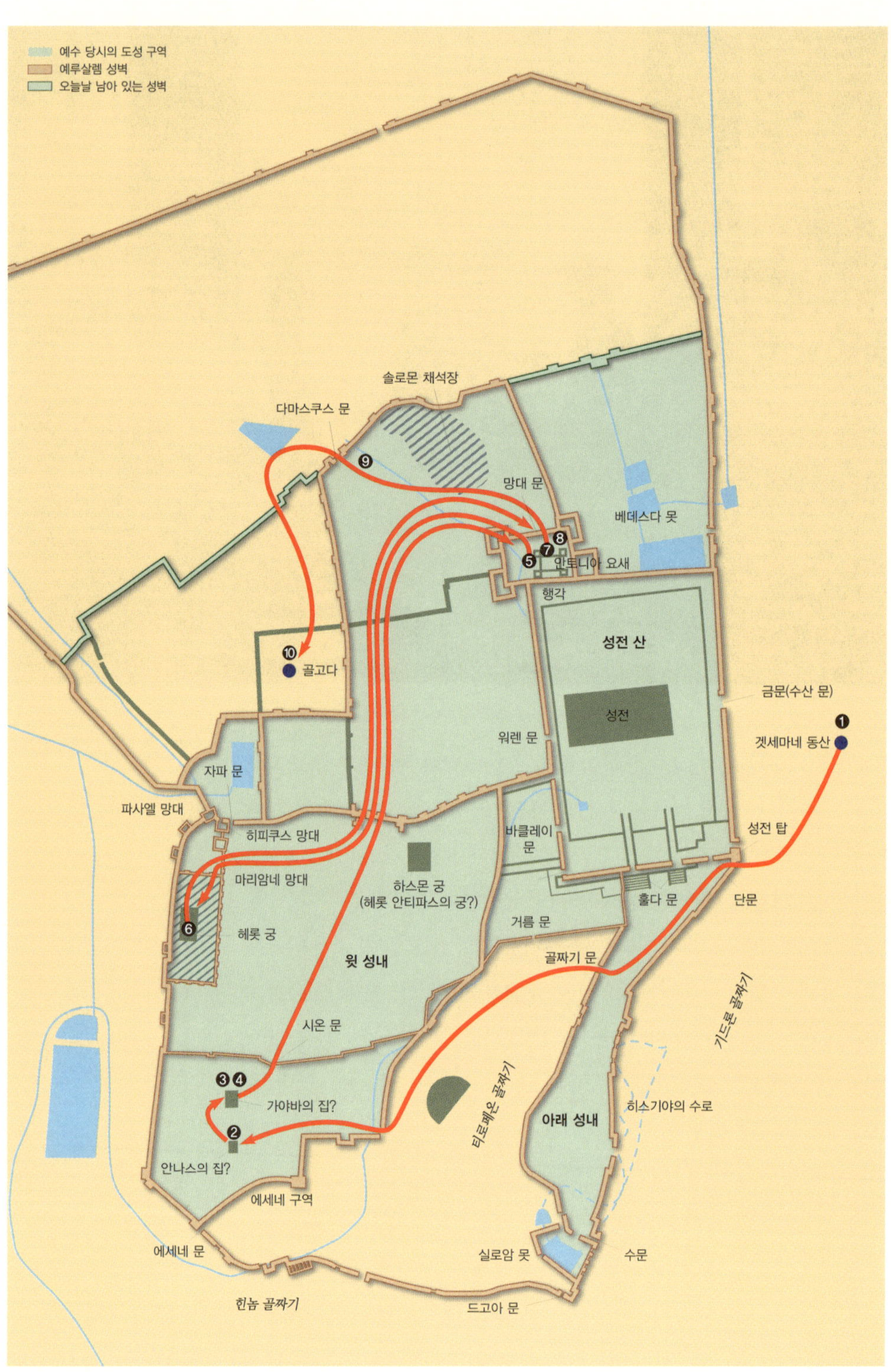

예수 당시의 도성 구역
예루살렘 성벽
오늘날 남아 있는 성벽
솔로몬 채석장
다마스쿠스 문
망대 문
베데스다 못
안토니아 요새
행각
성전 산
성전
금문(수산 문)
겟세마네 동산
워렌 문
자파 문
파사엘 망대
히피쿠스 망대
성전 탑
바클레이 문
마리암네 망대
하스몬 궁
(헤롯 안티파스의 궁?)
헤롯 궁
훌다 문
단문
거름 문
윗 성내
골짜기 문
기드론 골짜기
시온 문
골고다
가야바의 집?
안나스의 집?
티로페온 골짜기
아래 성내
히스기야의 수로
에세네 구역
에세네 문
실로암 못
수문
힌놈 골짜기
드고아 문

❶ **겟세마네**　겟세마네에서 붙잡히다(마태복음 26:47-56, 마가복음 14:43-52, 누가복음 22:47-53, 요한복음 18:1-11).

❷ **안나스**　전직 대제사장 안나스의 예비 조사(요한복음 18:12-13, 24).

❸ **가야바**　산헤드린에 내놓을 증거를 얻기 원하는 대제사장 가야바의 심문을 받다(마태복음 26:62-66, 누가복음 22:54).

❹ **산헤드린**　산헤드린 앞에서 재판을 받다. 성전을 모독하고 메시아로 자처했다는 죄목으로 심문을 받고 신성모독으로 고발되다(마태복음 26:57-27:1, 마가복음 14:53-15:1, 누가복음 22:66-71). 이때 바깥뜰에 있던 베드로는 예수를 모른다고 부인했다(누가복음 22:54-65, 요한복음 18:15-18, 25-27).

❺ **빌라도**　로마 총독 빌라도 앞에 서다(이 일이 헤롯 궁에서 벌어졌다고 보는 이들도 있다). 이곳에서 종교 지도자들은 예수가 로마의 세금을 반대하고 유대인의 왕으로 자처했다고 고소했다(마태복음 27:2, 11-14, 마가복음 15:1-5, 누가복음 23:1-5, 요한복음 18:28-40). 빌라도는 고소에 근거가 없고 예수가 갈릴리 사람임을 알게 되자 그분을 헤롯에게로 보냈다.

❻ **헤롯**　헤롯 안티파스 앞에서 조롱을 받다(누가복음 23:6-12). 헤롯은 예수에게 여러 가지를 물었지만 한마디도 대답을 듣지 못하고 빌라도에게 돌려보냈다.

❼ **재판**　'돌로 포장된 바닥'에 마련된 재판석의 빌라도에게 재판을 받다(마태복음 27:15-26, 마가복음 15:6-15, 누가복음 23:13-25, 요한복음 18:39-19:16). 빌라도는 유월절 사면권을 활용해 예수를 풀어주려 했지만, 종교 지도자들은 군중을 선동해 그분 대신 다른 죄수 바라바를 풀어주도록 요구하게 했고 예수를 석방하면 "총독님은 황제 폐하의 충신이 아닙니다"(요한복음 19:12)라고 외치게 했다. 빌라도는 이 사건에 책임이 없다며 손을 씻은 뒤 예수를 십자가에 못 박도록 넘겨주었다.

❽ **수난**　로마 군인들에게 조롱과 채찍질을 당하다(마태복음 27:27-31, 마가복음 15:16-20).

❾ **십자가**　십자가를 지고 처형장까지 가야 했지만 끝까지 가지 못하자 구레네 사람 시몬이 끌려나와 예수의 십자가를 져야 했다(마태복음 27:32, 마가복음 15:21, 누가복음 23:26).

❿ **골고다**　도성 바깥에서 좌우의 두 범죄자와 함께 십자가에 못 박히다(마태복음 27:33-56, 마가복음 15:22-41, 누가복음 23:32-49, 요한복음 19:17-37).

24:1-12, 요한복음 20:1-9). 그들은 예수가 부활하셨다는 생각을 하지 못했다. 처음에는 누군가가 시신을 가져갔다고 생각했고(요한복음 20:2, 15) 여인들의 말을 전해 들은 제자들은 그들이 병적인 흥분상태라고 생각했다(누가복음 24:11). 예수는 먼저 베드로에게(누가복음 24:34, 고린도전서 15:5), 그 다음 이름 모를 두 제자에게(누가복음 24:13-35), 그 다음에는 그날 저녁 문을 닫고 실내에 모여 있던 제자들 모두에게(요한복음 20:19-23) 나타나셨고, 그것을 듣고 보면서 비로소 제자들은 진실을 깨닫게 되었다.

　이 모든 정황을 종합해 보면, 제자들이 희망을 가져볼 만한 무언가 작은 것이라도 기다렸던 사람들이 아니었음이 분명히 드러난다. 그들에게 부활은 가능성 자체가 없는 일이었고 처음에는 그 누구도 부활을 믿지 않았다. 그러나 서서히 진실을 이해하기 시작했다. 예수는 이미 말씀하신 대로 정말 부활한 것이었다. 이후 39일 동안 예수는 그분을 따르던 자들 앞에 계속 나타나셨고, 한번은 500명 이상이 모인 자리에 나타나기도 하셨다(고린도전서 15:6).

믿음　　　　　▼

기독교의 기초는 언제나 예수에 대한 믿음, 특히 그분의 부활에 대한 믿음이었다. 베드로의 최초의 설교는 예수의 부활을 역사적 사실로 선포했고(사도행전 2:23-24), 바울은 부활이 없다면 기독교는 무의미하며 죄 용서도 없을 것이라고 말했다(고린도전서 15:14-17). 그리스도인은 이 믿음이 그저 '맹목적인 신앙'이 아니라 사복음서의 역사적 증거와 부활하신 예수를 인격적으로 체험한 데 근거하고 있다고 고백한다.

부활 이후 몇 주 동안 예수는 제자들에게
"확실한 많은 증거로 친히 살아 계심을 나타내"셨고(사도행전 1:3, 개역개정) 하나님 나라를 가르치셨다.
그분의 출현이 부활의 첫 일요일에 그쳤다면, 히스테리나 소망적 사고의 산물 정도로 치부되었을 것이다.
그러나 부활의 증거는 40일 정도 이어지다가 갑자기 멈추었고 다시는 되풀이되지 않았다.
예수는 제자들에게 그분의 일을 이어가도록 맡기셨고 이후 그들 곁을 떠나셨다.

88. 예수의 위임령과 승천

부활한 예수의 출현 신약성경은 부활의 일요일 말고도 이후 몇 주에 걸쳐 예수가 나타나신 일을 기록하고 있다.

도마(요한복음 20:24-29) 예수가 제자들에게 나타나셨을 때 도마는 그 자리에 없었고, 예수가 살아나셨다는 그들의 말을 믿지 않았다. 그분의 상처에 손가락을 넣어 보고 정말 그분인지를 확인하고 나서야 믿겠다고 말했다. 한 주 후 예수가 그에게 나타나셨고 그의 말대로 하라고 말씀하셨다. 도마는 무릎을 꿇었고 이후 모든 그리스도인이 인정하게 된 사실을 고백했다. "나의 주 나의 하나님!"

500명의 무리(고린도전서 15:6) 바울은 고린도전서 15:3-8에서 부활 증인의 목록을 제시하며 "500명이 넘는 형제들에게 동시에 나타나셨으니 그 가운데 대부분이 지금도 살아 있"다고 기록했다(우리말성경). 부활을 의심하는 자들은 그들에게 직접 물어볼 수 있었다는 의미일 것이다.

야고보(고린도전서 15:7) 사도가 아닌 이 야고보는 예수의 동생이다(마태복음 13:55). 예수의 부활 전에는 그분을 믿지 않았지만(요한복음 7:5) 후에 예루살렘 교회의 지도자가 되었다(사도행전 15:13).

갈릴리의 제자들(요한복음 21:1-4) 예수는 밤새 그물을 던졌지만 물고기를

카라바조의
「의심하는 도마」(1602–1603)

한 마리도 잡지 못한 제자들에게 나타나셨다. 그들은 그분의 지시에 따라 다시 그물을 던졌고 전에 없이 많은 고기를 잡았다. 베드로는 해변의 낯선 사람이 예수이심을 깨닫고 그분께로 달려갔다. 예수는 제자들과 식사를 같이하신 후 그분을 세 번 부인한 베드로의 잘못을 상쇄하듯(마태복음 26:69-75) 세 번 사랑의 고백을 하게 하여 그를 회복시키셨고 장차 해야 할 일을 위임하셨다(요한복음 21:15-19).

부활 후 40일　　40일 동안 예수는 그분이 참으로 부활했다는 확신을 제자들에게 심어 주셨는데, 이 일을 위해 여러 번 모습을 보이셔야 했다. 또한 이 기간에 사도들에게 하나님 나라를 가르치셨다(사도행전 1:3). 물론 이것은 3년 내내 하신 일이었지만, 그분의 승천에 앞서 제자들이 던진 질문을 보면 그들이 아직 그 나라를 온전히 이해하지 못하고 있었다는 사실을 알 수 있다. "주님, 주님께서 이스라엘에게 나라를 되찾아 주실 때가 바로 지금입니까?"(1:6) 그들은 여전히 하나님 나라를 민족주의적 관점에서 생각하며 예수가 로마를 몰아내고 이스라엘 나라를 다시 세우게 되기를 바라고 있었다. 그러나 예수는 훨씬 더 큰 비전을 품고 계셨다. 그것은 아브라함에게 주신 하나님의 약속까지 거슬러 올라가는 비전(창세기 12:1-3), 이스라엘만이 아니라 모든 민족을 위한 비전이었다(사도행전 1:7-8).

부활의 몸 분명 사람으로서 걷고 말하고 먹을 수 있었지만, 부활 이후 예수의 몸은 달라졌다. 제자들도 예수를 단번에 알아보지 못했고, 마리아는 그분이 그녀의 이름을 부르기 전까지 동산지기로 오해했다. 엠마오로 가던 제자들은 예수가 빵을 떼기 직전까지도 그저 여행자인 줄로만 알고 있었다. 그분의 몸에 분명 어떤 일이 벌어졌고 그 변화가 너무나 커 마가는 예수가 "다른 모습으로"(마가복음 16:12) 나타나셨다고 말할 정도였다. 바울은 그분의 몸을 가리켜 "부활의 몸"이라 불렀다. 고린도전서 15:35-57에서 바울은 하나님이 신자들을 형체 없는 영으로 버려두지 않고 변화시키셔서 예수가 부활 이후에 받으신 것과 같은, 새로운 세계에 적합한 "신령한 몸"을 주실 것이라고 설명한다.

대위임령 예수는 갈릴리에서 제자들에게 중요한 지시를 내리셨는데, 그리스도인들은 이것을 '대위임령'이라고 부른다. 그 내용은 그분의 메시지를 온 세계로 전하라는 것이었다(마태복음 28:18-20, 사도행전 1:8). 예수의 사역지는 이스라엘에 한정되어 있었지만, 부활을 이룬 그분의 메시지는 이제 더 멀리 뻗어나가 모든 민족이 그분의 '새 이스라엘'의 일부가 되도록 초청할 수 있게 되었다. 이 위임령의 근거가 되는 "하늘과 땅의 모든 권세가 내게 주어졌다"(마태복음 28:18, 우리말성경)는 말씀은 다니엘의 환상(다니엘 7:13-14)을 연상시킨다. 그는 환상 가운데 (하늘 구름을 타고 와서 권

나사렛 비문 예수의 부활 직후 만들어진 것으로 추정되는 이 대리석 명판에는 무덤 훼손을 금지하는 황제의 포고령과 이를 어길 시 사형에 처한다는 경고가 적혀 있다. 단순히 무덤 도굴을 금지한 명령일 수도 있지만, 나사렛 같이 주요 도시도 아닌 이름 없는 마을에 이런 포고령이 내려진 것을 보면 예수의 시체가 사라졌다는 소식과 그가 부활했다는 주장을 접한 로마 당국이 소문을 잠재우려 했던 것이 아닌가 싶다.

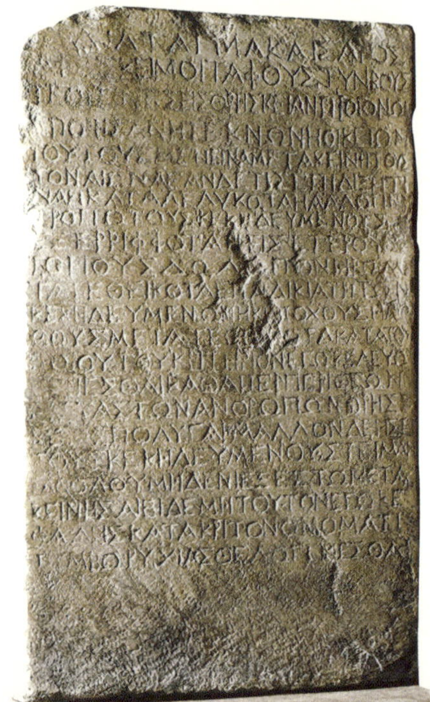

세와 영광과 나라를 받으실) 인자 같은 이를 보았는데, 예수는 그 인자가 지금 여기 있는 자신이라고 말씀하시는 것이다. 예수는 그 권세를 바탕으로 더 많은 사람들을 제자로 삼아 온 민족으로 보내셨다. 그분의 통치가 온 민족에 이르게 하기 위해서였다. 제자들은 사람들의 피상적인 반응에 안주해서는 안 되었다. 그들의 전적 헌신을 요구해야 했다. 예수가 그들에게 세례를 주고 자신의 가르침에 순종하게 하라고 명령하셨기 때문이다(마태복음 28:19-20). 그 일을 하면서 어려움도 만나겠지만, 마가복음의 결말이 보여주듯 예수가 그들과 함께하실 것이며 친히 행하신 것과 같은 기적들로 그들이 전하는 메시지를 입증해 주실 터였다(마가복음 16:15-20).

승천

예수는 부활하신 지 40일 후에 제자들을 데리고 베다니 근처 한 곳으로 가셨고 그곳에서 하늘로 "올라가셨다"(누가복음 24:50-51, 사도행전 1:1-11). 구름이 그 모습을 가렸는데, 구름은 하나님의 임재를 나타내는 구약의 상징이다. 제자들은 자신들의 눈을 믿을 수 없었고 두 천사가 나타나 예수가 다시 오실 것을 말하고 난 후에야 깨닫기 시작했다.

신약성경은 승천이 예수의 희생제사에 대한 하나님의 최후 승인이라고 본다. 하늘에서 그분의 정당한 자리를 차지하셨다고 보는 것이다(사도행전 2:33-36). 하늘로 돌아가신 예수는 달라지셨다. 성육신을 통해 그분은 진정한 인간이 되셨고, 그 인성을 가지고 하늘로 돌아가셨다. 이것을 볼 때 천국에 인성을 위한 자리가 분명히 있음을 확신할 수 있다.

승리 ▼

그리스도인은 예수의 승천을 통해 그분이 승리하셨고 하늘 높이 들리셨으며 원수들을 통치하신다는 확신을 얻게 되었다(사도행전 2:32-33; 5:30-31, 에베소서 4:7-10, 골로새서 1:18, 히브리서 4:14, 베드로전서 3:22). 박해의 기간에 기록된 요한계시록은 사탄이 어떤 짓을 하더라도 예수가 언제나 보좌에서 통치하시며 그분을 신뢰하는 모든 사람과 승리를 공유하신다고 담대하게 선언한다(요한계시록 1:17-18, 5:1-14, 7:9-17).

예수는 지상 사역을 하면서 열두 사도를 뽑아 하나님 나라를 전하게 했다(마가복음 3:13-19).
그리고 아버지께로 돌아가기 전에 그 위임령을 되풀이했는데,
이제 사도들이 가야 할 곳은 이스라엘이 아니라 온 세계라는 차이점이 있었다(마태복음 28:18-20, 사도행전 1:8).
그러나 그들이 온 세계로 나아가 하나님 나라를 전하기 위해서는
능력 주시는 하나님의 함께하심이 필요했다.

89. 예수의 선물, 성령

기다림 예수가 승천하신 후 제자들은 예루살렘으로 돌아왔다. 그들은 예수를 배신하고 자살한 유다를 대신할 사람을 뽑기로 결정했다(마태복음 27:3-10, 사도행전 1:18-19). 예수의 '새 이스라엘'의 토대가 되는 사도의 수를 열둘로 유지하고 싶었던 것이다. 그들은 하나님의 인도를 구하는 오래된 방법인 '제비뽑기'를 사용했다. 그렇게 해서 예수의 생애와 죽음, 부활을 목격한 두 후보 중 맛디아가 뽑혔다(사도행전 1:21-26).

오순절 오전 9시, 제자들은 오순절 기념의식이 시작되기를 기다리고 있었다. 그런데 갑자기 바람과 불 같은 것이 그들을 에워쌌고 그들은 성령으로 충만함을 받았다(사도행전 2:1-4). 다른 사람들은 그들이 술에 취했다고 생각했지만(술 취하기에는 너무 이른 시간이었다) 베드로가 군중 앞에 서서 해명했다. 이것은 약속된 성령이 하신 일이며, 성령을 보내신 분은 십자가에 못 박혔던 예수, 하나님이 죽은 자 가운데서 일으키시고 하늘로 올리신 예수라고 말했다(2:14-36). 베드로가 회개를 촉구하자 그 자리에서 3,000명이 회개하고 세례를

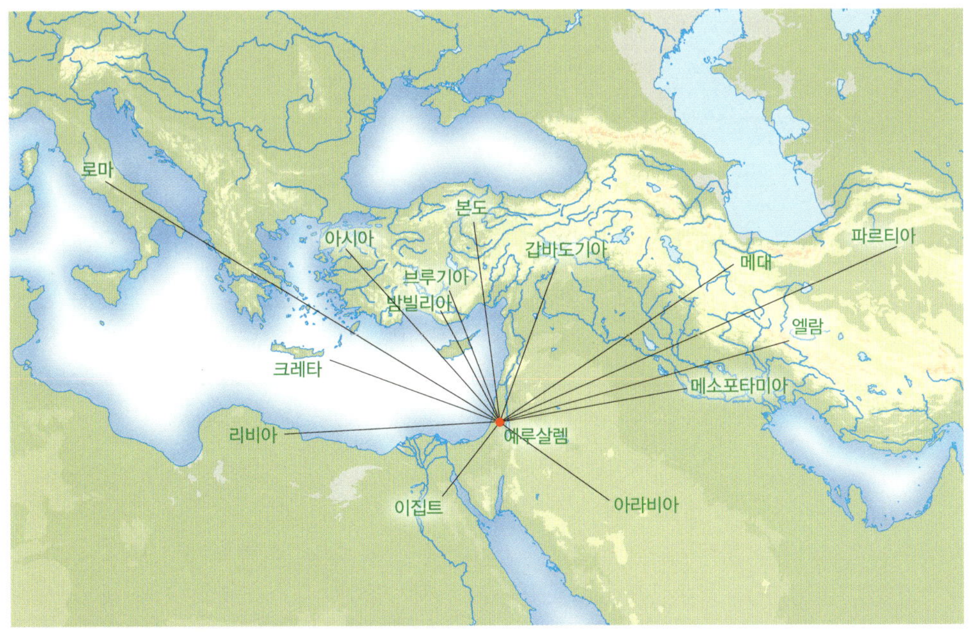

▲ 오순절에 베드로의 설교를 들은 청중은 멀리 떨어진 여러 지역에서 찾아왔다. 회심자들은 복음의 메시지를 품고 집으로 돌아갔고, 최초의 기독교 선교사들이 되었다.

받았다(41절). 예수가 제자들에게 맡기신 사명이 폭발적으로 이루어지기 시작했다.

오순절은 율법과 수확, 이 두 가지를 기념하는 날이었기 때문에 하나님이 성령을 주시기에 특히 적합한 절기였다고 할 수 있다. 오순절에―예언자들이 예언한 대로(예레미야 31:33, 에스겔 36:26-27)―성령을 통해 사람들의 마음에 새로운 율법이 새겨졌으며 새로운 수확, 곧 사람들의 수확이 이루어졌다.

방언으로 말하다

성령이 내리자 제자들은 각각 다른 "방언으로 말하기 시작"했다(사도행전 2:4). 알아들을 수 없는 말이나 황홀경에서 하는 말이 아닌 명확한 언어를 다른 사람들이 알아들었는데(2:11), 바벨의 저주가 풀린 것이었다(창세기 11:1-9). 하지만 방언의 주된 목적은 복음전도가 아니라 예배였다. 그들은 "하나님의 큰 일들을 방언으로"(사도행전 2:11) 말했다.

이 은사는 오순절에 한정되지 않았다. 사도행전에서 성령이 주어질 때면 그 증거로 사람들이 방언으로 말했다. 그렇지 않은 경우가 딱 한 번

왕의 행각　오순절 성령이 임한 곳이 다락방이라고 흔히 생각하지만 성경에는 그렇게 나와 있지 않다.
성령 강림 장소는 바로 이곳 왕의 행각, 곧 성전 이방인의 뜰 남쪽 끝에 있는 큰 열주 회랑일 가능성이 훨씬 높다. 그 근거는 다음과 같다.

- 오순절은 모든 유대인 남자가 성전을 방문해야 하는 3대 절기 중 하나였는데, 제자들이 이 절기를 무시하고 다락방에 있었을 가능성은 낮다.
- 그들은 120명이나 되었는데(사도행전 1:15), 한 집에 수용하기에는 너무 많은 인원이다. 하지만 이곳이라면 충분히 들어갈 수 있었다.
- 그들 주위로 금세 많은 군중이 모여들었는데(2:6), 개인의 다락방이나 예루살렘의 좁은 거리에서는 어림도 없는 일이다.
- 회심자들은 그 자리에서 세례를 받았는데(2:40–41), 성전에 있던 의식용 목욕통이 유용했을 것이다.
- 성령이 "온 집안을 가득 채웠"는데(2:2), 성전은 종종 "하나님의 집"이라고 불렸다.

있는데, 그때도 무언가 강력한 일이 벌어져 전직 마술사가 그 능력을 탐낼 정도였다(8:14-19). 방언의 은사는 그로부터 25년 후 고린도에서도 나타났고, 오늘날 많은 그리스도인들도 방언의 은사를 활용해 찬양이나 중보기도를 드리고 있다.

카리스마타(*charismata*, "은혜의 선물")와 프뉴마티카(*pneumatika*, "신령한 것") 같은 성령의 은사들도 초대교회에 풍성했다(로마서 12:4-8, 고린도전서 12:7-11; 27-31; 14:1-39, 갈라디아서 3:5, 에베소서 4:11-13, 디모데전서 4:14).

변화

성령이 오심으로 제자들이 사는 방식은 달라졌고, 예수와 함께 경험했던 관대하고 공동체적인 삶의 범위가 더욱 넓어졌다. 그들은 가진 것을 서로 나누고 어려운 사람들과 공유하며(사도행전 2:44-45) 남는 땅을 팔기까지 했다(4:32-37). 누가는 제자들의 관대한 삶이 주위 사람들에게 강력한 영향을 끼쳤다고 적고 있다(2:43, 47, 4:33). 신약성경은 기독교 공동체를 하나로 묶어 주는 성령의 힘을 코이노니아(*koinōnia*, "교제")라는 단어로 표현하고 있다(고린도후서 13:13 등).

바울과 성령

기독교의 격렬한 반대자였던 바울은(사도행전 8:1-3), 기독교가 주요 무역로들이 만나는 다마스쿠스까지 이르면 금세 모든 곳으로 퍼질 것임을 알고 그곳으로 가 막기로 결심했다(9:1-2). 그 길에서 자신이 반대했던 메시지의 주인공을 만나게 될 줄은 생각도 못했다. 그는 다마스쿠스로 가던 길에 한 빛을 보고 눈이 멀었고 자신이 부활하신 예수를 만났음을 알게 되었다(9:3-5). 간신히 다마스쿠스로 들어간 그는 아나니아의 기도로 시력을 되찾았고, 성령으로 충만함을 받은 후 예수를 따르는 자로 세례를 받았다(9:17-19).

그날 두 가지 일이 이루어졌다. 첫째, 반대자가 추종자가 되어 예수가 참으로 하나님의 아들이심을 선포했다(9:20-22). 둘째, 바울의 성령 체험이 그의 신학을 형성했다. 그는 성령이 예수를 죽은 자 가운데서 살렸으며(로마서 8:11) 사람들을 해방시키고(8:1-2) 더욱 예수를 닮게 만들고(고린도후서 3:18) 그들 안에 그리스도를 닮은 열매를 맺게 돕고(갈라디아서 5:22-23) 거룩하게 하고(고린도전서 6:11) 그들을 그분의 성전으로 만들고(6:19) 은사를 주고(12:7-11) 설교에 능력을 부여하고(2:4) 선교할 마음을 주고(사도행전 13:2-3) 장래에 받을 유산을 보장한다(고린도후서 1:22, 5:5)고 기록한다. 그리스도인의 삶에는 처음부터 끝까지 성령이 중심에 계시기에 바울은 이렇게 말할 수 있었다. "누구든지 그리스도의 영이 없으면, 그리스도의 사람이 아닙니다"(로마서 8:9).

성령의 충만을 받는다고 해서 편한 생활이 보장되지는 않는다. 성령의 활동이 금세 반대 세력을 일으켰다는 사실을 사도행전에서 볼 수 있다. 베드로와 요한은 병자를 고쳤다는 이유로 체포되었고(3:1-4:21) 사도들은 감옥에 갇혀 위협을 받았으며(5:17-42) 스데반은 순교를 당했고(6:8-8:1) 교인들은 박해를 받았다(8:1-3). 그러나 예수는 박해 속에서도 성령이 도우실 것이고(요한복음 15:18-16:15) "우리는 보고 들은 것을 말하지 않을 수 없다"(사도행전 4:20)는 사도들의 확신을 더욱 굳게 해주실 것을 약속하셨다.

제자들은 예수의 죽음, 부활, 승천을 겪으면서 그분을 전혀 새로운 눈으로 보게 되었다.
이후 성령의 능력을 덧입은 그들은 말씀을 전하기 시작했다. 예수의 메시지뿐 아니라
예수에 대한 메시지도 전했다. 어떤 이들은 초대교회가, 그중에서도 바울이 예수를 신적 존재로 바꿔
그 메시지를 변질시켰다고 비난하는데, 그런 주장은 성립할 수 없다.
예수가 그렇게, 특히 본인에 대해 그렇게 가르치셨기 때문이다. 그들의 메시지는 곧 예수의 메시지였다.

90. 예수의 메시지

**예수는
누구인가**   예수는 자신이 누구인지 드러내 놓고 밝히기보다 생각
을 자극하는 비밀스러운 진술을 선호했지만, 그분이
주장한 것은 분명했다. 예수의 자기이해를 보여주는
사건이나 진술을 꼽아보면, 죄를 용서하신다는 선언(마태복음 9:2-6), 자신
이 다윗의 주이며(누가복음 20:41-44) 하나님이라는 주장(요한복음 8:58), 폭
풍을 잔잔하게 하고(마태복음 8:23-27) 죽은 자를 일으키는(요한복음 11:43-
44) 등의 신성을 보여주는 활동, 최후 심판날에 심판자로 서실 것이라는
주장(마태복음 25:31-46) 등이 있다. 구약에 따르면 이 모두는 하나님의 고
유 권한에 속한 일이었다. 보다 공개적인 주장은 목숨이 걸린 재판을 받으
시던 전혀 뜻밖의 시점에 이루어졌다. 예수는 자신이 언젠가 영광 중에 구
름을 타고 내려올 "그리스도, 하나님의 아들"이심을 공개적으로 인정하셨
고, 가야바는 이것을 신성모독으로 보았다(26:62-66).

이러한 일련의 사건들을 볼 때 신약성경의 나머지 부분에서 예수의
신성이 강조되는 것은 그리 놀라운 일이 아니다. 바울은 그분을 "그리스
도……만물 위에 계시는……하나님"(로마서 9:5), "우리의 크신 하나님 구
주 예수 그리스도"(디도서 2:13, 이상 개역개정)라고 불렀고 "보이지 않는 하

나님의 형상"(골로새서 1:15)인 "그리스도 안에 온갖 충만한 신성이 몸이 되어 머물고" 있다고 말했다(2:9). 참으로 대단한 주장이지만 이것도 예수가 직접 하신 주장보다 더 대단하지는 않다. 기독교의 메시지는 인류를 너무나 사랑해 그들을 구원하기 위해 친히 세상에 오신 하나님의 메시지다.

예수는 어떠한 일을 했는가 기독교의 핵심은 예수의 십자가 죽음이다. 이것은 그 사건이 벌어진 후에 교회가 재해석해 얻은 결론이 아니다. 예수가 친히 그렇게 말씀하셨는데, 어떠한 죽음이 그분을 기다리는지를 점점 더 선명하고 자세하게 예언하셨다(죽음의 세부내용이 점점 자세히 밝혀지는 사례는 마태복음 12:38-40, 16:21, 17:22-23, 20:17-19 참조). 그러나 그분은 자신의 죽음을 그저 불가피한 것으로만 여기지 않으셨다. 자신이 "많은 사람을 위하여 자기 목숨을 몸값으로 치러 주려고 왔"고(마태복음 20:28) "선한 목자는 양들을 위하여 자기 목숨을 버리"며(요한복음 10:11) 자신의 피는 "죄를 사하여 주려고 많은 사람을 위하여 흘리는 나의 피, 곧 언약의 피"라고(마태복음 26:28) 말씀하셨다. 하나같이 철저히 희생제사의 이미지다.

초대 그리스도인들은 부활 덕분에 예수가 십자가에서 하신 일의 온전한 의미를 이해할 수 있었다. 바울은 평생 구약을 연구해 왔기 때문에 구약의 희생제사가 어떻게 예수를 가리키는지 잘 설명할 수 있었다.

희생제사 인류를 대신한 예수의 죽음으로 사람들의 죄를 씻기 위한 구약의 모든 희생제사가 성취됨(로마서 3:25, 5:6-7).

구속 하나님이 이집트에서 노예로 있던 이스라엘을 구해 내신 것처럼 죄의 노예로 있던 사람들을 구하기 위해 예수가 값을 지불하심(로마서 3:24, 에베소서 1:7-8).

판결 사람이 선한 일을 해서가 아니라 예수가 그들의 죗값을 지불하셨기 때문에 "무죄"라는 하나님의 선언(로마서 3:21-26, 5:1-2, 8:1-2).

화해 사람과 하나님, 사람과 사람을 분리시켰던 장벽을 허무심(로마서 5:9-11, 에베소서 2:14-22).

승리 마귀와 악한 세력을 이기고, 죄를 통해 사람들을 장악하던 그들의 힘을 빼앗으심(골로새서 2:15).

설교자 존 웨슬리(John Wesley, 1703-1791)의 모습을 담은 스테인드글라스. 성공회 성직자였던 웨슬리는 감리교를 만들고 영국 전역의 들과 거리로 나가 예수의 메시지를 전해 수만 명의 사람을 예수에게로 인도했다.

예수의 메시지　　신약성경은 다양한 언어로 예수가 주시는 복이 어떤 것인지 말하고 있다. 예수는 친히 그것을 영생(요한복음 3:16), 새 출생(3:3), 구원(누가복음 19:9), 자유(4:18), 죄 용서(마태복음 26:28), 하늘 아버지의 아들이 됨(5:45), 구원(마가복음 10:45)으로 정리하셨는데, 초대교회는 이 모두를 예수의 메시지로 받아들였다.

예수와 초대교회는 이 복을 얻는 길이 '회개', 곧 마음과 정신의 온전한 변화라고 선포했다. 예수의 사역은 "하나님의 나라가 가까이 왔다. 회개하여라. 복음을 믿어라!"(마가복음 1:15)는 선포로 시작되었다. 예수는 간음한 여인을 용서하신 후 "가서, 이제부터 다시는 죄를 짓지 말아라"(요한복음 8:11)고 말씀하셨다. 그분의 메시지는 절대 편치 않았다. 하지만 유대교 종교 지도자들을 불편해 했던 이들은 예수의 부담스러운 메시지를 들으면서도 그분 앞에서 평안함을 느꼈다.

초대교회는 변화를 촉구하는 메시지를 이어갔다. 오순절에 베드로는 청중에게 이렇게 말했다. "회개하십시오. 그리고 여러분 각 사람은 예수 그리스도의 이름으로 세례를 받고, 죄 용서를 받으십시오"(사도행전 2:38). 바울은 회심하고 나서 얼마 후 사람들에게 "회개하고 하나님께로 돌아와서, 회개에 합당한 일을 하라"(26:20)고 말했다. 죄를 직시하고 거기에서 기꺼이 돌이키라는 회개의 촉구는 언제나 기독교 메시지의 핵심이었다.

구원　　▼

"구원"에 해당하는 히브리어는 "넓은 곳으로 데려가다"라는 의미다. 제약과 속박으로부터의 자유다. 성경에 따르면 구원이란 하나님이 우리를 만드신 뜻에 합당한 존재가 되는 자유를 누리는 것이다. 이전의 생활방식에서 벗어나 예수를 통해 완전히 새롭게 시작하는 것, 성령이 주시는 새로운 내적 추진력으로 거침없이 넓게 사는 것, 하나님이 기뻐하시는 삶을 사는 것이다. 구원은 기독교 메시지의 핵심이다.

오순절 이후, 예수가 세우려 하신 새로운 공동체가 "그 도를 따르는 사람들"(사도행전 9:1-2),
"신도"(2:44), "교회"(8:1-3) 등의 여러 이름으로 불리면서 등장했다. 그로부터 한 세대도 지나지 않아
로마 제국의 모든 주요 도시에서 예수를 따르는 자들을 볼 수 있었다.
맹렬한 반대가 있었지만 그 무엇도 그들을 막지 못했다. 오늘날 예수를 따르는 신자들의 수는
세계 인구의 삼분의 일, 20억이 넘는다. 세계 어느 곳을 가도 그들을 볼 수 있다.

91. 예수를 따르는 사람들

교회는 사람들의 모임이다 오순절에 베드로의 메시지를 듣고 회개한 사람들은 개별 신자로 흩어지지 않고 신도의 수에 추가되어(사도행전 2:41) 교회의 일부가 되었다. 우리는 '교회'라는 단어를 종교 건물의 의미로 사용할 때가 많고 그 건물은 모양과 크기가 다양하다. 그러나 신약성경은 교회를 그런 의미로 쓰지 않았다. 교회 건물이 생겨난 시점은 AD 312년 콘스탄티누스 황제가 회심한 이후 기독교를 합법화하고 나서였다. 교회의 핵심은 '하나님의 백성'이다. 그리고 그들은 예수를 따르며 그분의 좋은 소식을 다른 이들과 나누고자 하는 사람들이다.

초기의 팽창 예수 승천 이후 수십 년 동안 교회는 급속히 팽창했다. 누구도 예수를 따르는 이들을 막을 수 없었다. 그들을 박해하고 죽였던 유대 당국도(사도행전 5:17-40, 6:8-7:60), 신을 자처하여 그들과 직접 충돌했던 로마 황제의 완력도 소용없었다. 복음의 메시지는 계속해서 퍼졌고 신자들의 수는 계속 불어났다.

네로 AD 64년에 일어난 화재로 로마 시내의 상당부분이 파괴되었는데, 네로 황제가 로마를 개조하려던 계획이 원로원의 저지로 무산되자 분개해 방화를 지시했다는 소문이 돌았다. 이에 네로는 그리스도인을 희생양으로 삼았다. 수천 명의 그리스도인이 십자가에 못 박히고, 사자에게 던져지고. 검투사들과 싸우고, 네로의 정원에서 인간 횃불로 불탔다. 그럼에도 교회는 계속 성장했다.

로마의 콜로세움(플라비아누스 원형경기장). 이곳에서 많은 그리스도인이 죽임을 당했다.

복음 전파의 일등공신으로는 바울을 꼽을 수 있을 것이다. 네 번의 선교여행과 그 과정에서 많은 어려움을 겪은 바울은(고린도후서 6:3-10, 11:23-29) 마침내 로마에 도착했고 가택연금을 당한 채 황제의 판결을 기다리게 되었다(사도행전 28:30-31). 그가 쓴 여러 편지들을 보면 이후 풀려나서 선교를 계속했음을 알 수 있다. 그러나 마지막 편지에는 다시 감옥에 갇혀 사형선고를 기다리는 그의 모습이 나온다(디모데후서 4:6-8). 그는 AD 67년경 순교한 것으로 보이는데, 로마시민이었으므로 참수형을 당했을 것이다.

기독교의 영향 2,000년이 넘는 지난 시간 동안 예수를 따르는 이들은 세상에 엄청난 영향을 끼쳤고 삶의 모든 분야에 자취를 남겼다.

음악 기독교 신앙은 고전찬송가, 그레고리안 성가, 위령미사곡, 복음성가, 컨트리뮤직, 웨스턴뮤직, 찬송가, 팝송 등의 음악에 영감을 주었다. 작곡가들은 음악을 통해 신앙을 표현했고, 특히 헨델의 '메시아'(1741)는 예수의 생애와 그 의미를 아름답게 그려 낸 걸작으로 손꼽힌다.

미술 여러 시대에 걸쳐 미술가들은 예수의 인성과 신성, 고난과 영광을 표현한 그림과 프레스코화, 성상, 조각품 등 수많은 걸작을 만들어 냈다. 각각의 작품에는 한결같이 예수를 구주로 보는 믿음이 담겨 있었다.

문학 기독교는 직접적인 종교 저작은 물론이고 시, 소설, 드라마에 이르기까지 엄청난 영감을 제공했다. 가장 잘 알려진 작품으로는 알리기에리 단테의 『신곡』(1308-1321), 존 밀턴의 『실낙원』(1667), 존 버니언의 『천로역정』(1678)이 있다.

건축 AD 12세기에 이르러 고딕건축의 발전으로 아치형 버팀벽과 성경 이야기를 담아낸 스테인드글라스 유리창이 등장했고, 교회 건물은 장엄함을 갖추게 되었다. 석공들은 신앙심에 힘입어 걸작을 창조하는 데 일생을 바쳤다.

교육 대학은 수도회에서 생겨나 파리, 옥스퍼드, 케임브리지 등에서 교육의 장이 되었다. 체코의 요한 코메니우스(1592-1670)는 일찍부터 보편교육을 강력하게 주장했고, 로버트 레이크스(1736-1811)는 사람들이 가난에서 벗어나도록 돕는 최선의 방법이 교육이라 믿고 영국에서 주일학교 교육을 시작한 선구자다.

사회정의 퀘이커교도인 엘리자베스 프라이(1780-1845)는 영국의 교도소 상황 개선을 위해 지칠 줄 모르고 일했다. 윌리엄 윌버포스(1759-1833)는 영국의 노예제 폐지를 위해 평생을 바쳤고, 마틴 루터 킹(1929-1968)은 미국의 비폭력 민권운동에서 주도적인 역할을 했으며, 브라질의 헬더 카마라(1909-1999) 로마가톨릭 대주교는 가난한 자들의 권리를 옹호하고 불의한 사회구조에 도전했다. 모두 기독교 신앙에서 우러난 행동이었다.

사회 개선 영국의 퀘이커교도 존 캐드베리(1801-1889)는 술이 여러 사회악의 주원인이라고 믿고 건전한 대체음료인 마시는 초콜릿과 코코아를 만들었다. 그는 이 일을 위해 공장뿐만 아니라 노동자들을 위한 '모델 마을'을 지었다. 침례교 목사인 토머스 쿡(1808-1892)은 열차를 빌려 사람들에게 당일여행의 기회를 제공했고 얼마 후에는 유럽, 이집트, 미국으로 가는 여행 서비스도 시작했다.

게오르그 프리드리히 헨델

존 버니언

요한 코메니우스

엘리자베스 프라이

윌리엄 윌버포스

구제 알베르트 슈바이처(1875-1965)는 독일의 신학자, 철학자, 음악가, 의료선교사였다. 그는 프랑스령적도아프리카(가봉)에 설립한 병원에서 '생명에 대한 외경' 철학을 몸소 실천했고 그 공로로 노벨평화상을 수상했다. 알바니아 출신의 로마가톨릭 수녀 마더 테레사(1910-1997)는 인도 콜카타에 '사랑의 선교수녀회'를 설립해 가난한 자, 병자, 고아, 죽어가는 자를 보살폈다. 그녀가 죽을 무렵 사랑의 선교수녀회는 123개국에 610개 지부를 두었다.

의료 공중보건을 연구한 플로렌스 나이팅게일(1820-1910)은 부유한 가족의 반대를 무릅쓰고 병자들을 보살피기 시작했다. 1854년에는 터키의 교전지역으로 파견되어 위생 관리와 환자를 보살피는 책임을 맡았다. 본국으로 돌아온 직후 그녀는 빅토리아 여왕을 만났는데, 여왕은 의료체계를 다루는 왕실위원회를 설치하고 나이팅게일에게 핵심역할을 맡겼다.

알베르트 슈바이처

플로렌스 나이팅게일

기독교적 가치 ▼

기독교적 가치—자유, 인간 존엄성, 평등, 용서, 관용, 개인의 가치, 양심에 따라 행동할 권리 등—는 예수를 따르는 자들이 예수의 메시지와 원리를 사회구조에 꾸준히 접목한 덕분에 오늘날 누리게 된 근본적 자유다. 예수의 영향력이 없었다면 우리 사회의 모습은 전혀 달랐을 것이라고 그리스도인들은 믿는다.

초대 그리스도인들은 예수가 금세 다시 오실 것으로 믿었고, 박해로 인해 그 기대는 더욱 커졌다.
하지만 서서히 그들의 세대에서는 재림이 일어나지 않을 것임을 깨달았다.
하나님은 더 많은 사람이 구원받기 원하시기 때문이다(베드로후서 3:9).
예수의 재림은 아직도 이루어지지 않았지만, 성경은 예수가 분명 다시 오셔서
인류와 피조세계 전체를 회복시키는 하나님의 계획을 완성할 것이라고 확언한다.

92. 예수의 재림

장래의 소망 포도원 소작농, 혼인잔치, 신실한 종과 신실하지 못한 종, 열 처녀, 달란트, 양과 염소 등 예수의 많은 비유는 그분을 따르는 자들이 맞을 소망찬 미래와 불신자들에게 있을 심판을 말한다. 예수는 십자가에 못 박히기 전날 밤 제자들의 불안을 감지하시고 이 소망의 확실성을 재확인하며 이렇게 약속하셨다. "내 아버지의 집에는 있을 곳이 많다. 그렇지 않다면, 내가 너희가 있을 곳을 마련하러 간다고 너희에게 말했겠느냐? 나는 너희가 있을 곳을 마련하러 간다. 내가 가서 너희가 있을 곳을 마련하면, 다시 와서 너희를 나에게로 데려다가, 내가 있는 곳에 너희도 함께 있게 하겠다"(요한복음 14:2-3). 예수는 자신의 운명뿐 아니라, 그분을 믿는 모든 이들의 운명도 확실히 알고 계셨다.

예수의 다시 오심 예수는 언젠가 하나님이 악을 멸하고 죄인들을 심판하며, 자기 백성을 구원하고 새로운 세상을 세울 것이라고 약속하셨다. 이 일이 이루어지기까지 두 단계가 있을 것을 예언하셨는데, 첫째는 이제 효용을 다한 성전의 파괴요(마가복음

지옥

예수는 예루살렘의 쓰레기장인 게헨나(흔히 "지옥"으로 번역됨)의 전통적인 이미지를 사용해 불경건한 자들의 운명을 나타내셨다(마태복음 5:29-30, 누가복음 12:5). 그곳을 영원한 형벌의 장소로 보는 이들도 있고, 철저한 파멸의 장소로 보는 이들도 있다. 어느 쪽이건, 예수는 지옥이 무시무시한 곳이므로 어떻게 해서든 피해야 한다고 말씀하셨다.

13:1-23, 로마는 AD 70년에 성전을 파괴했다), 둘째가 예수의 재림이었다 (13:24-37). 제자들은 두 사건이 동시에 이루어질 것이라고 생각했지만, 그렇지 않다는 것을 서서히 깨달았다. 예수는 마가복음 13장에서 재림의 네 가지 특징을 이렇게 소개하셨다.

- **인자의 몸으로**(26절) 하늘로 올라가신 그대로 지상으로 돌아오실 것이다 (사도행전 1:11).
- **공적으로**(24-27절) 처음 오셨을 때처럼 은밀하지 않게, 모두가 알 수 있는 방법으로 오실 것이다.
- **위풍당당하게**(26절) 소박하지 않게, 화려하고 위엄 있게(데살로니가전서 4:13-18) 오실 것이다.
- **뜻밖의 시간에**(32-37절) 그 시기는 아버지만이 아신다. 평소와 같은 시간이 이어지다가 어느 날 갑자기 재림하실 것이므로(마태복음 24:36-44) 항상 준비하고 있어야 한다.

'재림'이라는 표현이 자주 쓰이지만 정작 신약성경에는 한 번도 나오지 않는다. 대신 세 가지 그리스어가 쓰였다.

- **파루시아**(*parousia*, "도착", 야고보서 5:7-8, 베드로후서 3:4) 왕의 방문을 알릴 때 쓰는 단어로, 이때 모두가 왕을 맞으러 나간다.
- **아포칼립시스**(*apokalypsis*, "계시", 누가복음 17:30, 데살로니가후서 1:7) 극장에서 막이 걷힐 때 쓰였다. 예수의 오심으로 '막이 걷혀' 사람과 세상이 있는 그대로의 모습을 드러낼 것이다.
- **에피파네이아**(*epiphaneia*, "등장", 데살로니가후서 2:8, 디도서 2:13) 문자적으로 '영광스러운 나타남'을 의미한다. 예수가 모든 영광 가운데 나타나실 것을 표현했다.

마지막 날 성경은 인류의 역사가 끝나기 전에 큰 환란이 있을 것이라고 말한다(마태복음 24:29, 디모데후서 3:1-5). 그래서 그리스도인들은 박해를 받거나 위기상황이 있을 때

그리스도의 재림

"주께서 호령과 천사장의 소리와 하나님의 나팔소리와 함께 친히 하늘에서 내려오실 것인데 그리스도 안에서 죽은 사람들이 먼저 일어나고 그 다음에 우리 살아남아 있는 사람들이 그와 함께 구름 속으로 들려 올라가 공중에서 주를 만나게 될 것입니다. 그리고 우리는 영원히 주와 함께 있을 것입니다"(데살로니가전서 4:16-17, 우리말성경).

자신들이 '말세'에 있다고 생각했다. 그러나 성경은 예수의 승천과 재림 사이의 전 기간을 '말세'로 본다. 말세는 우리가 목표로 삼고 걸어가야 할 끝이 아니라 계속 따라 걸어야 할 끝이다. 밀리면 언제라도 떨어질 수 있는 절벽 가장자리를 걷는 것과 같다고 할까. 그래서 성경은 항상 마지막 날을 준비하고 있으라고 촉구한다.

배교, 거짓 종교, 불경건, 박해, 재난의 증가 등 말세의 몇 가지 특징이 있는데, 성경은 예수의 재림 이전에 최후의 원수가 나타날 것을 예언한다. "적그리스도"(요한일서 2:18-22; 4:3, 요한이서 1:7), "불법의 사람"(데살로니가후서 2:3), (일부 해석자들에 따르면) "짐승"(요한계시록 13:1-10) 등 여러 이름으로 불리는 존재다. 그러나 그리스도의 승리는 확실히 보장되어 있다(19:19-20, 21:10).

천년왕국

요한계시록 20:1-7은 예수의 천년 통치를 소개한다. 오늘날 그리스도인은 천년왕국에 대해 세 가지 다른 견해를 갖고 있다.

후천년설 말 그대로, 1,000년의 천년왕국 후에 예수의 재림으로 그분의 통치가 완성될 것으로 본다.

전천년설 예수가 재림하시고 1,000년 동안의 통치가 시작되는데, 이때 예수는 사탄을 결박해 두셨다가 이 기간이 끝나면 최후의 심판을 내리신다고 본다.

무천년설 1,000년이 상징적인 시간이라고 본다. 요한계시록이 다른 모든 숫자를 상징적으로 사용한 것을 보면, 예수의 초림과 재림 사이의 기간도 1,000년이라는 수로 표현했을 것이라고 보는 것이다.

천년 통치에 관한 내용은 성경 전체에서 단 한 번밖에 나오지 않는다. 이것을 보면 많은 그리스도인들의 주장과 달리 이 부분이 핵심적인 신앙내용이 아님을 알 수 있다.

우리의 최종 본향

그리스도인들은 "천국에서 영원을 보낸다"는 말을 종종하지만, 성경의 약속은 다르다. 성경은 지상에서 하나님과 영원을 보내는 것이 최종 목적지라고 말한다. 천국은 예수가 재림하실 때까지 신자들이 예수와 함께 안전하게 머무는 하나님의 아름다운 대기실이다. 예수가 재림하실 때, 그들 또한 새로워진 이 땅에서 살기 위해(요한계시록 21:1-22:5) "부활의 몸"을 받아 그분과 함께 올 것이다(로마서 8:23, 고린도전서 15:35-57).

준비하라 ▼

"깨어 있어라. 너희는 너희 주님께서 어느 날에 오실지를 알지 못하기 때문이다"(마태복음 24:42). 성경은 모든 사람에게 깨어 있으라고, 예수가 다시 오신다는 사실을 염두에 두고 살라고 말한다. 이 삶은 영원을 준비할 유일한 기회이기 때문이다. 그와 동시에 성경은 예수를 믿는 자에게 영원한 운명이 참으로 보장되어 있다고 단언한다.

찾아보기와 용어해설

ㄱ

가구 188

가나
갈릴리의 마을. 이곳에서 예수는 물을 포도주로 바꾸셨고(요한복음 2:1-11) 왕의 관리의 아들을 치유하셨다(4:46-54). 344

가나의 혼인잔치 175, 355

가나안 · 가나안 족속
요단 강과 지중해 사이의 지역. 원래 노아의 손자 가나안의 후손들이 차지하고 있었는데, 가나안이 아버지에게 불경한 탓에 그의 계보는 저주를 받았다(창세기 9:18-27). 가나안 땅은 이스라엘 사람들에게 약속의 땅으로 주어졌지만(15:12-16, 17:8) 이곳의 다산 종교는 그들에게 끊임없는 올가미로 작용했다. 44, 52, 94, 98, 102, 132, 136-139, 164-165, 211, 269

가나안 종교 55, 137

가난
어리석음이나 게으름의 결과로 볼 때도 있지만(잠언 6:9-11), 더 많은 경우 성경은 가난을 다른 사람들의 탐욕과 권력욕의 결과로 보며 가난한 자들을 억압하는 이들을 규탄한다(이사야 3:13-15, 아모스 4:1, 8:4). 율법은 구제와 관대한 대금을 명령했고 가난한 자들에 대한 착취를 막았다(레위기 25:37-43, 신명기 15:1-3, 24:6). 초대교회에서는 가난한 자들을 기억하는 일이 사도의 기본임무였다(갈라디아서 2:9-10). 103, 189, 233, 340, 361

가데스바네아
브엘세바 남쪽 광야의 오아시스. 이스라엘의 광야 방랑은 상당부분 여기서 이루어졌다. 51, 61

가드
블레셋 다섯 도시 중 하나. 다윗이 무찌른 블레셋 용사 골리앗의 고향(사무엘상 17장). 다윗은 사울 왕을 피해 이곳을 도피처로 삼았다(22:10-15). 140-141

가말리엘
유대교 랍비. 바울의 스승이었다(사도행전 22:3). 산헤드린 회원으로서 그리스도인들을 지켜보자고 산헤드린에 조언했다(5:33-40). 183

가문
지파를 구성하는 가족들의 모임. 171

가버나움
갈릴리 호수 북서쪽 연안의 소도시. 베드로와 마태의 고향. 예수는 나사렛에서 거부당하신 후 이곳을 사역의 근거지로 삼으셨다. 105, 345

가브리엘
유대인이 생각하는 천사장. 구약에서 그는 다니엘에게 두 번 나타나는데, 한번은 환상을 해석해 주었고(다니엘 8:15-27) 그 다음은 예루살렘의 미래와 이스라엘에 오실 메시아를 예언했다(9:20-27). 신약에서는 스가랴에게 세례 요한의 출생을(누가복음 1:9-20), 마리아에게 예수의 탄생을 선포한다(1:26-38). 334

가사
블레셋 다섯 도시 중 하나. 들릴라의 고향. 그녀가 삼손을 꼬드겨 힘의 비밀을 알아내는 바람에 삼손이 블레셋 사람들에게 사로잡혔다(사사기 16장). 61, 140, 143

가슴받이(흉패)
대제사장의 에봇에 달린 주머니. 하나님의 인도를 구할 때 썼던 우림과 둠밈이 들어 있었다. 219, 302

가야바
AD 18년부터 36까지 대제사장을 맡았다. 예수의 처형을 주도했다(요한복음 18:14). 310, 367, 377

가이사랴
헤롯 대왕이 아우구스투스 황제를 기념해 세운 지중해의 항구도시. 유대 지역 로마 총독의 근거지. 전도자 빌립의 고향(사도행전 8:40, 21:8). 최초의 이방인 회심자인 로마인 백부장 고넬료의 집도 여기에 있었다(10장). 바울은 이곳 감옥에서 2년을 지냈다. 105, 192, 208, 241

가이사랴 빌립보
요단 강의 발원지인 헤르몬 산 기슭에 있는 소도시. 헤롯 빌립이 재건했다. 전원의 신 파우누스 신전과 아우구스투스 황제에게 바쳐진 신전으로 유명했다. 예수는 바로 이곳에서 제자들에게 자신을 누구라고 생각하는지 물으셨다(마태복음 16:13-28). 241, 369

가인
아담과 하와의 맏아들. 동생 아벨을 살해했는데, 죄가 인

류에게 미친 영향을 보여준 첫 번째 사례다(창세기 4장). 42, 209

가죽 115, 218, 244

갈그미스
시리아 북부 유프라테스 강변에 위치한 도시. BC 605년에 바벨론이 이집트를 물리친 장소다. 45, 70, 135, 148

갈대아
메소포타미아 남부 지역. 아브라함의 조상이 살던 곳(창세기 11:28-31). 구약에서는 바빌로니아 전체를 가리키는 이름으로 자주 쓰였다. 95, 124

갈라디아 · 갈라디아인
BC 3세기에 갈리아인이 흑해 연안을 따라 소아시아 북부에 정착해 세운 왕국. 이곳을 포함한 더 넓은 지역인 로마의 속주 갈라디아는 남쪽으로 죽 이어지는데, 비시디아 안디옥, 이고니온, 루스드라, 더베 등 바울이 제1차 선교여행에서 교회를 개척했던 도시들(사도행전 13-14장)도 이 갈라디아 속주 안에 있었다. 논란의 여지는 있지만, 갈라디아서는 아마도 갈라디아 속주 남부 지역에 위치한 교회들에게 보낸 편지였을 것이다. 사도행전에는 바울이 북쪽의 교회들을 방문했다는 기록이 없기 때문이다. 89, 161

갈렙
모세가 약속의 땅에 보낸 열두 정탐꾼 중 한 사람. 그와 여호수아만이 긍정적인 보고를 전했고, 그 보상으로 반드시 가나안에 정착하게 될 것이라는 약속을 받았다(민수기 13-14장, 여호수아 14:6-14). 51, 105

갈릴리
1. 이스라엘 북부의 호수. 신약시대에는 갈릴리 바다, 디베랴 바다, 게네사렛 호수로 불렸고, 구약시대에는 긴네렛 바다로 알려졌다. 물고기가 많은 이곳에서 예수의 여러 제자들이 어부로 일했다. 208, 214, 241
2. 갈릴리 호수와 지중해 사이의 지역. 예수는 주요 도로가 교차하는 이곳에서 생애의 대부분을 보내며 "갈릴리 사람 예수"(마태복음 26:69)라 불렸다. BC 8세기 앗시리아의 침공 이후 비유대인 이주자들이 이곳에 정착해(열왕기하 17장) "이방 사람들의 갈릴리"(마태복음 4:15)로 알려지게 되었다. 이곳 사람들은 히브리어와 아람어뿐 아니라 그리스어에도 익숙했다. 99, 101, 209, 241, 344

갈멜 산
지중해 쪽으로 뻗어나간 산. 엘리야가 바알 예언자들과 대결한 곳(열왕기상 18장). 엘리사의 근거지(열왕기하 4:25). 99, 138, 305

갈보리
예수가 십자가형을 당하신 곳. 이 명칭은 누가복음 23:33에 나오는 그리스어 크라니온("해골")의 라틴어 번역어 칼바리아에서 왔다. 마태복음 27:33에는 아람어 골고다("해골의 장소")로 나오는데, 아마도 그곳이 처형 장소였기 때문일 것이다.

갑옷 261, 295

갓
1. 야곱의 일곱 번째 아들. 레아의 여종 실바가 낳았다(창세기 30:9-11). "행운"이라는 뜻.
2. 갓에게서 나온 지파. 르우벤 지파, 므낫세 반쪽 지파와 더불어 요단 강 동쪽에 정착하게 해달라고 요청했다. 그 땅이 가축을 기르기에 적합했기 때문이다. 모세는 이스라엘의 다른 지파들이 약속의 땅을 차지하도록 돕는다는 조건으로 그들의 요청을 수락했다(민수기 32장). 104

거룩
불완전하거나 부정한 모든 것에서 스스로를 구별하시는 하나님의 특성. 하나님의 백성의 예배와 생활방식에도 거룩이 드러나야 했다. 102, 105, 190, 266, 276, 315

거룩한 땅
이스라엘을 가리키는 용어로 히브리어 성경에는 딱 한 번 나온다(스가랴 2:12). 보통은 '약속의 땅'이나 '그 땅'이라는 표현을 쓴다. 중세시대에 와서 흔히 쓰게 되었다. 102

거룩한 전쟁 258

거짓 교사
잘못된 가르침이나 균형을 잃은 가르침을 전하는 사람. 이들은 추종자를 모으고(사도행전 20:30) 회심한 이방인에게 유대인의 의무인 할례를 강요하고(사도행전 15:1, 갈라디아서 2:11-14, 골로새서 2:16-23), 다른 이들은 보지 못한 영적 지혜를 가르치고(골로새서 2:18-19), 듣기 좋은 말만 들으려 하는 자들의 비위를 맞추었다(디모데후서 4:3). 바울은 이런 이들을 경계하라고 교회에 경고했다.

거짓 예언자 307

건강과 치료 250

건물 · 건축 126, 209, 219, 299

검투사 249, 390

게르손 · 게르손 자손
레위의 세 아들 가운데 하나. 그의 가족과 후손은 성막의 휘장, 덮개, 끈을 책임졌다(민수기 3:21-26). 301

게셀
가나안의 소도시. 욥바에서 예루살렘으로 가는 도로의 중요한 길목에 자리 잡고 있었다. BC 1468년 이집트에 정복되었다. 이집트는 게셀을 결혼예물로 솔로몬에게 주었고 그는 하솔, 므깃도와 함께 이곳에 요새화된 성읍을 건설했다(열왕기상 9:15-17). 구약시대 내내 군사적으로 중요한 지역이었던 이곳에서 '게셀 달력'이 발견되었다. 61, 196

겟세마네
올리브 산(감람 산) 비탈에 있는 동산. 예루살렘이 내려다보이는 이곳에서 예수와 제자들은 여러 번 모였다(요한복음 18:1-2). 예수가 이곳에서 잡히셨다(마태복음 26:36-56). 372, 377

결혼
한 남자와 한 여자가 친밀한 관계를 맺는 일. 성경은 이것을 일컬어 둘이 "한 몸이 된다"(창세기 2:24, 말라기 2:15, 마태복음 19:4-6)라고 말한다. 174

겸손 337, 363

경문
율법의 텍스트가 담긴 작고 검은 상자. 경건한 유대인들이 신명기 6:8의 말씀에 문자적으로 순종하여 왼손과 이마에 달았다. 289

계시

하나님이 자연(로마서 1:20), 역사(열왕기하 24:20), 예언(베드로후서 1:21), 성경(디모데후서 3:16), 무엇보다 그분의 아들 예수 그리스도(히브리서 1:1-2)를 통해 자신의 성품과 방식과 뜻을 사람들에게 보여주심. 그리스도인은 성경을 하나님의 계시의 기록이라고 여긴다. 19, 265, 267

고난

성경은 대체로 고난을 본인의 죄의 결과가 아니라 타락한 세상에서 살 때 자연스럽게 따라오는 결과로 본다(요한복음 9:1-3 등). 욥은 고난의 해결책이 "왜?"를 묻는 데 있지 않고 하나님을 새롭게 발견하는 데 있음을 알게 되었다. 십자가는 고난을 선으로 바꾸는 하나님의 능력의 실증이며, 그리스도가 십자가에서 사탄의 권세를 깨뜨렸기 때문에 더 이상 죽음도, 슬픔도, 고통도 없는 종말의 새 세상이 가능해졌다(요한계시록 21:4).

고라

모세와 아론에 대한 반역을 주도했던 레위인. 고라는 그들의 지도력을 시기했고 그들이 약속의 땅으로 자신들을 데리고 들어가지 못하는 것에 분개했다(민수기 16장).

고레스 대제

바벨론을 무너뜨린 페르시아의 왕(재위 BC 559-530). 바벨론에 유배된 유대인들이 고향으로 돌아가도록 허락했다(에스라 1:1). 73, 152, 153

고린도 (코린트)

에게 해와 아드리아 해 사이, 그리스 본토와 남쪽 반도를 잇는 지협에 위치한 도시. 양쪽에 항구를 갖추고, 여러 민족이 모여 살며, 수천 명의 신전 매춘부가 있던 무역의 중심지. 바울은 이곳에서 약 18개월을 머물렀고, 그가 이곳 교회에 보낸 두 통의 편지(고린도전후서)가 신약에 포함되어 있다. 78, 89, 158

고모라

엄청난 죄로 인해 이웃 도시 소돔과 함께 하나님의 심판을 받아 멸망했고(창세기 18-19장) 지금은 사해 남쪽 아래 묻혀 있다. 두 도시는 인간의 부패와 하나님의 불가피한 심판의 사례로 자주 인용된다(예레미야 23:14, 마태복음 10:15, 로마서 9:29, 베드로후서 2:6). 45

고백

1. 공적인 신앙고백.
2. 하나님 앞에서 죄를 인정함.

고센

나일 강 삼각주 지역. 요셉은 가나안의 기근을 피해 찾아온 가족들을 이곳에 정착시켰다(창세기 45:9-11, 46:28-47:11). 그들의 후손은 400년 후에도 여전히 이곳에서 살았다(출애굽기 8:22). 50

고핫 · 고핫 자손

레위의 아들. 모세의 할아버지(출애굽기 6:16-20). 그 자손들이 성막 관리를 책임진 레위의 세 가문 중 하나를 이루었다(민수기 3:27-32). 301

곤충 120

골고다

'갈보리'를 보라.

골로새

터키 남서부 지역의 소도시. 바울의 편지 골로새서를 받은 교회가 있던 곳. 89

골리앗

블레셋 족속의 거인. 키가 3m나 되는 그가 든 창은 철로 된 창날의 무게만 600세겔(7kg)이었지만 여호와를 신뢰하는 어린 다윗에게 죽임을 당했다(사무엘상 17장). 56, 141, 261

공관복음

성경학자들이 내용과 순서가 비슷한 마태, 마가, 누가복음에 붙인 이름. "동일한 관점"이라는 뜻이다. 330

공동체 206, 209, 362

공성전 260

과부

성경의 특별한 보살핌의 대상이다(신명기 24:17-21, 디모데전서 5:3-16). 자녀가 없는 과부는 더욱 잘 보살펴야 했다(창세기 38장, 신명기 25:5-10). 하나님이 특별히 관심을 갖는 대상이며(시편 68:5), 초대교회도 과부를 보살피는 일의 중요성을 강조했다(사도행전 6:1-7, 야고보서 1:27). 176, 356

관대함 233

광야

"광야"나 "사막"으로 번역되는 히브리어는 모래와 바위만 있는 황량한 불모지와 풀을 뜯는 데 적합한 초원지대까지 포함한다. 흔히 사해 서쪽의 유대 광야와 이스라엘 자손이 이집트에서 가나안으로 가는 길에 건너야 했던 시내 반도를 가리킨다. 342

교육 182, 360, 392

교제

초대교회 교인들의 주요 특징. 그들은 교회에서 삶을 공유하며 유익을 주고받고 복을 나누었다(사도행전 2:42-47). 이들에게 외톨이 그리스도인이라는 개념은 설 자리가 없었다. 365, 385

교회

예수를 중심으로 모인 하나님의 백성을 가리키는 신약의 용어. 84, 88, 299, 323, 364, 390

구레네

북아프리카(오늘날의 리비아)의 그리스 도시. 로마 군인에게 징발되어 예수의 십자가를 대신 져야 했던 시몬의 고향(마태복음 27:32). 161, 377

구레뇨

예수가 태어났을 당시 시리아의 로마 총독(누가복음 2:2). 338

구속

잃어버린 것을 되사는 것. 하나님이 이집트의 노예로 있던 이스라엘을 구하신 일을 가리킨다(출애굽기 6:6-7, 신명기 7:7-8, 역대상 17:21, 이사야 43:1-7). 하나님은 이스라엘이 이 구속을 잊지 않게 하시려고 이 일을 상기시키는 구절을 율법에 적어 넣으셨다(출애굽기 13:11-15, 레위기 25:15-34; 47-55). 예수는 자신의 십자가 죽음이 성취할 바를 이 개념을 써서 묘사하시면서 자신이 "많은 사람을 위하여 자기 목숨을 몸값으로 치러 주려고"(마태복음 20:28) 오셨다고 말씀하셨다. 이것은 신약성경이 예수의 죽음을 설명하는 주요 방식 가운데 하나다(로마서 3:23-25, 에베소서 1:7, 베드로전서

1:18-19). 387

구스

이집트 남부 지역. 164

구약

성경의 전반부 39권의 책. 이스라엘의 기원과 역사를 들려준다.

구원

하나님이 인류를 구하시는 것. 삶의 모든 측면에서 사람들을 "넓은 곳으로 데려가심"을 뜻한다. 구약의 대표적인 구원 행위는 하나님이 이스라엘 자손을 이집트의 노예상태에서 구해 내신 일이었다. 신약의 구원은 예수가 죄의 노예로 살고 있는 사람들을 구해 내신 일이다(마태복음 1:21, 누가복음 19:9-10, 로마서 10:13, 에베소서 2:8-9). 389

구제 361, 393

구주(구원자)

예수에게 부여된 칭호. 처음에는 사람들을 구원하는 그분의 사역을 묘사하는 말이었지만(사도행전 5:31; 13:23, 빌립보서 3:20) 곧 그분 자신을 가리키는 칭호로 쓰이게 되었다(디모데후서 1:10, 디도서 1:4, 베드로후서 1:11). "여호와께서 구원하신다"는 뜻의 이름을 가진 예수도 같은 메시지를 강조했다. 구약에서 하나님은 이스라엘의 구원자로 종종 묘사된다(신명기 32:15, 사무엘하 22:3, 시편 51:14, 이사야 43:3, 미가 7:7). 341

귀신(악령)

성경은 이들을 사탄과 함께 반역한 타락한 천사로 본다. 이들의 힘과 영향력은 실재하지만 제한되어 있다. 그리스

도가 귀신을 내쫓은 기적은 이들에 대한 하나님의 궁극적 승리를 앞서 경험하게 한다. 279, 295

그리스 · 그리스인 156

그리스도

'메시아'를 보라.

그리스도의 신부 177

그리스도인

예수를 따르는 자들에게 붙은 이름. 안디옥에서 처음 사용되었다(사도행전 11:26). 91

그리스와 로마의 신들 163

그리심 산

'에발 산'을 보라.

그모스

"모압의 가증스러운 신"(열왕기상 11:7, 우리말성경). 사람들은 이 신에게 어린아이를 희생제물로 바쳤다(열왕기하 3:26-27).

글 · 문자 125, 242

금송아지

시내 산에 올라간 모세가 내려오지 않자 이스라엘 자손이 만든 우상(출애굽기 32장). 이집트의 황소숭배에서 나온 행태였다. 49

금식

일정 기간 동안 하나님께 보다 온전히 헌신하고 기도로 하나님을 구하고자 음식섭취를 일부 또는 전부 중단하는 일. 290

기도 288

기독교 신앙 320

기독교 의식(儀式) 321

기드론 골짜기

예루살렘과 동쪽 올리브 산(감람 산) 사이의 골짜기. 이곳의 서쪽 기슭에 기혼 샘이 있는데, 히스기야는 수로를 건설해 이 물을 도성으로 끌어들였다(열왕기하 20:20). 개혁을 추진한 유다 왕들은 이 골짜기의 우상들을 파괴했다(열왕기상 15:13, 열왕기하 23:4-14). 예수는 이 골짜기를 지나 겟세마네 동산에 도착하셨다. 그곳에서는 자신을 잡으러 오는 자들이 잘 보였을 텐데도 그대로 그들을 기다리셨다(요한복음 18:1). 313, 372

기드온

이스라엘의 사사. 이스라엘을 미디안 족속으로부터 구해 내도록 부름 받았다. 집안의 바알 제단을 파괴한 후(사사기 6:1-32) 하나님께 표적으로 자신의 소명을 확증해 달라고 구했다(6:33-40). 하나님이 수를 크게 줄이신 군대를 이끌고 밤에 미디안군 진영에 다가가 나팔을 불며 횃불을 숨겨 놓았던 항아리를 깨뜨렸는데, 미디안 족속은 혼비백산해서 달아났다(7장). 이스라엘이 그를 왕으로 삼고 싶어 했지만 거절했다(8:22-23). 55

기럇아르바

헤브론의 또 다른 이름.

기럇여아림

기브온 거민의 주요 도시. 블레셋 족속이 돌려보낸 언약궤가—다윗이 예루살렘으로 옮겨 가기 전까지—20년 동안 이곳에 보관되어 있었다(사무엘상 6:21-7:2).

기름부음

하나님의 일을 하도록 누군가를 세우고 그 머리에 기름을 붓는 일로, 성령의 부으심을 상징했다. 81, 334

기브온

예루살렘에서 북서쪽으로 10km 떨어진 소도시. 이곳 주민들은 여호수아를 속여 평화조약을 맺었다(여호수아 9장). 베냐민 지파는 이곳을 레위 지파의 몫으로 떼어 주었다(18:25, 21:17). 성막이 이곳에 있었고 "제일 유명한 산당"(열왕기상 3:4)도 이곳에 있었다. 이곳에서 하나님이 꿈을 통해 솔로몬에게 나타나셨다(3:4-15). 53

기업 무를 자

어려움에 처한 친족을 보호할 책임이 있는 가장 가까운 친척. "기업을 무른다"는 말은 어려움에 처한 친족을 구속(redemption)하는 것을 말하며, 자녀 없이 죽은 형이나 동생을 대신해 상속자를 낳아 주는 일(신명기 25:5-10), 가문 바깥의 사람에게 팔린 친족의 토지를 대신 사주는 일(레위기 25:25-28), 빚 때문에 노예가 된 친척의 빚을 갚아주는 일(25:47-53), 살해당한 친척을 위해 보복하는 일(민수기 35:16-21) 등이 있었다. 룻기는 이러한 구속의 테마로 가득한 책이다.

기적

히브리어와 그리스어에는 "기적"을 가리키는 다양한 단어가 있는데, 모두 하나님이 하신 일, 그 안에 깊은 의미를 담고 있는 강력한 일을 나타낸다. 기적은 출애굽이나 가나안 입성, 바알신앙과의 대결, 메시아의 오심 같은 중요한

역사적 시점에 집중적으로 나타났다. 292, 354

긴네렛 바다

갈릴리 호수의 또 다른 이름. 호수가 하프 모양이기 때문에 아마도 히브리어 긴노르(kinnor, "하프")에서 유래한 이름일 것이다.

길가메시 서사시

BC 2000년대 초의 메소포타미아 이야기. 우룩의 통치자 길가메시의 모험을 들려주는데, 그중에는 대홍수의 유일한 생존자 우트나피쉬팀을 만난 일도 들어 있다. 43

길갈

이스라엘 자손이 약속의 땅에 들어가면서 이곳에 기념비를 세웠고 여호수아는 여기서 언약의 증표인 할례를 다시 시행하고 유월절을 지켰다(여호수아 4-5장). 이곳은 나중에 성소가 되었는데, 사울이 여기서 왕으로 인정을 받았으며(사무엘상 11:15) 버림도 받았다(13장). BC 8세기 무렵에는 우상숭배의 자리가 되어 예언자 호세아(9:15)와 아모스(4:4)가 이를 규탄했다. 53

길르앗

갈릴리 호수와 사해 사이의 요단 강 동쪽 지역. 가축과 향료로 유명했다. 르우벤 지파와 갓 지파, 므낫세 반쪽 지파가 여기 정착했고, 엘리야가 이곳 출신이다(열왕기상 17:1). 253

길르앗 라못

요단 강 동편, 길르앗의 도피성(신명기 4:43). 레위 지파에 분배되었다(여호수아 21:38). 이스라엘 왕 아합이 시리아와 싸우다 죽은 곳(열왕기상

22:29-38). 61

길르앗 야베스

요단 강 동쪽에 있는 길르앗의 소도시. 이스라엘의 베냐민 지파 공격에 참가하지 않았다가 보복을 당했다(사사기 21장). 사울은 암몬 족속의 위협에서 이곳을 구해 왕권을 입증했다(사무엘상 11:1-11). 이곳 주민들은 나중에 사울의 훼손된 시신을 구해 내고 제대로 묻어 주어 그 은혜에 보답했다(31:11-13).

길보아

이스르엘 평원과 요단 강 사이의 산맥. 사울과 요나단은 이곳에서 벌어진 블레셋과의 전투에서 전사했다(사무엘상 31장). 344

꽃 106

꿀

감미료와 음식으로 쓰였다(사사기 14:8-9, 마태복음 3:4). 98, 121, 201

꿈

성경에서 하나님이 흔히 사용하신 의사전달 방법. 꿈을 통해 지시를 내리거나 경고하거나 계시를 주셨다. 환상은 꿈과 비슷하지만 받는 사람이 깨어 있을 때 주어진다는 차이가 있다. 131, 293

ㄴ

나다나엘

예수의 열두 제자 중 한 사람. 갈릴리 가나 출신. 복음서에서는 바돌로매라고 불린다. 345

나단

다윗 왕의 예언자. 다윗의 후손이 언제나 왕위에 있을 것이라는 하나님의 말씀을 전했지만(사무엘하 7장) 다윗과 밧세바가 저지른 죄를 꾸짖기도 했다(12장). 왕위가 솔로몬에게 자연스럽게 계승되는 데 핵심역할을 감당했다(열왕기상 1장).

나답

1. 아론의 맏아들(민수기 3:2). 동생 아비후와 함께 "명하신 것과 다른 금지된 불"(문자적으로는 "거룩하지 않은 불")을 하나님께 바쳤다가 심판을 받았다(레위기 10:1-5). 아마 잘못된 장소(제단이 아닌 곳, 16:12-13)나 잘못된 시간(출애굽기 30:7-8)에 불이나 향을 바쳤을 것이다.

2. 이스라엘의 왕. 2년간 다스렸다(BC 909-908, 열왕기상 15:25-32). 63

나무 110

나바테아인 165

나병

만성 피부병. 성경시대에 흔했다. 251

나봇

아합이 나봇의 포도원을 불법적으로 강탈했다. 이 일로 인해 엘리야는 아합과 이세벨을 규탄했다(열왕기상 21장). 105

나사렛

갈릴리에 있는 예수의 고향(누가복음 2:39, 4:14). 예수는 종종 "나사렛 예수"(마태복음 26:71)라고 불리셨지만, 나사렛에서 거절당하고 가버나움으로 근거지를 옮기셨다(누가복음 4:24-31). 105, 341, 345,

380

나사로

1. 예수의 친구. 마리아와 마르다의 오빠. 죽었던 그를 예수가 살려 주셨다(요한복음 11장). 324, 356

2. 예수의 비유에 나오는 거지. 그의 영원한 운명은 무정했던 부자의 운명과 극명하게 대비되었다(누가복음 16:19-31). 326

나실인

하나님께 특별한 헌신을 서원한 사람. 포도주나 독주를 금하고 머리도 깎지 않았으며, 시체와 접촉해 부정해지지 않도록 특별히 주의했다(민수기 6:1-21). 서원 기간이 보통 정해져 있었지만, 삼손은 평생 나실인으로 바쳐진 사람이었고(사사기 13:2-5) 그것을 지키지 못했다. 나실인 서원의 기원은 불확실하지만 신약시대에도 여전히 시행되고 있었다(사도행전 18:18).

나아만

시리아의 군사령관. 엘리사가 그의 나병을 고쳐주었다(열왕기하 5장). 64, 164

나오미

룻의 시어머니. 그녀의 문제(상속자의 부재)가 룻기의 핵심이다.

나인

갈릴리의 소도시. 예수가 이곳에서 과부의 아들을 살려 내셨다(누가복음 7:11-16). 356

나일 강

이집트의 큰 강. 길이는 우간다에서부터 지중해까지 6,670km에 이른다. 매년 강물이 범람해 땅을 비옥하게

만들어 이집트의 생명줄 역할을 했다. 51, 128, 131

나훔

BC 7세기 후반 유다에서 활동한 예언자. 니느웨에 곧 심판이 닥칠 것을 예언했다. 나훔서의 저자. 68, 306

낙원(파라다이스)

"담장 친 정원", "공원"을 뜻하는 페르시아어에서 온 단어. 구약에서는 느헤미야 2:8, 전도서 2:5, 아가 4:13에만 나온다. 신약에서는 예수께서 십자가에 못 박히실 때 옆에 있는 강도에게 죽은 후에 함께 낙원에 있을 것이라고 약속하시는 대목에서 나온다(누가복음 23:43). 바울은 천국을 경험한 이야기를 하면서 이 표현을 썼고(고린도후서 12:2-4), 요한계시록에는 이기는 자들에게 주시는 하나님의 선물로 등장한다(2:7).

낙타 35, 114, 225

낙태
의도적인 임신중절. 181

남은 자들
소수의 살아남은 하나님의 백성. 하나님의 신실하심을 보여주는 증거다. 75

납달리
1. 야곱의 여섯 번째 아들. "나의 다툼"이라는 뜻. 라헬의 몸종 빌하가 낳았다(창세기 30:7-8). 171
2. 납달리에게서 나온 지파. 갈릴리 바다 서쪽 땅을 분배받았다(여호수아 19:32-39). BC 732년 사마리아 함락 이전 앗시리아에 정복되어 지파 사람들이 강제 이주당했지만(열왕기하 15:29), 이사야는 이 지역이 장래에 영광을 받을 것이라고 예언했고(이사야 9:1-7) 이 예언은 예수의 사역으로 성취되었다(마태복음 4:13-16). 104

네겝
유다 남부의 광야 및 건조한 관목지대. 시내 광야와 합쳐진다. 이사야가 "암사자와 수사자가 울부짖는 땅, 독사와 날아다니는 불뱀이 날뛰는 땅, 위험하고 곤고한 땅"(이사야 30:6)으로 묘사했다. 어려움과 환란을 나타내는 시적 표현으로 사용되기도 했다(시편 126:4). 165

네로
로마 황제(AD 54-68). 그리스도인을 로마 대화재(AD 64)의 희생양으로 삼아 적대시하고 박해했지만, 바울은 그의 권위를 하나님이 주신 것으로 보았고(로마서 13:1-7) 그에게 재판을 받겠다고 요청했다(사도행전 25:10-11). 90, 390

노동
천지창조 때 하나님이 인류에게 주신 선물(창세기 2:15). 노동은 하나님의 형상에 포함된 일부다. 하나님도 일하시기 때문이다(창세기 2:2, 요한복음 14:10). 타락으로 노동이 저주를 받은 것은 아니지만, 기쁨 대신 괴로움이 노동의 특징이 되었다(창세기 3:17). 41, 254

노아
방주를 건설해 인류를 멸망시킨 대홍수에서 살아남은 경건한 사람. 그는 가족과 모든 생물의 암수 한 쌍(혹은 여러 쌍)을 방주에 실었다(창세기 6-7장). 그들은 그 안에서 150일간 머물렀는데, 마침내 물이 빠지자 방주는 오늘날 터키의 아라랏 산에 걸렸다. 하나님은 노아와 언약을 맺고 인류의 새로운 시작을 선포하셨는데, 이 언약의 증표는 무지개였다(9:1-17). 42, 269

노예 · 노예제도 254

놀이 246

농사 194, 210

농사력 195

누가
바울의 선교여행에 동행한 의사이자 친구(골로새서 4:14). 누가복음과 사도행전의 저자. 더없이 꼼꼼한 역사가. 성경의 유일한 비유대인 저자. 35, 85, 253

느고
이집트의 파라오(BC 610-595). 므깃도 전투에서 요시야를 죽였고, 여호아하스를 폐위시키고 여호야김을 왕위에 앉혀 봉신으로 삼았다(열왕기하 23:29-35).

느보 산
모압의 산. 모세는 여기서 약속의 땅을 본 후에 죽었다(신명기 32:48-52, 34:1-8). 51

느부갓네살
바벨론의 왕(BC 606-562). 예레미야, 에스겔, 다니엘 등 유다 역사 말기에 자주 이름이 등장한다. BC 605년에 앗시리아를 무찌르고 유다에 점점 큰 위협을 가하다, 일련의 강제이송에 이어 BC 586년에 결국 예루살렘을 파괴했다. 강제이송 때 끌려간 다니엘은 느부갓네살의 꿈을 해석했고 장차 임할 하나님의 심판을 용감하게 선포했다(다니엘 2-4장). 148, 353

느헤미야
아닥사스다 왕(아르타크세르크세스 1세)의 술을 맡은 관리. BC 445년 왕의 허락을 받고 예루살렘으로 돌아와 성벽을 건축했고(느헤미야 1-6장) 에스라와 함께 일했다. 일을 마무리하고 BC 433년 페르시아로 돌아갔지만 BC 432년에 두 번째 총독 임기를 수행하기 위해 예루살렘으로 돌아왔다(13:6-31). 75, 312

니고데모
바리새인. 산헤드린 회원. 예수는 밤에 찾아온 그에게 "거듭나야"(요한복음 3:1-14) 한다고 촉구하셨다. 그는 공정한 재판도 없이 예수를 정죄하는 일에 반대했고(7:50-51) 아리마대 사람 요셉과 함께 예수의 시신을 거두어 매장했다(19:38-42). 106, 108

니느웨(니네베)
티그리스 강변에 위치한 앗시리아의 도시. 니므롯이 세운 이곳은(창세기 10:8-12) 제국의 수도가 된다. BC 612년에 나훔의 예언대로 바벨론에 의해 파괴되었고 앗시리아 제국도 무너졌다. 66, 70, 144

ㄷ

다곤
블레셋 족속의 신. 그들이 이스라엘로부터 언약궤를 빼앗아 아스돗의 다곤 신전에 두었을 때 다곤 신상이 자꾸만 엎어졌다(사무엘상 5:1-5). 137, 143, 150

다니엘

첫 번째 강제이송(BC 605) 때 바벨론으로 유배된 유대인 귀족. 느부갓네살, 벨사살, 다리우스 재위 기간에 바벨론 궁정에서 일했다. 꿈 해석 능력으로 명망을 얻었으며(다니엘 2장, 4장) 여러 제국의 운명(7-8장), 메시아의 오심과 종말(10-12장)에 대한 계시를 받았다. 28, 74, 119, 184, 234

다리우스(다리오)

1. 메대 사람 다리우스. 바벨론의 왕(다니엘 5:31).
2. 다리우스 대제. 페르시아의 왕. 고레스의 칙령을 되살려 성전 재건이 마무리되도록 허락했다(학개 1:1, 스가랴 1:1).
3. 다리우스 2세. 페르시아의 왕(느헤미야 12:22).

다마스쿠스(다메섹)

이스라엘 북쪽에 위치한 아람(시리아)의 수도. 자주 예언자들의 규탄을 받았다(이사야 17:1-3, 아모스 1:3-5 등). 메소포타미아, 이집트, 아라비아를 잇는 주요 무역로가 만나는 전략적으로 중요한 지점이었기 때문에 바울은 기독교가 이곳에 전해지는 것을 어떻게든 막고자 했다. 그러나 다마스쿠스로 가는 길에서 바울은 부활하신 예수를 만났다(사도행전 9:1-25). 61, 385

다소(타르수스)

소아시아 길리기아의 주요 도시. 사도 바울의 고향(사도행전 21:39). 무역중심지이자 대학의 도시. 이 지역의 염소털은 천막제조에 사용되었는데, 그로 인해 천막제조가 길리기아의 특화된 산업이 되었다. 바울도 천막제조 기술을 갖고 있었다(18:3). 45, 89, 186

다시스

지중해 서부의 도시. 스페인에 있는 도시일 가능성도 있다. 요나는 니느웨로 가서 말씀을 선포하라는 하나님의 명령을 받고는 이곳으로 달아나려 했다(요나 1:3).

다윗

이스라엘의 2대 왕(BC 1010-1002년 유다 통치, BC 1002-970 유다와 이스라엘의 통일왕국 통치). 예루살렘을 수도로 세웠고 그곳에 언약궤를 가져다 놓았다(사무엘하 5-6장). 하나님을 위해 성전을 짓고 싶어 했지만 오히려 하나님이 다윗을 위해 그의 후손이 영구히 왕좌에 앉는 '집'을 세우겠다고 약속하셨다. 이것이 이후 '다윗 언약'으로 알려지게 된다(7:1-29). 다윗 치하에서 이스라엘은 마침내 모든 적을 무찔렀고 국경이 확정되었다. 56, 141, 261, 312

단

1. 야곱의 다섯 번째 아들. 라헬의 몸종 빌하가 낳았다. "억울함을 풀어주셨다"는 뜻(창세기 30:4-6).
2. 단에게서 나온 지파. 할당받은 해안평야를 다 차지하지 못해 일부는 유다 지파에 흡수되었고, 상당수는 북쪽으로 이주해 라이스를 점령하고 그곳을 단이라고 불렀다(여호수아 19:47). 102, 104, 140
3. 이스라엘 북단의 소도시. "단에서 브엘세바까지"라는 표현은 "북쪽 끝에서 남쪽 끝까지"를 뜻했다. 61, 104

달력 196, 236, 283

대금 231

대속(atonement)

희생제사를 통해 죄를 "덮음"(이것이 히브리어 어원의 의미다)으로 하나님과의 관계를 회복함. 신약성경은 구약의 희생제사가 예수의 희생을 미리 보여준 그림자라고 말한다. 179, 303

대위임령

예수가 자신의 메시지를 온 세상에 전파하라고 제자들에게 내리신 마지막 명령(마태복음 28:18-20, 사도행전 1:8). 380

대제사장

'제사장'을 보라.

대해

지중해를 가리키는 구약의 명칭.

대홍수

인간의 죄가 너무 커지자 하나님은 세상을 완전히 다시 시작하기로 결정하시고 땅에 큰 홍수를 내리셨다(창세기 6:1-7). 경건한 노아와 그의 가족, 그리고 모든 동물의 한 쌍(혹은 몇 쌍)만이 하나님의 명령에 순종해 노아가 지은 방주로 피했다. 이들은 물에 뜨는 상자 형태의 3층으로 된 거대한 방주 안에서 물이 빠질 때까지 머물렀다(6:8-8:22). 그 후 하나님은 노아와 언약을 맺으시고 외적 증표로 무지개를 보여주셨다. 이제부터 사계절이 꾸준히 있을 것이며(8:22) 땅이 다시는 홍수로 망하지 않을 것이라고(9:1-17) 약속하셨다. 42, 269

데가볼리

갈릴리 호수 남쪽, 요단 강 동쪽에 있는 그리스 도시 10개를 통틀어 부르는 말. 대체로 비유대인들이 살았는데, 이들은 예수의 가르침에 매력을 느꼈다(마태복음 4:25, 마가복음 5:1-20). 유대인 그리스도인들은 AD 70년 예루살렘 함락 이전에 이 도시들 가운데 한 곳인 펠라로 피신했다. 241

데살로니가(테살로니키)

마케도니아의 주요 도시. 바울은 제2차 선교여행 때 이곳에 교회를 개척했고(사도행전 17:1-10) AD 50/51년 이곳으로 두 통의 편지(데살로니가전후서)를 보냈다. 89

데오빌로

누가가 자신의 두 저작을 헌정한 로마 관리(누가복음 1:3, 사도행전 1:1). 누가의 후원자였을 수도 있다. 85

도량형 234

도로·길 227

도르가(다비다)

선행으로 유명한 욥바의 그리스도인. 베드로가 죽은 그녀를 되살렸다(사도행전 9:36-42).

도마

예수의 열두 제자 중 한 사람(마태복음 10:3). 디두모("쌍둥이")라고도 불렸다(요한복음 11:16). 예수의 부활을 의심한 일로 유명하지만, 부활한 예수를 만나자 "나의 주님, 나의 하나님!"이라고 고백했다(20:24-29). 87, 345, 378

도벳

예루살렘 외곽 힌놈 골짜기에 있는 지역. 율법이 금하고 있는(레위기 18:21, 신명기 18:10) 아동인신제사를 위한 제단이 있었다. 요시야의 개혁으로 파괴되었다(열왕기하 23:10, 예레미야 7:31-32). 181

도비야

느헤미야의 예루살렘 성벽 재건을 방해했던 암몬 사람.

도시 206

도편(陶片)

깨어진 도자기 조각. 짧은 글을 쓰는 데 사용되었다. 244

도피성

실수로 사람을 죽인 사람이 피의 보복을 당하지 않고 공정한 재판을 받도록 보장해주는 피난처(민수기 35:9-34, 여호수아 21장). 52

독신 176

돈 230

돌로 포장된 바닥

아람어로 '가바다'라고도 불린다. 여기서 예수가 빌라도에게 재판을 받으셨다(요한복음 19:13). 이곳이 안토니아 요새라는 설도 있고 헤롯 궁이라는 설도 있는데, "높이", "언덕"을 뜻하는 단어를 쓴 것으로 보아 어느 쪽이건 바닥을 높인 테라스였던 것 같다. 377

동물 114, 118

동물의 복지 116

동방박사

예수의 탄생 시에 아라비아에서 온 방문자들. 제사장, 천문학자, 왕의 고문이었다(마태복음 2:1-12). 그들의 선물은 예수의 장래를 상징했는데 황금은 왕권을, 유향은 제사장 역할을, 몰약은 모든 사람을 위한 그분의 죽음을 나타냈다. 107, 108, 294

동정녀 출생

성령의 개입으로 마리아가 처녀의 몸으로 예수를 잉태한 사건. 성육신에 필수적이었다. 81, 335

두로(티레)

항구 둘을 보유한 페니키아의 항구도시. 하나는 본토에, 다른 하나는 앞바다에 있는 섬에 있었다. 두 번째 항구는 난공불락으로 유명해 바벨론이 정복하는 데 13년이 걸렸다. 예언자들은 두로가 교만 때문에 망할 것이라고 예언했다(이사야 23장, 에스겔 26-28장). 45, 61, 89, 164, 222

두루마리

파피루스 여러 장을 붙여서 만들었다. 하지만 성경을 만들 때는 가죽을 선호했다. 두루마리 양쪽 끝에 붙어 있는 손잡이로 두루마리를 펼치고 말면서 세로로 적힌 텍스트를 읽었다. 109, 245

두아디라

로마의 아시아 속주에 있는 도시. 염색, 직물, 토기, 놋세공으로 유명했다. 빌립보에서 그리스도인이 된 루디아의 고향(사도행전 16:11-15). 이곳의 교회는 성령이 일곱 교회에 보내신 편지 중 한 통을 받았는데(요한계시록 2:18-29), 거짓된 가르침을 주의하라고 경고하는 내용이었다. 89

드고아

유대 산지의 소도시. 아모스의 고향(아모스 1:1).

드라고닛

헤롯 빌립이 분봉왕으로 다스린 갈릴리 북동부 지역.

드로비모

에베소 출신의 그리스도인. 바울과 함께 예루살렘에 갔었고(사도행전 20:4, 21:29) 병들어 밀레도에 머물렀다(디모데후서 4:20).

드로아

터키 북서부의 트로이에서 16km 떨어진 항구도시. 이곳에서 바울은 마케도니아 사람이 도움을 청하는 환상을 보았고, 그로 인해 이후 복음이 유럽으로 전파되게 되었다(사도행전 16:8-12). 89

드보라

사사시대의 여자 예언자이자 사사. 55

들릴라

삼손을 배신한 블레셋 여인(사사기 16장). 143

디글랏빌레셀 3세

앗시리아의 왕(BC 745-727). 팽창정책을 추진하여 이스라엘을 침공했다(열왕기하 15:29). 35, 144, 147

디도

바울이 "나의 참 아들"(디도서 1:4), "나의 동료요……나의 동역자"(고린도후서 8:23, 이상 개역개정)라 부른 이방인 회심자. 바울과 바나바가 예루살렘으로 갈 때 동행했고(갈라디아서 2:1-3), 교회의 어려움을 해결할 임무를 바울에게서 위임받아 고린도로 갔다가 좋은 소식을 가지고 돌아왔다(고린도후서 7:5-16). 이후 고린도로 다시 돌아가 예루살렘으로 보낼 구제헌금을 모았고(8:16-9:15) 바울과 헤어져 크레타(그레데)의 교회에서 일했다(디도서 1:5). 디도서의 수신자. 167, 184

디모데

루스드라 출신의 그리스도인. 바울의 영적 아들(디모데전서 1:2 18). 바울의 제2차 선교여행에 동행했다(16:1-5). 바울이 자기를 대신해 데살로니가(데살로니가전서 3:1-3, 6), 마케도니아(사도행전 19:22), 고린도(고린도전서 4:17) 교회로 보냈고, 에베소의 교회를 이끌게 했다(디모데전서 1:3). 자신감이 부족했던 터라 종종 바울의 격려가 필요했다(디모데전서 4:12, 디모데후서 2:1-7). 89, 184

디베랴(티베리아스)

디베랴 바다라고도 불린 갈릴리 호수 서쪽의 온천도시(요한복음 6:1, 21:1). 208

디아스포라

"흩어짐"을 뜻하는 그리스어. 바벨론 유배 이후 유대인들이 사방으로 흩어진 결과 유대 지역 바깥에 사는 이들이 유대 안에 사는 이들보다 많아졌다. 흩어진 유대교 회당은 기독교 선교의 출발점으로 자주 활용되었다. 79

ㄹ

라기스

예루살렘 남서쪽 가나안 족속의 요새화된 도성. 라기스 왕은 여호수아가 태양을 향해 그 자리에 머무르라고 외친 날 그와의 전투에서 패배했다(여호수아 10장). 르호보암이 이곳을 재건하여 블레셋 족속과 이집트에 맞서기 위한 방어시설로 사용했다(역대하 11:5-12). 앗시리아의 라기스 공성전(열왕기하 18:13-16)이

센나케리브 궁의 부조에 묘사
되어 있다. 이곳은 BC 587년
바벨론에 의해 파괴되었다.
36, 53, 70, 105

라멕

1. 최초의 살인자 가인의 후
손. 라멕은 살인을 저지르고
나서 그것을 뽐내기까지 했다
(창세기 4:23-24).
2. 노아의 아버지(5:28-29).

라반

리브가의 오빠. 조카 야곱을
속여 맏딸 레아와 결혼하게
하고 그 후에야 야곱이 고른
둘째 딸 라헬을 아내로 주었
다(창세기 29장). 야곱 역시 그
를 속였다(30:25-31:55). 47

라암셋

이스라엘 노예들이 파라오
를 위해 나일 강변에 건설한
국고성(곡식 저장용 성, 출애굽
기 1:11). 요셉의 가족이 이곳
에 정착했다(창세기 47:11). 50,
129

라오디게아

터키의 루커스 계곡에 있던
도시. 오늘날의 파묵칼레. 무
역, 금융, 직물과 약, 특히 안
약 제조 사업으로 부유해졌
다. 하지만 물 공급은 시원치
않았다. 이 모든 이미지는 요
한계시록에서 라오디게아 교
회에 보내는 편지에 꾸짖음과
함께 담겨 있다(3:14-22). 252

라틴어

로마인의 언어. 예수의 머리
위에 붙여 놓은 명패에 그분
의 죄목을 적은 세 언어 가운
데 하나다(요한복음 19:19-20).
AD 4세기에 히에로니무스가
라틴어로 번역한 성경을 『불
가타역』이라 불렸는데, 보통
말 또는 '통속'(vulgate) 라틴어

로 기록되었기 때문이다.

라합

1. 여리고 성의 창녀. 이스라
엘 정탐꾼들을 숨겨 주었다
가 성에서 탈출하도록 도왔고
(여호수아 2장) 덕분에 여리고
성이 공격을 받았을 때 목숨
을 건졌다(6:20-25). 신약성경
에서도 믿음의 본보기로 제시
된다(히브리서 11:31, 야고보서
2:24-25). 208
2. 고대 신화에 등장하는 창
조 이전 혼돈의 괴물. 성경의
시적 대목에 등장해 하나님이
모든 것을 이기심을 보여준다
(욥기 26:12, 시편 89:10). 하나
님이 물을 다스리시고 홍해를
가르셔서 이스라엘을 구속하
신 사건을 노래할 때도 등장
한다(이사야 51:9-10).

라헬

라반의 둘째 딸. 라반이 야곱
을 속여 맏딸 레아와 먼저 결
혼을 시키는 바람에 야곱의
둘째 아내가 되었다(창세기
29:16-30). 요셉(30:22-24)과 베
냐민의 어머니로, 베냐민을
낳다가 죽었다(35:16-18). 47,
174, 253

랍바

암몬의 수도.

레바논

팔레스타인 북부에서 지중해
연안까지 이르는 비옥한 고산
지대. 구약시대에는 숲(특히
백향목)과 여러 종류의 과일로
유명했다. 두로, 시돈, 비블로
스 등 큰 항구 덕분에 무역국
가로 번영을 누렸다. 99, 112

레아

라반의 맏딸. 라반이 야곱을
속여 그녀와 결혼시켰고, 그
녀는 르우벤, 시므온, 레위, 유

다, 잇사갈, 스불론, 디나를 낳
았다(창세기 29장). 47, 253

레위

1. 야곱의 셋째 아들. 레아가
낳았다(창세기 29:34).
2. 레위에게서 나온 지파. 맏
아들을 대신해 하나님께 드려
졌다(민수기 3:11-13). 성막을
돌보는 일과, 제사장들의 일을
돕는 임무를 맡았다(1:47-53,
3:1-39).

레위기

구약의 세 번째 책. 제사장이
하는 일을 세세하게 알려 주
고 있다.

로마

로마 제국의 수도. 로마에서
온 유대인들도 오순절에 예
루살렘을 방문했고(사도행전
2:10) 그 자리에서 회심한 이
들이 복음을 가지고 로마로
돌아갔을 것이다. AD 49년
클라우디우스 황제가 "크레스
투스의 사주로" 소요를 일으
킨다고 유대인을 로마에서 추
방했는데(수에토니우스, "클라우
디우스의 생애"), 크레스투스는
그리스도를 가리키는 것이 거
의 확실하다. 이때 쫓겨난 유
대인 중에 아굴라와 브리스길
라도 있었다(사도행전 18:2). 바
울은 로마시민이었고(16:37)
로마에서도 복음을 전하기
로 마음먹었는데(19:21), 이것
은 재판 도중에 황제에게 항
소하는 것으로 현실이 되었다
(25:11). 요한계시록에는 로마
의 멸망이 예언되어 있는데,
로마가 '바벨론'이라는 암호로
등장한다(요한계시록 17-18장).
160

로마서

AD 57년 바울이 로마의 교
회에 보낸 편지. 그는 자신이

전한 복음을 설명했는데, 특
히 복음과 하나님의 의의 관
계(1:16-17), 죄인이 의롭게 될
수 있는 방법(3-8장), 유대인이
구원에서 어떤 자리를 차지하
는지(9-11장) 설명했다. 바울
의 로마 방문을 준비하는 의
미가 있었다(15:23-24).

로제타석 243

롯

아브라함의 조카. 아브라함이
하란에서 가나안으로 올 때
따라왔다(창세기 12:5). 가축이
늘어나 헤어져야 할 때가 되
자, 롯은 사해 남쪽 소돔 부근
의 땅을 선택했다. 그곳은 비
옥하지만 부도덕하고 불안한
지역이었다(13:1-13). 그돌라
오멜의 공격에서 아브라함이
그를 구했고(14장) 소돔과 고
모라에 대한 하나님의 심판에
서는 천사가 그를 구했는데
그의 아내는 주저하다 소금기
둥이 되고 말았다(19:1-29). 롯
의 두 딸은 결혼도 못하고 자
녀도 갖지 못할까 우려한 나
머지 아버지에게 술을 먹인
후 아버지의 아이를 임신했
고, 그렇게 낳은 아들들이 모
압 족속과 암몬 족속의 조상
이 되었다(19:30-38). 45

루디아

여성 사업가. 값비싼 자주색
옷감 장수로 빌립보에서 회
심했다. 그녀의 집이 새 교회
의 근거지가 되었다(사도행전
16:13-15, 40).

루스드라

갈라디아의 로마 식민시. 디
모데의 고향(사도행전 16:1). 바
울이 발을 쓰지 못하는 사람
을 고쳐주자 이곳 주민들은
그와 바나바가 신이라고 생각
했다(14:8-20). 89

룻

사사시대에 살았던 모압 여인. 시어머니에 대한 효성으로 베들레헴까지 따라와 나오미의 기업을 무르는 일에 중요한 역할을 하고 보아스의 아내가 되었다. 다윗 왕의 증조할머니다. 54, 203

르우벤

1. 야곱의 맏아들. 레아가 낳았다(창세기 29:31-32). 171
2. 르우벤에게서 나온 지파. 요단 강 동쪽 땅을 받았다(민수기 32장, 여호수아 13:8). 52, 104

르호보암

솔로몬의 아들. 지혜가 부족해 왕국 분열의 계기를 제공했다(열왕기상 12장). 60, 69

리브가

이삭의 아내. 에서와 야곱을 낳았다(창세기 25:21-26). 46

ㅁ

마가

요한이라고도 불림(사도행전 12:12). 바나바의 조카(골로새서 4:10). 마가복음을 썼다. 바울의 제1차 선교여행에 바울, 바나바와 동행했다가 중간에 떠났고, 바울은 그와 다시 합류하길 거부했다(사도행전 13:13, 15:36-40). 하지만 두 사람은 나중에 화해했다(디모데후서 4:11, 빌레몬서 1:24). 베드로는 그를 "나의 아들 마가"(베드로전서 5:13)로 불렀고 초기의 교회 전승도 두 사람을 긴밀히 연결시키고 있는데, 마가복음만 해도 베드로의 기억을 중심으로 기록된 듯하다.

마귀

'사탄'을 보라.

마그니피카트

아이를 갖지 못하던 친척 엘리사벳이 천사의 말대로 임신했음을 알게 되자, 마리아가 자신의 임신이 하나님의 일이라는 것을 깨닫고 부른 찬양(누가복음 1:39-55). 335

마라 벤 세라피온

시리아의 철학자. AD 73년 이후에 쓴 편지에서 그는 박해를 당한 지혜로운 세 사람을 언급했다. 아테네인에게 박해당한 소크라테스, 사모스 섬 사람들에게 박해당한 피타고라스, 그리고 유대가 멸망하기 얼마 전 유대인에게 박해당한 "그들의 지혜로운 왕"이었다. 예수의 이름을 구체적으로 밝히고 있지는 않지만, 이것은 예수의 존재를 언급한 최초의 비기독교 자료일 것이다. 35

마르다

마리아의 언니이자 나사로의 여동생. 예수가 이들의 집에 머무르셨다(누가복음 10:38, 요한복음 11장). 실제적인 문제에 지나친 관심을 보이는 모습으로 유명하지만(누가복음 10:38-42) 실은 대단히 신령한 사람이다. 예수가 부활이며 생명이라는 믿음을 고백한 장본인도 마리아가 아닌 마르다였고, 이 고백은 나사로의 부활로 이어졌다(요한복음 11:17-44). 324, 372

마르둑

바벨론의 폭풍신. 혼돈을 정복하고 최고신의 지위에 올라 세상을 창조했다고 한다. 50개 정도의 호칭이 있는데 주로 '벨' 또는 '주'(主)라고 불렸다. 43, 148, 150

마른 뼈의 환상

에스겔의 환상. 마른 뼈들이 살아나 큰 군대를 이루는 내용으로, 하나님이 그분의 백성을 회복시키실 것을 상징했다(에스겔 37장). 307

마리아

1. 예수의 어머니 마리아. 요셉의 아내(마태복음 1:18-25, 누가복음 1:26-38). 예수의 탄생을 이야기하는 대목에서는 그녀의 믿음이 강조되지만, 이후 신약에 등장하는 몇몇 장면에서는 다음과 같은 인간적인 면모가 부각되고 있다. 어린 예수를 잃어버리고 걱정함(누가복음 2:41-51), 혼인잔치에서 포도주가 떨어졌을 때 예수에게 행동을 재촉했다가 아직은 때가 아니라는 말을 들은 일(요한복음 2:1-11), 예수의 사역이 도를 넘었다고 염려하는 모습(마가복음 3:20-21, 31-35), 십자가형을 지켜보던 그녀를 예수가 요한에게 부탁하는 모습(요한복음 19:25-27), 다락방에서 제자들과 함께 기도하던 모습(사도행전 1:14). 81, 174, 178, 334
2. 막달라 마리아. 예수가 그녀를 사로잡았던 귀신들을 쫓아내셨다(누가복음 8:2). 그녀는 다른 여자들과 함께 십자가 형장에 있었고(마태복음 27:55-56) 빈 무덤과 부활하신 예수를 가장 먼저 보았다(마태복음 28:1-9, 요한복음 20:10-18).
3. 마르다와 나사로의 여동생. 그분의 가르침에 대한 헌신으로 칭찬을 받았고(누가복음 10:38-42) 예수의 발에 향유를 부었다(요한복음 12:1-3).
4. 마가의 어머니 마리아. 예루살렘 교회가 그녀의 집을 사용했다(사도행전 12:12-17).
5. 야고보의 어머니이자 글로바의 아내 마리아. "다른 마리아"로 알려져 있고 십자가 형장에 있었으며 예수의 무덤을 찾아갔다(마태복음 27:55-56, 61, 28:1-10).

마법

진언, 주문, 부적, 약물 등 초자연적인 수단을 통해 사람들과 사건에 영향을 끼치려는 시도. 성경이 금하고 있다. 143, 295

마사다

사해 부근에 있는 헤롯의 요새. AD 73년 이곳에서 로마군에 저항하던 열심당은 요새가 함락되자 모두 자살했다. 90, 189, 260, 311

마음 279

마지막 날 395

마카베오파

유다 마카베오의 추종세력. 유다는 안티오코스 4세(에피파네스)의 헬레니즘화 사업과 BC 168년 그가 성전을 더럽힌 일에 저항해 아버지 맛다디아스 대제사장이 일으킨 봉기를 이어받아 이끌었다. 일정 기간 게릴라전을 펼친 후 유다는 BC 165년에 예루살렘으로 진군해 도시를 되찾고 성전을 정결하게 했다. 이 사건을 기념하는 절기가 하누카다.

마케도니아(마게도냐) 76, 89, 156

마케루스 요새

사해 동쪽에 위치한 헤롯의 요새 중 하나. 여기서 세례 요한이 참수를 당했다.

마태

예수의 열두 제자 중 한 사람이 된 세리(마태복음 9:9, 10:3). 마태복음을 썼다.

막벨라 굴

사라, 아브라함, 이삭, 리브가, 레아, 야곱이 묻힌 굴(창세기 23:19, 25:9, 49:31, 50:13). 324

만나

이스라엘 자손이 광야에 있을 때 기적적으로 공급된 음식(출애굽기 16장). 구성성분은 알 수 없다. 언약궤에 이 만나가 든 항아리 하나를 보관했다(16:33-34). 이스라엘 자손이 약속의 땅에 도착하자 만나 공급은 중단되었다(여호수아 5:12). 종종 "하늘에서 내려온 빵"(출애굽기 16:4, 느헤미야 9:15, 시편 105:40)으로 불렸는데, 예수는 만나의 이미지를 채택해 자신을 "하늘에서 내려온 빵"이라고 소개하셨다. 자신이 사람들에게 영원한 만족을 안겨 줄 음식이라는 뜻이다(요한복음 6:47-58). 51, 53, 201, 296

말고

대제사장의 종. 베드로는 예수를 체포하러 온 군인들과 동행한 그의 귀를 잘랐는데 예수가 다시 고쳐주셨다(누가복음 22:49-51, 요한복음 18:10).

말라기

예언자. "나의 사자"라는 뜻. 느헤미야와 같은 시대에 활동한 그는 바벨론 유배에서 돌아온 예루살렘과 유다 사람들의 생활방식에 문제를 제기하며(말라기 1:6-2:16) 하나님의 사자가 오실 것이니 회개하라고 촉구했다(3:1-5). 주의 날에는 신실한 자만이 살아남을 것이기 때문이다(4장). 말

라기는 그날에 앞서 엘리야가 먼저 올 것이라고 했는데, 신약은 이것이 세례 요한에 대한 예언이라고 본다(마태복음 11:11-14; 17:12-13, 누가복음 1:17). 75, 152, 306

맛디아

가룟 유다가 자살한 후, 제비뽑기로 열두 번째 사도가 되었다(사도행전 1:15-26). 382

망루·망대

파수꾼이 도둑이나 여우를 감시하기 위해 포도원에 세웠다(이사야 5:1-2, 마가복음 12:1). 큰 도성일수록 적을 감시하기 위해 성벽에 더 복잡한 망대를 지었다(열왕기하 9:17). 예언자는 이스라엘의 생명을 위협하는 세력을 감시하는 영적 파수꾼이 되어야 했다(에스겔 3:17, 호세아 9:8). 35, 67

매장 106, 324

맹세

'서원'을 보라.

머리쓰개 204

멍에

황소 두 마리가 짐을 끌거나 쟁기질을 할 수 있게 매어 주는 나무 틀. 누군가의 멍에를 멘다는 표현은 누군가에게 복종한다(출애굽기 6:7, 열왕기상 12:4), 또는 좋은 일이건 나쁜 일이건 다른 사람과 함께한다(고린도후서 6:14, 빌립보서 4:3)는 의미로 쓰였다. 212, 237

메노라(menorah)

황금으로 된 촛대. 성막과 성전을 밝히기 위해 계속 불을 붙여 놓았다.

메대

메소포타미아 북서쪽에 거주한 민족 집단. 앗시리아의 지배를 받았지만 바벨론과 협력하여 앗시리아를 무너뜨렸다. BC 550년, 한창 몸집을 불리던 페르시아 제국의 고레스가 이들을 흡수했다. 66, 71, 152, 166

메뚜기

떼를 지어 다니며 작물을 순식간에 초토화시킬 수 있는 곤충. 유다를 덮친 적도 있다(요엘 1:1-2:11). 율법에서 정결한 음식으로 지정되었고(레위기 11:20-23) 광야에 살던 세례 요한의 식단에도 포함되었다(마태복음 3:4). 121, 213

메소포타미아

그리스 역사가들이 티그리스 강과 유프라테스 강, "두 강 사이"(메소포타미아의 문자적 의미)의 지역에 부여한 명칭. 수메르 문명, 아람 문명, 갈대아 문명, 앗시리아 문명, 바벨론 문명, 페르시아 문명 등 여러 문명의 발생지다. 124

메시아

"기름부음 받은 자"를 뜻하는 히브리어 마시아흐(mašiah)에서 나온 말. 『70인역』에서는 크리스토스(Christos, 여기서 '그리스도'가 나왔다)로 번역되었다. 이스라엘이 기다렸던 구원자이자 왕. 예수 시대에는 메시아가 곧 나타날 것이라는 기대가 널리 퍼져 있었기 때문에 예수는 민족주의적 용어로 이해될 소지가 있는 이 호칭의 사용을 꺼리셨다. 80

메주자

성경구절이 담긴 나무나 금속으로 된 상자. 유대인 가정의 현관 기둥에 붙여 놓았다. 279

메추라기

사냥감인 작은 새. 강풍 때문에 비행경로에서 벗어나 광야에 떨어져 이스라엘 자손의 식량이 되었다(민수기 11:31-34). 51, 120, 199

멜기세덱

"살렘[예루살렘] 왕……지극히 높으신 하나님의 제사장"(창세기 14:18). 아브라함을 축복하고 그에게서 십일조를 받았다(14:17-24). 히브리서는 멜기세덱을 예수의 '모형'(예시)으로 보는데(5:6, 10, 6:20, 7:1-17), 다윗이 이것을 예견한 바 있다(시편 110:4). 312

멤피스

나일 강변에 위치한 이집트의 고대 수도. 예언자들이 하나님 대신 이집트를 신뢰하는 이스라엘을 규탄할 때 언급했다(이사야 19:13, 예레미야 46:14, 에스겔 30:13-16, 호세아 9:6). 50, 129

모르드개

고아였던 에스더를 키워 준 유대인(에스더 2:5-7). 에스더가 아하수에로 왕(BC 486-465)의 왕후로 뽑힌 후, 모르드개는 그녀를 격려하여 유대인을 멸절시키려는 하만의 음모를 저지하게 했다(5-9장). 이 사건을 기념하는 절기가 부림절이다.

모리아 산

아브라함이 이삭을 제물로 바치러 갔던 산(창세기 22장). 역대기 저자는 바로 이곳이 후대에 솔로몬이 성전을 건축한 예루살렘의 부지라고 기록했다(역대하 3:1). 하지만 사마리아인은 그 장소가 그리심 산이라고 보았다.

모세

히브리인으로 태어나 이집트인으로 자랐고, 하나님의 백성을 이집트에서 이끌어 내어 약속의 땅으로 데려가는 임무를 맡았다. 하나님은 시내 산에서 그에게 십계명과 율법을 주셨다. 모세를 성경의 첫 다섯 책의 저자로 보는 것이 전통적인 견해다. 23, 48, 98, 149, 176, 264, 273

모세오경(Pentateuch)

기독교 학자들이 성경의 처음 다섯 권을 가리키는 용어. "다섯 권의 책"을 뜻하는 그리스어 펜타튜코스(pentateuchos)에서 나온 말. 유대인은 토라라고 부른다. 22

모압·모압 족속

요단 강 동쪽 암몬과 에돔 사이에 있는 나라. 가나안으로 가던 이스라엘이 모압 땅을 가로지르는 것을 거부했고(민수기 22-24장) 이후 그들과 끊임없이 충돌했다. 51, 61, 165

목수 209, 219, 220

목자 213, 240, 340

몰약

은은한 향이 나는 수액. 시체를 처리하는 방부제로 사용하거나 포도주와 섞어 진통제로 썼다. 동방박사들이 아기 예수에게 가져온 선물 중 하나. 108, 199, 253, 340

몰타

지중해의 섬. 바울은 로마로 가는 바닷길에서 난파해 이곳에서 석 달을 머물렀다(사도행전 27:39-28:11).

무역 222

무지개

하나님이 노아와 맺으신 언약의 증표(창세기 9:8-17). 43, 270

묵시문학

마지막 때에 있을 하나님의 개입을 다룬 문학 장르. 구약 성경의 여러 이야기와 이미지에 근거한 상징이 많이 등장한다. 요한계시록 및 다니엘의 많은 부분이 묵시문학 양식으로 기록되었다.

물 공급 191

물고기·고기잡이 201, 214

므깃도

갈멜 산을 관통하는 이집트-시리아 대로가 지나는 주요 도시. 여호수아가 정복해 므낫세 지파에 분배했고(여호수아 12:21, 17:11) 솔로몬이 요새화 작업을 진행했다(열왕기상 9:15). 전략적으로 중요한 위치였기 때문에 이곳에서 많은 전투가 벌어졌고, 요한계시록은 이곳을 최후의 전투 아마겟돈("므깃도의 언덕", 므깃도가 자리 잡은 텔을 가리키는 말)의 무대로 제시한다. 54, 99, 105

므낫세

1. 요셉이 이집트에서 낳은 맏아들(창세기 41:51). 야곱이 자기 아들로 삼았다(48장). 또는 그에게서 나온 지파.
2. 므낫세 지파의 영토. 므낫세 지파 절반은 요단 강 동쪽의 땅을 요구했고 절반은 사마리아의 구릉지대를 요구했다. 그래서 므낫세 지파는 두 개의 반쪽 지파로 취급되었다. 104
3. 유다의 악한 왕(BC 697-642). 경건한 히스기야 왕의 아들로 처음에는 부자가 공동 통치했다. 그는 유다를 우상

숭배로 이끌었는데(열왕기하 21:1-9) 성경은 그의 죄가 유다의 멸망에 큰 역할을 했다고 보았다(열왕기하 21:10-15, 예레미야 15:3-4). 그는 앗시리아에 유배된 이후에야 회개했다(역대하 33:10-13). 28, 63

므두셀라

에녹의 아들. 노아의 할아버지. 오래 산 것으로 유명하다(창세기 5:21-27).

므비보셋

요나단의 아들. 아기 때 유모가 떨어뜨려 다리를 절게 되었다(사무엘하 4:4). 다윗에게는 그가 왕권을 위협하는 잠재적인 위험요소였지만 그에게 친절을 베풀었다(9장).

미가

1. BC 8세기 유다의 예언자. 이사야와 동시대인. 사마리아와 예루살렘의 심판을 예언했지만, 다가올 예루살렘의 영광과 모든 나라가 예루살렘으로 나아올 날 또한 예언했다(미가 4:1-5). 68, 306, 339
2. 에브라임 사람. 북쪽으로 이주하던 단 지파가 그의 은 우상과 제사장을 빼앗아 갔는데, 불법이 횡행하던 당시의 상황을 잘 보여준다(사사기 17-18장).

미가엘

천사장(유다서 1:9). 이름의 뜻은 "하나님과 같은 이가 누구냐?" 다니엘서는 이후의 유대 문헌과 마찬가지로 미가엘을 이스라엘의 수호자, "네 민족을 지켜 주는 큰 천사"(12:1, 우리말성경)로 보았는데, 저항세력을 물리치고 승리를 거둔다(10:12-14). 요한계시록 12:7에서 미가엘과 그의 천사들은 하늘의 전투에서 사탄을 무찌

른다.

미갈

사울의 딸. 다윗이 블레셋 사람 100명의 포피를 지참금으로 내고 결혼했다(사무엘상 18장). 그녀는 사울의 위협에서 다윗을 보호했지만(19장), 기쁨에 겨워 춤추며 하나님을 찬양하는 그의 모습을 멸시했다가 평생 자녀를 낳지 못하게 되었다(사무엘하 6장).

미디안·미디안 족속

아브라함의 첩 그두라의 아들인 미디안의 후손들이 살던 땅(창세기 25:1-4). 아카바 만 동쪽. 모세는 미디안 여자와 결혼했다(출애굽기 2:11-25). 미디안은 가나안으로 가는 이스라엘을 가로막아 그들의 원수가 되었다(민수기 25:16-18). 45, 165

미리암

모세와 아론의 누나. 모세가 갈대상자에 담겨 강을 떠내려갈 때 지켜보고 있다가 파라오의 딸이 발견하는 것을 보고 어머니를 유모로 소개했다(출애굽기 2:1-10). 홍해를 건넌 후, 승리를 기념하는 여인들의 춤과 노래를 이끌었다(15:19-21). 이후 모세를 비판했다가 한동안 나병을 앓았다(민수기 12장).

민수기

구약의 네 번째 책. 이스라엘이 시내 산을 떠난 후 광야를 방황했던 38년을 다룬다.

믿음

'신앙'을 보라.

밀레도(밀레투스)

바울이 에베소를 방문할 겨를이 없자 에베소 장로들이 이

곳에 와서 그를 만났다. 바울은 그들에게 교회를 이끄는 일에 대한 마지막 권고를 했다(사도행전 20:17-38). 89

ㅂ

바나바

키프로스 출신의 유대인이자 그리스도인인 요셉의 별명(사도행전 4:36). "위로의 아들"이라는 뜻이다. 다른 사람들이 바울을 두려워하고 있을 때 바나바는 새롭게 회심한 바울을 받아들였고(9:26-27), 그를 안디옥 교회에 소개했으며(11:25-26), 그와 함께 선교했다(13:1-3). 89, 167

바라바

유월절 사면 때 빌라도가 군중의 요구로 예수 대신 풀어 준 죄수(마태복음 27:15-26). 377

바르 미츠바(Bar Mitzvah)

유대인의 성인식. 25, 180

바리새파

하나님이 자기 백성을 해방시키러 오실 날을 준비하며 율법과 그것에 근거한 구전전통을 철저히 지키고 살았던 평신도 유대인들. 예수와 자주 충돌했는데, 예수는 그들의 전통이 하나님의 원래 의도를 훼손한다고 보셨고(마태복음 5:21-48) 그들의 위선을 꾸짖으셨다(23:1-39). 274, 308, 346, 366

바벨

큰 탑(지구라트)이 있던 자리. 바벨탑은 하나님이 꺾으신 인간의 교만과 야망을 상징한다(창세기 11:1-9). 43

바벨론

바벨론 제국의 수도로 "신들의 문"이라는 뜻. 바벨론은 일련의 강력한 통치자들을 배출하면서 그들을 지배하던 앗시리아를 정복해 그 제국을 삼키고 영토를 넓혔다. 몇 차례에 걸쳐 유다 사람들을 바벨론으로 유배시켰고 BC 586년에는 예루살렘 성전을 파괴했다. 바벨론은 BC 539년 페르시아의 침공으로 무너졌다. 68, 148

바벨론 유배

BC 586년 예루살렘이 파괴된 후 유다가 바벨론에서 보낸 기간. 첫 번째 무리가 끌려간 시점은 그보다 앞선 BC 597년이다. 이스라엘 자손을 제국 전역으로 흩어버린 앗시리아와 달리, 바벨론은 유대인이 모여 지내는 일을 허락했기 때문에 그들은 정체성을 유지할 수 있었다. 예레미야가 예언한 이 70년의 기간은(29:10) 유대인의 삶에 너무나 큰 영향을 끼쳤다. 그들은 BC 538년 페르시아의 고레스가 바벨론을 정복하고 그들을 고국으로 돌려보낼 때까지 그곳에 머물렀다. 하지만 귀환은 산발적으로 이루어졌고 많은 이들이 그대로 머무는 쪽을 택했다. 71, 72

바보(파포스)

키프로스(구브로) 남서쪽의 소도시. 이곳 총독이 자신의 마술사가 바울에 의해 눈이 머는 광경을 보고 예수를 믿었다(사도행전 13:4-12). 89

바산

갈릴리 동쪽의 비옥한 지역. 소 떼로 유명했다. 115

바알

가나안의 풍요의 신. 바알숭배는 성적인 요소가 강했기 때문에 이스라엘에게 계속적인 덫이 되었다. 64, 137

바울(사울)

그리스도인을 박해했던바울의 인생은(사도행전 8:1-3, 9:1-3) 부활하신 예수를 만나 이방인의 사도로 부름을 받으면서 극적으로 달라졌다(9:1-18, 22:1-21, 26:1-23). 다마스쿠스에서 설교하고 아라비아에서 일정 시간을 보낸 후(사도행전 9:20-25, 갈라디아서 1:17) 예루살렘, 가이사랴, 다소로 갔다가(사도행전 9:26-30) 안디옥에 정착했는데(13:1-3), 안디옥은 수차례에 걸쳐 진행된 그의 선교여행의 근거지가 되었다. 신약의 서신서 13편을 썼고, AD 67/68년경 로마에서 순교했다. 로마시민이었으므로 아마 참수형을 당했을 것이다. 85, 88, 91, 183, 208, 257, 275, 385

박해 90, 319

반대 366, 385

발락

'발람'을 보라.

발람

모압 왕 발락이 약속의 땅으로 가는 이스라엘을 저주하기 위해 고용한 메소포타미아의 예언자. 하지만 그는 이스라엘을 축복할 수밖에 없었다(민수기 22-24장). 51

밤빌리아

소아시아 남쪽 해안에 위치한 속주. 주도는 바울의 제1차 선교여행에서 이 지역 선교의 출발점으로 삼았던 버가(사도행전 13:13). 오순절에 복음을 들은 사람들 중에는 이 지역 출신 유대인들도 있었다(2:8-12). 161, 383

밧모 섬

지중해의 섬. 신약시대 로마의 유형지. 요한이 여기서 계시를 받았다(요한계시록 1:9). 91, 256

밧세바

우리야의 아내. 다윗은 그녀와 간통한 후 음모를 꾸며 우리야를 죽게 했는데, 나단이 이 죄를 폭로했다(사무엘하 11-12장). 다윗이 회개한 후 밧세바는 솔로몬을 낳았다. 58

방문객 172, 186, 196

방언 84, 383

방주

'대홍수'를 보라.

배 112, 214, 217, 228

백부장

80명에서 100명의 부하를 지휘하는 로마군 장교. 368

뱀

창세기 3장에 나오는 생물. 아담과 하와가 하나님께 불순종하도록 유혹했고, 이후 속임수(마태복음 23:33)와 궁극의 사기꾼 사탄을 상징하게 되었다(요한계시록 12:9, 15, 20:1-2). 42, 120, 253

버가모(페르가몬)

로마의 아시아 속주에 있는 도시. 요한계시록에서 성령이 보내신 편지를 받은 일곱 교회 중 하나(2:12-17). "사탄의 왕좌가 있는 곳"(2:13)이라고 묘사되는데, 아시아 황제숭

배의 중심지라는 의미다. 89, 163

범죄와 형벌 240

베냐민

야곱의 열두 번째 아들. 두 번째 아내인 라헬이 낳았다(창세기 35:16-18). 베냐민 지파의 시조인 그의 후손으로는 사울(사무엘상 9:1), 에스더(에스더 2:5), 바울(빌립보서 3:5) 등이 있다. 104, 171

베다니

예루살렘에서 동쪽으로 3km 떨어진 작은 마을. 마리아, 마르다, 나사로의 고향. 예수는 이곳을 즐겨 찾으셨다(마태복음 26:6-13, 누가복음 10:38-42, 요한복음 11:1-12:11). 372

베델

"하나님의 집"을 뜻하는 소도시. 야곱이 하늘의 사다리가 나오는 꿈을 꾼 후에 이곳의 이름을 베델이라 지었다(창세기 28:10-22). 언약궤가 있던 곳이자(사사기 20:26-29) 하나님을 구하던 곳이어서(21:2-3) 왕국이 분열된 후 여로보암은 이곳에 금송아지 사당을 만들었는데(열왕기상 12:26-33), 이 일은 두고두고 "여로보암의 죄"로 불리게 된다. 61, 105

베드로

시몬이라고도 하는 갈릴리 어부. 예수의 열두 사도 중 한 사람(마태복음 4:18-20, 요한복음 1:35-42). 게바("반석")로 이름이 바뀜. 사복음서는 예수가 누구신지 고백하고(마태복음 16:16) 물 위를 걸어가려 하는(14:25-33) 등의 큰 믿음을 보여주는 모습과 연약한 모습을 모두 보여준다. 그는 용서를 힘들어했고(18:21), 자신을

과대평가했으며(26:33-35), 예수를 모른다고 부인하기까지 했다(마가복음 14:66-72). 오순절에 성령을 받은 후 유대와 사마리아에 교회를 세우고 신도들을 돌보는 일에 핵심역할을 했고, 오랜 편견을 극복하고 이방인에게 복음을 전했다(사도행전 10장). 나중에 아내와 함께(고린도전서 9:5) 더 멀리까지 가서 '유대인의 사도'로 일했고, 로마에서 사역하다가 AD 67/68년에 순교했다. 30, 85, 91, 105, 188, 216, 294, 304, 345, 377, 382

베드로전·후서

사도 베드로는 이 서신에서 그리스도인이 구약의 약속을 받는 참된 상속자라고 썼다. 어려운 시대를 살아가는 법에 대한 실제적인 조언도 많이 제시했다.

베들레헴

"빵의 집"을 뜻하는 소도시. 예루살렘에서 남서쪽으로 8km 떨어진 곳에 위치한다. 라헬의 무덤(창세기 35:19)이 있고, 다윗의 고향(사무엘상 16장)이기도 하다. 미가는 메시아가 이곳에서 나올 것이라고 예언했다(미가 5:2, 마태복음 2:1-6). 105, 338, 339

벨릭스

바울을 가이사랴 감옥에 2년 동안 가두어 둔 로마 총독.

벳산

므낫세 지파가 분배받은 땅에 있는 도시. 이곳의 가나안 족속은 이스라엘의 지배에 저항했다. 블레셋 족속이 이스라엘을 무찌르고 나서 사울과 요나단의 시신을 이곳 성벽에 내걸었다(사무엘상 31장). 61, 143

벳새다

갈릴리 호수 북쪽 해안의 어촌. "물고기의 집"이라는 뜻으로 빌립, 안드레, 베드로의 고향(요한복음 1:44). 야고보와 요한의 고향으로도 짐작된다(누가복음 5:10). 분봉왕 헤롯 빌립이 재건하면서 율리아스로 이름을 바꿨다. 215

보디발

요셉의 이집트인 주인. 처음에는 요셉을 높여 주었지만 아내가 강간죄를 씌워 요셉을 거짓으로 고발하자 그를 감옥에 가두었다(창세기 39장).

보상

예수는 하나님이 의로운 행동을 보상하시고(마태복음 6:4) 나쁜 행동을 벌하신다고(25:41) 가르치셨다. 궁극적인 보상은 미래에 나타날 것인데, 그때 "우리는 모두 그리스도의 심판대 앞에 나타나야 합니다. 그리하여 각 사람은 선한 일이든지 악한 일이든지, 몸으로 행한 모든 일에 따라, 마땅한 보응을 받아야 합니다"(고린도후서 5:10). 360

보아스

베들레헴의 지주. 기업 무를 친족으로서 룻과 결혼해 다윗과 예수의 조상이 되었다.

복음

"좋은 소식"을 뜻하는 그리스어. 원래는 황제의 사자들이 광장에서 황제의 칙령을 전하기 전에 외치던 말이다. 초대교회는 이 말을 받아 예수가 누구신지, 그분의 가르침과 행하신 일이 무엇인지 알리는 메시지를 가리키는 용어로 삼았다. 사복음서는 이 메시지의 기록이다. 330

복음전도·복음전도자

예수의 메시지를 다른 이들과 나누는 일. 복음전도자는 이 메시지를 나누는 사람이다.

부림절

페르시아에서 유대인을 멸절시키려던 하만의 음모를 에스더가 저지한 일을 기념하는 유대인 절기. 75, 248, 282

부적

팔찌나 목걸이, 조각, 새긴 보석 등 행운을 부르거나 재앙을 막기 위해 몸에 지닌 물건. 130, 151, 243, 294

부활

하나님이 예수를 죽음에서 살려 내신 일. 부활이 없으면 기독교는 아무 의미가 없다고 할 정도로(고린도전서 15:14-20) 기독교 신앙의 핵심이다. 신약은 부활을 제자들의 영적 체험이 아니라 예수가 실제로 살아나신 물리적 사건으로 본다. 부활 후 그분은 제자들이 만질 수 있었고(요한복음 20:27), 대화를 나누셨으며(누가복음 24:13-35), 음식을 드셨다(24:30). 신약은 예수의 부활을 그분이 참으로 하나님의 아들이시고(로마서 1:4) 그분을 믿는 모든 사람을 위해 죽음을 정복하신 일의 확증으로 본다(로마서 6:4-10, 고린도전서 15장). 83, 292, 320, 374, 396

부활의 몸

예수의 재림 때 하나님이 신자들에게 주시는 몸. 하나님의 새로운 세계에 적합한 몸이다. 380, 397

부활절

예수의 부활을 기념하는 교회력의 중심 절기. 375

불가타역

AD 4세기에 히에로니무스가 라틴어로 번역한 성경. 25, 26, 28, 295

불붙은 가시덤불

모세가 하나님을 만난 자리. 여기서 하나님은 그분의 인격적 이름 여호와("주")를 계시하셨고 모세에게 이스라엘 자손을 노예상태에서 이끌어 내라고 명하셨다(출애굽기 3:1-4:17). 266, 284

불의

윤리적, 법적, 도덕적으로 하나님의 의로운 기준에 합당하지 못한 것. 하나님은 "공의에 맞게 행동하고 긍휼을 사랑"(미가 6:8, 우리말성경)하라고 촉구하신다. 예언자들은 불의를 일관되게 규탄했고(열왕기상 21:1-29, 예레미야 22:13), 성경은 심판의 날에 하나님이 모든 불의한 행동에 책임을 물으실 것이라고 경고한다(로마서 2:5-11, 베드로후서 2:4-12, 요한계시록 20:11-15). 318

불임 35, 176, 180

브루기아인

히타이트 제국의 몰락 이후 소아시아 중서부에 거주한 민족. 구리와 노예 무역을 크게 했다. 89, 164, 383

브리스길라

'아굴라'를 보라.

브엘세바

이집트 방향의 무역로에 자리 잡은 이스라엘 남단의 소도시. 족장시대의 역사에서 차지하는 중요성 때문에(창세기 21:22-34, 26:23-33, 46:1-4) 순례의 중심지가 되었다(아모스 5:5). "단에서 브엘세바까지"는 "북쪽에서 남쪽까지"를 뜻하는 상용표현이 되었다. 61, 105, 207, 223, 301

블레셋 족속

BC 14세기부터 13세기에 걸쳐 크레타 섬과 그리스에서 가나안 땅으로 건너온 '해양민족' 중 일부. 팔레스타인 해안을 따라 정착했다. 이들은 이스라엘을 지속적으로 위협해 이스라엘이 왕을 요청하는 계기를 제공했고(사무엘상 8장) 다윗 시대에 가서야 제압되었다. BC 8세기에 앗시리아에 패했고 BC 6세기에는 바벨론에 흡수되었다. 140

비

이집트나 메소포타미아와 달리 큰 강이 없었던 가나안에서는 비가 생존에 필수적인 조건이었다. 그래서 히브리어에는 비를 가리키는 단어가 많다. 98

비블로스

페니키아의 항구도시. 19, 45, 164

비옥한 초승달 지대 95

비유

영적 진리를 전달하는 가상의 이야기. 생각을 자극하고 믿음을 요구하기 때문에 예수가 가르치실 때 즐겨 사용하셨다. 350

빌라델비아

로마의 아시아 속주에 있는 도시. 이름의 뜻은 "형제애." 성령이 보내신 편지를 받은 일곱 교회 중 하나가 있는 곳으로(요한계시록 3:7-13), "사탄의 무리에 속한 자들"(적대적 유대인들에 대한 냉혹한 묘사)의 활동에도 불구하고 그들 앞에 "열린 문"이 있다는 격려를 받았다.

빌라도

유대의 로마 총독. 자신의 지위를 염려한 나머지 유대 종교당국의 요구를 받아들여 예수의 십자가형을 승인했다. 208, 241, 377

빌레몬서

바울이 빌레몬에게 보낸 편지. 도망노예 오네시모를 받아들이고 용서하라는 내용으로, 오네시모가 그리스도인이 되었음을 강조하고 있다. 노예제라는 사회제도를 바꾸지는 못했지만, 기독교는 그 기반을 약화시켰다.

빌립

1. 예수의 열두 제자 중 한 사람(마가복음 3:18). 나다나엘을 예수에게 소개했고(요한복음 1:43-46), 안드레와 베드로처럼 벳새다에 살았다. 345
2. 전도자 빌립. 예루살렘 교회를 실제적으로 섬기기 위해 뽑힌 "일곱 집사" 중 한 사람(사도행전 6:1-6). 스데반의 순교 후 박해가 일어나자 사마리아로 가서 복음을 전했고 그로 인해 사람들의 마음이 크게 움직였다(8:4-8). 성령에 이끌려 에티오피아 내시에게 복음을 전하고 세례를 주었다(8:26-36). 역시 성령에 이끌려 아소도로 가서 효과적으로 복음을 전했고(8:39-40) 이후 가이사랴로 거처를 옮겼다. 그리고 20년 후, 그에 대한 기록이 잠시 등장한다(21:8). 164

빌립보

마케도니아의 로마 식민시. 빌립보 주민은 로마의 주민들과 같은 권리를 누렸다. 바울은 환상을 통해 이곳으로 인도를 받았고 복음이 열매 맺기 좋은 토양을 발견했다(사도행전 16:6-15). 설교를 하다가 옥에 갇힌 바울은 지진을 계기로 간수와 그의 가족이 구원을 받은 후에야 자신이 로마시민임을 밝히고 풀려났다(16:16-40). 89, 241

빌립보서

바울이 빌립보 교회에 보낸 편지. AD 60년경 로마에서 쓴 것으로 추정된다.

빚

성경은 빚의 위험을 경고하면서도 빚에 몰린 이들을 도우라고 촉구한다. 율법은 어려운 이들을 구제하고 관대하게 빌려 주라고 명할 뿐 아니라 빚진 자들에 대한 착취를 방지함으로써 빚의 영향을 최소화하고자 했다. 가난한 자들을 기억하는 것은 사도가 기본적으로 감당해야 할 일이었다(갈라디아서 2:9-10). 233

빛 193, 353

빛의 축제

'하누카'를 보라.

빵

이스라엘 사람들의 주식. 106, 198, 201

뿔

1. 제단 네 모퉁이의 돌출부. 여기에 희생제물의 피를 발랐다(출애굽기 29:12). 301
2. 힘을 상징하는 비유로 쓰였다(시편 18:2, 스가랴 1:18-19, 누가복음 1:69, 요한계시록 13:1).

ㅅ

사데(사르디스)

고대 리디아의 수도. 금광으로 부를 일구었다. 로마시대 아시아 속주의 도시가 되었는데, 두 무역로의 교차점에 위치했고 양모와 염색 산업이 활발했다. 성령이 보내신 편지를 받은 일곱 교회 중 하나가 이곳에 있었다(요한계시록 3:1-6). 편지의 내용은 도시 자체와 마찬가지로 과거의 명성에 기대어 산다는 꾸지람과 정신을 차리고 회개하면 새로운 흰옷을 주시겠다는 약속으로 이루어졌다. 78, 89, 164

사도

1. 하나님 나라를 전하도록 예수가 임명하여 보낸(사도는 "보냄을 받은 자"라는 뜻) 교회의 기초가 된 "열둘"(마가복음 3:13-19). 후에는 부활을 목격했는지가 사도로 인정받는 핵심조건이 되었다(사도행전 1:15-26, 갈라디아서 1:1, 15-16).
2. 한 교회가 다른 교회로 보낸 "사자"(문자적으로 "사도", 빌립보서 2:25).
3. 광범위한 교회 개척과(사도행전 14:14) 교회를 든든히 세우는 일에 참여하는 이들(에베소서 4:11-13).
4. 예수를 "하나님의 사도"로 부르기도 했다(히브리서 3:1).

사도행전

초대교회의 탄생과 성장의 기록. 85

사독

다윗 궁정의 제사장(사무엘하 8:17). 다윗이 압살롬을 피해 달아날 때 언약궤를 맡았고(사무엘하 15:23-29) 솔로몬에게 기름을 부어 왕으로 세웠

다(열왕기상 1:32-48). 그의 후손이 계속 대제사장을 맡다가 BC 171년, 안티오코스 4세(에피파네스)가 그 역할을 메넬라우스에게 넘겨주었다. 하지만 쿰란 공동체는 사독 가문만을 정당한 제사장 가문으로 여겼다. 310

사두개파

AD 1세기 대제사장직과 성전체제를 장악한 유대 종교집단. 예수가 기존의 정치질서를 뒤흔들어 자신들의 영향력을 잃게 될 것을 우려했다. 그래서 예수를 반대하는 일에서만큼은 바리새파와 힘을 합쳤다. 예수의 처형을 지속적으로 요구한 장본인도 사두개파 사람인 대제사장 가야바였다(요한복음 18:14). 310, 326, 367

사라(사래)

아브라함의 아내. 오래도록 아이를 갖지 못했다(창세기 11:30). 하나님이 아브라함에게 약속하신 아이가 생기지 않자 낙심한 나머지 남편을 설득해 자신의 몸종 하갈을 통해 아이를 갖게 했다. 그 결과로 이스마엘이 태어나면서 많은 문제가 시작되었다(16장). 그녀는 결국 아흔 살 무렵에 잉태하여(17:17) 이삭을 낳았는데(21:1-7), 이후 하갈, 이스마엘과 더 많은 갈등을 겪었다(21:8-20). 44, 132, 176

사람 낚는 어부 214

사랑

성경이 제시하는 하나님의 근본적인 속성 가운데 하나. 요한이 "하나님은 사랑이시라"고 쓸 정도로 매우 중요한 속성이다(요한일서 4:8). 흔히 잘못 생각하는 것과 달리 하나님의 사랑은 신약뿐 아니라

구약에서도 많이 볼 수 있다. 예수는 다른 누구보다 하나님의 사랑을 분명하게 알려 주셨고, 신약은 죄인을 위한 그분의 죽음이 하나님의 사랑의 궁극적인 표현이라고 본다(요한복음 3:16, 로마서 5:8). 그리스도인은 하나님의 사랑을 본받아 서로 사랑하라는 부르심을 받았다(요한복음 13:34-35; 15:9-14, 고린도전서 13장, 갈라디아서 5:22, 요한일서 4:7-21). 51, 147, 181, 238, 291, 347, 358

사렙다

두로와 시돈 사이에 있는 페니키아의 소도시. 엘리야가 가뭄 동안 이곳의 과부 집에 머물면서 기적을 베풀어 오랫동안 먹을 것을 공급했고, 그녀의 아들이 죽었을 때 살려냈다(열왕기상 17:8-24).

사르곤

앗시리아의 왕(BC 722-705). 이사야 20:1에 단 한 번 언급된다. 선왕 살만에셀 5세가 3년 동안 공성전을 벌이던 사마리아를 함락시켰고, 그로 인해 북왕국 이스라엘이 멸망했다(열왕기하 17:3-6). 66, 146

사마리아

1. 오므리 왕이 북왕국 이스라엘의 새로운 수도로 세운 도성(열왕기상 16:24). 그의 아들 아합이 이곳에 궁전(22:39)과 바알신전(16:32)을 건설했다. BC 721년에 앗시리아가 포위하여 함락시켰다(열왕기하 17장). 이후 헤롯 대왕이 재건하고 이름을 세바스테로 바꾸었다. 61, 105
2. 사마리아 성 함락 이후 그 주위 지역을 가리키는 이름(열왕기하 17:24). 신약시대 로마의 속주. 241

사마리아인

BC 721년 사마리아 성이 함락된 후 북왕국 이스라엘의 자손과 앗시리아인의 통혼으로 생겨난 혼혈 후손. 혈통이 순수하지 못하다는 이유로 예수 당시에 정통파 유대인들의 경멸을 받았다. 하지만 예수는 사마리아인들과 흔쾌히 어울리셨다(요한복음 4장). 경건한 유대인은 사마리아를 피해 빙 둘러서 갔지만 예수는 그 지역을 통과하셨고, 사마리아인에게도 복음을 전하라고 제자들에게 명하셨다(사도행전 1:8). 초대교회는 이곳에서 복음전도를 펼쳐 상당한 성공을 거두었다(8:4-25). 67, 352

사무엘

사사 겸 예언자. 이스라엘이 신정 통치에서 왕정 통치로 넘어가는 데 중요한 역할을 했다. 55, 56, 105, 238

사사

왕정시대 이전의 암흑기에 하나님이 자기 백성을 구하기 위해 성령으로 능력을 주어 일으키신 지도자들(사사기 2:16). 55

사사기

여호수아가 죽은 후부터 왕정이 시작될 때까지 이스라엘의 역사를 기록한 책.

사울

1. 이스라엘의 초대 왕. 처음에는 겸손한 태도로(사무엘상 9:21) 성공을 거두었지만(11:1-15) 자신이 하나님의 언약을 따라야 하고 그분께 순종해야 한다는 사실을 잊었다. 그가 두 번이나 사무엘의 지시를 어기고도 남을 탓하자(13:1-15, 15:1-35) 하나님은 그를 거부하시고 다른 사람을 왕으로

세우셨다(13:13-14). 사울은 부지중에 자신을 대신할 사람인 다윗을 궁으로 불러들였지만(16:14-23) 얼마 후부터 그를 적대시하기 시작했고 다윗은 달아났다. 결국 사울은 길보아 산에서 벌어진 블레셋 족속과의 전투에서 전사했다(31장). 56, 59, 141

2. 바울이라고도 불린 사도. '바울'을 보라.

사탄
하나님께 반대하는 영적 세력의 지배자. 그의 이름은 "고소하는 자"를 뜻한다(욥기 1:1-11, 요한계시록 12:10). 마귀와 유혹자(마태복음 4:11), 뱀(요한계시록 20:2, 창세기 3장)이라고도 불렸다. 전통적으로는 타락한 천사로 본다(이사야 14:12-15, 에스겔 28:12-19). 성경은 한 번도 사탄을 하나님과 동등한 적대세력으로 본 적이 없다. 그저 창조된 존재일 뿐이다. 그리스도가 십자가에서 사탄을 이기셨고(골로새서 2:15), 이제는 영원한 고통을 받을 운명에 처했다(요한계시록 20:7-10). 82, 139, 294, 317

사해
요단 강이 흘러드는 내해(염해, 동해, 아라바 해로도 불렸다). 염분이 25퍼센트나 되어 쓸모가 없는 호수. 에스겔이 본 회복의 환상에서는 성전에서 나온 물이 흘러들어 사해가 되살아났다(에스겔 47장). 99

사해문서
쿰란 공동체의 구약 사본. 35

사회정의 392

삭개오
여리고의 세리. 예수를 보러고 나무 위로 올라갔는데, 예수는 그를 보시고 그의 집에 가겠다고 하셨다(누가복음 19:1-10). 105, 113, 225

산발랏
느헤미야의 예루살렘 성벽 재건을 저지하려 했던 사마리아 총독(느헤미야 2:10, 19, 4:1-23, 6:1-14).

산상설교
아우구스티누스(AD 354-430)가 갈릴리 바닷가의 언덕에서 전한 예수의 가르침(마태복음 5:1-7:29, 누가복음 6:17-49)에 붙인 이름. 예수는 팔복으로 시작하는 이 설교에서 율법에 대한 전통적인 해석에 도전하고 하나님 나라의 윤리를 간추리셨다. 348, 359

산헤드린
신약시대 유대인의 통치의회. 대제사장, 장로, 서기관으로 구성되었고(마가복음 15:1) 유대교의 최고법정이다. 로마로부터 상당한 권한을 위임받았지만 사형을 집행할 수는 없었기 때문에 예수를 처형하기 위해 빌라도를 설득해야 했다(누가복음 20:20). 34, 183, 240, 377

산헤립
앗시리아의 왕. 그의 군대가 히스기야 왕이 다스리던 예루살렘을 포위공격했다. 36, 69

살만에셀 5세
앗시리아의 왕. BC 722/721년 이스라엘의 수도 사마리아를 포위해 함락시켰다. 이로 인해 북쪽 지파들의 역사는 끝이 났다(열왕기하 17:3-6, 18:9-12). 66, 146

살인
고대사회에서 극악한 범죄로 여겨졌다. 극소수의 예외를 제외하면 살인에 대한 형벌은 사형이었다. 그러나 유대율법은 살인과 과실치사를 구분했다(출애굽기 21:12-14). 241

삼갈
이스라엘의 사사(사사기 3:31, 5:6). 소몰이용 막대로 블레셋 사람 600명을 죽인 일 외에는 알려진 바가 없다.

삼손
이스라엘의 사사. 평생 나실인으로 바쳐졌다(사사기 13장). 여자에 약해 결국 하나님이 주신 힘을 빼앗겼고 그로 인해 죽음을 맞았다(16장). 55, 143, 247

삼위일체
한분 하나님이 동시에 성부, 성자, 성령의 삼위로 존재하신다는 기독교 교리. 321, 337

삽비라
'아나니아'를 보라.

상인 222, 370

새 119

새 언약
예언자들이 예언하고(예레미야 31:31-34, 에스겔 36:25-27) 예수의 십자가 죽음으로 확립된(마태복음 26:27-28) 하나님과 인류의 새로운 관계. 270

새 예루살렘
하나님이 그분의 백성을 위해 마련하신 영원한 집을 가리키는 이미지. 요한계시록 21장에 등장한다. 209, 315

생명의 빵
사람들에게 생명을 주는 능력

을 선언하며 예수가 친히 사용한 호칭. 201

샤론
이스라엘의 북부 해안평야.

서기관
율법의 필사자. 유대인은 바벨론 유배라는 새로운 상황에 처하자 거기에 맞추어 율법을 해석하기 시작했다. 신약시대에는 그들의 해석이 율법 자체만큼이나 중요하게 여겨졌고, 이로 인해 그들과 예수 사이에 종종 갈등이 생겼다. 73, 183, 244, 366

서머나
서부 아시아의 도시(오늘날 터키의 이즈미르). 황제숭배의 선봉 도시였고 기독교를 반대하는 큰 유대인 공동체가 있었다. 성령이 보내신 편지를 받은 일곱 교회 중 한 곳이 있던 곳(요한계시록 2:8-11). 서머나의 주교 폴리카르포스는 초기 기독교 순교자였다(AD 155).

서원
하나님의 은총을 바라며, 또는 헌신의 표현으로 무엇인가를 하겠다거나(창세기 28:20-22, 민수기 21:1-3) 하지 않겠다고(시편 132:2-5) 맹세하는 일. 서원은 꼭 지켜야 했기 때문에(신명기 23:23) 신중하게 결정해야 했다(잠언 20:25).

선(善) 155

선교
하나님의 구원의 메시지를 말과 행동으로 전하도록 사람들을 보내는 일. 예수는 삶과 죽음, 부활을 통해 선교의 본을 보이셨고, 이후 그분을 따르는 자들이 세상으로 나가 선교를 이어가고 있다(마태복음

28:18-20). 사도행전은 초기 기독교 선교의 기록이다.

선한 목자

자기 양 떼를 보살피는 목자의 특성을 강조한 하나님과 예수의 호칭. 213, 387

선한 사마리아인

예수가 "누가 내 이웃입니까?"라는 질문의 답으로 주신 비유. 나를 필요로 하는 사람, 그리고 나를 도와주는 사람이 바로 내 이웃이다. 229, 352

설교

신약에서 복음을 비그리스도인에게 공적으로 선포하는 일.

설형문자

고대 메소포타미아의 쐐기모양 문자. 242, 274

섬김 63, 254, 364

섬들

지중해 연안 지역을 가리키는 성경의 용어. 167

성경

그리스도인이 구약과 신약을 통틀어 부르는 이름. 그리스어와 라틴어 비블리아(*biblia*, "책들")에서 나왔다. 19

성령

세상에서 활동하시는 하나님. 기독교 신학은 성령을 단순히 하나님의 능력이 아니라 하나님 자신으로, 삼위일체의 제3위로 이해하게 되었다. 구약 시대에는 성령 체험이 예언자, 제사장, 왕 같은 사람들에게 한정되었고 그분의 임재도 언제나 일시적으로 이루어졌다. 그러나 요엘은 하나님의 모든 백성이 그분의 영을

받게 될 날을 내다보았고(요엘 2:28-32), 베드로는 바로 오순절에 그날이 이르렀다고 선언했다(사도행전 2:16-21). 321, 382

성령 세례

'성령 충만'을 보라.

성령 충만

성령을 받아 변화하고 그리스도인답게 살아갈 힘을 얻는 경험. 회개하는 모든 자가 누릴 수 있다(사도행전 2:37-39). "성령을 받음", "성령의 세례"라고도 불린다. 바울은 이것이 일회적인 체험이 아니라 그리스도인의 삶에 지속적으로 나타나는 특징이라고 말했다(에베소서 5:18은 "성령으로 계속 충만함을 받으라"는 뜻이다). 87, 385

성령의 열매

하나님의 성령으로 충만한 사람의 특성. 이것은 혼자 있을 때가 아니라 다른 사람들과 관계를 맺을 때에만 경험할 수 있다(갈라디아서 5:22-25).

성례

"내적이고 영적인 은혜에 대한 외적, 가시적 증표"(아우구스티누스). 복음서에는 세례와 주의 만찬(성만찬), 두 가지가 등장하지만 일부 교회전통에서는 견진, 신품, 고해, 병자, 혼인의 다섯 가지를 추가했다. 321, 322

성막

이스라엘의 광야 여행 기간과 왕정 초기에 하나님을 모시는 장소로 쓰였던 천막. 297

성문 208, 239

성소

하나님을 예배하도록 구별된 장소. 이스라엘의 초기 성소는 천막으로 된 성막이었는데, 솔로몬이 그것을 성전으로 대체했다. 297, 298

성육신(incarnation)

하나님이 나사렛 예수 안에서 사람이 되셨다고 믿는 기독교의 근본교리("몸으로"를 뜻하는 라틴어 *in carne*에서 나온 표현). 81, 320, 337, 381

성전

유대교 예배의 핵심. 솔로몬이 예루살렘에 건설한 첫 성전은 바벨론이 파괴했으며, 바벨론 유배에서 돌아온 유대인들이 보다 작게 재건했다. 그 후 헤롯 대왕이 엄청나게 확장시켰다. 298, 299

성전 정화 370

성찬

'주의 만찬'을 보라.

성화

성령의 내적 작용을 통해 더욱 거룩해지는 과정. 칭의로 시작된 그리스도인의 삶에서 지속적으로 나타나는 특징이 성화다(요한복음 17:15-19, 로마서 12:1-2, 에베소서 4:22-24, 빌립보서 3:12-16, 데살로니가전서 4:3-4, 베드로후서 1:3-11).

세겜

에브라임 구릉지의 소도시. 이곳에서 하나님이 아브라함에게 가나안 땅을 약속하셨고, 아브라함은 제단을 쌓아(창세기 12:6-7) 이후 이곳이 중요한 신앙 중심지가 되었다. 야곱도 여기에 제단을 쌓았고(33:18-20) 여호수아는 여기서 이스라엘 백성과 언약을 세웠

다(여호수아 24장). 르호보암은 세겜에서 즉위했지만 북쪽 지파들이 그를 거부하고 여로보암을 왕으로 삼았고, 여로보암은 이곳을 수도로 정했다(열왕기상 12장). 세겜은 이스라엘이 앗시리아에 의해 멸망할 때도 살아남았고, 사람들이 끌려간 이후에는 사마리아인의 중심 도시가 되었다. 예수가 우물가에서 사마리아 여인을 만나신 수가가 이곳일 가능성이 있다(요한복음 4:4-22). 53, 61, 105

세계·세상

1. 창조된 우주(시편 24:1, 요한복음 1:3).

2. 사람들(시편 9:8, 요한복음 3:16-17).

3. 하나님께 반역한 세상과 그 체제(야고보서 4:4, 요한일서 2:15-17).

세금 223, 224, 233

세례

그리스도인으로서의 삶이 시작됨을 알리는 상징으로 물속에 잠기는 행위. 예수의 죽음, 매장, 부활 그리고 죄인을 깨끗하게 씻기는 능력을 상징한다(사도행전 2:38-41, 로마서 6:1-11, 디도서 3:5). 87, 268, 321, 342

세례 요한

구약의 예언자들이 약속한 사자(말라기 4:5-6. 누가복음 1:13-17). 예수를 예비하는 설교를 했고 예수에게 세례를 베풀었다(마태복음 3:1-17, 마가복음 1:1-8, 누가복음 3:1-22, 요한복음 1:1-34). 많은 사람이 그의 설교에 공감했지만 종교 지도자들은 불쾌해했다. 헤롯 안티파스와 헤로디아의 결혼을 반대해 감옥에 갇혔다(마태복

14:3-5). 예수는 감옥에 있는 그의 의심을 풀어주셔야 했다(11:2-6). 결국에는 헤롯에게 목 베임을 당했다(14:1-12). 75, 82, 114, 121, 306, 342

세리 224

셀라
시편에 나온다. 음악을 멈추거나 간주곡이 나오면서 찬양하는 사람이 잠시 묵상하는 시간으로 보인다.

셀레우코스 왕조
알렉산드르도르드 대왕 사후에 팔레스타인과 시리아를 다스렸던 그리스 왕조. 그 왕 가운데 한 사람인 안티오코스 4세(에피파네스)의 반유대인 정책으로 마카베오 전쟁이 촉발되었다. 77, 78

셈
노아의 세 아들 중 맏이. 히브리 민족을 포함한 여러 셈 족의 조상. 42

셈 족
노아의 아들 셈의 후손으로 생겨난 민족들. 아카드인, 가나안 족속, 히브리인, 페니키아인, 에티오피아 셈 족, 아람인 등이 있다. 성경에 나오는 셈, 함, 야벳의 분류는 언어별 분류와 일치하지 않는다.

소돔
'고모라'를 보라.

소망
하나님의 신실하심과 약속에 근거하여 이생과 내세에서 하나님이 역사하실 것을 확고히 기대함. 327, 394

소아시아
아시아의 서쪽 돌출부. 오늘날의 터키 지역. 96

속죄일
이스라엘의 대제사장이 공들인 제사의식을 거쳐 '지성소'에 들어가는 연례절기. 대제사장은 이때에만 지성소에 들어가 이스라엘을 위해 희생제사를 드릴 수 있었다(레위기 16:1-34; 23:26-32, 민수기 29:7-11). 195, 281, 290, 297

솔로몬
이스라엘의 3대 왕(BC 970-930). 다윗의 아들. 지혜로 유명하고(열왕기상 3:5-15, 4:29-34), 성전을 건축했으며(6, 8장), 나라를 튼튼히 했다(9:15-28). 하지만 동맹을 맺기 위해 결혼한 많은 외국인 아내들에게 휘둘려 하나님을 떠났고(11:1-8), 이것이 그의 사후에 일어난 왕국 분열의 단초가 되었다(11:9-13). 물론 과중한 세금과 강제노역도 왕국 분열을 야기한 중요한 요인이었다(12장). 58, 60, 105, 189, 223, 239, 298, 313

수가
사마리아의 소도시. 예수는 이곳에 있는 야곱의 우물에서 사마리아 여인과 대화를 나누셨다(요한복음 4장). 구약의 세겜으로 추정. 344

수공품 195, 218

수난
그리스도의 고난과 죽음을 가리키는 기독교 용어.

수메르 · 수메르인
메소포타미아의 남부 지역과 그곳의 거주민. 이들의 역사는 BC 7000년 이전까지 거슬러 올라간다. BC 4000년 티그리스 강과 유프라테스 강을 따라 도시국가들이 발달해 BC 3000년에 국력이 절정에 이르렀다. 이곳에서 문자, 예술, 건축, 기술이 발달했다. 124, 242, 253, 259

수산(수사)
페르시아 왕들이 겨울을 보내는 거처. 이곳에서 느헤미야가 일했고(느헤미야 1:1), 에스더의 이야기가 펼쳐졌으며(에스더 1:2), 다니엘이 환상을 보았다(다니엘 8:2). 74, 166

수에토니우스
로마의 역사가(AD 70-130년경). 그의 저작에 클라우디우스 황제가 "크레스투스의 사주로" 소요를 일으킨 유대인들을 로마에서 추방했다는 내용이 나오는데, 크레스투스는 그리스도를 말하는 듯하다. 그는 로마의 대화재를 일으킨 범인으로 네로를 지목했다.

수태고지
천사 가브리엘이 마리아에게 전한, 그녀가 하나님의 아들을 잉태하여 낳을 것이라는 메시지. 335

순교자(martyr) · 순교
신앙 때문에 죽음을 당한 사람. "증인"을 뜻하는 그리스어 마르투스(martys)에서 나왔다. 91, 333

순종 373

스가랴
1. 이스라엘의 왕. BC 753년 고작 6개월 다스리고 암살당했다(열왕기하 15:8-12). 63
2. 예언자. 바벨론 유배에서 귀환한 후 학개와 더불어 성전 재건을 마무리하도록 독려했다(에스라 5:1-2, 6:14). 그의 이름을 딴 책에 예언이 기록되어 있다. 306
3. 제사장. 세례 요한의 아버지. 천사의 메시지를 믿지 않았다가 요한이 태어날 때까지 말을 못하게 되었다(누가복음 1:5-25, 57-66). 지금도 일부 기독교 교파에서는 아들의 이름을 요한이라 지을 때 스가랴가 부른 찬양인 '베네딕투스'("찬양하라")를 부른다.

스데반
예루살렘 교회의 실제적인 문제를 담당하도록 뽑힌 일곱 집사 중 한 사람(사도행전 6:1-7). "믿음과 성령이 충만한"(6:5) 사람이었고 그의 설교와 기적(6:8)이 일으킨 반감이 너무나 커서 기독교 최초의 순교자가 되었다(6:8-7:60). 85

스랍(세라핌)
하나님의 보좌를 호위한 천상의 존재들(이사야 6:1-4). 294

스룹바벨
유다 왕 여호야긴의 손자. BC 537년에 바벨론 유배에서 돌아온 첫 번째 무리를 이끈 지도자 중 한 사람으로(에스라 2:1-2) 성전 재건을 주도했다(3장). 이후 건축이 계속 지지부진하자 BC 520년에 다시 전면에 나서 재건을 이끌었다(에스라 5-6장, 학개 1-2장). 74

스바 여왕
솔로몬을 방문했던 아라비아 남서쪽 나라의 통치자(열왕기상 10:1-13). 나라 안에 있는 무역로를 통해 아프리카로부터 금과 향신료를 수입하는 일로 부를 축적했기 때문에, 솔로몬의 새로운 선단의 등장으로 경제적 위협을 느꼈을 수도 있다(9:26-28). 58, 225

스바냐

유다의 예언자. 요시야 치하에서 활동했다. 구약 스바냐서에 그의 예언이 담겨 있다. 306

스불론

1. 야곱의 열 번째 아들. 레아가 낳았다. 이름의 뜻은 "명예"(창세기 30:19-20).
2. 스불론에게서 나온 지파. 갈릴리 남부, 아셀과 납달리의 영토 사이에 있는 지역에 정착했다(여호수아 19:10-16). 지파가 물려받은 땅으로는 작은 편에 속했지만 매우 비옥했다. 104

스올

죽은 자들의 처소를 가리키는 구약의 용어. 그리스어로 하데스. 처음에는 의인과 악인이 똑같이 스올에 간다고 생각했지만 차츰 악인들이 가는 곳(형벌의 의미는 들어 있지 않다)으로 여기게 되었다. 325

스포츠 158, 246

승천

예수가 부활하신 지 40일 후에 하늘로 돌아가신 일. 321, 378, 381

시간 235

시내 산

시내 반도에 있는 산. 호렙 산으로도 알려져 있다. 오늘날의 예벨 무사에 해당하는 듯하다. 이곳에서 하나님이 이스라엘과 언약을 맺으셨고 십계명과 율법을 주셨다(출애굽기 19장 이하). 21, 51, 265

시돈

페니키아의 항구이자 주변 지역 전체를 가리키는 이름으로 도 쓰였다. 시돈의 공주였던 아합의 아내 이세벨이 시돈의 바알신앙을 이스라엘에 퍼뜨렸다(열왕기상 16:31-33). 신약시대에 시돈에서도 사람들이 찾아와 예수의 설교를 들었고(마가복음 3:8) 친히 시돈을 방문한 예수는 이방인 여인의 믿음을 보고 놀라셨다(마태복음 15:21-28). 바울은 로마로 가는 길에 이곳에 들러 친구들과 함께 머물렀다(사도행전 27:3). 61, 89, 164

시드기야

1. 유다의 마지막 왕(BC 597-586). 자신을 왕으로 임명한 느부갓네살에게 반역했다가 예루살렘은 무너지고 백성은 바벨론으로 끌려갔다(열왕기하 25장). 63, 71
2. 아합 궁의 거짓 예언자들을 이끈 지도자(열왕기상 22장).

시리아(수리아)

이스라엘 북쪽의 나라 아람을 가리키는 다른 이름. 61, 166

시므온

1. 야곱의 둘째 아들. 레아가 낳았다(창세기 29:33). "들으시는 분"이라는 뜻. 요셉은 형들을 이집트로 돌아오게 하려고 시므온을 인질로 잡아 두었다(42-43장).
2. 시므온에게서 나온 지파. 네겝 지역을 분배받았다(여호수아 19:1-9). 104
3. 죽기 전에 메시아를 볼 것이라는 말씀을 들은 경건한 사람. 성전에서 아기 예수를 축복하고 그의 미래와 마리아의 슬픔을 예언했다(누가복음 2:25-35). 일부 교파는 그의 기도문 '눙크 디미티스'(*Nunc Dimittis*, "이제 놓아주시는도다"를 뜻하는 라틴어 기도문의 첫 구절)를 지금도 예배에서 사용한다.

시삭

이집트의 파라오(재위 BC 945-924). 솔로몬을 피해 달아난 여로보암에게 피난처를 제공했다(열왕기상 11:26-40). BC 925년 팔레스타인을 침공해 유다를 제압하고 성전과 궁전에서 솔로몬의 금방패 같은 보물을 약탈해 갔다(열왕기상 14:25-26, 역대하 12:1-11). 35

시온

여부스 족속의 도시 남단에 있던 언덕. 다윗은 유다와 이스라엘의 경계에 위치한 이 도시를 점령해 통일왕국의 수도로 삼았다(사무엘하 5:6-10). 도성이 확장됨에 따라 시온은 도성 전체를 가리키는 이름이 되었는데, 예언과 시에서 특히 그렇게 사용했다. 57, 313

시장 222, 224

시편

이스라엘의 찬양집. 히브리어 제목 테힐림(*Tehillim*, "찬가")은 이 시들이 원래 노래였음을 보여준다. 시편에 해당하는 영어 표현 Psalms는 그리스어 프살모스(*Psalmos*, "악기에 맞추어 부르는 노래")에서 나왔다. 285

시험

성경은 이것을 하나님의 백성을 잘못된 길로 이끌려는 사탄의 시도로 본다. 사탄은 사역을 시작하는 예수를 시험했다(누가복음 4:1-13). 예수는 제자들에게 "우리를 시험에 들지 않게 하시고 악한 자에게서 구해 주소서"(마태복음 6:13, 현대인의성경)라고 기도하도록 가르치셨다. 신약성경은 신자들에게 시험에 들지 않게 경계하라고 경고하면서(고린도전서 10:12-13, 에베소서 6:10-18,

야고보서 1:12-16) 예수가 늘 함께 계신다고 격려한다(히브리서 2:18, 4:15-16).

식사 198, 200

신 광야

시내 반도의 사막 지역. 이곳에서 이스라엘 자손은 불평했지만 하나님은 메추라기와 만나를 공급하셨다(출애굽기 16장). 50

신발 204

신부 170, 175

신비종교

신앙의 개인적인 면을 장려했던 동방종교들의 총칭. 그리스와 로마에서 인기를 끌었다. 대규모의 국가종교와 달리 신앙의 내용이 보다 개인적이었고, 입교식을 거쳐 비밀조직에 들어오면 영적 계몽의 비밀을 알려 주었다. 바울은 이따금씩 신비종교의 언어를 사용해 청중들과 교감했다. 그는 하나님께도 신비와 비밀이 있는데, 이제 그 비밀을 예수 그리스도를 통해 모든 사람에게 알려 주셨다고 말했다. 157, 163

신성모독

하나님을 모독하는 언행. 구약은 신성모독을 사형으로 처벌했다(레위기 24:10-23). 대제사장 가야바는 예수가 재판을 받을 때 하신 말씀을 하나님과의 동등성을 내세우는 신성모독으로 보았다(마태복음 26:62-66). 377, 386

신실

하나님의 근본적 속성 가운데 하나로(출애굽기 34:6) 하나님이 그분 자신과 그분의 뜻, 그

분의 백성에게 변함없이 충실하심을 말한다. 하나님의 백성은 하나님과 서로에게 신실해야 한다. 25, 266

신앙

성경이 말하는 신앙은 교리에 대한 동의이자, 하나님은 존재하시며 선하고 약속을 지키는 분이라는 확신에 근거해 그분과 맺는 인격적인 신뢰의 관계다. 신약에 따르면 신앙은 예수에 대한 올바른 가르침과 그 결과로 나타나는 삶의 방식이다.

신앙고백 264, 286

신약

성경의 후반부 27권의 책. 예수와 그를 따르는 자들의 이야기를 들려준다.

신약의 서신서 31, 91

신정 통치(theocracy)

하나님의 직접 통치, 또는 그분이 임명하신 중재자를 통한 통치. "하나님의 통치"를 뜻하는 그리스어 '테오크라티아'(theokratia)에서 나옴. 238

실라(실루아노)

예루살렘 교회의 지도자. 예루살렘 공회의 편지를 안디옥 교회로 전달하는 임무를 맡았다(사도행전 15:22). 바울의 제2차 선교여행에 동행했다(15:36-17:15). 바울의 편지 두 통(데살로니가전서 1:1, 데살로니가후서 1:1)과 베드로의 편지 한 통(베드로전서 5:12)에 동역자로 등장한다. 89, 287

실로

에브라임 구릉지의 도시. 여호수아가 성막을 세웠고(여호수아 18:1), 엘리가 제사장직을 맡았던 이곳에서 한나가 서원을 하고(사무엘 1:9-17) 사무엘이 사역을 시작했다(3:21). BC 1050년 블레셋 족속에게 파괴되었는데, 예레미야는 오랜 세월이 지난 후 이 사건을 예루살렘에 대한 경고로 제시했다(예레미야 7:12-15). 105

실로암

예루살렘에 있는 못. 히스기야의 수로를 통해 성 바깥의 기혼 샘과 연결되어 있다. 예수가 눈먼 사람을 그리로 보내 눈을 뜨게 해주셨다(요한복음 9:1-7). 70, 191, 312

실바

야곱의 아내 레아의 몸종. 야곱의 두 아들 갓과 아셀을 낳았다. 171

심판

이생에서 혹은 '마지막 날'에, 하나님의 정의와 공평에 따라 모든 사람의 신념과 행동에 대해 책임을 묻는 일. 신약은 예수를 믿으로써만 이 심판을 피할 수 있고(요한복음 3:18) 하나님의 의를 덧입을 수 있다고(로마서 3:21-26, 8:1-4) 가르친다. 71

십계명

시내 산에서 주어진 율법의 핵심. 49, 272, 273

십일조

수입의 십분의 일을 하나님께 바침(레위기 27:30-33, 신명기 14:22-29). 율법에서 명령하고 있지만, 족장들은 율법이 주어지기 전에도 십일조를 냈다(창세기 14:18-20, 28:20-22). 예수는 십일조를 내라고 하신 적이 없는데, 유대교 신자로서 당연한 일로 여기셨기 때문에 그랬을 가능성이 높다.

예수는 십일조를 폐지하신 적이 없고, 다만 올바른 태도를 강조하셨다(마태복음 23:23-24). 그러나 예수는 십일조를 상한선으로 여기지 않고 가진 것을 모두 바친 과부를 칭찬하셨다(누가복음 21:1-4). 103, 233, 275

십자가형

페니키아인이 고안하고 로마인이 사용한 잔인한 처형 방법으로 범죄자를 나무기둥에 못 박았다. 예수가 이 방법으로 죽으셨다. 83, 374

ㅇ

아가

구약의 지혜서. 하나님의 선물인 사랑을 어떻게 누려야 하는지 보여주는 책. 많은 이들이 이 책을 하나님과 이스라엘, 또는 그리스도와 교회의 사랑의 은유로 해석했다. '솔로몬의 노래 중의 노래'라는 히브리어 제목은 '솔로몬의 가장 위대한 노래'라는 말의 히브리식 표현이다.

아가보

예루살렘의 그리스도인 예언자. 기근(사도행전 11:27-30)과 바울의 투옥(21:10-14)을 예언했다.

아간

여리고 전투에서 승리한 후 하나님께 바쳐진 물건을 훔쳐 이스라엘이 아이 전투에서 패배하게 만든 장본인(여호수아 7-8장). 53, 186

아굴라

유대인 그리스도인. 클라우디우스 황제가 유대인을 로마에서 추방할 때 아내 브리스길라와 함께 그곳을 떠났다(AD 48). 천막 만드는 일을 하면서 바울과 친구가 되었고(사도행전 18:1-3) 일부 여행에 동행하기도 했다(18:18-19). 자신들의 집을 공개해 그리스도인의 모임장소로 썼다(고린도전서 16:19). 89

아그립바

1. 헤롯 아그립바 1세. 헤롯 대왕의 손자. 유대를 통치했다(AD 37-44). 야고보를 처형하고 베드로를 감옥에 가두었으며 천사의 손에 죽었다(사도행전 12:1-23). 86, 251, 369
2. 헤롯 아그립바 2세. 바울은 가이사랴에서 그 앞에 섰다(25:13-26).
'헤롯 왕조'를 보라.

아나니아

1. 교회를 속이려다가 아내 삽비라와 함께 죽은 예루살렘의 그리스도인(사도행전 5:1-11).
2. 사울의 회심에 중요한 역할을 한 다마스쿠스의 그리스도인(9:1-19). 385

아담

"인류"와 "인간" 모두를 뜻하는 히브리어. 창세기 1:26-27에서 처음 등장한다. 동물과 같은 날에 창조되었지만 아담과 그의 짝 하와는 "하나님의 형상으로" 만들어진, 동물보다 우월한 존재였다. 아담의 불순종으로 인해 그들은 에덴동산에서 쫓겨났고 인류에 죄와 심판이 임했는데(창세기 3장, 로마서 5:12-21), "마지막 아담"이신 예수만이 인류를 그 상태에서 구원할 수 있다는 것이 신약성경의 가르침이다. 42, 202

아동인신제사 64, 181, 300

아라랏 산
오늘날 터키의 동쪽, 우라르 투 남부에 있는 산. 대홍수 이 후 노아의 방주가 여기에 걸 렸다(창세기 8:3-4). 43

아라바
북쪽 갈릴리 호수에서 남쪽 사해("아라바 바다")를 지나 아 카바 만으로 이어지는 요단 강의 지구대. 99

아라비아
홍해와 페르시아 만 사이의 땅. 97, 101, 383

아람 · 아람인
메소포타미아에서 온 반유목 민족. 이스라엘 족장들의 조 상(신명기 26:5). 시리아의 아 람인들은 BC 11세기부터 8세 기까지 여러 강력한 도시국가 를 이루었고, 이스라엘과 평 화롭게 지내기도 하고 싸우기 도 했다. 45, 59, 61, 164

아람어
아람인의 언어. BC 750년부 터 중동의 국제어였다가 이후 그리스어가 그 자리를 대체했 는데, 신약시대에도 아람어는 여전히 유대인의 일상어로 쓰 였다. 72, 154, 234

아론
모세의 형이자 대변자(출애굽 기 4:14-16, 6:28-7:7). 이스라엘 의 초대 대제사장(출애굽기 28 장, 레위기 8장). 시내 산에 올 라간 모세가 여러 날이 지나 도록 내려오지 않아 이스라엘 백성이 다른 신을 원하자 황 금 우상을 만들었다(출애굽기 32장). 모세와 더불어 하나님 의 백성에게 분노했다가 약속 의 땅에 들어갈 권리를 박탈

당했다(민수기 20:1-12, 22-29). 110, 301

아르테미스(아데미)
그리스의 여신. 에베소의 아 르테미스 모형신전을 만들던 은장이들은 바울의 전도에 위 협을 느꼈다. 163

아마겟돈
주의 날에 하나님의 원수들이 결집하는 중심장소. 요한계시 록 16:16에서 한 번 언급된다. 99, 105

아말렉 족속
에서의 손자 아말렉의 후손. 시내 광야와 네겝 지방에서 유목민으로 살았다. 출애굽 당시에 이스라엘 자손을 공격 했고, 그로 인해 하나님은 이 들과 영구히 싸우기로 맹세하 셨다(출애굽기 17:8-16). 165

아모리 족속
메소포타미아에서 나와 시리 아와 가나안으로 퍼져 나간 유목민족. 이스라엘 자손은 요단 강 동쪽 땅 대부분을 지 배하고 있던 이들의 왕 시혼 과 옥을 무찔렀다. 이후 르우 벤, 갓, 므낫세 지파로 서서히 흡수되었다(여호수아 12:1-6). 136, 165

아모스
BC 8세기 유다 출신으로 주 로 이스라엘에서 예언했던 예 언자. 이스라엘의 불의와 불 경건을 꾸짖고 벧엘의 성소를 규탄하며 다가올 심판을 경고 했다. 65, 67, 113, 306

아바
"아빠"를 뜻하는 아람어. 예수 는 하나님을 "아바"라 부르셨 고(마가복음 14:36) 초대교회도 하나님을 그렇게 불렀다(로마

서 8:15, 갈라디아서 4:6). 346

아벨
아담의 둘째 아들. 형 가인에 게 살해당했다(창세기 4:1-16).

아볼로
알렉산드리아 출신의 유대인. 에베소에서 아굴라와 브리스 길라의 가르침을 받고 그리스 도인이 되었다. 고린도로 가 서 교사와 변증가로 활동했다 (사도행전 18:24-28).

아브라함(아브람)
이스라엘의 첫 조상. 메소포 타미아에 살던 아브람("높은 아 버지")은 하나님의 부르심을 받고 가나안으로 이주했다(창 세기 12:1-3). 하나님은 그와 언 약을 맺으시고 아들과 한 민 족을 약속하셨다(15:1-21). 언 약의 증표로 할례를 명하셨 고 이름도 아브라함("여러 민족 의 아버지")으로 바꾸어 주셨다 (17:1-27). 믿음의 대명사로 유 명한(15:6) 아브라함을 신약 성경은 "믿는 모든 사람의 조 상"(로마서 4:11)으로 본다. 44, 269, 279

아비멜렉
1. 블레셋 왕. 아브라함은 그 앞에서 아내 사라가 누이동생 인 척 가장했다(창세기 20장). 2. 사사 기드온의 아들. 왕이 되려고 마음먹고 방해가 될 70명의 형제를 죽였다(사사기 9장). 35

아비후
'나답'을 보라.

아사랴
웃시야로도 불린 유다의 왕. 유다는 아사랴 왕 치하에서 번영했고, 그가 죽던 해에 이 사야가 환상을 보고 부르심을

받았다(이사야 6장). 63, 68

아세라
가나안의 어머니 여신. 엘의 배우자이지만 구약성경에는 바알과 함께 나오는데, 혼히 숭배를 위해 새긴 아세라 목 상으로 등장한다. 137

아셀
1. 야곱의 여덟 번째 아들. 레 아의 몸종 실바가 낳았다(창세 기 30:12-13). 이름의 뜻은 "기 쁨."
2. 이스라엘 열두 지파 중 하 나. 시돈과 갈멜 산 사이 해 안지대에 정착했다(여호수아 19:24-31). 104

아스다롯
풍요와 사랑, 전쟁을 주관하 는 메소포타미아의 어머니 여 신. 가나안의 신 바알의 배우 자. 137, 143

아얄론 골짜기
여호수아가 아모리 족속과 싸 울 때 해와 달이 멈추었다고 전해지는 곳(여호수아 10장).

아우구스투스(아구스도)
로마의 첫 번째 황제. 그의 치 하(BC 31-AD 14)에서 예수가 태어났다(누가복음 2:1). 161, 163, 261

아이
가나안의 도시. 여리고에서 얻은 전리품을 챙긴 아간의 죄 때문에 이스라엘은 이곳에 서 처음으로 패배했다(여호수 아 7:1-5). 이후 아간의 죄를 드 러내 처리한 후(7:6-26) 아이 성을 점령했다(8:1-29). 53

아카드 · 아카드인
메소포타미아 족속. 아카드 제국은 BC 3000년 사르곤 왕

치하에서 영토를 확장해 아카드를 수도로 정하고 제국을 다스렸다. 아카드는 나중에 바벨론으로 불리게 되었고 아카드어는 지역의 공용어가 되었다. 127, 242

아테네(아덴)

그리스의 수도. 로마 제국의 지식의 중심지. 제2차 선교여행에 나선 바울이 이곳에서 복음을 전했다(사도행전 17:15-34). 89, 158, 159

아트라하시스 서사시

BC 2000년대 초에 등장한 메소포타미아 신화. 창조, 초기 인류역사, 대홍수를 기록하고 있다. 43

아합

이스라엘의 악한 왕(BC 874-853). 아내 이세벨의 영향을 받아 이스라엘을 바알숭배로 이끌었고(열왕기상 16:29-33) 엘리야와 충돌했다(18:16-19:5, 21:1-28). 아람과의 전투에 변장을 하고 나갔지만 결국 전사했고, 예언대로 개들이 그의 피를 핥았다(21:19). 63, 65, 105

악(惡)

"망치다", "산산조각나다"는 뜻의 히브리어 어원에서 유래했다. 악한 것은 망가지고 무가치하고 불쾌하고 역겨운 것이다. 성경은 악이 도덕적, 영적, 물리적 수준에서 존재한다고 말하며, 특별히 신약은 악을 "악한 자"라 불리는 마귀의 활동으로 본다. 예수는 온갖 형태의 악에 반대하셨고, 십자가에서 죽으심으로 악을 이기셨다(골로새서 2:15, 요한일서 3:8). 이로 인해 하나님이 종말에 세우실 세상은 악이 전혀 없는 곳이 될 것이다(요

한계시록 21:1-8).

악기 285

악메다(엑바타나)

BC 550년 고레스 대제가 정복한 메대의 수도. 에스라 6:1-2, 제2정경의 토비트와 유딧에 등장한다. 66, 152

안나

예수의 부모가 성전으로 아기 예수를 데려왔을 때 예수의 메시아 활동을 예언한 여자 예언자(누가복음 2:36-38).

안드레

시몬 베드로의 형제이자 어부. 예수의 열두 제자 중 한 사람으로 베드로를 예수에게 소개했다(요한복음 1:35-42). 빵 다섯 덩이와 물고기 두 마리를 가져온 소년을 예수에게 데려왔는데, 예수는 그것으로 5,000명을 먹이셨다(6:8-9). 345

안디옥(안티오크)

시리아의 오론테스 강변에 위치한 주요 도시. 스데반의 순교 후 예루살렘에서 달아난 그리스도인들이 이곳에 교회를 세웠다. 이후 안디옥 교회는 기독교 선교의 주요 기지가 되었다. 78, 88, 91

안식

인간의 건강과 정상적인 삶을 위해 꼭 필요한 요소. 창조의 일곱째 날에 하나님이 안식하심으로 친히 본을 보이셨는데 (창세기 2:1-3), 피곤해서가 아니라 일을 마쳤기 때문이었다. '안식'이라는 단어는 유대인의 휴일인 '안식일'에서 나왔다. 안식일은 엿새 동안 일하고 하루를 쉬는, 하나님이 정하신 삶의 패턴을 보여준

다. 40, 246, 282

안식일

유대인의 휴일. 하나님이 창조 시에 정하신 기준에 따라 금요일 일몰부터 토요일 일몰까지로 계산했다(창세기 2:2-3, 출애굽기 20:8-11). 40, 72, 280, 309

안식일의 여행 거리

유대인이 안식일에 걸을 수 있는 거리. 2천 규빗(1km 정도). 236

안티오코스 4세 에피파네스

셀레우코스 왕국의 통치자 (BC 175-164). 그리스 문화를 유대인에게 강요해 마카베오 전쟁이 촉발되었다. 77, 182, 277

알렉산드로스 대왕

거대한 그리스 제국의 창시자. 헬레니즘화의 열렬한 주창자. 76, 78, 96, 156

알렉산드리아

알렉산드로스 대왕이 세운 이집트의 주요 항구도시. 프톨레마이오스 왕조 때 이집트의 수도였고 로마 제국 제2의 도시였다. 디아스포라 유대인 최대 공동체가 있던 이곳에서 그리스어로 『70인역』이 번역되었다. 24, 78, 129

알파와 오메가

그리스어 알파벳의 첫 글자와 마지막 글자로, 처음과 끝을 나타낸다. 하나님이 친히 스스로를 일컬은 호칭(요한계시록 1:8, 21:6)이며 예수 그리스도도 사용하셨다(22:13).

암논

다윗 왕의 첫째 아들(사무엘하 3:2). 다말을 강간하고 나서 동

생 압살롬에게 살해당했다(13장). 58

암몬 족속

롯의 두 딸의 후손(창세기 19:36-38). 이들은 요단 강 동쪽에 살았는데 이스라엘 자손은 혈연관계인 이들을 정복하지 말라는 지시를 받았다(신명기 2:19). 하지만 이들이 먼저 이스라엘을 공격했고(사사기 3:12-13; 10:6-18, 사무엘상 11:1-14, 사무엘하 10:1-19) 결국 다윗이 막아 무찔렀다(사무엘하 11:1, 12:26-31). 61, 165

압살롬

다윗의 여섯 아들 중 셋째. 누이 다말을 강간한 이복형 암논을 살해했다(사무엘하 13장). 또한 아버지의 통치를 뒤엎으려 반란을 일으켰다(15-18장). 58

앗시리아 · 앗시리아인

메소포타미아 북부에서 온 셈 족. 독립적인 도시국가들의 연합이 강력한 국가로 발전해 BC 9세기와 8세기에 메소포타미아 일대를 지배했다. 앗시리아는 BC 722/721년에 이스라엘을 정복했고 그곳의 주민들을 강제 추방했다(열왕기하 17:5-6, 이사야 10:5). 64, 144

애도

사별 이후 슬픔을 표현함. 애도 기간은 통상 일주일이었지만(창세기 50:10, 사무엘상 31:13), 특별한 인물의 경우에는 더 길어지기도 했다(신명기 34:8 등). 327

애완동물 116

야고보

1. 세베대의 아들. 사도 요한

의 형. 어부. 예수의 열두 제자 중 한 사람(마태복음 4:21-22). 예수가 야고보, 요한 형제를 "천둥의 아들"(마가복음 3:17)이라 부르신 것으로 보아 성미가 괄괄했음을 알 수 있다. 이 두 사람과 베드로가 예수의 최측근이었다(마태복음 17:1, 26:37, 마가복음 5:37). 헤롯 아그립바 1세의 박해로 순교했다(사도행전 12:1-2). 345

2. 알패오의 아들. 어린 야고보라고도 불린다. 알려진 바가 거의 없는 예수의 제자(마태복음 10:3, 마가복음 15:40).

3. 예수의 동생(마태복음 13:55). 부활하신 예수가 그에게 직접 나타나신 후에야 제자가 되었다(고린도전서 15:7). 예루살렘 교회의 지도자가 되었고(사도행전 12:17, 15:13-19) 신약의 야고보서를 썼다. 85

야곱

이스라엘의 족장. 형 에서를 속여 장자권을 얻어낸 후에 하란으로 달아났다(창세기 27:1-45). 그곳에서 열한 명의 아들을 얻었는데, 나중에 얻은 막내를 포함한 열두 아들이 이스라엘 지파의 시조가 되었다. 그는 하나님의 천사와 씨름을 한 후에 이스라엘로 이름이 바뀌었다(32:22-32). 열두 번째 아들 베냐민은 가나안으로 돌아오는 길에 태어났는데, 라헬은 베냐민을 낳다가 죽었다(35:16-20). 47, 105, 171

야벳

노아의 세 아들 가운데 하나. 인도-유럽민족의 조상으로 보인다. 42

야생동물 118

야이로

회당장. 예수가 그의 딸을 살려주셨다(마태복음 9:18-26, 마가복음 5:21-43, 누가복음 8:40-56). 356

약속의 땅

하나님이 아브라함에게 약속하신 땅을 부르는 명칭. 가나안 땅. 52, 102

약혼 174

얍복 강

암몬과 갓의 경계(신명기 3:16)를 이루는 요단 강의 지류. 야곱은 이곳을 건넌 후 하늘의 천사와 레슬링 시합을 벌였다(창세기 32:22-32).

양 115, 213

양털

성경시대의 기본적인 옷감. 모압이 이스라엘에 바친 연례 조공에 양털이 포함된 것으로 보아 그 가치를 가늠할 수 있다(열왕기하 3:4). 빨아서 새하얗게 된 양털은 순결함의 상징이었다(이사야 1:18). 115, 213

언약

쌍방 간의 구속력 있는 계약. 성경시대의 기초적인 관계 표현방식. 43, 49, 268

언약궤

이스라엘의 가장 거룩한 기물. 황금을 입힌 1.2×0.6×0.6m 크기의 아카시아나무 상자. 십계명 돌판이 들어 있고(출애굽기 40:20, 신명기 10:5), 하나님의 임재를 상징했다. 이스라엘이 진영을 옮길 때마다 레위인이 모서리에 달린 고리에 장대를 끼워 운반했다. 70, 110, 260, 296

에그론

해안평야를 따라 형성된 블레셋의 다섯 도시 중 하나. 빼앗긴 언약궤가 한동안 이곳에 있었다(사무엘상 5장). 141

에녹

아담의 아들 셋의 후손. "하나님과 동행하여" 죽지 않고 하늘로 들려 올라갔다(창세기 5:24).

에누마 엘리쉬

메소포타미아 신화. 일곱 개의 석판에 창조 이야기가 적혀 있다. 43, 150

에덴

유프라테스 강과 티그리스 강 사이의 어느 지역. 성경은 여기서 인류가 시작되었다고 말한다. 에덴("기쁨", "즐거움")에는 목가적인 동산(정원)이 있었는데, 하나님은 여기에 아담과 하와를 두고 그분의 특별한 임재를 누리게 하셨다(창세기 2장). 그러나 이들은 죄를 지어 쫓겨났다(3장). 『70인역』은 이것을 그리스어 파라데이소스("정원", "공원")로 번역했고, 여기서 에덴이 '파라다이스'(낙원)라는 생각이 나왔다. 42, 202, 284, 315

에돔 · 에돔 족속

에서의 후손. 사해 남쪽 산악지대에 살았다. 이들은 이스라엘과 조상이 같았지만 약속의 땅으로 가는 이스라엘의 통행을 거부했다(민수기 20:14-21). BC 586년 예루살렘 함락 이후 많은 에돔 족속이 유다 남쪽으로 이주했는데, BC 3세기에 나바테아인에게 정복당한 후 이 지역은 이두매라는 이름으로, 거주민은 이두매인으로 알려지게 되었다. 51, 61, 104, 165

에바브로디도

빌립보 출신의 그리스도인. 바울을 도왔고 그를 위해 생명의 위험까지 무릅썼다(빌립보서 2:25-30).

에발 산

세겜 부근의 산. 이곳에서 이스라엘 여섯 지파가 하나님의 언약을 어길 시 받을 저주를 선포했다. 반대편의 그리심 산에서는 나머지 여섯 지파가 언약에 순종할 때 오는 복을 선포했다(신명기 11:29; 27:1-28:6, 여호수아 8:30-35). 53

에베소(에페수스)

로마의 아시아 속주(오늘날의 터키)의 주도로 당시 인구 약 30만 명. 자이스테르 강 어귀, 주요 무역로에 위치한 항구도시. 세계 7대 불가사의 중 하나인 아르테미스 신전으로 유명하다. 바울은 이 도시의 중요성을 알고 두 번 방문해서 2년 넘게 머물렀고(사도행전 19:8-10) 그의 설교로 아르테미스 모형신전 제작 사업이 지지부진해지자 직공들이 소요를 벌이기도 했다(19:23-41). 바울의 에베소서와 요한의 일곱 편지 중 한 통은 이곳의 교회에 보낸 것이다(요한계시록 2:1-7). 전승에 따르면 사도 요한이 이곳에 정착했다. 89, 192, 221, 245

에브라다

베들레헴 주변 지역.

에브라임

1. 요셉의 둘째 아들. 이집트에서 태어났고(창세기 41:50-52) 야곱의 축복을 받았다(48:12-20). 171

2. 에브라임에게서 나온 지파. 상당히 중요한 지파가 되었다(사사기 8:1-3). 104

3. 요단 강 서쪽, 베냐민과 므낫세 사이의 영토. 아름답고 비옥하기로 유명했지만 에브라임 지파는 이곳을 완전히 차지하지는 못했다(여호수아 16:10). 104

4. 왕국 분열 이후 북왕국 이스라엘과 동의어로 쓰임(이사야 7:1-17, 예레미야 7:15).

에서

이삭과 리브가의 아들이자 야곱의 쌍둥이 형. 장자권을 야곱에게 팔았다(창세기 25:19-34). 야곱이 그를 속여 이삭의 축복을 얻어 냈지만(창세기 27:1-28:5) 두 형제는 나중에 화해했다(33장). 에서는 사해 남쪽 세일로 이주해 그곳에서 에돔 족속의 조상이 되었다(36:6-43). 성경은 하나님이 에서를 거부하신 것을 '선택'의 예로 본다. 야곱이 하나님의 뜻에 따라 선택된 이들을 상징한다면 에서는 하나님의 뜻에 따라 선택받지 못한 이들을 상징한다(말라기 1:2-3, 로마서 9:10-16). 47

에세네파

율법을 철저히 지키기로 다짐한 배타적인 유대교 분파. 쿰란 공동체처럼 대체로 수도원 같은 공동체를 이루고 살았다. 310, 361, 368

에스겔

BC 597년 바벨론으로 끌려간 제사장 가문의 일원. 하나님은 더 이상 제사장으로 일할 수 없게 된 그를 불러 예언자로 삼으셨다(에스겔 1-3장). 처음에는 유대인들에게 회개를 촉구하는 데 초점을 맞추다가 예루살렘 파괴(BC 586) 이후에는 소망과 회복의 메시지를 전했다. 마른 뼈와 같은 그들이 되살아나 군대를 이룰

것을 보았고(37장) 재건된 성전에서 생수가 흘러나올 날을 예언했다(47장). 211, 215, 223, 244, 270, 306

에스골 골짜기

약속의 땅을 살펴보라는 임무를 맡은 정탐꾼들이 이곳에 왔다가 두 사람이 짊어져야 할 만큼 큰 포도송이가 달린 가지를 가지고 돌아와 가나안의 풍요로움을 입증했다(민수기 13:21-25).

에스더

페르시아에 살던 유대인 고아. 에스더서에 그녀의 이야기가 등장한다. 아하수에로(크세르크세스 1세, BC 486-465)의 왕후로 뽑힌 그녀는 유대인을 멸절시키려는 하만의 음모를 저지하는 데 핵심역할을 했다(에스더 5-9장). 이 사건을 기념하는 유대인의 절기가 부림절이다. 에스더서는 성경에서 유일하게 하나님의 이름이 나오지 않는 책이지만, 하나님의 주권을 보여주는 실례로 가득하다. 27, 74, 282

에스라

BC 458년 아닥사스다(아르타크세르크세스 1세)가 유대교 율법준수를 지도하기 위해 예루살렘으로 보낸 제사장 겸 서기관(에스라 7-10장). 에스라가 도착해 보니 성전은 재건되었지만 신앙을 회복하는 일에 대한 열정은 별로 보이지 않았다. 그래서 그는 유대교의 생존을 위협하던 이방 민족과의 통혼을 중지시켰다. 이후 그에 대한 기록이 한동안 없는 것으로 보아 바벨론으로 돌아가 왕에게 활동내용을 보고했을 수도 있다. 그는 BC 444년 율법을 공적으로 낭독하는 장면에 다시 등장한다(느

헤미야 8-10장). 유대 전승에 의하면 그는 구약 책들의 마지막 편집에 참여했다. 24, 75, 152, 183

에시온게벨

아카바 만 북단에 위치한 도시. 솔로몬의 선단 기지가 있었다. 50, 223, 228

에티오피아

'구스'를 보라.

에피쿠로스학파

에피쿠로스가 세운 그리스의 철학 학파. 최고의 선은 평정, 고통과 두려움으로부터의 자유, 적정한 쾌락을 추구해 행복을 얻는 것이라고 가르쳤다. 158

엘람 · 엘람 족속

티그리스 강 동쪽의 나라. 페르시아인의 지배를 받게 된 이후, 이곳의 수도 수산이 중요한 지역으로 부상했다. 71, 145, 153, 166

엘리

어린 사무엘을 훈련시킨 실로의 제사장이자 사사(사무엘상 1-3장). 183

엘리사

엘리야의 제자. 스승의 사역을 이어가며 여러 자비의 기적을 베풀었고(열왕기하 4장) 엘리사 덕분에 이스라엘이 아람인을 무찌를 수 있었다(6:8-7:20). 이름의 뜻은 "내 하나님이 구원하신다." 64, 172

엘리사벳

제사장 사가랴의 아내이자 세례 요한의 어머니(누가복음 1장). 180, 335

엘리야

이스라엘의 예언자(BC 875-848). 그의 이름("여호와께서 하나님이시다")은 그가 여호와와 바알을 동시에 섬기고 싶어 했던 이들에게 전한 메시지를 요약하고 있다(열왕기상 18:21). 여러 기적(17장), 바알 예언자들과의 대결(18장), 불병거를 타고 하늘로 들려 올라간 일(열왕기하 2장)로 특히 유명하다. 그는 예수가 변화하셨을 때 모세와 함께 나타났는데, 그들은 구약에서 예수를 증언한 율법과 예언자를 상징했다. 64, 98, 119, 138, 172, 306, 356

엠마오

예루살렘에서 11km 떨어진 마을. 부활의 첫날, 예수는 이곳으로 가던 두 제자에게 나타나셨고 구약에 비추어 자신의 죽음과 부활을 설명하셨다(누가복음 24:13-35). 380

여가 246

여관 196, 228, 338

여로보암 1세

북왕국 이스라엘의 초대 왕. 르호보암에 맞서 반역을 주도했다(열왕기상 12:1-20). 예루살렘으로 순례를 가는 백성을 막기 위해 단과 벧엘에 산당을 세우고 자격 없는 이들을 제사장으로 임명했는데(12:25-33), 이 악한 처사를 후대 왕들이 본받는 바람에 이후 "여로보암의 죄"로 불리게 된다. 60, 63, 105

여로보암 2세

이스라엘의 왕(BC 782-753). 이스라엘의 영토를 회복하고 경제적 번영을 이루었지만(열왕기하 14:23-29) 그 과정에서

영적 쇠퇴를 불러왔다. 아모스와 호세아는 이와 같은 이스라엘의 영적 상태를 경고했다. 63, 65

여리고
사해 북쪽의 오아시스. '종려나무 성'이라고 불리기도 했다(역대하 28:15). 요단 강 나루 및 왕의 대로와 해변길을 잇는 도로를 지키는 요새화된 도성이었다. 여호수아가 이끄는 이스라엘이 약속의 땅에 들어와 처음 점령한 도시다(여호수아 5:1-6:27). 신약시대에 예수는 이곳에서 장님 바디매오를 고치셨고(마가복음 10:46-52) 삭개오를 만나셨다(누가복음 19:1-10). 53, 101, 105

여부스 · 여부스 족속
예루살렘과 그 거주민의 옛 이름(사무엘하 5:6-7). 57

여행 226

여호사밧
유다의 선한 왕(BC 872-848). 이방 신을 거부하고 하나님의 율법을 가르쳤으며, 법체제를 개혁하고 군대와 방비를 강화하고 찬양행진으로 모압과 암몬을 무찔렀다(역대하 17-21장). 하지만 아합과 동맹을 맺는 실수를 저질러 이스라엘의 전쟁에 말려들었다. 63, 68

여호수아
1. 모세의 조력자. 시내 산(출애굽기 24:13)과 성막(33:7-11)에서 모세와 함께 있었다. 가나안을 살펴보도록 보낸 열두 정탐꾼 중 그와 갈렙만이 긍정적인 보고를 가져왔고(민수기 14:5-9), 그로 인해 약속의 땅에 들어가도록 허락을 받았다(14:26-38). 모세의 후계자로 임명되어(신명기 1:38, 3:28,

31:7-8, 34:9) 이스라엘을 이끌고 가나안을 정복했는데, 그 내용이 여호수아서에 기록되어 있다. 51, 53, 105
2. 바벨론 유배에서 귀환할 당시의 대제사장. 학개의 격려를 받아 성전 재건을 마무리했다(학개 1:12-2:9). 스가랴는 그의 머리에 왕관을 씌우며 메시아를 예표했다(스가랴 6:9-15).

여호아하스
1. 이스라엘 왕 예후의 아들. BC 814-798년 통치(열왕기하 13:1-9). 63
2. 유다 왕 요시야의 아들. BC 609년에 고작 3개월을 다스리고 파라오 느고에 의해 폐위되었다. 63

여호야긴
BC 597년 열여덟 살에 유다의 왕위에 올라 석 달을 다스리고 느부갓네살에게 사로잡혀 바벨론으로 끌려갔다(열왕기하 24:8-17). 유배 생활 37년 동안 옥에 갇혀 있다가 이후 어느 정도 자유로워졌고 궁전에서 특권도 누렸다(25:27-30). 63, 150

여호야김
요시야의 아들. 유다의 불경건한 왕(BC 609-598). "예루살렘을 죄 없는 사람의 피로 가득 채"웠고(열왕기하 24:4), 자신을 반대하는 우리야 예언자를 죽였으며(예레미야 26:20-23) 예레미야의 예언서를 불태웠다(36장). BC 605년 바벨론에 굴복하고 봉신이 되었다. 3년 후 그가 반역하자 바벨론은 군대를 보내어(열왕기하 24:1-2) 그를 사로잡아 갔다(역대하 36:6). 63, 70

여호야다
왕족을 멸절시키려던 왕대비 아달랴의 시도를 무산시킨 대제사장. 어린 요아스를 6년 동안 성전에 숨겨 두었다가 군사를 일으켜 그를 왕으로 세웠다(열왕기하 11장).

여호와
하나님이 모세에게 알리신 이름(출애굽기 3:14). 히브리어로는 YHWH라는 네 개의 자음으로만 구성되어 있다. 학자들은 종종 이것을 '테트라그라마톤'(*Tetragrammaton*, "네 글자"라는 뜻의 그리스어)이라 부른다. 모음이 어떻게 되는지는 추측해 볼 따름이지만 아마 "야훼"라고 읽었을 것이다. 역사적으로 "여호와"로 번역이 되었다. 48, 266

역대기
바벨론 유배에서 돌아온 유대인들에게 하나님의 공동체는 계속 존속하고 복을 받을 것이라는 확신을 주고자 새롭게 기록한 이스라엘의 역사.

열 가지 재앙
파라오가 노예로 있던 이스라엘 자손을 풀어주길 거부했을 때 하나님의 능력이 심판으로 임한 사건. 열 가지 재앙(출애굽기 7:14-12:51) 가운데 나일 계곡의 자연현상과 관련이 있는 아홉 가지는 이집트와 그 신들에 대한 도전이었다. 하나님은 파라오에 대한 압박을 점점 높여 가셨는데, 여전히 그가 굴복하지 않자 열 번째 재앙으로 죽음이 찾아와 이집트인의 모든 맏아들을 데려갔고 그로 인해 마침내 이스라엘에게 자유가 주어졌다. 49

열둘
예수의 열두 제자(사도)를 가

리킬 때 쓰는 표현(마태복음 20:17; 26:20, 마가복음 4:10; 9:35, 누가복음 8:1; 22:3, 요한복음 6:67-70, 고린도전서 15:5, 요한계시록 21:14) 345, 357, 382

열매 110, 353, 360

열심당
게릴라 전사들. 이스라엘의 유일한 왕은 하나님이라고 믿으며 로마의 통치에 강렬하게 반대했다. 몇 번의 봉기를 일으켰는데, 그중 하나를 계기로 AD 70년에 예루살렘이 파괴되었다. 예수의 제자 시몬이 열심당 출신이다(마가복음 3:17-18). 90, 311, 345

염려 205

염소 115, 213, 282

염해
사해의 구약 이름.

영
'성령'을 보라.

영적 은사
성령이 주신 은사. 자연적인 능력이 강화되어 나타나기도 하고 초자연성이 보다 분명하게 드러나는 경우도 있다. 초대교회의 생활과 복음전도에서 나타난 특징. 321

영지주의(gnosticism)
물질과 영이 완전히 대립된다고 보았던 이원론적 신념들의 총칭. 이 입장에 따르면 영계에 거하시는 하나님은 여러 중재자를 통해서만 이 세계에 개입하실 수 있다. 그러므로 인간은 특별한 지식(그리스어로 *gnosis*)이 있어야 자신의 영적 상태를 알고 그로부터 벗어날 길을 찾을 수 있는데, 영지주의 분파들은 자신들이 이 비밀을 소유하고 있다고 주장했다. 초대교회는 영지주의 및 이와 유사한 신념 때문에 어려움을 겪었다. 33, 294

예레미야

유다의 예언자(BC 627-590년경). 그의 활동과 예언이 예레미야서에 기록되어 있다. 어릴 때 예언자로 부름 받은 그는(예레미야 1장), 하나님의 백성이 행실을 고치지 않으면 땅을 빼앗기고 쫓겨날 것이라는 경고를 전했다. 그러나 사람들은 그를 해칠 음모를 꾸미고(11:18-23, 12:6, 18:18) 형틀에 묶고(20:1-2) 죽인다고 위협하고(26장) 감옥에 가두고(37장) 웅덩이에 던져 넣고(38장) 그가 기록한 예언의 글을 불태웠다(36장). 그럼에도 그는 예언을 계속했는데, 장차 회복이 임할 것이고(30장, 32-33장) 하나님이 그분의 백성과 새 언약을 맺으실 것이라는 내용이었다(31:29-34). 결국 유다에 남은 자들이 이집트로 달아날 때 같이 끌려갔는데(43장), 그곳에서 사망한 것으로 보인다. 28, 68, 73, 118, 270, 306

예루살렘

다윗이 여부스 족속으로부터 정복한 후 통일 이스라엘 왕국의 수도가 되었다. 312

예루살렘 공회

이방인 회심자의 증가로 생겨난 문제를 해결하기 위해 안디옥 교회의 대표자들과 예루살렘 교회의 사도와 장로들이 가진 모임(AD 49/50). 이 자리에서 이방인 회심자는 전통적인 유대인 식별표지를 받아들이지 않아도 구원받을 수 있다는 결론이 나왔다(사도행전

15장), 85

예배

하나님에 대한 신앙의 표현. 284

예배장소 296

예수 그리스도

예수: 구약의 이름 여호수아("여호와께서 구원하신다")의 한 형태.
그리스도: 히브리어 메시아("기름부음 받은 자")의 그리스어 번역어.

가르침 346
거부당하심 344, 345
공동체 362
광야의 시험 342
구원자 275, 305
기도 291
기적 354
대위임령 380
돈을 대하는 태도 232
동정녀 출생 81, 335
따르는 자들 390
마지막 일주일 370
부활 375
부활 후 나타나심 378
비유 350
사역 342
산상설교 348, 359
성령을 선물로 주심 382
성전을 깨끗하게 하심 344, 370
세례 342
승리 381
승리의 입성 370
승천 321, 378
십자가형 374
예수는 누구인가 81, 386
유다의 배반 373
윤리 358
자연을 다스리는 능력 355
재림 394
제자 345
죽음을 이기는 능력 356
최후의 만찬 322, 371

출생 81, 338
충돌과 갈등 366
치유 354

예수의 변화

헤르몬 산에서 예수 안에 있는 하나님의 영광이 드러난 사건(마태복음 17:1-13, 마가복음 9:2-13, 누가복음 9:28-36). 이때 율법과 예수에 대한 예언자들의 증거를 상징하는 모세와 엘리야가 나타났고, 하나님은 예수가 자신의 아들이라고 말씀하셨다.

예언 · 예언자

하나님의 대변자가 하나님께 받아 전하는 말. 구약에는 예언자를 가리키는 세 가지 용어가 있다. '하나님의 사람'(이쉬 엘로힘, *'ish 'elohim*)은 이들과 하나님이 가까운 관계임을 강조한다. '선견자'(로에, *ro'eh*, 호제, *hozeh*)는 이들이 하나님이 하시는 일을 볼 수 있다는 점을 강조한다. "부르다"라는 단어에서 나온 '예언자'(나비, *nabi*)는 하나님의 이름으로 사람들에게 말하도록 부르심을 받은 남녀를 말한다. 304

예후

엘리야의 기름부음을 받고 아합의 계보를 멸절시킨 후 그 대신 이스라엘의 왕이 되었다(BC 841-814, 열왕기상 19:15-17, 열왕기하 9-10장). 63, 64

오네시모

골로새에서 도망해 온 노예. 바울을 통해 그리스도인이 되었다. 바울은 그의 주인 빌레몬에게 편지를 써서 오네시모를 다시 받아들이고 용서해 주라고 호소했다(골로새서 4:9, 빌레몬서 1장). 257

오므리

이스라엘의 군사령관. 시므리를 몰아내고 왕이 되었다. BC 885년부터 874년까지 다스리면서 사마리아를 이스라엘의 새로운 수도로 세우고 정치적 입지를 다졌지만, 이스라엘의 신앙을 부패시켰다는 비난을 받았다(열왕기상 16:21-28). 61, 63, 65, 105

오바댜

1. 아합의 궁을 책임졌던 관리. 이세벨의 눈을 피해 100명의 예언자를 숨겨 주었다(열왕기상 18:1-4).
2. 유다 출신의 예언자. 이름의 뜻은 "여호와의 종". 이스라엘의 파멸을 고소하던 에돔을 향해 심판을 선언했다. 그의 예언은 오바댜서에 기록되어 있다. 165, 306

오벳에돔

웃사가 언약궤를 만지고 급사한 후 다윗이 잠시 언약궤를 맡긴 가드 사람.

오빌

양질의 황금으로 유명한 지역. 위치는 불확실하다(열왕기상 9:26-28).

오순절(Pentecost)

밀 수확을 기념하는 유대인 절기. 원래는 수장절이나 칠칠절로 불렸다(출애굽기 23:16, 레위기 23:15-22). 유월절 후 50일째 되는 날에 지켰기 때문에 나중에 오순절(五旬節, "50번째"를 뜻하는 그리스어 *Pentecost*)로 알려지게 되었고, 하나님이 모세에게 율법을 주신 일을 기념하는 의미도 갖게 되었다. 기독교의 용례에서 오순절은 성령이 주어진 날을 가리킨다(사도행전 2:1-4). 84, 195, 281, 382

옥

요단 강 동쪽 바산의 왕. 이스라엘은 그의 영토를 정복하고 므낫세 지파에게 주었다(민수기 21:32-35, 신명기 3:1-20).

온전함

건강, 번영, 안전, 우정, 구원을 포함하는 히브리어 "샬롬"("평화"라는 뜻). 253

올리브 112, 198

올리브 산(감람 산)

예루살렘 동쪽의 언덕. 예수가 즐겨 찾으시던 곳(요한복음 18:1-2). 예수는 이곳에 계시다 종려주일에 예루살렘으로 들어가셨고(마태복음 21:1-17), 이곳에서 마지막 밤을 보내셨다(26:36-56). 요세푸스에 따르면, AD 70년 예루살렘 공성전 기간에 로마 군인들이 이곳의 올리브나무 대부분을 벌목했다. 고대 유대식 무덤이 많아 산비탈에 15만 개의 무덤이 있었다. 많은 경건한 유대인들은 이곳으로 메시아가 오실 것이라고 믿었다. 372

옷 202

옷니엘

이스라엘의 사사. 갈렙의 조카. 가나안 종교에 반대하고 아람을 제압했다(사사기 3:7-11).

와스디

페르시아의 왕비. 잔치자리에 나오라는 아하수에로 왕의 명령을 거부했다가 폐위당했고, 에스더가 그 자리를 대신했다(에스더 1-2장).

왕국 분열

솔로몬 사후 이스라엘은 북왕국 이스라엘과 남왕국 유다로 나뉘었다. 르호보암의 어리석음으로 인해 갈라진 나라는 다시는 통일되지 못했다. 60

왕의 대로

요단 강 동쪽, 다마스쿠스와 아카바 만을 남북으로 잇는 주요 도로. 45, 227

외경

'제2정경'을 보라.

요나

여로보암 2세 치하에서 활동했던 이스라엘의 예언자(열왕기하 14:25). 당시에는 앗시리아가 강대해지고 있었는데, 하나님은 그를 앗시리아의 수도 니느웨로 보내 말씀을 전하게 하셨다. 그러나 요나는 정반대 방향으로 배를 타고 달아나다가 풍랑을 만나 큰 물고기에게 먹혔다가 살아나는 표적을 통해(요나 1:4-2:10) 니느웨에서 말씀을 전하는 것이 하나님의 뜻임을 깨달았다. 그의 선포로 니느웨가 회개했을 때에는(3장) 하나님이 이스라엘의 원수를 그렇게 쉽게 용서하신다는 사실에 분노하기도 했다(4장). 예수는 요나 이야기를 자신의 죽음과 부활의 표적으로 거론하셨다(마태복음 12:39-41). 147, 306

요나단

사울 왕의 맏아들. 다윗의 절친한 친구가 되었고(사무엘상 18:1-4) 그가 사울의 박해를 피하도록 도왔다(19-20장). 다윗이 자기를 대신해 왕이 될 수 있음을 알면서도 그렇게 한 것이다. 그는 블레셋 족속과 벌인 길보아 산 전투에서 사울과 함께 전사했는데(31:1-2), 다윗은 그의 죽음을 깊이 애도했다(사무엘하 1:17-27). 141

요단 강

헤르몬 산에서 남쪽으로 훌라 호수와 갈릴리 바다를 거쳐 사해까지 흘러가는 이스라엘의 주요 강. 이름의 뜻은 "내려가는 자." 상류부터 하류까지 수직으로 725m를 내려오며 흐르기 때문에 생긴 이름이다. 성경 이야기 곳곳에 등장하는데, 이스라엘이 약속의 땅으로 들어갈 때 기적적으로 요단 강이 갈라졌고(여호수아 3-4장), 엘리야가 엘리사에게 사역을 넘겨주는 중요한 순간에 요단 강을 건넜으며(열왕기하 2:7-14), 세례 요한의 세례도 이곳에서 이루어졌다(마태복음 3장). 53, 61, 99, 100, 344

요세푸스

전직 갈릴리 유대군 지휘관(AD 37-100년경). 로마에 반대하던 입장에서 돌아서 로마의 역사가가 되었다. 그의 저작은 유대역사와 제2성전 시대 유대교의 신앙내용을 이해하는 데 도움을 준다. 두 권의 저술에서 예수를 언급하며, 그의 가르침, 기적, 십자가 처형, 부활의 주장을 소개한다. 34, 73, 209, 310

요셉

1. 야곱의 열한 번째 아들. 라헬이 낳았다(창세기 30:22-24). 그의 이름은 "더하소서"를 뜻한다. 아버지의 편애와 꿈 해석의 재능 때문에 그에 대한 적의를 키우던 형들이 결국 그를 노예로 팔아 버렸다(37장). 그는 우여곡절 끝에 이집트에서 파라오의 오른팔이 되었고(39-41장) 가나안의 기근으로 고생하던 가족들을 이집트로 데려올 수 있게 되었다(42-47장). 야곱이 죽은 후 형들은 그를 두려워했지만, 요셉은 지난 일 배후에서 하나

님이 주권적으로 일하고 계셨음을 알았다(50:20). 요셉의 이름이 붙은 지파는 없는데, 야곱이 요셉의 두 아들 에브라임과 므낫세를 아들로 삼아(48장) 요셉과 레위의 자리를 대신하게 했기 때문이다. 레위는 이스라엘의 제사장으로 구별되었다. 47, 131

2. 예수의 어머니 마리아의 남편(마태복음 1:18-25). 다윗의 후손(누가복음 2:4). 성경에 요셉이 나오는 대목은 예수의 출생 이야기와 열두 살 소년 예수가 예루살렘을 방문했을 때뿐이다(2:41-50). 따라서 그는 예수의 어린 시절에 죽었을 가능성이 높다. 이렇게 보면 맏아들인 예수가 서른 살이 될 때까지 기다렸다가 사역을 시작한 이유를 알 수 있다. 가장으로서 가족을 부양할 책임을 감당해야 했기 때문이다. 174, 293, 341

3. 아리마대 사람 요셉. 산헤드린의 회원으로, 예수의 매장을 책임졌다. 요한복음에 따르면 예수의 제자인 사실을 숨기고 있었다(마태복음 27:57-60, 마가복음 15:42-46, 누가복음 23:50-54, 요한복음 19:38-42). 325

요시야

유다의 왕(BC 640-609). 성전 복구 도중에 '율법책'(신명기가 거의 확실하다)을 발견하고 철저한 종교개혁에 돌입했다(열왕기하 22-23장). 앗시리아를 도우러 행군하던 파라오 느고와 맞서 싸우다가 므깃도에서 전사했다(23:29). 63, 68

요아스

유다의 왕(BC 835-796). 왕대비 아달랴가 왕족을 몰살시키려 하자 대제사장 여호야다가 그를 구해 내어 6년간 성전

에서 숨어 지냈다. 이후 정당한 왕으로 세워져(열왕기하 11장) 하나님의 길을 좇으며 성전을 깨끗이 했다(12장). 하지만 요아스는 여호야다가 죽은 후 우상숭배를 받아들였다(역대하 24:17-25). 63, 68

요안나
헤롯 안티파스의 청지기인 구사의 아내. 예수에게 고침을 받은 후 그리스도인이 되어 재정적으로 그분을 지원했다(누가복음 8:1-3). 예수의 빈 무덤을 발견한 여인들 중 하나다(24:10).

요압
다윗 왕의 조카이자 군사령관. 용감하지만 폭력적이었고, 다윗 왕에게 충성을 다했다. 58

요엘
시대배경과 상황이 알려지지 않은 예언자. 끔찍한 메뚜기 재앙이 있은 후 그는 그것을 하나님의 심판을 보여주는 징조로 보았다(요엘 1:2-2:11). 회개를 촉구했고(2:12-17), 회복의 날이 있을 것이며(2:18-32) 주의 날이 도래해 모든 나라가 심판을 받을 것이라고 선언했다(3장). 특히 성령이 하나님의 백성 모두에게 임할 것이라는 예언(2:28-32)으로 가장 유명한데, 베드로는 오순절에 이 예언이 이루어졌다고 선언했다(사도행전 2:14-21). 84, 131, 213, 306

요한
세베대의 아들. 야고보의 동생. 어부. 예수의 열두 제자 중 한 사람(마태복음 4:21-22). 요한 형제는 베드로와 더불어 예수의 최측근을 형성했다(마태복음 17:1; 26:37, 마가복음 5:37). 요한은 그중에서도 특별한 사랑을 받아 "예수께서 사랑하시는 제자"(요한복음 13:23)로 알려졌고, 예수는 그에게 배반할 자를 알려 주셨고(13:21-27) 어머니 마리아를 맡기셨다(19:25-27). 이후 그는 예루살렘 교회의 지도자 가운데 한 사람이 되었다(갈라디아서 2:9). 전승에 따르면 그는 나이가 많이 들 때까지 에베소에서 살았다. 요한복음과 요한일이삼서와 요한계시록을 썼다. 345

요한계시록
성경의 마지막 책. 예수는 사도 요한에게 "반드시 곧 일어날 일들"(요한계시록 1:1, 우리말 성경)을 알려 주셨다. 하나님의 시각에서 보여주시는 사건들은 요한이 당시 벌어지던 박해를 이해하도록 도왔다. 그는 파노라마처럼 이어지는 환상을 통해 당대의 교회로부터 예수의 재림, 사탄과 악의 정복, 하나님의 새로운 세계를 보게 된다.

욥
욥기의 주인공. 부유하고 경건한 사람. 사탄이 그의 신앙과 인격을 시험했다(욥기 1-2장). 욥기는 욥이 처한 상황을 "큰 고통은 큰 죄의 결과"라는 당대의 관습적 입장으로 해석하려던 친구들과 욥이 나눈 대화의 기록이다. 그러나 욥은 그들이 틀렸음을 알았고 그들의 대답은 욥의 고통을 전혀 덜어 주지 못했다. 결국 욥의 고통에 대한 해답은 논쟁이 아니라 하나님의 임재와 능력, 정의에 대한 새로운 계시를 통해 찾아왔다(42:4-6). 295, 316

욥바
지중해에 면한 이스라엘의 항구도시(오늘날의 야파). 예루살렘에서 56km 떨어져 있다. 솔로몬이 성전에 쓸 건축자재를 수입할 때 이곳을 이용했고(역대하 2:16) 요나가 하나님의 부르심을 피해 달아날 때도 이곳으로 왔다(요나 1:3). 베드로는 이곳에서 다비다(도르가)를 소생시켰고(사도행전 9:36-43), 환상을 보고 이방인에게 설교를 하러 떠났다(10장). 78, 219

용납 311

용서
성경은 용서가 하나님의 근본적인 본성이라고 말한다(출애굽기 34:6-7). 고백과 회개를 통해 용서를 경험할 수 있는데, 이것은 예수의 죽음을 통해 가능해진 것이다(마태복음 26:28, 에베소서 1:7, 히브리서 9:13-14). 하나님이 용서하시는 분이시니 그리스도인도 용서해야 한다(마태복음 6:14-15; 18:21-35, 에베소서 4:32). 347

우르
메소포타미아 남부의 도시. 아브라함 가문의 고향(창세기 11:31). 하나님은 이곳에서 그를 불러내 약속의 땅으로 인도하셨다. 45, 124, 259

우리야
다윗 군대의 헷 족속 장교. 다윗은 그의 아내 밧세바와 간통한 일을 숨기려고 음모를 꾸며 그를 죽게 했다(사무엘하 11장). 58

우림과 둠밈
대제사장의 가슴받이에 있는 주머니 속의 두 돌멩이(출애굽기 28:30). 하나님의 인도를 구하는 데 사용했다. 한 이론에 따르면, 두 돌의 한쪽 면에는 "예"가, 다른 쪽에는 "아니오"가 적혀 있었다. 두 가지가 똑같이 나오면 답이 되었고, 다르게 나오면 "무응답"을 뜻했다. 이스라엘 백성이 "여호와께 여쭈었다"는 구절은 우림과 둠밈을 사용했다는 말임이 거의 확실하다(사사기 1:1-2, 사무엘상 14:36-37; 23:1-2, 사무엘하 2:1). 하지만 우림과 둠밈을 쓴다고 해서 꼭 답을 얻은 것은 아니었다(사무엘상 28:6). 어떤 이유에서인지 왕정시대 초기 이후 더 이상 쓰이지 않다가 바벨론 유배에서 귀환한 후에 다시 등장했다(에스라 2:63, 느헤미야 7:65). 301

우물
'물 공급'을 보라.

우상·우상숭배
신의 모양을 만든 것. 고대에 흔했는데 십계명은 우상을 금했다. 하나님을 어떠한 형상으로 나타내는 일이 불가능하기 때문이다(출애굽기 20:3-6). 구약과 신약 모두 우상숭배를 한결같이 반대했다. 하지만 우상숭배의 기반 위에 세워진 북이스라엘은(열왕기상 12:25-33) 그 영향을 크게 받았다. 139, 181, 304

웃사
언약궤에 손을 댔다가 하나님의 진노로 죽은 사람(사무엘하 6장).

웃시야
'아사랴'를 보라.

웅덩이
빗물이나 샘에서 나온 물을 저장하는 지하 저수지. 191

위경

구약 정경에서 배제되고 외경에도 포함되지 않은 유대교 저작들. 신구약 중간기 유대인의 생활과 믿음을 이해하는 데 중요한 자료다. 위경으로는 열두 족장의 언약, 이사야의 순교, 에녹서, 모세의 승천, 마카베오 3서와 4서가 있다. 많은 위경이 가명으로 기록되었다.

위생 190

위선자(hypocrite)·위선

"연기자"를 뜻하는 그리스어 히포크리테스(hypokritēs)에서 나왔다. 예수는 말과 행동이 다르며 율법을 지킨다고 하면서 율법의 요구에서 빠져나갈 길을 찾는 서기관과 바리새인을 가리켜 위선자라고 하셨다(마태복음 23:1-39). 베드로는 그리스도인의 삶에는 위선이 있을 수 없다고 말했다(베드로전서 2:1). 308, 366

유다(Judah)

1. 야곱의 넷째 아들. 레아가 낳았다(창세기 29:35). 이름의 뜻은 "찬양." 요셉을 죽이려는 형제들을 막았고(37:26-27), 이집트에서는 베냐민 대신 자신이 볼모로 잡혀 있겠다고 했다(44장).
2. 유다에게서 나온 지파. 유다 지파의 영토는 예루살렘 남부 구릉지대와 사해에 접한 광야였다. 예수가 유다 지파 출신이다(마태복음 1:1-16).
3. 솔로몬이 죽은 후 둘로 쪼개진 나라의 한 쪽. 다윗의 후손에게 여전히 충성했던 남왕국의 이름(열왕기상 12:20). 유다는 분리된 북쪽의 형제 이스라엘과 200년 동안 갈등했다(열왕기상 12장-열왕기하 17장). 이스라엘은 BC 721년 앗

시리아에 무너졌고 유다는 나라를 계속 이어가다 BC 586년에 이르러 바벨론에게 무너졌다. 이때 백성은 쫓겨나고 성전은 파괴되었으며 영토는 합병되었다. BC 128년 마카베오파의 노력으로 확보한 짧은 독립의 기간을 보낸 후, BC 63년 로마에 굴복한 유다는 로마의 시리아 속주의 일부가 되었고 '유대'라는 이름으로 알려지게 되었다. 61

유다(Judas)

1. 예수의 동생(마태복음 13:55). 유다서의 저자일 가능성이 있다.
2. 사도. 야고보의 아들(누가복음 6:16). 345
3. 가룟 유다. 노예 몸값에 해당하는 은전 서른 닢을 받고 예수를 배신했으며(마태복음 10:4; 26:14-16; 47-55, 요한복음 13:18-30; 18:1-11) 그 후 자살했다(마태복음 27:3-10, 사도행전 1:16-19). 345
4. 유다 마카베오. '마카베오'를 보라.

유다서

신약의 한 책. 사도 유다 또는 예수의 동생 유다(후자일 가능성이 높다)가 거짓 교사들로부터 교회를 지키고 "성도들이 단번에 받은 그 믿음을 지키기 위하여 싸우라고"(1:3) 강변하기 위해 썼다.

유대

유다를 가리키는 그리스와 로마식 이름. 유대는 흔히 이스라엘 남쪽 지역을 가리키는데, 가끔은 갈릴리와 사마리아를 포함한 그 땅 전체를 뜻하기도 한다.

유대 반란

로마를 상대로 한 유대인의

저항. AD 66년에 촉발된 긴장이 남세 저항과 로마시민에 대한 공격으로 확대되었다. 66년에 시작된 전쟁은 73년까지 이어졌는데, 로마는 70년에 예루살렘을 약탈했고 성전은 파괴되었다. 일부 열심당원은 유대 광야의 요새궁전 마사다로 달아나 73년까지 항전했다. 90, 209, 299

유대 종교력 236, 281

유대교

유대 민족의 종교이자 생활방식. 유대교는 성경의 시대를 다음과 같이 구분한다. 족장, 모세, 정복, 왕정, 분열, 유배, 회복의 시기. BC 168년(성전이 더럽혀진 때) 이후의 유대교를 '초기 유대교'라고 부른다. 이 시기의 유대교는 신앙의 내용과 관습이 상당히 다양해졌는데, 바벨론 유배에서 귀환할 때부터 있던 일치감이 사라졌기 때문이다. 이런 현상은 예수 당시에도 있었다.

유대교 개종자

유대인의 일신론과 고상한 도덕에 이끌려 그들의 신앙으로 개종, 할례와 세례를 받고 율법을 지키는 이방인들(사도행전 13:26, 43).

유대인

원래는 남유다 사람들을 가리키는 말이었다. 바벨론 유배 시대 이후 의미가 확장되어 히브리인, 이스라엘 자손을 가리키는 대표적인 말이 되었다. 신약에서는 유대교 신앙을 가진 사람들을 의미했고, 요한복음은 특히 종교 지도자들을 가리키는 의미로 썼다.

유대인의 식별표지 276

유목민

천막에 살면서 목초지를 찾아 끊임없이 옮겨 다니는 민족. 성경의 족장들이 이렇게 살았다. 44, 46, 186

유배에서의 귀환

바벨론에 유배되었던 유대인들이 세 차례에 걸쳐 약속의 땅으로 돌아온 일. 스룹바벨과 함께 핵심집단이 1차로 귀환했고(BC 538-537), 에스라와 함께 2차 무리가(BC 458), 느헤미야와 함께 세 번째 무리가 귀환했다(BC 445). 74

유산 171, 172, 178

유월절

하나님이 이집트의 노예로 있던 이스라엘을 구해 내신 일을 기념하는 연례절기(출애굽기 12:1-30, 레위기 23:5, 민수기 9:1-14, 신명기 16:1-8). 51, 281, 282, 371

유프라테스 강

티그리스 강과 함께 메소포타미아 지역을 흐르는 큰 강. 구약에서는 "그 강, 하수"로 종종 언급된다. 메소포타미아 지역의 중요한 도시 대부분이 이 강변에 있고, 이스라엘과 그 대적들 사이의 경계가 되었다(창세기 15:18, 여호수아 1:4, 요한계시록 9:14). 창세기는 에덴이 유프라테스 강변에 있다고 밝히고 있다(2:10-14). 45, 95, 124

유향

향을 만드는 재료. 은은한 향이 나는 수액. 동방박사들이 아기 예수에게 가져온 선물 가운데 하나다. 107, 340

유혹

'시험'을 보라.

육신 · 육체

1. 인간—"그 말씀은 육신이 되어 우리 가운데 사셨다"(요한복음 1:14).

2. 유한한 인간성—"생명을 주는 나의 영이 사람 속에 영원히 머물지는 않을 것이다. 사람은 살과 피를 지닌 육체요"(창세기 6:3).

3. 악한 자아—"육체의 욕망을 채우려고 하지 [말라]······육체의 욕망은 성령을 거스르[기 때문이다]"(갈라디아서 5:16-17, 우리말성경).

율법(토라)

"가르침" 또는 "인도"를 뜻하는 히브리어. 모세를 통해 이스라엘에게 주신 하나님의 선물이자 삶의 지침이다. 이스라엘 역사의 초기 기록, 십계명과 그것을 해설하고 적용한 법들이 들어 있다. 예수는 율법을 인정했지만(마태복음 5:17-20) 종교 지도자들의 율법 해석에는 이의를 제기하셨다(5:21-48). 신약은 예수의 죽음이 율법을 성취하고 대체했으며, 율법을 지키는 일로는 그 누구도 구원받을 수 없다고 주장한다. 19, 22, 180, 310

율법주의

하나님의 총애는 철저한 율법 준수에 달려 있다는 믿음. 율법주의는 세세하게 규칙을 지키면서도 그 배후의 정신은 잃어버리는 결과를 초래했는데, 예수는 서기관과 바리새인이 이런 상태라고 꾸짖으셨다. 바울 역시 초대교회를 향해 율법주의를 주의하라고 경고했다. 275

은혜

죄인들을 향한 하나님의 과분한 사랑과 친절. 구약과 신약에서 모두 볼 수 있지만, 하나님이 그 아들 예수를 인류의 구주로 보내신 일에서 특히 잘 드러난다. 하나님은 율법을 주신 시내 산에서도 자신을 "주, 나 주는 자비롭고 은혜로우며"(출애굽기 34:6)라고 소개하셨다. 은혜는 성경의 일관된 테마다(시편 86:15; 103:7-18, 요엘 2:13). 147

음료 199

음식 198

음식규정

유대인의 정체성을 나타내는 주요 표현방식. 율법에는 '정결한'(허가된) 동물과 '부정한'(금지된) 동물의 목록이 있다. 건강상의 이유도 있지만, 무엇보다 이스라엘을 '거룩하게' 구별하기 위해서였다. 초대교회는 이 규정들이 그리스도인에게도 구속력을 갖는지 고민했고, 결국 그렇지 않다는 결론을 내렸다(사도행전 10:1-11:18, 로마서 14:1-15:13). 276

의(義)

"곧음"을 뜻하는 히브리어 어원에서 나온 말. 하나님은 언제나 옳으시고 옳은 일을 행하신다는 하나님의 속성을 의미한다. 하나님은 그분의 백성이 "곧고 의롭기를" 바라시지만, 신약은 이것이 그리스도가 주시는 선물이며 오직 믿음으로만 받을 수 있음을 강조한다(로마서 1:16-17; 3:21-31, 고린도전서 1:30, 고린도후서 5:21, 빌립보서 3:7-9).

의사 252

이가봇

"영광이 없다"는 뜻. 언약궤를 블레셋 족속에게 빼앗겼다는 말을 듣고 제사장 비느하스의 아내가 아들에게 붙인 이름.

이두매

에돔 족속이 이주해 온 유대의 남쪽 지역을 가리키는 그리스 이름. 헤롯 가문은 이두매인이었기 때문에 유대인의 멸시를 받았다. 241, 369

이드로

미디안 족속의 제사장. 모세의 장인(출애굽기 2:11-22). 모세는 그의 지혜로운 조언을 따라 지도자들을 세워 일을 분담했다(18장). 240

이름

성경은 이름을 사람의 역사, 성격, 운명을 반영하는 아주 중요한 것으로 보았다. 그래서 결정적인 순간에 이름을 바꾸는 일이 흔했다. 44

이방인

성경에서 이스라엘 이외의 모든 민족.

이사야

앗시리아가 유다를 끊임없이 위협하던 시절, 거룩하신 하나님의 환상을 통해 부름 받은 예언자(이사야 6장). 그는 회개하지 않으면 결국 멸망할 것이라고 사람들에게 경고했다. 한편으로는 소망도 제시했는데, 언젠가 이스라엘이 유배에서부터 돌아올 것과 이 일에 도구로 쓰일 고레스의 이름까지 예언했고(43:28-45:1, 13), 오실 메시아에 대해서도 예언했다(9:1-7, 11:1-9, 32:1-20, 42:1-4, 52:13-53:12, 61:1-11). 이사야서의 저자에 대해, 그가 그렇게 장기간 예언을 했을 리 없다고 보고 40장 이후는 그의 추종자들이 썼다고 주장하는 이들도 있다. 68, 70, 179, 306

이삭

아브라함과 사라가 너무 나이가 많아 아이를 가질 수 없다고 생각되었을 때 태어난 아들. 그를 통해 아브라함에게 주신 하나님의 약속이 성취되었다(창세기 17:19-21, 21:12, 26:1-5). 하나님이 아브라함을 시험하심으로 이 약속이 위험에 처하는 듯 했지만(22장), 이삭은 리브가와 결혼해(24장) 쌍둥이 에서와 야곱을 낳았다(25:19-26). 노년에 야곱에게 속아 그를 에서로 알고 축복했다(27장). 45, 46, 105

이삭줍기

가난한 사람들이 밭 가장자리에 떨어진 이삭을 거두어들이는 일(신명기 24:19-22).

이새

룻과 보아스의 손자(룻기 4:21-22). 다윗 왕의 아버지(사무엘상 16:1, 17:12-15).

이세벨

아합 왕의 시돈 출신 아내. 남편을 꼬드겨 바알숭배로 이끌었고(열왕기상 16:30-33) 왕을 배후에서 조종해 권력을 행사했다(21:1-14). 아합보다 오래 살았지만, 예후가 주도한 반란 기간에 엘리야의 예언대로 처참한 죽음을 당했다(열왕기하 9:3-37). 64, 65

이스라엘 열두 지파

야곱(이름이 이스라엘로 바뀐)의 열두 아들의 자손들.

이스라엘 · 이스라엘 자손

야곱이 밤새 하나님과 씨름한 후에 받은 이름(창세기 32:22-32, 35:9-10)으로 "하나님과 겨룬 자"라는 뜻. 야곱으로부터 시작된 지파들은 "이스라엘의 열두 지파"(49:28)나 "이스라엘 자손"으로, 그들이 정착한 땅은 이스라엘로 알려지게 되었다.

이스라엘과 유다의 왕들 63

이스르엘

이스라엘 북부에 있는 소도시와 골짜기. 이곳에 아합의 궁이 있었는데 여기서 이세벨이 죽었다. 105, 344

이스마엘

아브라함이 사라의 몸종 하갈을 통해 얻은 아들(창세기 16장). 사라의 미움을 받았지만 하나님은 그를 축복하시며 큰 민족을 이루게 하겠다고 약속하셨다(21:8-20). 아람 민족의 조상. 279

이스보셋

사울의 아들. "수치의 아들"이라는 뜻으로, 사울이 전사한 후에 왕이 되었다. 2년 동안 북쪽 지파를 다스리다 그를 보위하던 두 장군에게 살해당했다. 이로 인해 다윗이 통일 왕국의 왕이 될 길이 열렸다(사무엘하 2-4장).

이집트 · 이집트인

팔레스타인 남서쪽의 큰 나라. 나일 강변을 따라 거주지가 형성되었다. 이집트는 때로는 이스라엘의 피난처가 되었고(창세기 12:10-20, 마태복음 2:13-15), 때로는 적이 되었다(출애굽기 1-11장). 이스라엘은 이집트에서 안전을 구하려는 유혹을 자주 받았다(민수기 14:1-4, 이사야 30:1-5). 하나님이 이집트의 노예로 있던 그들을 구해 내신 일(출애굽)은 이스라엘 역사에서 가장 큰 전환점이 되었다. 128

이혼

혼인관계의 종결. 구약시대에는 금지까지는 아니지만 규제되었다(신명기 24:1-4). 신약시대에 이르면서 이혼에 대한 유연한 입장과 엄하게 반대하는 입장이 양립했다. 예수는 엄히 반대하는 쪽을 지지하셨을 뿐 아니라 불륜 이외의 사유로 이혼한 후 다른 사람과 재혼하는 것은 간음과 같다고 하셨다(마태복음 19:1-12). 176

인간

'아담'을 보라.

인간의 운명

구약은 사람이 죽으면 선인과 악인이 똑같이 스올로 간다고 보고 개인의 미래에 대해 별다른 소망을 피력하지 않았다. 그러나 신약은 그리스도인이 죽으면 하늘로 올라가 부활하신 예수와 함께 있으면서 땅으로 돌아올 때를 기다린다고 자신 있게 선포한다(데살로니가전서 4:13-18). 그때가 되면 그들은 하나님의 새로운 세계에 적합한 부활의 몸을 받게 될 것이다(고린도전서 15:35-58, 요한계시록 21:1-22:5)

인구조사

1. 이스라엘은 광야생활을 시작할 때와 마칠 때 두 번(민수기 1장, 26장) 인구조사를 실시해 전쟁에 나갈 연령대의 남자(20세 이상) 수를 세었다.
2. 다윗이 인구조사를 실시한 결과 역병이 번지는 심판이 온 나라에 임했다(사무엘하 24장, 역대상 21장). 58
3. 아우구스투스 황제가 실시한 인구조사 때문에 마리아와 요셉이 베들레헴으로 돌아갔고 그곳에서 예수가 태어나셨다(누가복음 2:1-2). 35, 81
4. AD 6년 유대가 로마의 속

주가 되었을 때 실시한 인구조사는 갈릴리의 유다가 반란을 일으키는 계기가 되었다(사도행전 5:37).

인도

하나님이 사랑 때문에, 또는 그분의 뜻이 반드시 성취되게 하시고자 사람들을 인도하는 사례가 성경에 많이 나온다. 당장 분명하게 드러나는 때도 있고(사도행전 16:9-10), 시간이 지난 후 뒤돌아보고 나서야 알게 되는 경우도 있다(창세기 50:20). 성경이 제시하는 인도의 방식으로는 예언(사무엘상 10:1-9), 하나님의 말씀(시편 119:105), 기도(사도행전 13:1-3), 꿈과 환상(10:9-20), 상황(16:6-7), 경건한 친구들의 조언(잠언 15:22)이 있다.

인용

신약에는 직접적인 구약 인용이 250회 정도 된다. 부분적인 인용이나 인유까지 포함한다면 그 횟수는 천 번이 넘는다. 초대교회가 구약을 얼마나 중요하게 여겼는지, 구약이 예수의 길을 예비했다는 것을 어느 정도나 확신했는지 알 수 있다. 306, 345

인자(mercy)

구약에 250번 가까이 등장하는 히브리어 헤세드(*chesed*)의 번역어. 하나님의 기꺼이 용서하심에서 드러나는, 하나님의 자애와 오래 참음을 가리킨다.

인자(Son of Man)

메시아라는 호칭이 민족주의적 어감이 너무 강했기 때문에 예수가 그것을 대신해 즐겨 사용하신 호칭. 이 표현은 구약에서 인간의 연약함을 나타낼 때 쓰였고(시편 8:3-4, 에

스겔 2:1) "권세와 영광과 나라"와 "영원한 권세"를 받아 "그 나라가 멸망하지 않을"(다니엘 7:13-14) 천상의 존재를 가리킬 때도 쓰였다. 인간이면서 천상에 속한 인자의 모습은 죽기까지 섬기고자 인간으로 겸손하게 오신 하나님의 영원한 아들이라는 예수의 자기 인식을 완벽하게 요약해 준다. 81, 381, 395

인장

문서 위에 밀랍을 떨어뜨리고 그 위에 찍어 진본확인을 위한 수단으로 쓰였던 문장(紋章). 219, 232

일 · 행위

1. 하나님의 일. 그분이 창조 세계와 역사 속에서 행하시는 활동(욥기 26:13-14, 시편 8편).
2. 믿음의 행함. 믿음의 자연스러운 표현인 선행(마태복음 5:16, 야고보서 2:14-26).
3. 율법의 행위. 사람이 하는 행위로 하나님과 올바른 관계를 맺거나 하나님의 호의를 얻어 내려는 시도. 신약성경은 이것으로는 누구도 구원받을 수 없다고 말한다(로마서 3:20, 갈라디아서 2:15-16, 에베소서 2:8-9).

일부다처제

한 남자가 둘 이상의 아내를 두는 일. 구약시대 초기에는 경제적인 이유로 흔했지만 경제성이 떨어지자 사라졌다. 하나님이 정하신 결혼 계획은 한 남자와 한 여자가 평생을 같이하는 것임을 예수는 재확인하셨다(마태복음 19:4-6). 42, 175

일상생활 194

일신론

하나님은 한분뿐이라는 믿음. 유대교와 기독교의 기본적인 신념. 127, 264

임마누엘

"하나님이 우리와 함께하신다." 앗시리아의 위협이 커져 가는 상황에서 이사야가 징조로 약속한 아이의 이름(이사야 7:14, 8:8). 신약은 이 사건을 예수의 탄생을 예언한 것으로 본다(마태복음 1:23). 144, 336

입다

사사. 경솔한 서원을 하는 바람에 딸을 죽음으로 내몰았다(사사기 11장).

입양 173, 180

잇사갈

1. 야곱의 아홉 번째 아들. 레아가 낳았다(창세기 30:17-18). 이름의 뜻은 "품꾼"으로 추정된다.

2. 잇사갈에게서 나온 지파. 가나안 북부, 갈릴리 바다 남서쪽에 정착했는데 서쪽 영토는 이스르엘 골짜기까지 이르렀다(여호수아 19:17-23). 이 지파는 다윗 시대에 지혜로 명성을 얻었는데(역대상 12:32), 이 사실을 강조하듯 탈무드에는 산헤드린의 가장 지혜로운 구성원들이 잇사갈 출신이라고 나와 있다. 104

ㅈ

자기부인 361

자녀·어린아이 178, 194

자비

불쌍히 여겨 긍휼을 베풂. 성경에 나오는 하나님의 근본적 성품 가운데 하나(출애굽기 34:6, 고린도후서 1:3). 그리스도인은 예수의 사역에 드러난 자비(마태복음 9:36)를 본받아야 한다(에베소서 4:32).

자유

예수는 이사야의 예언(이사야 61:1-2)을 성취해 자유를 주러 오셨다고 말씀하셨다(누가복음 4:16-30). 그분의 동포들은 이 말씀을 유대인이 로마의 압제로부터 자유로워지는 것으로 좁게 해석했지만, 예수는 더 큰 자유, 곧 죄로부터의 자유를 생각하고 계셨다. 예수는 그분과 그분의 진리를 알 때 참 자유를 얻을 수 있다고 하셨다(요한복음 8:32). 205, 256, 323

잠언

지혜로운 삶의 길을 알려 주는 짧은 경구들을 모아 놓은 책.

장로 239

장신구 155, 175, 205

재판관

유대율법에 따라 재판을 담당하는 사람(출애굽기 18:13-27, 신명기 1:9-18). 240, 301

적그리스도

그리스도의 재림 전에 등장해 그리스도에게 맞서게 될 최후의 적. "적그리스도"(요한일서 2:18-22; 4:3, 요한이서 1:7), "불법의 사람"(데살로니가후서 2:3), (일부 해석자에 따르면) "짐승"(요한계시록 13:1-10) 등으로 불린다. 396

전능자(Almighty)

하나님의 이름 중 하나. 히브리어로는 엘 샤다이("전능한 자", "홀로 충분하신 자"). 266

전도서

전도서의 영어제목 Ecclesiastes는 히브리 원제목 '코헬렛'(qoheleth, "스승")의 『70인역』 번역에서 왔다. 전도서는 인생이 "한 번의 호흡"에 불과하니 사는 동안에 최선을 다해야 한다고 가르친다.

전쟁 258

절기

하나님의 백성이 하나님께서 과거에 하신 일을 기억하고 현재 그분이 베푸신 복을 즐거워하는 특정한 때. 280

점성술

별들의 움직임에서 징조를 읽어 내려는 시도로, 성경에서 금하고 있다. 295, 340

정결규례 277

정결함과 부정함

유대교 율법이 밝힌 허용되는 것과 허용되지 않는 것의 구분. 위생상의 안전을 보장하려는 목적과 이스라엘을 거룩하게 구별하려는 목적이 있었다. 190, 276

정경(canon)

"막대 자"를 뜻하는 그리스어에서 나온 용어. 성경으로 합의된 책들의 목록. 19, 33

정복

무력으로 차지함. 예를 들어 앗시리아의 이스라엘 합병과 바벨론의 유다 합병. "정복"이라는 용어는 여호수아의 약속의 땅 점령을 가리키는 데도

쓰였다. 52

정의 316, 318

정직 225, 234, 237

제2정경

신구약 중간기에 기록된 유대교 저작들(외경으로도 불림). 히브리어 성경의 일부가 되지는 못했지만 『70인역』에는 추가되었다. 제2정경을 성경으로 받아들이는 교파도 있고, 신구약 중간기의 유대교 신앙을 이해하게 해주는 자료 정도로 보는 교파도 있다. 26, 79

제단

희생제사를 드리는 장소.

제비뽑기

고대의 흔한 의사결정 수단. 표시가 된 막대기나 돌멩이들을 통에 넣고 임의로 골라 '뽑았다.' 요나가 탄 배의 선원들은 제비를 뽑아 누구 때문에 폭풍이 일어났는지 알아냈고(요나 1:7) 로마 군인들은 제비를 뽑아 예수의 옷을 나누었다(요한복음 19:23-24). 율법은 제비뽑기를 변형해 제사장의 우림과 둠밈을 사용하는 방식으로 하나님의 뜻을 구했다. 신약에는 제비뽑기가 딱 한 번 등장하는데(사도행전 1:21-26), 오순절 이후로는 다시 쓰이지 않았다. 382

제사장

아론의 후손. 희생제사를 드리고 하나님의 율법을 가르쳤으며, 재판관과 공중보건 조사관 역할과 함께 하나님의 뜻을 구하는 임무를 맡았다. 신약은 모든 신자가 "왕과 같은 제사장"(베드로전서 2:9)이라고 말한다. 예수는 '대제사장'으로 보는데 특히 히브리서

에 이러한 시각이 잘 나타나 있다. 297, 300

제우스
그리스의 주신(로마인은 유피테르라 불렀다). 바나바와 바울이 루스드라에서 발을 쓰지 못하는 사람을 고치자, 그곳 사람들이 바나바는 제우스, 바울은 헤르메스라고 불렀다(사도행전 14:8-18). 157, 163

제자
예수를 따르는 이. 사복음서에서는 주로 열두 제자를 가리킨다. 이 열둘은 사도가 되었다. 345

제자도 · 제자훈련 349

조공
한 나라가 다른 나라에 복종의 표시로 지불하는 비용. 65, 69, 144

조명 193

족보
가족의 기록. 성경에 자주 등장하는 족보는 신원과 재산권 문제를 확실히 하는 데 중요한 역할을 했다. 42, 173

족장
이스라엘의 시조, 곧 아브라함, 이삭, 야곱. 44, 238

종려주일
예수가 나귀를 타고 예루살렘에 들어가신, 부활절 전주의 일요일을 가리키는 기독교 절기. 111, 115

종말론(eschatology)
마지막 때에 대한 교리. 그리스어 *eschatos*("마지막")에서 나왔다.

종의 노래
하나님의 종으로 오셔서 무력이 아니라 겸손한 섬김과 고난 받으심으로 하나님 나라를 임하게 하실 분에 대한 이사야의 예언(이사야 42:1-4, 49:1-6, 50:4-9, 52:13-53:12). 예수와 복음서 저자 모두 이 '종의 노래'를 언급했다(마태복음 8:17, 마가복음 9:12).

죄
하나님에 대한 불순종을 나타내는 성경의 표현. 죄에 대한 구약의 주요 히브리어 단어들의 문자적인 의미는 표적을 빗나감, 규범에서 벗어남, 반역, 뒤틀림 또는 왜곡, 올바른 길에서 일탈함 등이다. 신약에서 죄에 해당하는 그리스어 단어들은 표적을 빗나감, 잘못된 길에 들어섬, 실수나 악행, 위반, 규범을 벗어남, 불경건, 무법상태, 악, 사악함 등을 의미한다. 41

죄책감
자신이 하나님의 기준을 어겼고 하나님이 그 행동에 책임을 물으신다는 깨달음. 죄책감에서 벗어나는 길은 회개다. 사울 왕처럼(사무엘상 13, 15장) 적당히 둘러대거나 남 탓을 하는 것이 아니라, 죄를 인정하고 이제부터 생각과 행동을 바꾸기로 다짐하는 것이다. 시편 32편은 죄를 숨길 때 오는 괴로움과 죄를 고백할 때 얻는 자유를 대비하고 있다.

주권
하나님이 상황을 온전히 장악하여 자신의 뜻을 이루심. 79

주기도문
예수가 제자들에게 가르치신 기도. 약간 다른 형태로 두 복

음서에 기록되어 있는데(마태복음 6:9-13, 누가복음 11:2-4), 각기 다른 상황에서 가르치신 것이 아닌가 싶다. 마태의 주기도문는 형식을 제시했고("너희는 이렇게 기도하여라") 누가의 주기도문는 기도문을 제시했다("너희는 기도할 때에, 이렇게 말하여라"). 그리스도인은 이 두 가지 접근법을 모두 따랐다. 291

주되심
절대적인 최고권. 기독교 최초의 고백은 "예수는 주"(고린도전서 12:3, 빌립보서 2:11)였다. 295

주의 날(주일)
1. 죄인이 처벌을 받고 하나님의 약속이 마침내 성취될 최후 심판의 날을 가리키는 구약의 용어. 151
2. 요한계시록 1:10에 나오는 표현. 일요일, 곧 "그 주간의 첫날"(사도행전 20:7, 고린도전서 16:2)을 가리키는 그리스도인의 용어. 이날 그리스도인들은 함께 모여 부활을 기념하는 예배를 드렸다. 이 명칭은 기독교가 등장하기 이전에 로마인이 매달 첫날을 부를 때 쓰던 "황제의 날"이라는 용어를 가져와 예수가 부활을 통해 세상에서 가장 위대한 황제이심을 입증하셨다고 선포한 것일 수도 있다. 유대교에서 회심한 초대 그리스도인들이 이 특별한 날을 안식일(토요일)에서 주일로 바꾸었다는 것은, 그들이 부활을 얼마나 중요하게 여겼는지를 보여준다. 282, 375

주의 만찬
'최후의 만찬'을 보라.

죽음
성경은 죽음을 생물학적으로 불가피한 일이자 죄의 결과로 보며(로마서 6:23) 죽음 후에는 심판이 있다고 가르친다(5:12-21). 하지만 그리스도로 인해 죽음 이후의 삶에도 소망이 있다고 말한다. 324

중재자
양측을 화해시키는 중개자. 신약은 예수를 하나님과 사람 사이의 유일한 중재자로 본다(디모데전서 2:5 등). 300

증언 · 증인 333

지성소
성막과 성전에서 가장 거룩한 곳. 이 안에 언약궤를 보관했다. 대제사장이 매년 속죄일에만 들어갈 수 있었다. 281, 297, 298

지옥
"힌놈 골짜기"를 뜻하는 그리스어 "게헨나"를 흔히 지옥으로 번역했다. 구약시대에 이곳에서 아이들을 이방 신에게 희생제물로 바쳤다(열왕기하 23:10). 신약시대에 와서는 예루살렘의 쓰레기장이 되었다. 유대문헌에서 이곳은 형벌의 장소를 상징했는데, 예수도 지옥을 영원히(마태복음 18:8) 꺼지지 않는(마가복음 9:43) 불로 묘사하신 바 있다(이것은 문자적 의미보다는 비유일 가능성이 높다). 신약은 어둡고 비참한 곳(마태복음 25:30), 영원한 파멸과 하나님의 존전에서 쫓겨남(데살로니가후서 1:9), 두 번째 죽음(요한계시록 2:11), 불바다(20:15) 등 다양한 이미지를 사용해 지옥을 묘사한다. 그 실체가 무엇이건, 예수는 무슨 수를 써서라도 지옥을 피해야 한다고 말씀하셨다. 394

지혜

하나님 중심의 삶을 통해 성공을 추구하는 일. 하나님이 삶의 지적(진리를 이해함), 윤리적(진리대로 살아감), 실제적(진리를 활용함) 측면을 모두 주관하시도록 맡기는 것. 솔로몬의 통치기간에 지혜에 대한 큰 관심이 있었고 이때 지혜서(욥기, 잠언, 전도서, 아가)가 기록되었다. 58, 182

질병 190, 250

집 186

징계 181, 253, 317

ㅊ

찬양 285, 287, 335

창조

하나님이 무(無)로부터 모든 것을 생겨나게 하신 일(창세기 1-2장, 욥기 38-42장, 히브리서 11:3). 성경은 창조가 어떻게 이루어졌는지는 설명하지 않는다. 40, 121, 280

채광(mining) 101

채소 199

천년왕국

사탄이 묶여 있는 동안 그리스도께서 다스리실 천년(요한계시록 20:1-7). 396

천막 46, 186

천사

영적 존재. 하나님의 사자(使者). 인간의 모습으로 종종 나타나 하나님의 말씀을 전하고

필요한 것을 공급하거나 보호해 주었다. 294, 334

철학 158, 316

첩

소실로 받아들인 여종. 176

초막절

수확을 기념하는 절기. 약속의 땅을 찾아 떠났던 이스라엘 자손의 광야 여행과 그 기간 중 하나님이 공급하신 일을 기억하기 위해 일주일간 초막에서 지낸다. 112, 282

초자연적 292

최후의 만찬

예수가 제자들과 함께하신 마지막 식사. 예수는 자신의 임박한 죽음을 앞두고 유월절을 재해석하시면서, 하나님이 자신을 통해 새 언약을 세우실 것이고 그로 인해 죄 용서가 주어질 것임을 선언하셨다(마태복음 26:28). 예수가 "이것을 행하여 나를 기억하여라"(누가복음 22:19)고 말씀하신 후 빵과 포도주를 나눈 일은 기독교 예배의 핵심부분으로 자리잡았는데, 초기에는 식사와 함께 이루어졌다. 오늘날에는 주의 만찬, 빵을 나눔, 성만찬, 미사 등의 여러 이름으로 불린다. 322, 371

축제

'절기'를 보라.

출산 178

출산 의식 178

출애굽

모세의 지도 아래 이스라엘이 이집트의 노예상태에서 기적적으로 탈출한 사건. 이스

라엘은 이 사건을 그들의 역사에서 가장 의미심장한 일로 여긴다. 48

치과 치료 252

70인역

히브리 성경의 그리스어 번역본. 24, 26, 30, 79

칭의

하나님이 예수 그리스도와 그분의 십자가 희생에 대한 믿음을 가진 이들을 의롭다, 또는 '무죄'라고 선언하시는 일. 이 가르침은 바울이 쓴 로마서의 핵심이다(로마서 3:21-24, 5:1, 9, 8:1-4). 물론 바울은 이 믿음조차도 하나님의 선물이라고 본다(에베소서 2:8). 바울은 아브라함의 사례가 잘 보여주듯이(로마서 4장), 의는 율법을 지킴으로써가 아니라 믿음을 통해서만 주어진다고 주장했고 그 때문에 유대인들과 충돌했다.

ㅋ

카라반

무역상들이 사용한 낙타와 나귀들의 수송단. 225

카리스마적인

성령의 일하심을 드러내는 사람이나 사건. 학자들은 삼손을 '카리스마적인 지도자'로 묘사한다. 이 표현은 그들이 하나님의 영의 자연스러운 일하심으로 부름을 받고 능력을 덧입어 하나님의 백성을 원수들에게서 구해 냈다는 뜻이다. 신약에서 그리스어 카리스마("은혜의 선물")는 성령이 신자들에게 뜻대로 주시는

은사를 나타낸다(고린도전서 12:7-11, 14:1). 384

카이사르(가이사)

신약시대 로마 황제의 호칭. 사복음서가 다루는 시기에는 아우구스투스(아구스도)와 티베리우스(디베료), 사도행전 당시에는 클라우디우스(글라우디오), 베드로와 바울이 순교할 당시에는 네로가 카이사르였다. 황제를 신격화하는 관행은 급속히 퍼져 나갔고 많은 그리스도인이 "카이사르가 주"라는 충성의 맹세를 거부해 목숨을 잃었다.

쿰란

사해 북서쪽, 에세네 수도공동체가 있던 곳. 309, 361

크레타(그레데)

지중해의 섬. 고대 미노아인의 고향. 구약에서는 '갑돌'이라 불림. 신약시대에 이르러 디도가 이곳에서 교회를 이끌었다(디도서 1:5). 89, 140, 156, 167

크세르크세스 1세

성경에서 아하수에로로 불린 페르시아의 왕(BC 486-465). 거대한 군대를 모아 그리스 정복에 나섰지만 실패했다(BC 480-479). 에스더와 결혼(BC 460년대). 에스더는 유대인을 멸절시키려는 하만의 음모를 막아 냈다(에스더 3:1-9:17). 74

키프로스(구브로)

지중해의 섬. 바나바의 고향. 바울이 제1차 선교여행 때 방문했다(사도행전 13:4-12). 89, 167

ㅌ

타락

아담과 하와의 죄로 처음 표현된 인류의 불순종. 죄 때문에 그들은 하나님이 허락하신 완벽한 상태를 잃었고 하나님의 친밀한 임재의 감각도 잃었다(창세기 4장). 이 타락 상태는 인류에게 이어진 부패상에 잘 드러나 있으며(로마서 1:18-32) 피조세계 전체가 영향을 받았다(8:20-21). 신약은 그리스도의 죽음을 통해서만이 죄의 영향력에서 벗어날 수 있다고 말한다. 42, 295

타르굼(targum)

이해와 연구를 촉진하기 위해 구약의 일부를 아람어로 번역하거나 바꾸어 표현하는 것. 랍비 전승에 따르면 에스라가 율법을 낭독하고 레위인들이 그 내용을 "백성들이 알아듣도록 설명"(느헤미야 8:8, 우리말성경)한 과정이 바로 그것이다. 하지만 그렇게 이른 시기에 타르굼이 있었다는 증거는 없다.

타키투스

로마의 역사가(AD 56-117년경). 네로가 로마 대화재를 그리스도인들의 소행으로 몰아간 일과, 기독교의 창시자 "크리스투스"가 본디오 빌라도 치하에서 처형되었으며 그로 인해 "고약한 미신"이 생겨났다는 내용을 기록했다. 35

탈무드

유대교 저작 모음집. '미쉬나'(구전 율법, AD 200년 완성)와 '게마라'(AD 200년부터 500년까지 랍비들이 미쉬나에 붙인 주석)를 포함하는 탈무드는 정통파 유대인에게는 그대로 지켜야 하는 율법이다. 유대인이 구약을 어떻게 해석했는지 파악하는 데 도움이 된다. 34

탐욕

만족할 줄 모르고 계속 더 가지려는 욕망. 성경은 줄곧 탐욕을 정죄하고, 탐욕을 가난의 가장 큰 원인으로 본다. 예언자들은 가난한 이들을 속이고 빼앗고 압제하는 이들을 규탄했다(이사야 3:13-15, 아모스 4:1, 8:4). 223, 233

테베

고대 이집트의 수도. 오늘날의 카르나크. 나일 강 중상류에 있지만 BC 663년 앗시리아의 침공으로 무너졌다. 71, 78, 101, 129

텔

고고학 연구에 중요한 인공 언덕. 95, 207

토기 94, 218

토라

'율법'을 보라.

티그리스 강

메소포타미아에서 두 번째로 큰 강. 총 길이 1,850km. 강의 이름("호랑이", Tiger)에서 알 수 있듯 유프라테스 강에 비해 유속이 빠르다. 니느웨, 칼라, 아슈르는 티그리스 강변에 생겨난 앗시리아의 대도시다. 45, 95, 124

ㅍ

파라오(바로)

고대 이집트의 왕을 가리키는 칭호. 48, 128, 130

파충류 120

파피루스

갈대 속을 얇게 갈라 가로세로로 어긋나게 놓고 눌러 종이처럼 만든 필기 재료. 20, 108, 244

팔레스타인

지중해와 요단 강 사이의 땅을 가리키는 용어. 남서쪽 해안의 좁고 긴 땅에 살던 '블레셋' 족속에서 유래했다. 97

팔복

산상설교의 처음에 등장하는 여덟 가지 복(마태복음 5:3-10). 32, 359

페니키아 · 페니키아인

가나안 북부 해안 도시국가들과 그 거주민. 주요 항구는 비블로스, 두로, 시돈이었다. 해양무역을 주도했고 지중해 전역에 식민지를 세웠다. 솔로몬은 페니키아의 물품과 전문 기술을 사용해 성전을 건축했다(열왕기상 5장). 164

페르시아 · 페르시아인

메소포타미아 남동쪽의 나라. 인도부터 에게 해와 이집트에까지 이르는 광대한 제국으로 성장했다. 다니엘은 페르시아가 바벨론을 무찌르고 나서 결국 그리스에 패할 것까지 예언했다. 97, 152

편지 31, 91, 147, 244

평화주의 261

포도나무

초록색이나 검은색 포도송이를 맺는 관목. 볕이 잘 드는 기슭에 나란히 심었다. 포도나무는 이스라엘의 상징이었는데, 예수는 자신이 참 포도나무, 새 이스라엘이라고 말씀하셨다(요한복음 15:1). 113, 211, 353

포도주

성경시대에 가장 흔했던 음료로 히브리어에는 포도주를 나타내는 단어가 많다. 포도과즙을 발효시켜 만든다. 113, 199, 268, 287, 355

표적

화려한 증거. 예수의 대적들이 자주 요구했지만(마태복음 12:38-40, 마가복음 8:11-12, 누가복음 11:16) 예수는 한결같이 거절하셨다. 하지만 요한복음은 예수의 기적, 특히 그 의미를 나타내는 데 이 단어를 사용했다(요한복음 2:11 등). 357

프톨레마이오스 왕조

알렉산드로스 대왕이 죽고 그의 제국이 분열된 이후 BC 323년부터 30년까지 이집트를 다스린 마케도니아-그리스 왕조. 14명의 왕을 배출했다. 78, 130

피

성경에서 피는 생명을 상징한다. 희생제사에서 흘린 동물의 피는 사람 대신 죽은 동물의 생명을 나타내며 '그리스도의 피'를 예표한다. '그리스도의 피'는 예수의 희생적 죽음을 가리키는 신약의 공통 이미지로 자리잡았다. 268, 281, 300, 303, 315, 387

ㅎ

하갈

사라의 이집트인 몸종. 아이를 갖지 못하던 사라는 당시 관습에 따라 아브라함이 아이를 낳도록 하갈을 첩으로 주었다(창세기 16:1-4). 그러나 하갈은 임신한 후 사라의 심한 학대를 견디지 못하고 광야로 달아났다. 광야에서 그녀는 그녀의 아들이 복을 받을 것이라는 천사의 보증을 받았고, 그것을 기억하여 아들 이름을 "하나님이 들으신다"는 뜻의 이스마엘이라 지었다. 마침내 사라가 아들 이삭을 낳자 새로운 알력이 생겨 결국 하갈과 이스마엘은 쫓겨났다. 하지만 하나님은 이스마엘로 큰 민족을 이루게 하겠다고 보장하셨고(21:8-20) 그는 아랍 민족의 조상이 되었다.

하나님 264

하나님 나라 · 하늘나라
예수 메시지의 핵심인 하나님의 통치. 마태는 유대교 배경의 독자들을 배려해 이것을 "하늘나라"라고 불렀다. 347, 350, 354

하나님의 말씀
1. 예언자나 율법을 통해 전달된 하나님의 메시지나 계시. 그 안에 하나님의 권위가 담겨 있으므로 순종해야 한다. 하나님의 말씀에 무엇인가 더하거나 빼는 것은 위험한 일이다(요한계시록 22:18-19).
2. 사도 요한이 예수에게 사용한 칭호(요한복음 1:1, 요한일서 1:1). 유대 출신의 독자들은 '말씀'이 하나님의 뜻을 수행하는(시편 107:20) 역동적인 실체임을 이해했고 그것을 인격화시켜 말하기도 했다(잠언 8:22-31). 그리스 출신의 독자들은 '말씀'(로고스)을 철학적 용어로 이해했다. 헤라클레이토스가 처음 사용한 이 용어는 변화무쌍한 세상을 묶고

그 안에 질서를 부여하는 힘을 가리켰다. 요한은 유대인과 그리스도인 모두에게 이렇게 말했다. "당신이 믿는 로고스가 바로 예수다. 모든 것을 창조하신 그분이 만물을 붙들고 계시고 하나님의 말씀을 전하시며 하나님의 뜻을 수행하신다. 그분 없이는 인생의 의미를 알 수 없다."

하나님의 아버지 되심
예수는 하나님이 사랑 많으신 하늘 아버지라고 가르치셨는데, 이것은 비유적 표현(하나님은 아버지와 같은 분이다)이 아니라 실제로 그렇다는 의미(하나님은 아버지다)였다. 혈육의 아버지처럼 우리를 낳았다는 말은 아니지만 사랑, 공급, 보호의 관점에서 아버지가 되신다. 291, 346

하나님의 어린양
세례 요한이 예수를 부를 때 쓴 호칭(요한복음 1:29, 36). 희생제물로 드려진 어린양을 가리키는 말로, 예수가 하나님이 친히 공급하신 대속물로 죽으실 것을 의미한 것이다. 베드로는 예수를 "흠이 없고 티가 없는 어린양"이라고 묘사했다(베드로전서 1:19). 303

하누카
BC 164년 유다 마카베오가 성전을 재봉헌한 일을 기념하는 유대인 절기. 77, 282

하늘
1. "하늘"(느헤미야 9:6), "하늘과 땅"은 우주를 뜻했다. "새 하늘과 새 땅"(요한계시록 21:1)은 완전히 새로운 피조세계를 말한다.
2. 하나님이 거하시는 곳(신명기 26:15). 예수는 제자들에게 "하늘에 계신 우리 아버지"(마

태복음 6:9)께 기도하도록 가르치셨다.
3. 예수를 믿는 자들이 죽은 후에 가는 곳. 그곳에서 예수가 이 땅에 돌아오실 때를 기다린다(요한복음 14:1-6, 빌립보서 1:1-23; 3:12-14, 데살로니가전서 4:13-14, 베드로전서 1:3-5, 요한계시록 4-5장, 21-22장).
4. '하나님'을 가리킬 때 사용하는 유대인의 완곡어법. 하나님은 그분의 인격적인 이름 여호와(야훼, 주)를 영원히 부를 이름으로 계시하셨다(출애굽기 3:15). 그러나 후대의 유대교는 하나님을 초월적인 대상, 너무나 거룩하여 감히 이름도 부를 수 없는 분으로 보았고 그 현상은 점점 심해졌다. 그래서 그들은 하나님의 이름 대신 '하늘'이라는 단어를 썼다. 마태는 그의 복음서에서 유대인 그리스도인을 위해 '하나님 나라' 대신 '하늘나라'를 사용했다.

하데스
'스올'을 보라.

하란
메소포타미아 북부의 도시. 아브라함의 아버지와 가족이 이곳으로 이주해 살았는데, 아브라함은 하나님의 부름을 받고 가나안으로 옮겨 갔다(창세기 11:31-12:5, 사도행전 7:2-4). 45, 47, 167

하루갈이 땅
멍에를 멘 한 쌍의 소가 하루에 쟁기질할 수 있는 면적(4,000㎡ 정도). 로마인들에게 이 단위는 유게룸이었다. 237

하만
에스더서의 악인. 페르시아 아하수에로 왕의 최고 대신이라는 지위를 사용해 유대인을

멸절하려 했다. 에스더 왕비를 통해 그의 음모가 드러나고 유대인들은 목숨을 건졌는데, 이 사건을 기념하는 절기가 부림절이다. 75, 282

하박국
BC 605년경 활동한 유다의 예언자. 하나님이 왜 불경건한 갈대아인을 사용해 그분의 백성을 벌하시는지 의문을 품었다. 68, 306

하솔
이스라엘 북부의 가나안 도시. 여호수아가 점령했고(여호수아 11장) 나중에 드보라와 바락이 다시 정복했다(사사기 4장). 솔로몬은 BC 10세기에 므깃도, 게셀과 더불어 이곳에 요새화된 성읍을 세웠다(열왕기상 9:15). 고고학적 발견으로 4만 명을 수용할 수 있는, 창문이 난 성벽도시가 모습을 드러냈는데, 세 도시의 성문은 모두 같은 구조로 되어 있었다. 53, 61

하스몬 왕조
유대의 제사장 가문(마카베오 전쟁을 일으킨 맛다디아스의 아버지 하스몬의 이름에서 따옴). BC 2세기 셀레우코스 왕조의 지배에서 유대를 해방시키는 데 중요한 역할을 했다. 대제사장, 총독, 왕을 배출했는데 BC 63년 로마의 정복으로 세력이 약화되었고, BC 37년 헤롯 대왕에 의해 공직에서 쫓겨났다. 77

하시딤
알렉산드로스 대왕과 그의 후계자들이 강요한 헬레니즘화에 저항한 경건한 유대인들. 308

하와

아담의 아내. 뱀에게 속아 하나님이 먹지 말라 하신 열매를 따 먹었다(창세기 3:1-6). 이 일에 대해 비판을 받는 대목이 신약에도 등장하지만(고린도후서 11:3, 디모데전서 2:14), 본문을 보면 하와가 열매를 딸 때 아담이 "함께" 있었으면서도 개입하지 않았음을 알 수 있다(창세기 3:6). 아담은 남편으로서 아내에 대해 책임을 져야 했다. 이 불순종을 하와의 죄가 아니라 아담의 죄라고 말하는 이유다(로마서 5:12-19 등). 42, 111, 284

학개

예언자. 하나님의 백성이 바벨론 유배에서 예루살렘으로 돌아온 후 성전 재건의 열정이 식어 버렸던 BC 520년, 그 일을 완성하라고 촉구했다. 74, 152, 306

학교 183

한나

아기를 낳지 못하다가 기도를 통해 이스라엘의 위대한 예언자 사무엘을 얻어 믿음의 보상을 받았다(사무엘상 1-3장). 180

할례

구약시대에 하나님의 백성임을 보이기 위해 행한 언약의 증표. 남자의 포피를 제거했다(창세기 17장, 여호수아 5:1-9). 바울은 이방인이 할례를 받아야 그리스도인이 될 수 있다는 주장에 반대했다. 53, 179, 275, 279, 321

함

노아의 둘째 아들(창세기 5:32). 구스, 이집트, 리비아, 가나안에 정착한 함 족의 조

상(10:6-20). 42

항해 228

해변길

'비아 마리스'(Via Maris)라고도 불렸다. 이집트의 멤피스부터 가나안을 통과해 두로와 시돈을 거쳐 동쪽으로 시리아의 알레포까지 이르는 해안도로. 140, 227

해양민족

에게 해에서 이주해 온 민족. BC 12세기에 시리아와 가나안 해안에 정착했는데, 그중 하나가 블레셋 족속이다. 140

향

제사장이 제단에서 피운 유향 등의 값비싼 수액. 은은한 향이 난다(출애굽기 30:7-8). 기도를 상징하는 표현으로 쓰이기도 했다(시편 141:2, 요한계시록 8:3-4). 106

헤로디아

헤롯 안티파스의 아내. 세례 요한의 처형을 부추겼다(마태복음 14:1-12).

헤롯 왕조 369

헤롯당

헤롯 왕의 유대 통치권 회복을 원했던 지지자들. 310

헤르몬 산

2,814m 높이의 레바논과 시리아 경계의 산. 헤르몬 산에서 녹은 눈이 요단 강의 일부 수원이 된다. 예수가 변화하신 산이 이곳으로 추정된다. 53, 99

헤브론

유대 산지의 도시. 원래는 기럇아르바(창세기 23:2)라 불리

던 곳이다. 족장들의 근거지였고(13:18, 35:27), 가나안 정복 기간에 갈렙이 점령했다(여호수아 14:6-15). 다윗이 유다의 왕이 되어 7년 동안 수도로 삼았던 곳이다(사무엘하 5:1-5). 45, 53, 57, 61, 105

헬레니즘화

그리스 문화와 사상의 강요. 특유의 인간 중심성 때문에 유대교와 맹렬히 충돌했다. 76, 156, 182, 277

헷 족속

'히타이트 족속'을 보라.

호렙 산

시내 산의 또 다른 이름.

호른

예배나 전투 시에 쓰인 관악기. 285

호세아

이스라엘이 정치적, 영적으로 몰락의 길을 걷고 있던 말기에 활동한 예언자. 호세아는 부정한 아내와의 불행한 결혼 생활을 통해 하나님이 부정한 백성에게 느끼시는 슬픔을 생생하게 보여주었다. 그러나 이스라엘은 그의 호소에 반응하지 않았고 결국 앗시리아의 손에 의한 심판을 피할 수 없었다. 67, 138, 306

혼(soul)

"우리의 전 존재"를 뜻하는 성경의 표현. 영혼이 몸 안에 갇혀 있는 불멸의 요소라고 보는 그리스 철학(일부 그리스도인들이 이 사고방식의 영향을 받았다)과 다르다. 사람은 나누어진 '조각'(몸, 혼, 정신, 영)이 아니라 육체적-심리적-영적 통합체다. 예수가 "마음을 다하고, 네 목숨(soul)을 다하고,

네 뜻을 다하고, 네 힘을 다하여"(마가복음 12:30) 하나님을 사랑하라고 하신 것은 '전 존재로' 사랑하라는 뜻이다. 또 바울은 "여러분의 영과 혼과 몸을 흠이 없이 완전하게 지켜 주시기를 빕니다"(데살로니가전서 5:23)라고 기도했는데 그가 의미한 바는 인간성의 여러 측면이 아닌 "여러분의 생명 전체"였다.

홍해

이집트와 아라비아를 나누는 긴 바다. 이곳이 갈라져 이스라엘 자손이 파라오 군대의 추격을 피할 수 있었다고 알려져 있다(출애굽기 14장). 하지만 홍해라는 명칭은 『70인역』에서 잘못 번역한 것이 그대로 이어지면서 고착된 것으로, 히브리어 본문에는 홍해가 아닌 '갈대 바다'(히브리어 '얌숩', Yam Suph)로 나와 있다. 아마도 나일 강 삼각주의 습지대를 가리키는 듯하다. 이곳에 강풍이 불어 물이 밀려났을 것이다. 51

화장 204

화장실 188, 192

화해 · 화목

소원해진 양측의 관계를 회복함. 그리스도의 십자가 죽음이 이루어 낸 일에 대한 신약의 중심 이미지. 예수는 죄라는 장애물을 제거하여 하나님과 인간을 화합하게 하셨다(로마서 5:10-11, 에베소서 2:11-22, 골로새서 1:19-22). 이제는 그리스도인도 세상에서 화해의 사절로 부름을 받고 있다(고린도후서 5:18-21). 320, 387

환대

고대의 사회적 관습일 뿐만

아니라, 구약과 신약 모두에
서 하나님의 자비를 드러내는
표현이며(신명기 10:17-18) 하
나님의 공급하심에 감사하는
반응이다(24:17-19). 하나님의
백성이 감당해야 할 의무이
기도 하다. 신약은 환대의 중
요성을 자주 강조한다(로마서
12:13, 히브리서 13:2, 베드로전서
4:9). 196, 197

환상

꿈속에서, 또는 무아지경에서
무언가를 보고 그것을 통해
하나님의 계시를 받는 일(창세
기 15:1, 이사야 1:1, 에스겔 1:1,
누가복음 1:22, 사도행전 10:9-23,
16:9-10). 요엘은 메시아 시대
가 이르면 모두가 환상을 볼
것이라고 말했다(요엘 2:28. 사
도행전 2:17에서 베드로가 인용).
293

환전상 · 환전 231, 370

황제숭배 90, 163

황홀경

의식의 변화로 흠모하는 대
상이나 영감을 주는 대상에
게 집중하는 상태. 열광적으
로 몸을 움직이거나, 무아지
경 비슷한 상태로 가만히 있
거나, 다양하게 감정이 표현
되곤 한다. 383

회개

죄와 이기심으로부터 근본적
으로 돌이켜 하나님을 전심으
로 따름. 히브리어와 그리스
어에서 회개를 가리키는 주요
단어들의 핵심 개념은 "돌아
섬"이다. 악한 삶에 등을 돌리
고 사랑과 순종으로 하나님을
향해 돌아서는 것이다. 그리
스어 메타노이아(*metanoia*)는
사고방식과 생활방식의 완전
한 방향전환을 암시한다. 67

회당(synagogue)

"모임"을 뜻하는 그리스어. 유
대인의 모임장소. 성전에서
멀어지게 된 바벨론 유배 기
간에 생겼는데, 율법을 읽고
설교를 듣고 기도하고 교제를
나누는 장소였다. 72, 296

후르리인 132, 164

희년

50년마다 돌아오는 자유의 해
(일곱 번의 안식년 다음 해). 이때
모든 빚이 탕감되고 노예는
자유를 얻으며 토지는 원주인
에게 돌아갔다(레위기 25:8-17,
23-34). 이 제도로 하나님이 그
분의 백성에게 거저 주신 토
지를 임대만 할 수 있게 되었
다. 주인이나 기업 무를 자가
되시거나, 희년에 자동으로
주인에게 돌아가 가난의 대물
림을 방지할 수 있었다. 하지
만 희년이 실제로 시행되었는
지의 여부는 불확실하다. 역
사적인 증거가 전혀 없기 때
문이다. 이사야는 희년의 이
미지를 가지고 바벨론 유배로
부터 풀려날 때를 "주님의 은
혜의 해"(61:2)로 그려 냈다.
예수도 희년의 이미지를 채택
하여 자신이 오래도록 기다렸
던 하나님의 희년의 도래를
알리는 전령이라고 선포하셨
다(누가복음 4:18-21). 103, 189,
194

희생제사 · 희생제물 300

히람

두로의 왕. 다윗의 궁전(사무
엘하 5:11)과 솔로몬의 성전(열
왕기상 5장) 건축에 필요한 백
향목과 기술자들을 제공했다.
220

히브리서

저자가 알려지지 않은 신약의
서신. 바울이 저자가 아닌 것
만은 분명하다. 문체가 바울
의 다른 서신들과 너무 다르
기 때문이다. 유대교로 돌아
오라는 압박을 받고 있는 유
대인 그리스도인을 위해 쓴
편지로, 예수는 구약에 약속
된 모든 것의 성취이자 그보
다 우월한 분이기 때문에 기
독교 신앙을 굳게 지키라는
내용으로 이루어져 있다.

히브리어

유대 민족의 언어. 이 언어로
구약성경을 기록했다.

히브리인

구약 일부에서 하나님의 백성
을 가리킬 때 쓰는 용어. 특히
외국인들이 경멸조로 사용했
다. 이집트에서 요셉을 이렇
게 불렀고(창세기 39:13-17) 이
집트인이 이스라엘 노예를 이
렇게 불렀다(출애굽기 2:11). 요
나는 이교도 선원들에게 자신
을 이렇게 소개했고(요나 1:9)
블레셋 족속도 이스라엘 자
손을 이렇게 불렀다(사무엘상
4:5-9). 일부 학자들은 이 단어
가 고대문헌에 자주 등장하는
하비루(아피루)의 변이형이라
고 본다. 하비루는 땅이 없는
이민 종족이었다. 54

히스기야

유다의 선왕(BC 715-686). 이
교신앙을 없애고 성전과 예배
를 재조직했다. 도성들의 방
비와 군대를 강화하고, 앗시
리아에 조공을 바치는 일을
거부했다. 예루살렘의 안정적
인 물 공급을 확보하기 위해
수로를 만들었다. 하나님을
신뢰하며 앗시리아의 예루살
렘 공격을 이겨낸 일로 유명
하다(열왕기하 18-19장, 이사야
36-37장). 63, 69, 191, 312

히에라폴리스

로마의 아시아 속주에 있는
도시(오늘날의 터키 서부). 라오
디게아에서 9.5km 떨어져 있
으며 미네랄이 풍부한 온천으
로 유명했다. 252

히타이트 족속(헷 족속)

소아시아에 근거지를 둔 이들
은 BC 1400년부터 1200년 사
이에 대제국을 건설했다. 132

힌놈 골짜기

예루살렘 외곽의 골짜기. 181
'지옥'을 보라.